우리시대 建築 이야기

우리시대 建築이야기

건축가 金洹의
개발시대 현장일기

열화당

도판제공

＊앞의 숫자는 도판번호임

1 강운구『內雪嶽 너와집』(광장)
7, 8, 26, 27, 56, 57, 59, 70, 75, 77, 80 김원
63 박기정
17 박영순 외『우리 옛집 이야기』(열화당)
35, 53 연합뉴스
16 이경재『門』(열화당)
21 이관조『僧伽』(시각)
33, 34 이승건
32 이원복
5, 18, 19, 20, 55, 66, 67, 68, 69, 71, 78, 79 정정웅
30, 31, 65 조선일보사
6, 13, 25, 41 황헌만『草家』(열화당)
36 Timothy Hursley

책 머리에

1996년 12월 12일. 국립중앙박물관 개관식에 초청받고 가야 할까 말까를 한참 생각했다. 이 '박물관'은 원래 중앙청에 총무처가 들어 있을 때 '후생관'으로 지어진, 이희태 씨 설계의 식당과 공무원 연금매장 등으로 사용된 낡은 건물이었다. 그러나 김영삼 정부 들어 중앙청 철거를 결정하고 용산 가족공원에 박물관 신축을 준비하면서, 그 사이에 생기는 시차를 메울 목적으로 '이조왕궁박물관'이라는 임시 아이디어를 냈다. 그전에는 이왕가(李王家)의 보물들을 별도로 보관하고 전시할 '이씨왕조박물관'이 따로 세워지기로 했는데, 갑자기 그 후생관 건물을 약간 개조·증축해 왕궁박물관을 만든다고 했다.

용산 신축이 여러 해 걸리는 동안, 왜 서둘러 중앙청을 '임기 내에' 헐어야 하고 그 동안 '국립중앙박물관' 없는 나라가 되어야 하느냐는 전반적인 반대 여론이 일자, 문체부와 박물관은 왕궁박물관을 '임시 국립박물관'으로 쓰겠다고 발표했다가, 다시 '임시'라는 말을 빼고 국립중앙박물관이라 명명하고 개관식을 서두르게 된 것이다.

나뿐만 아니라 상당히 많은 사람들이, 대통령의 이런 정치적 억지, 문체부 장관의 비문화적 수긍, 박물관장의 저돌적 집행에 공적·사적 통로를 통해 여러 번 반대의견을 전달했으나 그들을 감동시키지 못한 일에 실망하고 낙담해 있던 차였다. 그러나 그들이 무엇을 어떻게 해 놓았는가도 사실 궁금하기도 하여 그 개관식에 가 보기로 한 것인데, 거기서 또 실망과 낙담은 살아 있는 눈앞에 다가왔다. 이것이 참으로 우리의 문화현실을 생생하게 증명해 보여주고 있었다. 중앙청 건물은 파쇄기로 분쇄되어 돌더미가 산처럼 쌓여 있고, 국립중앙박물관은 한마디로 삼류대학의 박물관 같지도 않았다.

몹시 우울했다. 테이프 커팅이 끝나고 사람들이 전시를 관람하는 사이에 밖으로 나와 버렸다. 기분이 말이 아니었다. 날씨조차 을씨년스럽게 흐리고 추웠다. 코트 깃을 세우고 목도리를 높여 갖고 오래 걸어서 주차장까지 왔는데 차만 있고 기사가 없었다. 아직 나올 시간이 멀었다는 지레 짐작으로 어디 들어가 앉아 있을 테지 생각하고 차 앞에 선 채 한참을 기다렸다. 다른 사람들이 나오기 시작했을 때 오랜만에 열화당 이기웅 사장을 만났다. 내 차 옆에 그의 차가 주차해 있었던 것이다.

이사장은 "이제 또 말씀을 하셔야지요"라고 말문을 열었다. "우리 출판사 책이 나온 지 이십 년이 넘었으니 다시 뭘 좀 구상해 보시지요." 1976년 열화당에서 나온 졸저(拙著)『한국현대건축의 이해』에서 내가 현실문제들에 대한 불만과 비평을 늘어놓았던 일을 이야기하는 것 같았다. 그날부터 나는『우리 시대의 거울』과『빛과 그리고 그림자』이후의 스크랩을 꺼내 정리를 시작했다.

1965년 대학을 졸업한 후 삼십오 년 동안 내가 겪어 온 우리 현대건축의 현장은 그것 자체로 공사판을 방불케 하는 곳이었다. 그곳은 정신도 없이 일이 벌어지는, 먼지투성이의, 지저분하고 컴컴하고 위험한 곳이었다. 못이 박힌 나무토막들이 도처에 굴러다니고, 머리 위 어디에서 언제 돌멩이나 쇳조각이 떨어질지 모르는 곳이었다. 나는 그런 현장을 살아온 느낌이다. 어수선한 그 속에서 '그렇게 하면 안 된다'고 목이 쉬도록 아우성치면서, 욕도 먹고 주먹질도 당하고 그걸 술로 달래기도 하던 그 현장들이 누가 뭐래도 어쩔 수 없는 나의 삶이었다. 지금 생각해 보면 아찔하기도 하지만 나는 그곳을 사랑했다. 그리고 장래를 낙관했다. 사랑했기 때문에 싸웠고, 낙관했기 때문에 이런 기록들이 남았다. 그 기록들을 이렇게 묶어 보니 이건 영락없는 '현장일기'다.

나는 작품으로만 말하겠다고, 그리고 글로만 이론을 정립하거나 말로써 작품을 설명하지 않겠다고 오래 생각해 왔고 지금도 그런 생각이다. 그러므로 이 일기는 공개되지 않아도 좋을 것이었다. 그러나 작금의 현실은—그것은 아마도 영원히—가슴속에 감추고 있기에는 너무도 울화병이 도질 것만 같은, 고도성장시대의 정신나간 개발논리 같은 우화(寓話)들이어서 뱉어내지 않고는 못

견딜, 그런 이야기들이다.

  현장에서 안전모를 쓰고 작업화를 신기 시작한 것은 극히 최근의 일이다. 깨끗하게 정리·정돈된 현장에서 조용히 공정회의를 끝내고 웃으며 헤어지는 그런 현장이었으면 좋았겠지만 나로서는 그 진절머리나는 현장이 더 매력이 있었다. 정리해야 할 일, 싸워야 할 일이 많았기 때문이다. 내가 원래 싸움패 기질이 있어서였을까. 내 건축생활의 많은 부분은 싸움이었다. 무지와 몰이해와 조소와 야유, 그리고 나태하고 거짓된 인간관계들, 잘못된 법규와 제도와 관행들, 이 모든 것들이 그냥 존재하는 것이 아니라 바리케이드처럼 앞을 가로막고 있었고, 현장의 날카로운 못 조각 같아서 항상 찔리고 피흘릴 준비가 되어 있어야 했다. 이 일기는 한국 현대건축의 현장에서 썼으므로 사람들과 건축이 있는 한 항상 되풀이될 것이다. 그러나 조금 바뀔 수는 있을 것이다.
  그것을 기대하면서…

1999년 1월
서울 동숭동에서
김원

우리시대 建築 이야기

차례

1

건축가에게는
기본적으로
환경과
인간관계에 대한
총체적 이해와
애정어린 안목이
필요하다.

자연,
예술,
생활의 질

건축과 대학원생들이 중심이 된 한국풍수지리연구회의 태동을 알리는
글이었다. 어려운 여건에서도 몇 편의 석사학위 논문이 발표되었음은 자
랑스러운 일이었다.

한국은 예로부터 금수강산으로 알려져 왔다. 한국인들은 뛰어난 자연을 가졌
고 거기 순응하면서 살아왔다. 그들은 사람의 삶과 죽음이 환경에 의해 지배된
다고 믿었고, 사람은 땅의 정기를 받아 태어난다고 생각했다. 자연환경이 사람의
운명을 결정한다고…. 그리하여 산에 사는 사람은 어질고, 물가에 사는 사람은
지혜롭다고 믿어 왔다.

우리가 개발이라는 명목으로 몰아낸 이 아름다운 자연이 현대 도시생활에 다
시 도입될 수 있기 위해서는 어떠한 예술도 건축도 자연을 능가할 수 없다는 사
실을 알아야 한다. 우리는 정원에 심어진 나무나 꽃의 심미적 모티프를 도심지
로 확장하고 적응시켜야 한다. 어떠한 인공도 자연에 도전하거나 우선할 수 없
다. 인생을 아름답게 하고 삶의 가치를 크게 만들기 위한 예술의 철학으로 자연
은 존경받아야 한다. 우리는 자연을 무엇보다 적극적으로 우리 도시와 주거단지
에 초대하여 공존해야 한다.

인공적으로 주거환경을 만들거나 조절할 수 있다는 현대건축의 대전제에 대
해 인간은 지나친 자만에 빠져 있다. 현대문명은 인간이 오랫동안 저질러 온 시
행착오들을 뒤치다꺼리하기에도 기술적으로 충분하지 못하다. 인류 역사상 최
대의 발명품이라는 현대도시는 인간의 건강한 생활에 적합한 공간으로서는 부
정적인 측면이 더 많다. 지구상의 어떤 이상도시도 사람들이 완벽하게 인간적인
삶을 향유하도록 허용하지 못한다. 소위 이상적인 주거단지라는 것도 그럭저럭

참을 만한 수준에 머물러 있다. 모든 일이 이대로 나간다면 상태가 점점 나빠질 것은 분명하다. 우리가 인간의 능력과 과학기술에 대해 과신하고 있는 한 우리는 자신들을 더욱 나약하고 나태하게 하는 악순환을 거듭하게 된다. 우리가 편리와 능률을 계속 추구한다면, 궁극적으로 편리와 능률을 얻겠지만 그 결과는 천부의 능력과 인간적 재능을 대부분 상실한 인공의 기형아로 변종된 자신들을 발견하는 것으로 끝나게 될 것이다. 인간이 탐욕스럽게 추구하는 편리와 능률에는 한계가 없다.

아담과 하와가 과일 하나를 따먹은 행위 자체는 그렇게 큰일이 아닐 수 있다. 그러나 그 행위로 상징되는 마음가짐에 따라 그 행위의 의미는 달라진다고 한다. 뱀의 유혹 장면에서 아담과 하와는 하느님처럼 지혜롭게 되고, 죽지 않고 영원히 살면서 하느님 없이도 자율성을 누릴 수 있으리라는 의도로 하느님 말씀에 불순종하여 과일을 따먹은 것이다.

인간은 하느님이 설정해 놓은 한계 속에 머물며 하느님과 올바른 관계를 맺을 때 참생명과 지혜를 누릴 수 있도록 창조됐다. 그러므로 그 한계를 침범하여 하

1. 너와집은 가장 탁월한 환경친화적 최소공간의 규범이다. 내설악의 너와집들은 1970년대의 설악산 관광개발사업으로 모두 철거되었다.

느님과의 관계를 거부할 의도로 자행된 행위라면, 그 행위 자체가 아무리 미미한 것이라 해도 중대한 죄악이 된다. 이러한 관계 거부에는 필연적으로 온갖 고통과 죽음, 무질서가 뒤따르게 됨을 성서 저자는 선악과(善惡果)의 이야기를 통해 말해 주고 있다. 인류에게 이 물질문명은 선악과인 것이다.

이 모든 사건의 발생은 현대문명이 그 자연관에 있어서, 시작에서부터 큰 오류를 범하고 있었기 때문이라고 나는 믿는다. 내게 만일 아무것에도 구애받지 않고 마음대로 나 자신의 거주공간을 만들 기회가 주어진다면, 아마도 나는 이런 이유들로 해서 가장 풀기 힘든 문제에 부딪치게 될 것이다. 그것은 사실상 현대에 사는 나 자신을 부정하는 것이기 때문에 하나의 이율배반을 성립하게 하는 것이다. 그러나 우리가 태어난 원초의 것들로 눈을 돌리는 일, 그것을 향해 한 걸음을 내딛는 일, 그것을 목표로 하는 일은 결국 가능하고, 해야만 하는 일이라고 믿는다.

인간이 만든 음악이 아무리 아름답다고 하더라도 깊은 계곡에 흐르는 시냇물 소리나 밤에 우는 소쩍새 소리의 감동을 그 깊이나 정도에서 능가하지 못한다. 우리가 만든 어떤 채색물감으로도 불타는 저녁노을과 새벽의 잿빛 여명을 그려내지 못한다. 어떤 경이적인 과학문명도 자연이 봄에 새싹을 피우는 경이를 흉내내지 못한다.

나는 가능한 한 최대한으로 자연을 받아들이고 이용할 수 있는 환경을 만들기를 원한다. 그리고 거기에는 인간의 손길을 최소한으로 하고 싶다. 그것이 얼마나 어려울지는 모른다. 그러나 적어도 냉방장치 없이 여름에 어떻게 시원하게 지낼 수 있는가, 그리고 어떤 의자와 벽난로 들이 육체적인 것뿐만 아니라 정신적인 휴식도 줄 수 있는가를 생각할 수는 있는 것이다. 방 안에 있거나 마당에 나가 있거나 텔레비전에 매달리지 않고도 하루종일 심심치 않게 지낼 수는 없는 것일까. 책을 읽고, 음악을 듣는 휴식보다는 별을 보고, 달을 보고, 햇볕을 쬐고, 바람을 쐬며, 잡초를 뽑고, 나무를 돌보며 걸어다니는 휴식을 가질 수 있는 주거환경, 동네 거리, 도시풍경을 그려본다. 이것들은 인공예술에 의해 얻어지는 감동들보다 중요한 것으로 우선 받아들여져야 한다.

주거에 있어서 가능한 한 최대한의 자연을 회복한다는 일이 하나의 이상에 불과한 것이라고 포기되어서는 안 된다. 그렇게 말하는 것은 적어도 건축가에게서는 게으르고 무책임한 범죄행위라고 할 수 있다. 그리고 나 자신 토속건축에 심취하게 되는 것도 그런 생각의 한 내재적 갈구이기도 하다. 우리 모두가 토속건축의 주인공들처럼 물질의 낭비풍조를 벗어나 자족할 수 있는 정신의 경지로 되돌아갈 수 있다면, 그 많은 인구에도 불구하고 종이와 목재와 흙과 돌은 우리 모두에게 골고루 나눠질 수 있는 것이다.

내가 생각하는 이런 집이 지어질 수 있다면 그것은 현대문명이 우리에게 주지 못하는 온갖 값진 것들을 다 가진 집이 될 것이다. 그러므로 그것은 현대에는 가장 비싼 집이 되는지도 모른다.

지난 여러 세기에 걸쳐 한국인들은 자연의 법칙에 따라 주거환경을 만들고자 하는 원리와 법칙을 발전시켜 왔다. 이 원리는 주거지역의 선택뿐 아니라 집의 설계, 방의 배치, 조경, 심지어는 생활방식과 행동철학까지 지배해서 그들의 인

2. 에밀리오 암바즈(Emilio Ambasz)의 환경건축. 텍사스 주 오스틴(Austin) 외곽에 설계한 실럼버거 연구소(Schlumberger Research Laboratory).

생관과 운명론의 한 부분으로까지 예술적으로 발전했다.

최근에 젊은 건축가들이 이 사라져 가는 정신유산을 찾고 알고 활용하고 후세에 전하기 위해 그것들을 모으고 기록하고 정리하는 모임을 가졌다고 한다. 그들은 연구소를 만들고 그들이 발견한 것과 연구결과들을 출판하기 시작했다. 이 연구활동은 동시에 이런 젊고 능력있는 건축가들의 창작활동에도 기여하고 있다. 그들은 자연에 대한 경외의 감정과 인간의 정기가 근거하는 우주성의 확인에서 건축의 본질을 추구하고자 한다. 그 중에서도 풍수지리는 실질적인 과학이며 생태학 전반에 걸친 생존철학이며 환경조성의 기본원리이며 나아가 삶의 방식이기도 한 것이다.

이렇게 우리에게서만 발달한 특이한 도시·건축 및 조경기술은 자연에 대한 최대한의 존경이고 도입이며, 그래서 최소한의 인공을 가한 생활예술이며 디자인 철학이다.

옛날에 중국, 한국, 일본은 이 분야에서 오랜 기간에 걸친 교류의 역사를 가지고 있다. 이 점에서 나는 각 나라의 특성에 대한 비교연구를 시작하는 것과 의견을 교환할 것을 제안한다. 그렇게 해서만 우리 시대의 세계도시와 건축논리와 주거환경이 빠진 세기말적 어려움을 헤쳐 나갈 수 있을 것이다.

새로운
건축예술론의
필요성

군사정권 시절의 글이라 시장을 뽑는다는 일 등이 조심스럽게 표현되었다. 바로 이 점이 건축가들의 창조적 역할의 필요성과 존재가치를 가늠하게 하는 부분이다. 건축가들이 말하는 작품의 예술성이란 그들 건축가들의 것이지 사람들의 것이 아니다. 그러므로 사람들이여, 정부를 선택하듯이 자기 환경을 선택하라. 그와 같은 기준으로 건축가를 선택하라.

현대건축의 역설

'동선(動線)은 길수록 좋다'라는 역설을 나는 가끔 생각한다. 이 말은 어디 전거(典據)가 있는 것도 아니고, 어느 유명인이 한 말도 아니다. 한때 너무도 많이 사람들의 입에 오르내렸던 기능주의의 대명사인 동선, 기능상 당연히 가장 짧아야 한다고 믿어지는 그 동선이라는 무조건적 숭앙의 대상에 대한 반발, 또는 일종의 야유로서 시니컬하게 사용해 본 말이다.

왜 '동선은 짧을수록 좋다'고 사람들이 굳게 믿어 왔는지는 굳이 설명할 필요가 없으나, 분명히 동선이란 현대건축의 용어였지 그 이전의 것이 아니었다. 그것은 기능주의자들의 단순논리가 몰아 온 직설적 표현에 불과한 것이었다.

만일 어느 주택에서 밤에 서재의 불을 끄고 침실까지 가는 긴 복도를 지나야 한다고 할 때, 그 복도의 몇 개 창들을 통해 달빛이 흘러 들어오고 또는 가끔 별이라도 총총히 보일 수 있다면 그 주택은 그 점에서 훌륭한 주택이랄 수 있다. 현대적으로 지은 아파트에서는 그런 짧은 시간의 분위기 전환이란 있을 수 없는 것이다. 이런 때 그 '기능'의 무미건조함이 인생의 하루를 짧게 하는 요소가 될 수 있는 것이다. 거기에 비한다면 우리 재래식 주거의 경우 사랑채가 안방과 동떨어져 있어서 프라이버시는 물론, 사랑에서 침실까지 때로는 신발을 신고 마당을 가로질러 가야 하는 불편함이 있는 반면, 잠들기 전에 밤 공기를 한번쯤 심호흡하게 해주는 드라마가 생겨난다.

우리가 만들어내고 있는 인공환경의 '질(質)'은 과연 이렇게 기능과 편리를 향해 치닫다가 종국에 어디로 갈 것인가. 피터 블레이크(Peter Blake)는 유명한 미국의 건축평론가로서 1960년대까지 열렬한 모더니즘 옹호론자였으며, 소위 "형태는 기능을 따른다(Form follows function)"는 기능주의자들의 슬로건의 철저한 신봉자였다. 그러나 그후 그는 자신의 생각을 바꾸어 현대건축의 무수한 실패담들을 모은 책을 만들어 『현대건축의 실패(Form follows fiasco)』라는 이름을 붙이기에 이르렀다. 가장 아름다운 형태란 가장 기능에 충실했을 때 저절로 나온다고 믿었던 그가, 혼돈과 엉망진창이라는 뜻으로 피아스코(fiasco)라는 단어를 써야 했던 비극의 실마리는, 근본적으로 인간적 감성보다도 합리성, 합목적성, 기능, 편리 일변도로 추구해 온 건축의 기능주의와 국제주의의 단순논리에서 이미 잉태되어 있었다고 보아야 할 것이다.

많은 사람들이 포스트모더니즘을 펑크족 논리라든가, 일시적 유행으로 매도하며 그 생명력과 지속성을 의심하고 근대건축의 5원칙을 아직도 낙관하기는 하지만, 차라리 극단적인 기능주의보다는 포스트모던에서 향수와 애착으로 표현되는 고전적 풍요로움의 가치를 다시 한 번 돌이켜보아야 하고, 생활의 질의 향상이라는 인간적 관점에서 미래의 현대건축이 무엇을 지향해야 할 것인가를 근본적으로 다시 생각해 볼 필요가 생긴 것이다. 1920년대에 가장 명쾌한 주장으로 받아들여졌던 '생활을 담는 기계(a machine in which to live)'라는 주택의 기능에 관한 주장은 오십 년의 실험기간을 통하여, 필요한 것이긴 하되 충분치는 못한 것으로 증명되었다. 모더니즘 이후 신고전주의, 전통주의, 복고주의, 지역주의(localism), 토속건축(vernacular) 등 수없이 대두된 반대론들에는 일맥상통하는 공통분모—건축을 보지 말고 인간을 보는 눈으로 건축의 질을 문제삼아 이야기한다—가 있다.

건축물의 질에 관한 발전단계설

로마시대 노예들을 집단수용했던 집합주거의 유구(遺構)를 볼 때, 또는 산업혁명 와중의 영국 공장 노무자들의 집합주택이 남아 있는 도면들을 볼 때, 사람들은 누구나 생활의 질의 향상이 건축가에 의해서 물리적으로 성취될 수 있다고 믿었음을 알 수 있다. 대량생산시대 초기에 건축가들은 사람이 들어가 살기 위한 최소한의 생리적 요구를 충족시키는 방법부터 생각하기 시작했다. 한 사람에게 필요한 최소한의 생리의학적(生理醫學的) 기적(氣積, air volume)은 얼마나 되는가, 최소한의 보온, 채광, 환기량은 얼마나 되는가. 이런 것들이 기술적으로 해결되기에는 크게 어려운 점이 없었다. 대량생산 방식으로 사람들의 소득수준은 높아졌고, 위생적 환경에 대한 관심도 고조되었다. 물론 아직도 우리 주위에는 이 최소한의 요구조건을 만족시키지 못한 환경에 살고 있는 사람들이 있지만 이제 상당히 많은 사람들이 소득수준에 걸맞은, 사회적 기준에 합당한 주거생활을 향유하고 있다. 5인 가족의 최소주택은 스무 평은 되어야 한다는 것이—현실적으로 그렇지 못하긴 하지만—우리 주변의 통념이 되었다. 이런 정도가 사회기준이 되었다. 이 기준을 뛰어넘는 시기가 온다면 사람들은 그 다음으로 문화적인 단계의 요구조건들을 생각해내고 그것을 추구하게 된다. 취미생활을 위한 피아노방이 필요하고, 음악감상을 위해 충분한 크기의 거실이 필요하고, 독서를 위해서는 별도의 서재가 필요하고, 부부침실은 온돌방과 침대방과 드레스룸과 욕실을 고루 갖춘 주거의 한 부분으로서—하나의 방이 아니라—배려되어야 한다. 논리상 이와 같은 주거환경의 질의 향상을 추구하는 인간적 속성은 당연하고, 또한 모든 사회가 비슷한 발전단계를 한 단계씩 밟아 왔다. 말하자면 건축의 역사란 오천 년 또는 일만 년 전부터 시작해서 생리적으로, 사회적으로, 그리고 문화적으로 점차 그 질을 향상시키고 요구조건을 확대시켜 온, 질적 상향조정의 역사라고 보아도 좋을 만큼 모든 지혜를 동원하여 발전에 발전을 거듭해 왔다. 그러므로 물리적으로 인공환경을 만드는 일이란 물리적으로 해결될 수 있는 문제들이었다. 이 단계까지의 발전과정을 돌이켜보건대 그것들의 성취에는 어느 정도 이상의 경제력과 기술적 해결이 필요했는데, 거기에 큰 어려움은 없었으므로 그 추구의 역사는 부단히 지속되었고 그 과정에 조금의 이의도 회의도 반성도 없었을 것은 당연한 일이었다.

사람들에게 지금과 같은 문화적 기준이 성취된 이후에 올 수 있는, 그리고 와야 하는, 추구의 대상이란 무엇인가. 문화적 욕구란 어느 정도 이상이 되면 의미가 없어진다. 그런 관점에서 보면 문화적 욕구도 무한한 탐욕의 대상이 될 수는 없다. 지금 현대건축은 질의 향상이라는 미명하에 인류문화 전반에 대한 안목이 없이 무한정한 탐욕으로 그릇된 방향을 설정하고 있고, 그것은 인류공동의 파멸의 길로 치닫고 있다고 보인다. 문제는 이 욕구에 한계를 설정하는 일이 아니라 오히려 지금까지의 맹목적 발전단계에 대한 반성과 그후의 방향설정이라고 보아야겠다.

건축예술론

대체로 경제발전 단계설과 일치하는 환경발전 단계설은 상당히 물리적 접근 방법에 경도해 있음을 간과해서는 안 된다. 그러나 건축에는 그것만으로 측정될

3. 1859년에 세워진 윌리엄 모리스의 붉은 집은 근대건축 초기에 건축이 예술이냐 기술이냐라는 논쟁의 초점이 되었다. 백 년 이상의 길고 긴 논쟁 끝에 1990년대에 와서 다시 토속건축이 재론되는 상황은 인류가 자랑하는 모더니즘이 쳇바퀴 문명의 상징이었음을 말해 준다.

수 없는 중요한 요소들이 있다. 건축이 기술이냐 예술이냐라는 진부한 논쟁은 이미 1850년대에 시작되었다. 그 이야기는 대개 윌리엄 모리스(William Morris)로부터 야기되었으나, 그 진부함은 오히려 현대에 와서 새롭게 신선한 의미로 우리에게 다가와 있다. 그의 붉은 집(Red House)의 진가는 아마도 시대를 뛰어넘어 유사한 논쟁이 일어날 때마다 하나의 표본으로 대두될 것이다. 인공환경을 만드는 기술의 발달이 사람들의 생활의 질을 높여 왔다는 사실에 대해 이의를 말하는 사람은 없다. 원래 인공환경의 질을 높이려는 노력은, 불리한 자연으로부터 인간생활을 보호—보온, 방풍 따위의—한다는 측면과, 유리한 자연상태의 인공적 재현—조명, 통풍 따위의—이라는 두 가지 측면으로 추구되어 왔는데, 그 모두가 자연이라는 거대한 실체를 비교의 대상으로 전제하고 이루어졌다는 점이 중요한 사실로 고려돼야 한다.

현대건축은 어느 의미에서건 자연으로부터의 분리선언이라고 볼 수밖에 없는 교리(敎理)—인공환경의 가능성에 대한 맹신—를 갖고 시작되었고, 그것이 이루어졌다고 믿고 있다. 사람들은 면광원(面光源)을 만들어 태양광선을 인공적으로 재현했다고 믿었고, 페어 글라스(pair glass)와 에어 컨디셔너로써 자연의 혹독함을 퇴치했다고 믿었다. 그리고 더욱 나아가 좀더 안락하고, 좀더 편리하고, 좀더 게으를 수 있는 모든 탐욕적인 수단방법을 생각해냈다. 과연 그들의 궁극목표는, 꼼짝않고 누워서 버튼을 눌러 밥상이 눈앞에 오고, 컴퓨터 터미널을 불러 침실에서 사무실 일을 처리하는 과학화한 생활뿐이겠는가. 이것은 결국 인간 본래의 자율능력이 퇴화함을 의미하는 것은 아닌가. 앞에 말한 대로 자연이라는 실체를 대상으로 이룩된 인공환경의 질적 향상이 궁극에 반자연적·비인간적 상태의 추구에 지나지 않는 것이었다면 그것은 진실로 의미있는 일이었던가.

건축이 기술이냐 예술이냐라는 논쟁은, 지금은 1850년대와는 달리 건축의 이상이 건축의 조형적 특성이나 예술적 표현이나 창조적 공간의 성취에 있다는 논쟁이 아니다. 사람에게 있어서 사람다워야 할 점, 육체적 편의와 안락이 아니라 정신적 안정, 다시 말해 문명사적 발전단계가 아니라 문화사적 발전단계의 추구로 그 논쟁이 환원되어야 한다는 데에서 현대건축의 새로운 예술론이 성립한다. 과거의 건축이 자연의 비바람으로부터 인간생활을 보호하는 것이었다면, 현대와 미래의 건축은 인간이 자신을 상실해 가는 말기적 문명현상으로부터 인간을 보호해야 한다는 새로운 명제를 창출했고, 이와 같은 문화철학적 배경을 두고 보면 건축이라는 것 자체의 존재의미가 새롭게 논의되어야 한다는 뜻이 된다. 건축의 본래적 의미는 이제 인간생활을 둘러싸는 도구로서 환경결정론적 관점에서 재정립되어야 한다. 인간은 생활의 질을 높이기 위한 기술의 개발과 연구 그리고 그 확신과 맹종에서 너무도 많은 시행착오와 부작용과 공해를 야기했다. 사람들은 이제 자연으로부터가 아니라 인간의 성취와 그 부산물로부터 보호되어야 한다. 건축이 사람들을 환경오염으로부터 보호하고, 사람들의 도시 소시민화로부터 보호하고, 또한 그들을 나태한 기형화(奇形化)로부터 보호하기 위해서는 새로운 관점에서 출발한 건축예술론이 대두되어야 하는 것이다.

물질과 정신

인류는 기술적으로 많은 것을 성취했고 엄청난 양을 건설했다. 그리고 그들의 생활 '향상'을 위해 국토와 도시와 건축에 그들의 거의 모든 지혜와 자본과 정열을 쏟아 왔다. 그럼에도 불구하고 20세기 현대건축의 비극은, 이대로 가면 갈수록 상황이 나빠지리라는 어두운 전망에 있다. 그 엄청난 노력에도 불구하고 어느 누구 하나 감히 어느 도시 하나를 꼬집어 이상(理想)의 도시라고 부를 만한 곳을 찾아내지 못한다. 사람은 그렇게 어리석고 무능력한 것인가, 아니면 이상적인 인공환경이란 본래 존재하지 않는 것인가. 거기에 두 가지 대답이 있을 수 있다. 하나는 인공으로 만들어진 환경에 '이상적'이란 있을 수 없다는 대답, 또 하나는 우리 물질문명의 성취한 바가 기본적으로 물량적·계량적 소산이어서 처음부터 방향설정이 잘못되었다는 대답. 이 두 가지가 모두 사실이다.

사람은 환경에 적응한다. 그 기묘한 특성 때문에 어지간히 잘못된 환경에도 적응하고 그 피해가 빨리 발견되지 않아서 자각증상으로 환경적 폐해를 느꼈을 때는 이미 시기를 놓친 단계까지 와 버리는 경우가 허다하다. 지금이 바로 그 늦어 버린 시기이다. 이제는 이상적으로 만들어진 인공환경이란 존재하지 않는다는 슬픈 가설을 긍정하지 않으면 안 된다. 또한 물리적인 처방으로 해 볼 만한 일은 다 동원해 보았다는 사실에도 동의하지 않으면 안 된다. 나는 서양의 물질문명과 동양의 정신문화를 딱히 대립되는 개념으로—과거에는 그랬다 하더라도—보지는 않지만, 분명해지는 것은 현대도시와 현대건축의 모든 시도들이 물질문명의 산물이라는 점을 감안한다면 그 막바지에 이르러서 찾을 수 있는 마지막 해답은 자연과 인간과의 관계에 관한 한 동양 사람인 우리식의 처방뿐이다. 그것만이 아직도 시도되어 보지 않은 채로 있다. 사람이 빵만으로는 살 수 없다는, 가장 우리 귀에 익은 격언이 바로 우리의 도시와 건축에서 무시되어 왔다. 사람이란 참으로 기묘한 존재여서 물질적 풍요만으로 마음이 풍요로워지지 않듯이, 인공환경의 물리적 개선만으로 행복을 느끼지는 못한다는 것은, 다시 말해서 기능적이고 편리한 환경만으로는 정서적으로도 안락한 환경이 되지 못한다는 뜻이 된다. 우리가 반성해야 할 점은 현대건축에 인간의 영혼이 도외시되어 있고, 현대도시에 인간적 정신이 결핍되어 있는 상황이다. 동양적 정신문화의 소산인 자연 경외사상이 현대도시에 다시 도입될 때 도시는 사람과 자연의 만남, 사람과 사람의 만남의 장소라는 인간 정주사회(定住社會)의 본성을 회복할 것이다. 또 다른 정신문화의 소산일 안빈낙도적(安貧樂道的) 태도가 도시민들에게 그 가치를 확인시킬 수 있다면 현대건축은 다시 사람들을 그들 생활 자체에 대한 애정과 신뢰로 돌이켜 놓을 수 있다.

정신과 그것을 유래한 풍토

사람에게는 편안하게 유지해야 할 육신이 있고 맑게 유지해야 할 정신이 있다. 이야기를 종교적인 논의까지 끌고 가지 않더라도—세속적인 의미에서라도—인공환경을 만드는 소위 도시 설계자나 건축가에게는 사람들의 진정한 욕구를 간파하는 눈이 있어야 하고 그것을 포용할 마음이 있어야 한다. 건축가에게 전해지는 요구조건들을 어떻게 소화하고 받아들이느냐에 따라 그 건축가의 세계관과 인생관과 직업관이 표출된다. 사람의 육신과 정신을 모성으로 모두 감싸 주는 것은 그 사람들에게 그들 정서의 뿌리를 되찾아 주는 일이다. 도시와 건축에서 물성적(物性的) 최소치가 성취된 다음에는 모든 사람이 추구해야 할 이상으로서 모성적(母性的) 근원을 찾는 노력이 뒤따라 주어야 한다. 사람은 그들이 태어난 상태에 가까울수록 정신적으로는 안도감을, 육체적으로는 자율적 기제(機制)를 회복한다. 동양 사람들이 오랫동안 신봉해 온 모든 정신적 가치관들이 20세기 물질주의 이후에 철저히 말살되었지만, 그 모든 인간에게 정신적 욕구의 근본만은 남아 있는 것이어서, 서양문명 최초의 주거이론이나 도시이론에서조차도 어떤 사람들은 물질보다는 정신적 처방이 필요하다는 점에 동의하고 있다.

현대도시에서 자율성 이론이 그 한 예이다. 고밀도 주거단지에서 왜 사람들이 고립감을 느끼고 폐쇄적인 자아로 돌아가며, 주위 사람들에게 적의를 갖게 되었는가라는 문제들에 대해 지금 우리는 아무런 처방도 갖고 있지 않다. 또 예컨대 고아원이건 어린이 병원이건 유치원이건 그것이 아무리 훌륭한 시설을 갖추었다 해도 인간적인 보살핌이 없이는 교육에도 치료에도 구호에도 실패하고 있다는 사실 등, 전혀 물질적 성취만으로써 만족시킬 수 없는 내면의 욕구들—불만들—이 인간에게는 있는 것이다.

동양 사람들은 인간을 자연의 일부로 보았기에 자연의 순리에 거스르지 않는 환경을 만들려고 노력했다. 겨울에 추운 것과 여름에 더운 것은 당연하다고 생각하고 그것을 받아들였다. 인공적으로 그것들을 막아내는 방법론에서 그들은 완벽을 주장하지 않고 지혜롭게 절충했다. 사람이 사계절의 변화를 느끼지 않고 항온항습(恒溫恒濕)의 상태 속에서 산다는 것은 우리 생각으로는 불합리한 것이었고 서양인의 도전적 사고방식으로는 하나의 이상이었다. 오히려 동양의 이상은 겨울의 찬바람이 폐부 깊은 곳을 씻어내고, 여름의 한더위가 사람들을 땀 흘리게 함으로써 완벽한 신진대사가 된다고 믿는 것이었다.

극히 최근에야 서양의학에서는 마라톤 선수들에게서 암의 발생률이 유난히

낮다는 사실을 발견했다. 그들은 이제야 땀이라는 이름으로 배출되는 액체 속에 상당량의 중금속이 검출되는 사실을 발견하고, 사람에게 땀을 흘린다는 사실이 얼마나 중요한 일인가를 깨닫게 되었다. 그래서 그들은 다람쥐 쳇바퀴 위에서 조깅을 하고, 앉은뱅이 자전거에 올라 땀을 빼고 있다. 지금까지 서양식 환경론으로는 어떻게 하면 사람이 조금이라도 땀을 덜 흘리고 지낼 수 있는가를 생각하는 일이 그들의 목표였으나, 이와 같은 때늦은 깨달음은 그들에게도 경종이 되고 있다. 이 단편적인 한 가지 예가 대표하고 있는 동서양의 커다란 정신적 괴리는 이제 인류의 종합된 지혜로서 결합되어야 한다. 라이크(Charles A. Reich)는 『미국의 녹색혁명(*The Greening of America*)』에서 "인간의 환경에서 녹색이 감소하는 것과 인간의 미덕이 퇴화하는 것은 정비례한다"고 말하고, 녹색결핍증이 인간미덕을 퇴화시키고 세상을 살벌하게 한다고 결론짓는다. 삼림욕(森林浴)이 인체에 어떤 영향을 미치는가라는 연구결과가 나온 것도 최근의 일이다. 돌이켜보건대 그전까지 서양의 도시계획에서 녹지가 강조되어 온 것도 대단히 피상적인 이유들에서였다. 반면에 인간과 나무의 관계에 대한 동양 사람들의 믿음은 오히려 맹목적인 것이었고, 『산림경제(山林經濟)』나 『임원십육지(林園十六誌)』 등 우리의 고전들은 이미 그 이전 수백 년의 경험들을 기술한 것에 불과하다. 만일 최근 미국에서 유행하고 있는 빌딩 속의 녹지—예컨대 포드재단 본부(Ford Foundation HQ)의 중정온실(中庭溫室)—나 주거단지에서 녹지비율 높이기와 옥외시설 투자증대 같은 현상들이 일찍감치—아마도 1900년대 초쯤에—시도되었더라면 서양식 인공환경의 질도 많이 달라졌을 것이고, 무엇보다도 동양 사람들이 왜 그다지도 자연에 연연했던가를 이해하는 데 도움을 줌으로써 그들에게도 정신적 접근방법에 있어 다른 가능성들을 보여줄 수 있었을 것이다. 그들은 동양이 미개해서—즉 난방기술의 부족으로—남향주택을 선호한다고 공공연히 말해 왔다. 그러나 거기에는 태양열의 물리적 효용만이 아닌 생물학적 가치, 그리고 더 나아가서는 정서적 안정과 남향선호—어쩌면 인간 본래의 욕구일 태양신 숭배—라는 무조건적·본래적·태생적 의미심장함이 있는 것이다. 태양을 받아들이는 지구상의 위치에 따라서 남반구와 북반구가 달랐고, 태양을 받아들이는 상태가 달라짐으로써 지구상의 각 지역은 또한 독특한 기후와 풍토를 갖게 되는 것이며, 서양 사람들 역시 17세기까지만 해도 기후와 풍토에 순응하는 주거지를 그들 스스로가 만들어 왔고, 거기에는 어느 전문가도 개입되지 않았다는 사실은 중요하다. 당연하게도 동양에서는 수천 년 동안 한치의 의문도 품지 않은 채 자연의 풍요로운 품속에 의지해 살아왔고 지혜로운 삶의 질을 유지해 왔음에 비추어, 최근 수십 년 사이에 서양 사람들이 토속건축에 눈을 돌리고, 건축가들에 의해 만들어지지 않는 아마추어 건축에서 배울 점이 많다고 고백하고 있는 점은 흥미있는 사실이다.

소프트웨어와 하드웨어

도시와 건축에서 어떤 최소한의 기본시설들을 하드웨어라고 말할 수 있다면, 그 위에 요즘 유행하는 말로 소프트웨어가 첨가되어 환경과 생활이 일체가 된다. 근대건축 운동의 발생 이래로 모든 도시건축 이론은 하드웨어에 경도돼 왔다. 앞서 언급한 발전단계설에 따라 하드웨어는 발전을 거듭해 왔고 이미 상당한 수준에 이르러 있다. 대부분의 도시들이 도시 하부구조(infra-structure)—가로망, 지하철, 상하수도, 가스 라인, 광케이블 등—를 완벽하게 갖추었고 그 위에 주거시설과 문화시설과 체육시설을 갖추었다. 이런 것들을 하드웨어의 최소치라고 볼 때 이 단계에서 오히려 필요한 것은 더욱 양질의 하드웨어 개발이나 보완이 아니라 훌륭한 소프트웨어 개발이겠다. 도시지하철을 단순한 수송수단이 아니고 사람들의 생활철학을 담는 문화시설로 변모시키기 위해 많은 종류의 프로그램을 개발해내야 한다. 문화시설들은 문화정책의 모뉴먼트로 위용을 자랑할 것이 아니라, 그 활용 프로그램을 다양하게 개발함으로써 진정 생활 속의 문화예술로 정착시켜야 도시라는 생존경쟁의 장(場)에서 인간적 미덕의 퇴화를 방지할 수 있는 것이다. 만일 어느 쪽에 돈을 먼저 써야 할지 불확실한 상태에 있다고 하더라도 우리는 하드웨어 일변도의 사고방식을 고쳐야 하고, 소프트웨어가 하드웨어의 필요성을 증명하고 있다는 사실을 상기해야 한다. 예컨대 문화예술의 기본시설을 마련하기 위해 엄청난 시설투자가 필요한 것은 사실이나, 작품만 좋다면 이동 극단이나 이동 음악회 등 대중화, 서민화한 것들도 그 문화적 파급효과에서 결코 뒤지지 않는다는 사실도 중요하다.

　도시와 건축은 그것 자체로 생명력을 갖는 것이 아니라 그것을 사용함으로써 산 것이 된다. 그 사용방법을 활성화하는 프로그램을 소프트웨어라고 이름을 붙일 수 있다면, 훌륭한 소프트웨어를 가진 건물만이 진정 산 건물이며 우리 생활을 감싸는 건축과 도시로서 존재의미를 갖는다. 우리는 도시와 건축을 만드는 데 있어서 지금까지와는 전혀 다른 프로그램이 먼저 필요함을 절감하고 있다. 아마도 그것은 이 일에 종사하는 사람들 모두에게 지금까지와는 전혀 다른 소위 의식화(意識化)의 과정을 요구할는지도 모른다. 도시는 상업지구, 주거지구로 분리되기보다는 사람이 사람을 만나는 장소로서 그 의미가 더 강조돼야 하고, 주거단지는 다시 대가족 제도를 부활하게 하는 새로운 프로그램이 필요할 것이다. 건폐율, 용적률 규제의 의미가 무엇인가를 그 본질에서부터 다시 검토해야 하고, 차량과 보행자의 우선순위가 진정한 의미로 재평가돼야 한다. 건축투자는 오 년, 십 년, 이십 년, 백 년으로 차등화해야 한다. 오 년이면 헐어도 좋을 창고형 매장은 값싼 것일수록 좋고, 백 년 동안 서 있어야 할 박물관은 설계에 십 년, 공사에 십 년이 걸려야 한다. 주거용 건축은 좀더 자연친화적이어야 하고, 소형화·에너지 절약형화해야 하고, 그러기 위해서는 선박이나 비행기, 나아가 우주선만큼 첨단설계가 되어야 한다. 건축은 이렇게 소프트웨어적인 새 프로그램이 필요하다. 우리는 지하철과 도시가스의 확장에 만족할 것이 아니라, 시민생활에서 애정을 회복하게 하는 소프트웨어를 개발하고 확장해야 한다. 도시는 '살 만한 곳'으로 충분히 존재가치가 있다. 사람들은 사실 이 '살 만한 곳' 이상을 기대하지는 않는다. 쾌적하고 안전한 생활이 보장되면 되는 곳이다. 살 만한 곳이란 그 이상도, 그 이하도 아니다. 21세기의 과학문명이 그것을 해결 못 한다는 것이 오히려 우스운 일이다. 즉 그것은 동물적 요구를 과학문명이 해결하는 접근방법이 아니라, 새로운 도시와 환경을 위한 시민의 문화의식, 창조적 생활, 인간 예지의 재발견에 달려 있는 것이다.

삶의 질, 창조적 생활

현대도시의 삶은 우리에게 간단한 진리를 가르치고 있다. 사람들이 하는 일에는 '돈이 있어야 되는' 부분이 있고 '돈이 없어도 되는' 부분이 있지만, '돈만 있어도 안 되는' 부분도 있다. 도시와 건축의 하드웨어 중 여러 부분에는 '돈이 있어야 되는' 부분이 있다. 그러나 그 중의 어떤 것들은 '돈이 아무리 많아도 안 되는' 지혜를 필요로 하는 부분이 있다. 나아가 '돈은 없어도' 되는 소프트웨어 부분이 있다. 그것은 창조적인 생활이다. 사람들은 그들 생활에서 삶을 창출해내는 것이지, 누구를 위해서 살거나 또는 누구를 위해서 사는지도 모르고 지내게 만들어져 있지 않다. 창조적인 주거생활은 먼저 '스스로 하라(do it yourself)'의 프로그램에서 찾을 수 있다. 자신이 선호하는 전망을 골라야 하고, 자신이 좋아하는 꽃을 베란다에 길러야 한다. 주택과 아파트의 인테리어 설계에 전문가의 도움을 받지 않아야 한다. 커튼과 벽지를 고르는 데 전문가를 초빙하는 것은 우스운 일이다. 자신이 해 본다는 습관이 바로 창조적인 생활이며, 그것은 훈련과 세련의 단계를 거쳐 충분히 자신을 만족시키는 경지에까지 이를 수 있다. 나무를 다듬고 잔디에 물을 주는 것은 창조적인 생활이다. 의(衣) 생활과 식(食) 생

4. 이탈리아의 산악도시 포시타노는 지중해의 해변마을이기도 하다. 오백 년 된 어촌의 건축물들이 외관을 그대로 유지한 채 고급빌라와 호텔과 식당으로 개조되고 있어 그나마 다행이다. 불가항력적으로 밀려들어오는 자본의 물결에 맞서 온 이 마을 사람들의 최소한의 저항정신은 존경할 만하다.

활에서 이미 자연섬유, 자연식품이 거론되듯이, 주(住) 생활에서는 자연적 환경이 회복되어야 한다.

서양문명 발생 이후 최고의 엘리트 그룹인 여피들(yuppies)이 최근에 보존식품을 먹지 않기로 약속했다는 사실은 만시지탄(晚時之歎)은 있으나 놀라운 일은 아니다. 과일은 제고장의 것을 제철에 먹어야 하므로 겨울에 수박과 딸기를 먹는 것은 자랑이 못 된다. 왜냐하면 사람은 여름에 체력소모가 많으므로 싱싱한 과일을 먹고, 겨울을 나기 위해 가을의 햇곡식을 취하도록 만들어졌기 때문이다. 앞마당 좁은 터에 상추와 풋고추와 오이를 심어 한 계절 식탁에 올리는 것은 가장 쉬운 창조적 생활이다.

자연의 건축재료를 세상의 온 인류가 고루 나눠 쓰도록 분배할 방법은 없지만, 적어도 천연의 건축재료보다도 석유화학 부산물인 고분자화합물을 더 신용하는 태도는 삶의 질 향상을 위해 불식되어야 한다. 우리는 에어 컨디셔너의 온습도 조절작용보다는 흙벽과 창호지의 습도 조절작용을 더 신뢰해야 한다.

주택이나 아파트에서 해와 달과 별을 즐길 수 있다면 그것은 창조적인 생활이며 질 높은 삶이라 할 수 있다. 그것이 바로 사람들에게 시상(詩想)을 떠올리게 하고, 마음속으로 음악을 듣게 하며, 훌륭한 그림을 알게 하는 능력을 일깨운다.

5. 분당 공동주택. 광장 설계. 1996년. 지붕에 만들어진 돔은 리모컨에 의하여 1.2미터 개폐되고 좌우로 180도씩 회전해, 햇볕을 직접 받기도 하고 간접광선만 받아들이기도 한다. 밤에 침대에 누워 달과 별을 바라보는 것만으로도 아름다운 꿈이 준비되는 것이다.

창조적인 도시생활은 또한 그 구성원들의 참여에서 온다. 사람들은 지하철을 자가용으로 생각할 수 있어야 한다. 도시시설을 아끼고 활용하고 그리하여 사랑하게 되는 것이 도시생활을 자기 것으로 하는 방법이다. 도시에는 축제가 있어야 하고 사람들이 그것에 열광할 수 있어야 한다. 도시에는 철저한 자연과 유구한 역사가 사람들의 현재와 공존해야 하고, 그것이 사람들을 자연의 일부로 역사의 일부로 공감하게 해야 한다. 낙엽과 빗방울이 생활의 일부가 돼야 하고, 고궁은 젊은 연인들과 노부부의 산책로가 돼야 한다. 도시는 평범한 삶의 장소가 아니라 인생이라는 드라마의 무대여야 한다. 거기에는 이야기가 있어야 하고 추억과 애정과 향수가 있어야 한다. 사람들은 그들의 훌륭한 시상(市長)을 뽑고 또한 나쁜 시장을 갈아치워야 한다. 그들은 그들 도시의 한 부분에 차량통행을 금지시키는 일이나 산꼭대기에 케이블카를 놓는 일에 주인으로서 완전히 동의해야 한다. 그들은 어린아이들을 안전하게 학교에 보내고 밤에 안전하게 거리를 걸어다닐 권리를 되찾는 일에 참여해야 한다. 집단 주거단지의 관리비 인상결정에 참여해야 하고, 춥게 지낼 것인가 따뜻하게 지낼 것인가 선택할 수 있어야 한다. 그들에게는 작은 집에 산다고 해서 무시당하지 않을 권리가 있으며, 시가지의 어느 모퉁이에 산다고 해서 불평등한 처우를 받지 않을 권리가 있다.

점심을 먹거나 화장실에 가는 일을 누가 대신해 줄 수 없듯이, 생활이란 자신만의 유일무이한 것이고 그 생활의 질을 높이는 것도 자신의 일이다. 모든 사람이 바로 그 점에 대해 의식화해야 할 시기에 온 것이다. 나는 다가올 시대가 고도산업화시대도, 고도정보화시대도 아닌 사랑과 지혜의 시대여야 한다고 믿는다.

건축의
보편성

1986년 경희대 초청강연에서 이야기한 내용이다. 건축이라는 인류 보편
욕구를 충족시켜야 하는 직업인으로서 건축가 개인의 개별적 특성인 작
가 개성의 문제에 관한 결론으로, 건축가들에게 개성의 추구가 보편적
가치추구에 우선하지만, 정리되지 않은 개별성이 난무하는 우리의 시대
에는 오히려 인간욕구에 대한 보편성의 추구가 건축의 개별성을 확보하
는 하나의 방법론일 수 있다는 논리를 제기했다.
안셀메(Father Anselme of the Virgin Mary)의 주장대로 보편성이 개별
성을 포용하느냐, 그렇지 않으면 진정한 지혜를 성취하려는 인간 이성의
능력에 관해 낙관적이었다는 이유로 저서를 불태우도록 강요당했던 아
벨라르(Peter Abelard)의 생각대로 인간의 개별성은 보편성을 초월하
냐라는 오랜 논쟁을 참고로 각자의 결론은 달라질 수 있을 것이다.
이 지루한 이야기는 참 마음에 차지 않는다. 지금쯤 삼십대 중반이 되었
을 그날의 학생들에게 뒤늦게 미안한 마음을 전한다.

오늘 제가 말씀드리려고 하는 '건축의 보편성'이라는 주제야말로 건축에 관
한 이야기로는 아마도 가장 맥빠진 얘기가 되겠습니다. '보편적'이라는 주제가
이야기 자체로도 보편적인 내용일 것이기 때문에 그렇다는 뜻입니다. 만일 반보
편(反普遍)의 예를 들어, 르 코르뷔지에(Le Corbusier)가 19세기의 어느 날 근대
건축의 5원칙을 얘기했다든가, 벤투리(Robert Venturi)가 그 말에 대응하여 『건
축의 복합성과 모순성(*Complexity & Contradiction in Architecture*)』(1977)에서
아주 센세이셔널한 얘기를 했다거나, 혹은 젠크스(Charles Jenks)가 포스트모더
니즘에 대해 『르 코르뷔지에의 비관적 견해(*Le Corbusier and the Tragic View of
Architecture*)』(1974)에서 거창한 얘기를 했던 경우에 비해, 저 자신은 그들처럼
유명하지도 않거니와 '보편성'이라는 말이 일차적으로 센세이셔널한 얘기하고
는 거리가 멀기 때문에 맥빠진 것이 될 거라는 이야기입니다. 왜 이렇게 대단한
자리에 불려 와서 그런 맥빠진 얘기를 할 수밖에 없는가에 대해서는 설명이 좀
필요하다고 생각합니다.

대학을 졸업한 후 약 이십 년간 설계 분야에 종사해 오면서 일에 임하는 태도

를 정리하거나 건축이라는 것에서 느껴 온 점들을 방법론으로서 정리할 기회가 저에게 없었는데, 어떤 기회에 건축에 대한 당신의 생각이 어떤 것인가라는 질문을 받을 경우, 어떤 식으로든 정리·해명하지 않으면 안 될 경우가 있습니다. 자신의 방법을 정리해 얘기한다는 것은 어렵고, 자칫 아전인수(我田引水)격이 되거나 자기 위주의 선입견, 자기류의 과장된 해석이 들어가게 되는 것을 알지만 어쩔 수 없이 저 자신의 방법론을 정리하려니, 몇 마디로 얘기하여 '좋은 건축은 보편적이다'라고밖에는 달리 표현할 어떤 말을 찾을 수가 없습니다.

먼저 건축이라는 것을 한 건축가로서 어떻게 받아들일 것인가가 얘기돼야 하겠는데, 제 경우는 이렇습니다. 다른 분들이 말씀하기로는 저를 표현이 대단히 독자적이라거나, 주장이 강하다거나 하는 말로 설명하지 않습니다. 한눈에 평범하다는 이야기입니다. 이것은 아마도 제가 '건축의 보편성'을 무의식중에라도 아주 중요한 것으로 바탕에 깔고, 건축이라는 것을 광범위하게 파악하려는 노력을 늘 염두에 두고 있기 때문일 것이라고 생각됩니다. 저 자신의 개인적인 경험을 들어 얘기해 보면, 그것을 등산과 비유해 볼 수 있겠습니다. 중·고등학교 육년, 대학교 사 년, 도합 십 년을 산악부에서 산에 다닌 경험이 있는데, 등산을 하며 자연을 어떻게 생각할 것인가를 많이 느꼈습니다. 산에 가서 텐트를 치고 야영을 하며 별자리, 동식물, 산의 생긴 모양, 기후변화 등에 관심을 갖고 실제 그것들을 몸으로 경험하면서, 건축을 학문이라고 부를 수 있는 모든 관련 분야가 등산과 연결될 수 있음을 알았습니다. 이들은 모두 건축과 유관하며, 그 사실은 바로 건축이라는 것이 인간의 생활을 감싸는 것이고, 사람의 생활은 부인할 수 없이 모든 종류의 건축관련 학문과 연관되기 때문일 것입니다. 이렇게 건축을 지나칠 정도로 광범위하게 파악해 보면 어쩔 수 없이 보편타당한 규범을 자신 속에 만들게 됩니다. 잘 알다시피 건축의 세 가지 요소를 구조·기능·아름다움의 대등한 조합으로 보며, 개인에 따라 그 중 더욱 중요시하는 어느 요소들에 의해 그 건축의 성격이 결정되기도 하지만, 이들 중 어느 하나에 치우침 없이 만족시키려면 '보편성'을 생각하지 않을 수 없게 됩니다. 나쁘게 말하면 무개성, 평범함, 무난함이라고밖에 할 수 없겠지만, 이 말의 옳고 그름을 떠나 다분히 제 개인의 심정을 얘기한다면 결국 건축은 "보편적 가치가 우선해야 한다"라고 할 수 있겠습니다.

건축을 생각하는 데 있어 사람과 사람들의 생활, 그리고 그 생활이 이루어지고 있는 자연을 떼어놓을 수가 없습니다. 인공환경을 만들기 전, 인간이 자연 속에서만 살았을 때 사람의 생활은 자연의 일부였지만, 자연적 요소가 오히려 부족하고 인공적 요소가 넘치는 지금에 와서, 우리에게 필요한 것은 잘 된 인공환경보다 평범한 자연적 요소들이 절대적으로 귀중하고 모든 건축적 선택에 우선한다고 믿습니다. 건축이라는 인공적 작업에 종사하는 사람으로서 이같이 인공 아닌 자연에 대한 강한 믿음을 갖고 있다면 이것이 이율배반이라 느끼실지 모르겠지만, 저 자신은 인공이 있기 전에 사람의 동물적 특성에 비추어 자연적 요소가 우선해야 한다는 것이 작은 신념입니다.

이에 비추어 지나간 우리의 이십여 년을 반성해 보면, 우리는 정신없이 개발 일변도로 살아왔습니다. 사람들은 모두 '뛰면서 생각하자' 할 정도로 눈이 멀어 있었습니다. 그 결과 우리는 외형적으로 도시환경의 외관은 갖추었을지 모르나, 자연과 정신유산의 엄청난 훼손이 그 대가로 우리 앞에 놓이게 되었습니다. 우리는 이제 와서 개발과 보존이 과연 목적과 방법이 상치되는 역명제일까 의문을 갖게 되었습니다. 이런 문제에 봉착할 때 정책 결정자, 개발 계획자, 도시 전문가, 일반인 등 모두에게 있어 자연에 대한 그들 이해의 폭에 따라 그 논의의 결과가 달라진다고 봅니다. 특히 정책 결정에 참여하는 일부 소수의 전문가들의 철학—그들의 자연관, 인공관, 즉 인간의 능력에 대한 신뢰 정도 등—은 상황을 다르게 만들 수도 있습니다.

앞서도 얘기했듯이 건축은 인간의 생활을 감싸는 것이기에 기본적으로 사람을 형성하고 있는 요소들 중 동물적인 면, 자연에 속해 있는 부분에 좀더 중요도를 부여해야 합니다. 인공환경을 만드는 데 있어 사람의 능력은 대단합니다. 그러나 그것은 아무리 해도 자연에 비할 수 없으며, 어느 순간 아무리 감동적인 환경을 만들어도 그것은 자연과 같은 항시성을 갖지 못하는 경우가 많습니다. 자연은 엄격한 규율에 의해 억겁으로 반복되지만 조금도 지루하지 않으며 그렇게 상식적인 바로 그것에서, 인공환경의 일회적 감동과는 비길 수 없는 감동을 느낍니다. 물론 우리가 건축물을 통해 인공적으로 어떤 감동을 부여할 수도 있습니다. 예를 들어 어느 성당을 설계할 때 빛과 어두움을 강조한다는 등의 수법으로 건축적 감동을 부여한다고 생각할 수도 있겠죠. 그러나 모든 사람이 건축가가 의도한 감동에 똑같이 따를 수 없을 뿐더러, 건축가가 사람들 모두를 매시, 매번 의도적 감동으로 몰아간다는 것은 불가능하며, 그럴 수 있다는 생각은 자만입니다. 평범한 얘기이시만 이 점이 중요하다고 생각합니다.

우리가 하나의 설계에 임할 때를 생각해 봅시다. 기능을 분석한다, 동선을 연구한다 등등 여러 과정을 거치겠지만 우리가 이때에 경계해야 할 것은 어떤 화젯거리 결과물, 즉 세속적으로 성공할 작품 등을 기대하는 일입니다. 이들은 건축에서 우리가 진정으로 피해야 할 기본입니다. 왜냐하면 자연의 중요성을 인식하는 것, 인공적인 것에 대해 맹신하지 않는 것, 그리고 무리없이 겸손하게 시작하는 것이 지속적이며 오랜 감동을 일으키기 때문입니다. 동양적인 사고방식이랄 수 있겠죠.

6. 자연은 정확히 규칙적으로 억겁을 반복해 왔다. 가장 규칙적인 것은 가장 변화무쌍하다. 건축가들은 그들이 만든 일회적 감동이 사람들에게 일상적 감동으로 받아들여지기를 바라지만 그것은 자연계에서나 가능한 일이다.

이해를 돕기 위해 자연의 순리에 맞지 않은 예를 들어 본다면, 오스카 니마이어(Oscar Niemeyer)의 산상도서관(山上圖書館), 김수근(金壽根) 선생의 힐탑바(Hilltop Bar)를 우선 생각할 수 있습니다.

이들은 순리적이기보다는 작가의 의지를 과시하는 표현입니다. 이것은 단순히 모뉴멘털리티의 추구입니다. 모뉴멘털리티라는 말을 냉정히 생각해 보면, 건축을 생활의 덮개가 아니라 시각적 감동의 대상으로서 인식시키려는 목적의지가 있습니다. 이것은 보편의 자연원리를 벗어난 것이지요. 센세이셔널한 것, 모뉴멘털한 것들은 자연적 보편성과는 절대적으로 거리가 있습니다.

고전건축을 함께 생각해 봅시다. '고전'이란 옛것이면서도 지금까지 지속적으로 감동을 줄 수 있는 것이지요. 고전건축들이 왜 그렇게 오랫동안 좋은 느낌을 주어 왔는가를 생각해 봅시다. 이들은 우리의 미적(美的) 고정관념, 고전적 가치규범에 일반적으로 가장 충실했기 때문입니다. 고전에서 읽을 수 있는 건축의 보편성을 많이 생각해 보았습니다. 작가 개성의 표현보다는 어떠한 규범에 충실한 것이 고전입니다. 요즘 흔히 얘기하는 지역주의(localism) 혹은 토속건축, 건축가 없이 이루어지는 본능적 건축 들이 종종 건축가들의 '작품'보다 훨

7. 아스플룬트(Gunnar Asplund)는 건축의 궁극적인 보편성을 묘지설계에서 보여준다. 건축이 사람들의 생활을 감싸는 것이라면 건축가의 개인적 취향이 배제될수록 좋은 것이 아닐까. 모든 이를 위한 최후의 것. 거기에는 건축가의 탐욕이 배제되었다.

씬 감동적일 때가 있습니다. 이것은 바로 그 지역 풍토에서 가장 보편적으로 요구되는 필연적 해결방법이기 때문입니다. 이때의 자연스럽고 순수한 것이 더욱 기능적이고 감동적인 것이지요.

우리가 건축주들과 만나게 될 경우 기능, 아름다움, 경제성 등등을 가장 많이 논의하게 되는데, 이 일을 함께 생각해 봅시다. 저 자신, 건축은 가장 기능적이어야 한다고 주장하지도 않고, 물론 완벽한 기능주의자도 아니지만, 광범위한 의미에서 건축이란 우선 기능에 충실해야 한다고 생각하고 있습니다. 그리고 기능은 바로 보편적 요구조건들에 맞아야 한다고 봅니다. 기능이야말로 개인적 직관이 개입되지 않은 순수한 요구이며, 보편적으로 갖춰야 할 규범입니다. 가끔 조형적 아름다움, 공간적 구성을 위해 기능을 희생시켰다는 말을 듣습니다. 혹은 기능 위주로 설계해 조형성을 무시했다는 상반된 말을 듣습니다. 그렇게 기능이란 어느 건축에서나 보편적 요구조건으로 먼저 언급되는 요소입니다.

건축의 아름다움에 관해서 생각해 보아도 이야기는 역시 보편적인 가치관과 결부가 됩니다. 개인차가 있긴 하겠지만, 일반적으로 아름답다는 느낌은 인간 체험의 공통분모 위에 서게 됩니다. 많은 사람들이 공감할 수 있는 아름다움이 아름다움에 대한 최상의 목표라고 볼 수도 있겠습니다.

경제성 역시 초기 투자에서부터 관리 유지에 이르기까지 건축의 가장 중요한 요소가 되는데, 건축을 말할 때 이것이야말로 누구든지 공감할 수 있는 하나의 보편적 가치요소이지요.

한편 보편적인 것만을 강조한다면 그것은 개성, 독창성, 창조성이 없는 것이 아닌가, 모든 사람, 모든 요소를 만족시키는 것이라면 그저 두루뭉실한 형상밖에 남을 것이 없지 않은가 하는 의문이 있을 줄 압니다. 그러나 사람들은 보편적인 가치관의 한도 내에서 각자의 개성있는 삶을 펼쳐 나갑니다. 그것을 알면서 건축가가 사람들의 삶을 정의하고 규제하려 들어서는 안 되는 것입니다. 지오 폰티(Gio Ponti)가 얘기한 '종교와 건축'을 통해 이 점을 생각해 봅시다. 종교건축은 종교를 위한 건축이지, 결코 그 건축이 종교를 의미하는 것은 아닙니다. 어떤 건축가가 건물 안에 들어온 사람들에게 종교적 감흥을 유발시키려 하고, 하느님의 위대함을 찬양하게끔 만들려고 할 때 항상 사람들이 건축가가 의도한 그런 식으로 유도되는 게 아니지요. 혹시 있을 수 있었던 감흥은 건축적 감흥이 아니라 신앙적인 어떤 것이었음을 깨달아야 합니다. 그리고 그것은 매번 반복되지 않습니다.

제가 한강성당을 설계할 때 경험한 일입니다. 어느 날 아침 공사 중인 지하실에서, 그것도 채 완성되지 않은 상태에서 신자들이 모여 아침 미사를 보고 있었는데, 그 분위기가 그렇게 경건할 수가 없었습니다. 그것은 그들의 신앙심 때문이지, 건물에서 오는 감흥 때문이 아니었습니다. 인위적 연출이 성공할 수 있다고 믿는 것은 교만이었습니다. 특별히 종교건축에서 건축가는 숨어 있어야 합니다. 건축가가 어떤 의도된 감동으로 사람들을 유도해서는 안 됩니다. 말년의 마티스가 남프랑스에 은퇴해 있을 때, 근처 수도원에서 주문받은 스테인드 글라스 화를 놓고 대단히 고민했던 이유도 같은 것이었습니다. 그 자신의 종교적 해석을 다른 사람들에게 강요하게 될 것을 염려했기 때문이지요.

저는 '이 성당건축은 이래야 한다'라고 어디엔가 그 이치가 꼭 씌어져 있을 것같이 느낍니다. 그래서 건축가는 여러 방면으로 노력하여 그 이치를 깨달아야 하고 그것에 맞게 건물을 지어야 하는 게 아닌가 생각하고 있습니다. 예술가를 자칭하기 좋아하는 일부 건축가들은 건축을 '무에서 유를 만드는 것이다', 혹은 '무언가 창조한다'라고 즐겨 표현하는데, 그것은 정말 난센스가 아닌가 합니다. 어떤 건축이건 그것이 꼭 거기에 그렇게 있어야 했던 충분한 이유를 갖고 있어야 합니다. 무에서 유를 창조하는 것이 아닙니다. '발명'일 수가 없습니다. 설사 그것이 발명이라 할지라도 발명의 모든 근원은 어디엔가 씌어져 있는 것을 발견해내는 데 불과한 것입니다.

제가 애독하는 책 중의 하나인 『훈민정음』 서문을 통해 같은 이야기를 해 보죠. 『훈민정음』의 해례(解例)나 서문을 통해서 보면, 세종대왕을 두고 정인지(鄭麟趾)를 비롯한 신하들이 이렇게 말하고 있습니다.

"훈민정음을 만들어 놓고 보니 참 좋았다. 하늘의 이치를 영군(英君)이 알아내어 이를 재현시키니 하늘과 땅과 사람으로부터 '만들어지도록 되어 있던 것'이 이루어졌다."

하늘의 이치를 따라 순리적으로 만든 훈민정음은, 기능은 물론 아름다움을 갖춘, 과학성있는 조화로운 글이 된 것입니다. 우리는 이 말에 감동받아야 할 충분한 이유가 있습니다. 이것은 보편성의 원리 위에 서서 어떤 독창적이고 훌륭한 일이 이루어진 좋은 예입니다.

이렇게 볼 때 건축가는 어느 면에서 보면 전문가라고 말할 수도 없겠습니다. 전문가(specialist)라기보다는 건강한 상식인(generalist)이라고 해야 합니다. 전문가란 바로 그 사람이 아니고는 다른 누구도 그 사람의 일을 대신할 수 없는 그런 사람을 말하는데, 건축은 그렇지 않습니다. 집을 여러 번 고쳐 짓고 새로 짓고 하신 아주머니들이 "몇 번 집짓고 나니까 전문가가 다 됐어요"라고 말합니다. 아주머니들도 할 수 있습니다. 우리가 대학, 대학원에서 '전문적'이라고 배운 내용들이 사실 별것 아니죠. 가장 생활에 충실한 것, 인간 감정에 충실한 것, 즉 자연의 요구에 충실한 것들을 배웁니다. 그것들을 가지고 우리가 전문가라고 말해서는 안 됩니다. 건축가는 건강한 상식인이라고 하는 것이 더 타당하기 때문에 건축은 보편성이 우선해야 한다는 유추가 더욱 가능한 것입니다.

인공환경에 관해(전적으로 신임하는 건 아니지만) 다시 생각해 봅시다. 우리 몸에 가장 가깝게 접하는 가구를 봅시다. 수천 수만 가지의 의자가 있는데, 우선 가장 간단히 말해 '앉아 편해야 한다'는 기능을 지닙니다. 앉아야 하는 기능에서부터 시작하여 각종 디자인이 있게 되는데, 아무리 기발하고 독창적인 것일지라도 '의자는 의자여야 한다'라는 것만은 꼭 지켜야 의자가 됩니다. 이것이 앉기 위한 의자의 보편성입니다.

건축에 관해서도 같은 방법으로 봅시다. 저는 요즘 유치원 설계를 하나 하고 있습니다. 제가 보아 온 유치원 중에서 인상 깊었던 것 중의 하나는 암스테르담에 있는 반 아이크(Aldo van Eyck)의 유치원이었는데, 철저히 어린이의 스케일에 맞춰 지어졌습니다. 우리가 갖고 있는 법규상으로는 불가능하겠지만, 저도 유치원만은 어린이들의 행동 스케일에 맞춰야 한다고 느꼈습니다. 가구에서부터 천장 높이, 문 폭, 화장실, 복도 등이 모두 어린이 스케일로 이루어져야 한다. 이것은 보편성을 생각하면 무리가 있는 것이지요. 유치원은 어린이뿐 아니라 보모, 선생님, 관리인, 참관할 부모들도 함께 사용해야 한다는 점을 고려에 넣어야 하는 보편성을 동시에 지닙니다. 이 경우 좋은 유치원이 되기 위한 더 보편적 해결은 두 가지를 다 충족시키는 것이 될 터인데, 둘 다 만족시키지 못할 경우 어느 한쪽을 택하게 될 것입니다. 저는 어린이 쪽을 택했습니다. 그것이 더 중요하고 그 외의 것들은 부차적이라고 보았습니다. 이 선택이 상식인으로서 건축가의 개성적 판단입니다.

'보편성'이라는 말을 설계과정과 함께 다시 생각해 봅시다. 우리가 설계를 위해 한 과제를 받으면, 우선 흔한 분석과정(analysis process)을 거쳐 설계를 시작합니다. 대지 조건에서부터 건축주의 요구, 기능별 분석 등등을 해 나가면서 어느 경우에서나 어떤 원칙적 요구조건들을 만족시켜야 하지만, 우리는 그 프로그램 과정에서도 독창적인 제안들을 내놓을 수 있습니다.

우리에게는 건물이 설계될 대지에 가서 처음 받은 인상이 건물의 설계과정 끝까지 영향을 미치는 경우가 많습니다. 이때 대지로부터 받는 첫인상은, 대지에서 느낀 선입견이나 얄팍한 감상이기보다는 대지의 필연적 요구를 받아들이려는 자세에 따라 달라집니다. 흔히 대지의 속성을 경사 여부, 크기와 평수, 주변경관 등의 물리적 요인으로 파악하기도 하지만, 그 이상의 것을 읽어야 합니다. 또한 구조, 설비, 전기 등의 요구조건을 읽고 그 해결방법들을 보편성 위에서 찾아야 합니다. 이때 한 건축가가 거기 숨은 요구조건들을 어디까지 읽을 수 있는가는 그 사람의 능력입니다.

'디테일'에 관해서 건축가들은 신경을 많이 쓰는데, '디테일이 좋다'든가, '디테일이 서투르다'라든가 하는 말을 가끔 듣습니다. 건축의 본질을 호도하는 과잉 디테일은 건축가의 타락이라고 저는 생각합니다. 잡지에서 사진으로 볼 때 멋있고 굉장해 보이는 작품들이 실제로 가 보면 그보다 못한 경우가 종종 있습니다. 재미있는 예가 르 코르뷔지에의 경우인데, 사진으로는 멋있는 그의 작품들 가운데 비가 샌 자국이 있는 것들이 많습니다. 1925년 그가 근대건축 5원칙의 충실한 모델로서 제작한 파리 근교의 사보이 주택(Villa Savoye)은 새로운 시대의 새로운 건축의 논리를 증명하기 위해 모든 디테일을 새롭게 그리는 무리를 범한 결과, 비가 새는 부분이 있었습니다. 대개 유명한 건축가들이 마음먹고 지은 작품들 중에는 비가 새는 경우가 있습니다. 건축의 원초적 목적이 비를 피하는 것인데, 비를 새지 않도록 하려면 그 디테일은 그 지방의 강우조건에 맞는 전

8. 마추픽추(Machu Picchu).
마추픽추를 만들고 거기에 살았던 사람들은 생활 전체를 종교의식처럼 살지 않았을까. 돌의 세공은 기도하듯 다듬지 않고서는 그렇게 될 수가 없다. 그들은 천상의 도시를 꿈꾸었던 것 같다.
그러나 그들은 어느 날 홀연히 사라져 버렸다.
이곳에 살았던 모든 사람이 건축가들이었다고 보면, 건축가와 건축가가 아닌 것은 구분될 필요가 없다.

통적 방식으로 해결해야 쉽습니다. 그 방식들은 오랜 세월 다듬어져서 그야말로 빈틈이 없습니다. 그 쉬운 것을 포용하고도 새로운 주장을 펼 수는 없을까요.

재료 선택 또한 보편적으로 이루어져야 하는 작업인데, 이때 보편적이란 말은 내구성, 가격, 모양, 질감 등 모든 사람이 마음놓고 쓸 수 있는 일반성을 지녀야 합니다. 벽과 천장과 바닥 재료의 선택은 그 공간에서 무슨 일이 벌어질 것인가를 감안하고 그 배경이 되는 것으로 충분합니다. 건축주가 건축가에게 '마음대로 설계해 보시오' 했을 경우, 어느 방의 벽을 백 호 크기의 푸른색 추상화가 걸리기 위한 벽이라 설정하고 거기 맞는 독특한 재료를 선택하는 것보다는, 어느 그림이 걸려도 포용할 수 있는 그런 벽이 더욱 훌륭한 해결책이라는 것이지요.

건축물의 유형들을 생각해 봅시다. 학교, 주택, 공장, 공항… 이들은 각각 그것들이 그래야 하는 필연성을 지니고 있습니다. 파리의 드골 공항을 보면 이곳은 비행기를 타기 위해 몰려든 사람들을 분류, 탑승시키는 편리한 기계라고 볼 수 있는데, 이것이 건축가의 개성을 먼저 앞세운 건물로 설계되었다면 결과는 좀 달랐을 것입니다. 그 건축가는 통조림 공장의 컨베이어 시스템 같은 것을 생각했던 것 같았는데, 그것은 가장 보편적인 해결방법이지만 그런 선택은 그 건축가의 개성에 속하는 것입니다.

학교 역시 그 올바른 정형이 어디엔가 씌어져 있을 것 같다는 게 저의 확신인데, 현재의 학교들—넓은 운동장 끝에 커다란 건물이 일렬로 서 있는—은 지어질 당시인 일제시대의 권위주의, 전제주의에 의한 필연적 귀결이었습니다. 이것을 벗어나야지요. 불순한 목적이란 보편적이 아닙니다. 이것을 벗어나야 한다는 생각은 건축가의 가치관이지요. 주택의 경우 한때 안양석(安養石)이라는 돌을 많이 붙였는데, 흔히 건축가들이 '붉은 안양석을 한번 붙여 보았다'라는 말을 했습니다. 값이 싸다든가, 아름답다든가, 구하기가 쉽다거나 등등의 필연적 이유가 없이 그저 '한번 해 보았다'는 식은 적어도 건축가의 태도로서는 곤란합니다. 안양석이 아니면 안 되었던 필연적 이유가 언급되어야 했지요. 의상 디자이너라면 '웨이스트 라인(waist line)'을 한번 강조해 보았다, 레이스를 달아 보았다'라고 말할 수 있을지 모르나, 건축의 경우는 모든 것의 결정이 필연성 위에 존재해야 합니다.

필연성이라는 것은 상당수 이상의 사람들이 공감할 수 있는 보편성을 지녀야 하는 것입니다. 흔히 우리는 인간욕구를 절대시하는 경우가 있는데, 이것이 시대적 요구에 따라 변할 수도 있다는 것을 또한 잊어서는 안 됩니다.

제가 대학교 사학년일 때 시청 앞의 옛날 삼성 본관이나 뉴코리아 호텔은 상당히 높고 당당하고 그리고 굉장한 건물들이었지만, 요즘은 전혀 그렇지 못합니다. 건물 높이에 대한 우리의 의식이 확장된 결과입니다. 비틀즈가 처음 나왔을 때 그것도 음악이냐고 많은 사람들이 그랬지만, 지금은 고전이 되었습니다. 이런 예는 무수히 많습니다. 인간 인식의 확장을 통해 과거의 가치관은 변할 수 있습니다. 한 시대에 아름다웠던 것이 그렇지 않은 것으로 변할 수 있습니다. 미스 반 데어 로에(Ludwig Mies van der Rohe)가 '적은 것이 아름답다(Less is more)'라

9. 뉴욕의 고층건물에 반사된 일반건물의 일그러진 모습들이 창살의 격자구조로 조금은 정리된 듯이 보인다. 모더니즘은 그 구조적 필연성으로 인하여 인류의 건축과 도시문제에 복음이 될 것으로 생각되었다. 그 보편성은 개성적 차별화의 반론인가. 사람들 개개인이 갖는 개별적 요구는 보편화된 일반해(一般解)로 제시될 때 비로소 자유로워진다.

고 한 말에 대해 벤투리는 '그것은 동시에 지루하다(Less is bore)'라고 했습니다. 그러나 저 자신에게는 미스 반 데어 로에와 벤투리가 다 옳습니다. 미스 반 데어 로에의 작품들에 대고 '지루하다'라고만 할 수는 없습니다. 그러나 동시에 유리, 강철, 가벼운 것, 나아가 소위 국제주의라고 하는 것에 대해서 우리는 '지루함'을 느끼죠. 그 지루함에 실감이 간다면 다음 시대에는 그 위에 다시 장식을 할 수도 있는 것이지요.

결론삼아 말씀드리자면, 건축은 가장 상식적인 요소들을 가장 상식적으로 처리하는 것입니다. 저에게 있어 디자인이라는 말은 여러 요소들 가운데서 하나를 고르는 선택의 과정입니다. 그 선택에서 어떤 것에 우선순위를 두는가 하는 것이 저의 선택입니다. 중요도를 정하는 행위가 바로 그 사람이 가진 철학의 표현이겠지요. 이것이 바로 타우트(Bruno Taut)가 말하는 '건축가가 작품에 서명하지 않는 이유'입니다. 서명할 필요가 없지요. 그것은 그 사람의 얼굴이며 철학이자 그 사람의 전부이므로 그 건축가의 생각, 의욕, 게으름, 욕심, 다변함 등 모두가 그대로 그 건축에 나타납니다.

건축설계에 천재가 없는 이유가 그것입니다. 요절한 천재 모차르트가 없는 것이 건축입니다. 건축가가 쉰이 넘어야 뭔가 할 수 있다고 하는 말은, 건축가는 생활을 알고 인생을 알아야 하는, 건전하고 원숙한 사람이어야 하기 때문입니다. 이것들은 바로 건축이 보편적으로 이루어져야 한다는 주제를 또한 간접적으로 시사하는 말이 됩니다.

우리는 필연적으로 그렇게 되지 않으면 안 되는 그 무엇인가를 찾아야 합니다. 필연이란 우연히 떠오른 천재적 영감이 아닙니다. 필연이란 어디엔가 적혀있는 정답입니다. 우리는 모든 사람이 공감할 정답을 찾아야 하는 것입니다. 그것이 건축의 이상이며, 건축예술이 회화, 조각, 음악, 시 등 다른 예술과 달리 보편적이어야 하는 건축의 위대함입니다.

질문과 답변

질문 한국 고건축의 자연에 대한 순응성을 건축의 보편성이라는 오늘의 주제에 비추어 볼 때 어떤 비판이 있을 수 있을까요?

답변 미안합니다. 고건축, 전통건축 등등의 문제를 여기 포함시켜 논의하려면 너무 광범위해서 그 부분을 오늘 이야기에서 제외시켰는데, 저 자신 한국의 고건축이 지니는 자연관이야말로 건축의 보편성을 가장 잘 만족시키는 실례들이라 생각합니다. 그것만이 서양의 현대건축이 빠져 있는 딜레마로부터 어떤 해답을 줄 수 있는, 자연과 인간 화합의 새 돌파구가 될 수 있는 유일한 해결책이라고 봅니다. 물론 기능, 구조, 미적 측면, 나아가 경제적 측면에서도 마찬가지일 것입니다.

질문 선생님께서 오늘 해주신 '건축의 보편성'이라는 말씀이 저에게는 오히려 선생님의 특정성으로 받아들여지고 있는데, 이 점을 어떻게 변명해 주시겠습니까?

답변 다시 반복하게 되지만 말씀드린 내용들은 변함없이 건축의 보편성을 두고 한 것들입니다. 너무도 보편적이어서 특별하다고 말할 수 있다면 그것을 기쁘게 받아들이겠습니다.

질문 건축에 관계된 사람들은 건축가에서부터 공사업자, 교육자, 학생 등 그 계층이 무수한데, 오늘 말씀해 주신 건축의 보편성은 어디에 우선순위를 두며, 어느 계층을 대상으로 하고 있는 것입니까?

답변 미국의 예를 보면 소위 문제의식을 갖고 작품을 하는 건축가는 건축에 종사하는 인구의 오 퍼센트 정도라고 들었습니다. 곧 나머지 구십오 퍼센트는 그렇지 않다는 얘기인데, 그 분포비율이 우리나라라고 해서 크게 틀린 것 같지 않습니다. 물론 전반적인 수준차(미국의 집장사와 우리나라의 집장사 사이의)는 있겠죠. 그러나 제가 말씀드린 내용은 어느 계층에나 다 통용되는 얘기입니다. 또 어느 학생이 독특한 자신의 건축세계를 특출하게 세워 가기를 원할 때 교육하시는 분들께서 그것을 꺾을 이유나 필요는 없겠지만, 먼저 그 자신의 저변에 탄탄하고 건전한 세계관이 바탕을 이루어야 함을 깨우쳐 줘야 한다고 봅니다. 미스 반 데어 로에가 거장으로서 그의 세계를 갖기까지 그가 자신의 건축의 저변에 쌓았던 그 장인적 노력을 간과해서는 안 되며, 우리의 건축교육이 어떤 천재 건축가를 만드는 것이 목표여서는 안 된다는 게 제 생각입니다.

질문 보편성과 창조성 그리고 도전성과는 어떻게 연관지어 설명이 되겠습니까?

답변 학생들이 거부감을 갖고 받아들이지 않을까 염려했던 것이 바로 그 점인데, 도전적이고 대담한 것을 만들고 싶은 것이 여러분의 특권이기도 하고, 저 자신 대학생일 때 역시 그런 면이 있었던 것을 부인할 수 없습니다. 의욕적이고도 진취적으로 어느 수준까지 노력할 필요가 있으며, 그것은 사고의 수준향상에는 어느 정도의 잠재력이 되고 있음을 부인 못 합니다. 그러나 그것이 건축가로서 최종목표일 수는 없겠죠. 시합에 나가는 운동선수에게 '잘 해라, 힘내라' 할 수 있지만, 연습을 충분히 하고 어느 수준에 오른 선수에게는 오히려 '평소 실력대로 해라. 억지로 하려 들지 마라'는 격려가 더 필요하다는 것이 예로서 설명될 수 있었으면 좋겠습니다. 그러나 또 건축에는 운동시합과 다른 면이 있습니다. 건축 저널리즘이 아이젠만(Peter Eisenman)과 게리(Frank Gehry) 같은 천재들의 기상천외한 것들에만 관심을 갖는 것은 선정주의(journalistic sensationalism)의 속성이지, 건축의 속성에서 온 것이 아닙니다. 그들은 가장 상식적이고 보편적이며 타당성있는 건축가와 건축물을 찾아내야 합니다. 그것의 기사가치는 금방 나타나는 것이 아닙니다. 선정적이 아닌, 그러나 오래 두고 보면 좋은 그런 건축물을 발견하기란 쉬운 일이 아닐 것입니다.

주거의
본질,
자연성의
회복

이 글은 주거의 본질적 문제에 대해 쓴 것이다. 주거문제는 삶과 환경의
총체이며 건축의 본바탕이라는 점에서 이것은 건축가의 인생론이기도
하다.

주택은 다른 용도의 건물들과 달리 우리의 일상생활 자체를 담는 그릇이다.
그러므로 주택의 설계에서 가장 중요한 관심은 건강한 인간의 생활을 재생산해
내는 것이라 하겠다. 사람이 건강하게 산다는 것은 가능만 하다면 자연으로 회
귀해 자연의 일부로서 살아가는 것이며, 그것이 가장 이상적인 삶의 형태라고
생각한다. 그러나 오늘날에 있어, 우리 삶은 산업화의 물결 속에서 위축되고 무
력화된 내적 갈등을 겪고 있으며, 이로 인한 인간 정서적, 사회 윤리적 파탄이 심
각한 문제로 대두되고 있다. 이런 상황에 대해 건축가들이 책임을 느끼고 사람
들에게 건강한 삶을 찾아 주자는 주장은 더욱더 설득력을 가질 것이다.

사람들의 마음이 삭막해진 만큼, 우리가 사는 공간 역시 건조하게 되었다. 주
택은 현대 산업문명의 비인간화에 둔감해졌고, 건축가 역시 삶의 인간다운 본질
과 가치에 대해 깊이있는 고민을 접어둔 채 오늘의 상황을 오히려 부추겨 왔다.
지금 사람들 모두에게 필요한 것은 정서적 안정이며, 건축가들이 해야 할 일은
정신적·감성적으로 안정된 주거생활을 제공하기 위한 공간의 제공이다. 한마디
로 산업화, 정보화 사회에 사는 우리의 정서적 평화를 위해 건축가라는 사회적
직분이 중요하고 그 전문가적 노력이 절실한 때다.

무엇보다도 중요한 것은 '어떻게 인간이 자연과의 친화력(親和力)을 다시 회

복할 수 있는가' 라는 명제이다. 최신의 기술을 최대한으로 구사해서 편리성과 경제성을 얻어내고 그 속에 가능한 한 많은 사람을 수용하는 것도 중요하다. 그러나 그것은 기술적인 방편이며 최소한의 절충일 뿐이다. 기술의 성취란 영원한 쳇바퀴, 빠져 나올 수 없는 순환고리에 불과하다. 오히려 기술지상주의가 오늘의 우리를 황폐화시켰는지도 모른다. 기술을 지배하는 것은 정신이며, 그 정신에 의해 우리의 삶이 이끌어져야 한다. 나는 그 정신의 근원으로서, 우리 삶의 평안을 위한 하나의 원리로서, 계산된 편리성보다는 계산될 수 없는 심오한 자연질서의 위대한 법칙을 내세우고 싶다. 산에 가서 느끼는 꿈틀거리는 생명력의 한 부분을 주거생활에 재현할 수는 없는가.

현대주거에서 첫번째로 강조되는 편리성의 추구에 대해서 우리는 한번쯤 회의해 보아야 한다. 편리함을 추구하는 일은 끝이 없을 뿐만 아니라 그 결론은 나태하고 불건강한 생활의 조장일 뿐, 그 자체가 목표일 수 없다. 현대문명의 지나친 편리주의로 인해 사람의 사람다움, 소위 인간성이라고 얘기되는 것들이 사라

10. 독일의 아파트단지.
단독주택에 사는 사람들보다
이십층 위에 사는 부부가
감기에 걸리는 빈도가 높고
부부싸움이 잦다는 조사가
1970년에 발표되었다.

져 가고 있다. 그 맹목적 편리를 위해 모든 것이 생략되고, 무시되고, 희생되어 왔다. 거실에서 식당까지 가는 동선이 너무 길지 않은가, 부엌의 작업동선이 너무 복잡하지 않은가, 침실에서 화장실 사이에 문이 하나인가 둘인가 하는 논쟁처럼, 편리하게만 계획된 집이 잘된 집으로 오해되어 왔다.

우리는 밤에 화장실에 가기 위해 방을 나와 마당을 건너가며 별빛을 바라보면서 달빛을 밟던 정서를 내던진 지 오래다. 지금은 왠지 그런 이야기를 꺼내기조차 쑥스러워졌다. 자료집성이나 건축계획 핸드북만 가지고 설계하다 보면 결국 별빛과 달빛에 대해서는 이야기하지 않게 된다. 건축가들이 너무 편리주의에 봉사하거나 편승하는 것이 아닌가. 건축가로서 삶의 원리에 대한 고민이 없이 기술적인 사고만으로는 건축이 이루어질 수 없으며, 형태건 기능이건 거론할 가치가 없어진다. 건축의 편리성에 대해 비판적인 자세를 가져야 한다. 그리고 소위 인류가 비과학적이라고 매도해 온 다른 것들에 관심을 가져야 한다. 이 관심을 통해 건축 교과서는 고쳐 씌어져야 하고, 주거문제에 대해 관점을 달리하는 새로운 추구가 있어야 할 것이다. 그 추구는 바로 자연성과 전통성을 통한 보편성의 회복과 그것의 현대적인 구현일 것이다. 이는 대체로 전통적인 관습이나 사회적 습관을 비롯한 옛 사람들의 삶의 방식을 건축가들이 어떻게, 얼마나 건축적으로 소화해내느냐에 달려 있다고 본다. 우리는 우리의 기후와 풍토에서 발현된 삶의 지혜를 찾아내서 설계에 제시해야 하며, 거기에 시대성을 부여할 수 있는 능력을 갖추도록 시도해야 한다. 가장 상식적인 옛 사람들의 지혜를 이 시대 주택에 재현할 수 있다면 그것은 이 시대를 살다간 건축가로서 참으로 할 만한 일일 것이다.

주택 그 자체뿐만 아니라 마을의 입지(立地)와 위계(位階)를 만드는 방법과 취락의 집합성(集合性)을 설정해내는 방법, 그리고 그것들끼리 조화를 이루게 하는 여러 가지 원리들을 선인들의 지혜 속에서 우리 시대의 도시계획을 위해 얻어낼 수 있을 것이다. 옛날 방식은 항상 우리의 자연과 산하, 그 서정과 풍광에 가장 잘 어울리는 쪽에서 이루어졌다. 자연질서의 존중과 그에 대한 외경심에서 모든 것이 결정되었으며, 그 속에서 인간적인 관계와 삶의 의미가 발견되었다. 여기에 우리의 전통적인 사회구조, 가족구성 및 세대변화에 따른 가족 사이의 인간관계, 그리고 그에 따른 사회성이 가미되어 수준 높은 삶의 철학이 완성된 것이라고 본다. 이런 점에서, 자연성이 즉 우리의 전통이며, 전통이 즉 자연성이라고 설명할 수 있을 것이다. 전통적인 공간의 질서와 배치기법이 어떻게 자연과 관련맺고 있으며, 또 그 당시의 사회성이 그 속에 어떻게 용해되어 있는지를 현대적으로 이해할 필요가 있다. 그런데 아쉽게도 우리의 건축사에는 바로 이런 내용이 빠져 있다.

이에 대한 고민없이 지어지는 대부분의 주택들로 인해 우리 시대의 건축문화는 방향을 잃고 있는 듯이 보인다. 상업주의적 발상의 주거단지들이 우리 시대 주택문화의 주인인 양 위세를 떨치고 있다. 그리고 우리는 무의식적으로 거기에 갇힌 죄수의 형벌을 감수한다. 자연의 일부라는 인간에 대한 의식화가 그 수인(囚人)들을 현대라는 이름 뒤에 감추어진 비인간의 족쇄로부터 자유롭게 할 것이다.

고전적인 관점에서 모든 건물의 형태가 재료와 그 구조방법에서 기능화한 것이라고 본다면, 지금 우리가 보고 느끼는 주택은 우선 그 재료에서 근본적인 문제에 부딪쳐 있으며, 재료에 관해 다른 관점을 가진다면 전혀 다른 결과가 나올 것이다. 언제까지 우리는 시멘트에 물을 붓고 굳기를 기다려야 하는가. 강철과 유리와 알루미늄과 그 흔한 석유화학제품들밖에는 대안이 없는가. 우리는 정말로 인공조명과 인위적 냉난방에 이렇게 의지해도 좋은가. 문제는 그에 대한 고민과 새로운 시도 없이 맹목적으로 그려진 설계도가 시공회사에 넘어가는 데 있다. 우리가 현대적 건축기술을 논의하는 것은 자연과 삶과 재료와 그 구법(構法)에 대한 우리의 의식과 관점을 정립한 다음에 올 수 있는 일이라 하겠다.

이 시점에서 요구되는 것은 결국 우리의 역사적 상황 속에서도 변치 않고 남아 있는 삶의 원형을 찾아내서 현대적으로 가꾸는 일이며, 이를 표증하기 위한 하나의 기초원리로서 자연성과 전통성의 재인식을 통한 인류학적 보편성의 확립이라고 생각한다. 건축에서 보편성이란 건축가의 독창적 직관에 의해서 이루어지기보다는 미리 정해진 이치와 순서에 따라 전개되는 것이며, 우리에게 주어진 요구를 적절하게 조합하고 선택해 나가는 과정에서 얻어진다. 그것은 어딘가에 숨어 있는 모범답안을 찾아내는 것이지, 천재의 머리속에서 새로 만들어지는 것이 아니다. 다만 모범답안을 선택하기 위해서 자기 나름의 생활관이나 철학을 정립하는 것이 중요하며, 그것을 보편적인 가치로 환원시키기 위한 건축가의 예지가 필요하다.

나는 인공을 통해 자연의 위대한 질서가 더 돋보일 수 있기를 희망한다. 또한 그런 궁극적인 이상으로서 자연을 부각시키는 데 필요하다면 인공적인 요소의 가미를 주저하지 않는다. 자연적인 우리의 옛것과 현대의 기술문명이 합쳐져서 우리를 정서적으로 풍요하게 할 보편적 해답을 찾는 작업이야말로 건축가들의 책임이며 동시에 이상이라고 보는 것이다.

도쿄는
카오스인가

1969년, 나는 엑스포 '70의 한국관을 준비하기 위해 도쿄에 넉 달 동안 체류했다. 그때 도쿄에 대한 인상을 귀국 후 『공간(空間)』지에 쓴 적이 있다. 그리고 1989년 5월에 '현대도시와 건축'이라는 의제로 후쿠오카(福岡)에서 국제회의가 열렸다. 유럽, 미국, 일본의 많은 건축가와 저널리스트 들이 모여서 건축과 도시문제를 논의했다. 회의의 주제인 '카오스(chaos)'가 일본의 도시, 특히 도쿄로부터 외국인들이 받는 인상으로서 가장 크게 인식되는 것이어서 많은 일본인 건축가를 자극하고 서양인 건축가들을 당혹하게 한다고 했다. 이 글은 그때의 인상을 되새겨 쓴 것이다.

"하네다(羽田) 공항에서 도쿄까지 이어지는 수도고속(首都高速) 1호선은 고속도로의 역할을 못 하고 있다. 한번이라도 차가 밀리면 경시청 총감(總監)이라도 수십 분 동안 차 안에 갇혀 있어야 할 지경이다. 차창 밖의 광경은 백회색의 스모그를 통해 그로테스크한 공장의 굴뚝과 고층빌딩의 실루엣뿐이었다. 사진을 찍는다 해도 어떤 형상이 감광될 것 같지 않은 회색의 세계, 한마디로 장래가 없는 도시같이 느껴진다.

어떤 유능한 도시계획가나 행정가라 해도 손을 대기에는 이미 늦었다고 할 수밖에 없는 도시, 일천만을 넘는 사람들이 호흡하는 더러워진 공기는 고도성장의 탓이라고밖에 할 수 없다. 나라면 이런 고도성장에 찬성하지 않겠다. 성장의 속도에는 한계치라는 것이 있어야 한다. 이런 분주한 맹목적 달음질은 인간의 호흡기뿐 아니라 그들의 의식구조나 정신상태도 파괴하기 때문이다.

한 국민의 정신적인 건강 정도는 경제성장률에 반비례한다고 한다. 문화발전의 각 단계는 결코 생략되지 않는다. 그 나라의 부(富)를 모두 동원한다고 해도 각 단계를 생략하기 위한 에스컬레이터를 살 수는 없다. 한 사회가 스스로 문화를 찬연히 꽃피우기 위해서는 실로 긴 세월의 각고의 단련이 필요하다. 물질 우선의 소비사회는 각고와 인내의 필요성을 잊게 하고 말초신경의 마비를 오게 하는 경우가 있다.

한번 잘못 들어선 발전방향은 뒷걸음질로 바로잡기 어렵다. 이 현대문명의 중병은 인간이 쌓아 온 모든 좋은 면을 역전시킨다. 그것은 긴 세월 동안 소중히 여겨 온 가치체계에 영향을 미친다. 거기에서 인간성은 때로는 수성(獸性)으로 바뀌는 경우가 있다. 일시적인 사조가 어떤 사회의 문화를 수십 년, 수백 년 지배하고 저해하는 예는 흔히 있는 역사적 교훈이다.

차창을 열고 마음에 내키지 않는 심호흡을 해 본다. 도쿄에 처음 온 사람들이 사흘간은 가벼운 고통에 시달리고, 빨리 피로가 오고, 무력감에 빠진다는 '도쿄 두통(Tokyo Headache)' 이야기는 이미 들은 바 있다. 염려스러운 것은 이 혼탁한 공기가 정신의 혼탁과 이어지는 상황이 아닐까.

나는 서울을 생각해 본다. 세계의 어떤 도시보다 아름다운 조건을 갖추고 있는 도시, 강력한 행정력이 도시계획 수행에 작용하고 있는 도시, 그러나 불길하게도 실패한 듯이 보이는 도시, 도쿄가 걷고 있는 길을 똑같이 가고 있는 듯한 서울.

11. 긴자(銀座) 거리. 사람들이 많아서 혼란스러워 보인다. 이 많은 간판들이 크기와 방향을 서로 지킴으로써 혼란을 최소화하고 있듯이 사람들도 질서있게 행동함으로써 혼란을 막고 있다.

반세기 전 르 코르뷔지에가 말했던 '보다 많은 태양'은 차라리 로맨틱한 시대의 부르짖음이었다. 그리고 현대의 우리들은 '보다 많은 산소'를 외치고 있다. 얼마나 비참한 생물학적 슬로건인가.'

『공간』 1974년 2월호에 실린 위의 글은 물론 도쿄를 비판하기 위한 것이 아니고, 당시 한국의 고도성장정책과 도시팽창(urban sprawl)과 공해문제에 대한 무관심이 우리 사회의 주류였을 때를 빗대어 쓴 글이었다. 그러나 당시의 도쿄를 돌이켜보고 지금과 비교한다는 것은 현 시점을 부각시키는 것뿐 아니라 미래를 조망하는 데 큰 뜻이 있어 흥미가 있다.

오늘의 도쿄에서는 여행자들이 이십 년 전처럼 가벼운 두통을 호소하는 일은 없어졌다. 다행히도 그리고 당연하게도 일본 사람들은 그 무렵의 철학적 불안정기를 인내있게 극복했다. 그러기에는 엄청난 노력과 투자가 필요했다. 숫자상으로 정확한 자료를 가지고 있지는 못하나 현재 도쿄의 매연과 소음 현상은 괄목할 만큼 호전되었다고 알고 있다.

기사회생(起死回生)이라고 할까. 공해도시의 불명예를 반납하고 도쿄는 청결한 도시로서 일컬어지고 있다. 그러나 그 당시 도쿄는 내 인상으로는 오늘과 같은 청결한 곳이 아니었기에 오늘의 도쿄는 '청결'이라는 말만으로는 모자란다는 느낌이 든다.

도쿄가 청결한 도시라고 하는 이유는 매연, 분진 처리뿐 아니고 쓰레기 처리에 특징이 있는 듯하다. 그것은 도쿄가 쓰레기 처리를 잘하고 있다는 현실적 이유 때문이다. 일본인이 쓰레기를 많이 버리지 않는 습관이 비교적 숙달되어 있다는 것도 한 원인이 된다. 그 점은 뉴욕이나 서울과 비교해 보면 잘 알 수 있다. 그리고 주변을 항상 청결히 하는 일본인 특유의 생활습관이 그것을 뒷받침하고 있는 듯하다.

왜 일본인은 목욕을 자주하고, 화장실 청소를 철저히 하고, 자기 몸 주변뿐 아니라 인근의 청결을 강조하는 것일까. 나는 이 질문에 대한 해답이 청결한 대도시 도쿄의 존재를 가능하게 한 중요한 열쇠라고 생각한다. 한국과 같이 혹한의 건조한 겨울을 일 년에 서너 달을 지내지 않아도 되는 일본에서는 청결이 무엇보다도 우선하는 절대의 미덕이 되기 때문일 것이다. 그렇지 않고서는 일본과 같이 온도와 습도가 높은 나라에서는 겨울에도 전염병이 발생하기 쉬울지도 모른다. 그래서 그들은 신경질적으로 청결에 철저를 기하고 있는 것 같다. 내 생각에는 일본인의 주거를 관리하고 도시를 운영하는 정신은 이러한 생각에 바탕이 있는 듯하다.

그러면 한국에 시선을 돌려 보자. 겨울의 맹렬한 추위는 땅속의 해충까지도 동사케 하고, 겨울의 북풍은 도시의 매연을 거의 불어 없애며, 여름의 홍수는 웬만한 오물을 쓸어 내려 보낸다. 한국인의 태만은 이런 자연의 혜택에 대하여 순응적일 뿐만 아니라 의존까지 하고 있는 듯하다. 그래서 이런 생각이 한국, 특히 서울의 공해문제에 대한 안이한 생각과 이어지는 것이다.

한국인은 집터를 정할 때, 또는 도시를 만들 때 자연의 혜택을 많이 받는 곳을 선택했다. 그것은 옛날부터 한국인의 환경관의 기본이 되어 왔다. 그 점에서 도시와 환경에 대한 일본인의 개념은 한국인과 차이가 있으며, 그것은 오늘날 도쿄에서(물론 과거뿐 아니라 미래에서도) 철저하게 나타나고 있다.

도쿄는 인공적으로 잘 만들어진 도시이다. 잘 닦이고 다듬어진 도시, 다시 말하면 일본에서 잘 발달한 미용술. 화장술. 정형술이 여성의 얼굴을 아름답게 만들듯이, 또 일본식 정원이 인공적으로 손이 가해지고 잘 관리된 결과 어떤 특정한 정서를 낳고 있듯이, 그러한 개념이 일본인 의식 속에 자연과 환경과 도시, 모든 것을 인위적으로 만들고 잘 관리할 수 있다고 믿고 있는 배경으로 작용하고 있기 때문이 아닐까 한다.

또한 도쿄는 배타적인 면도 있다. 뉴욕이 모든 문화와 인종의 용광로라고 한다면, 도쿄는 보편적인 자연발생성을 거부하고 포용력을 가지려고 하지 않는다. 도쿄에서는 잘 적응하도록 훈련된 자만이 살 수 있는 듯하다는 생각이 든다.

뉴욕이 시민들에 의해서 만들어진 도시라고 한다면, 도쿄는 시민을 만드는 도시라고 할 수도 있지 않을까.

1970년 무렵 요시자카(吉阪隆正) 선생에게서 들은 '도시의 자율성'이라는 말이 떠오른다. 선생은 도시의 자율성(autonomy)을 믿었던 분이다. 도쿄 도심에서 차가 막히면 사람들은 지하철을 이용한다. 그래서 도심의 혼잡은 일단 해결이 된다고 한다. 그것은 항시 극한까지 가서 그 한계성이 자연의 자율성과 상통한다는 철학이기도 하다. 도쿄에서 자율성은 그 공해문제 해결에서 보듯이, 인구문제나 주택문제를 포함해 항시 극한까지 가서 한계상황의 위기의식 속에서 다시 한 번 되돌아오는 것이다. 거기에서 사람들은 자제하고 예의를 지키고 살고 있다. 그러나 그 자제에 대해서도 임계점(臨界點)이라는 것이 있지 않을까 생각한다. 이것이 도쿄라는 도시에 대한 정리되지 않은, 그러나 일관된 나의 생각이기도 하다.

일본에 온
건축가에게
듣는다 –
도쿄, 도시, 주택

1990년 설날에 시간을 내서 그전부터 이야기가 있었던 미야케 리치(三宅理一) 교수의 시바우라(芝浦) 공대에 강연을 갔다가 『겐치쿠 분카(建築文化)』의 부탁으로 미야케 교수와 대담한 내용이다. 영어로 대답한 내용을 도쿄대 대학원의 이대준(李大俊) 씨가 번역해 그 잡지 5월호에 실었고 여기에는 그것을 다시 한글로 번역했다.

이날 미야케 교수와 대담하기 직전의 점심 식탁에는 런던 건축학교(AA School)의 보야르스키(Alvin Boyarski) 학장이 동석했다. 세 사람의 화제는 어쩔 수 없이 우리 대담 내용으로 모아졌다. 보야르스키 학장도 나의 견해들에 대체로 동조하는 편이었다. 1996년 내가 서울건축학교(SA School) 운영위원장이 되고 보니 보야르스키가 학교발전 기금모금(fund raising)을 위해서 가지마(鹿島) 회장을 만나려 애쓰던 광경이 남의 일이 아닌 것 같다. 이 원고를 정리하자니 나와 만난 얼마 후 세상을 떠난 그 사람 생각이 난다.

도쿄의 혼돈은 어느 정도인가

나는 이전에 『겐치쿠 분카』의 청탁으로 1989년 10월호에 에세이를 쓴 일이 있다. 거기에서 의뢰한 주제는 "도쿄는 카오스인가… 말하자면 무질서인가, 그렇지 않은가" 하는 것이었다고 기억한다. 도시적 무질서의 문제는 도쿄보다 오히려 서울 쪽이 더 심각한 것같이 생각된다. 서울에서는 이미 그 해결책은 찾을 수 없다. 카오스의 상태라면 아직 도쿄 쪽도 잘 정리되어 있는 상태는 아니라고 생각한다. 내가 보는 견해로는 도쿄도 아주 혼연(混然)하다. 특히 주거지역에는 소규모의 집들이 밀집되어 있다. 이와 같이 좁은 주거지역에 살고 있는 일본인들이 안됐다는 생각도 들지만, 그러나 그것은 어느 면에서는 나름대로 잘 정리가 돼 있어서 한국보다는 아직 문제가 심각하지 않다고 생각한다. 왜냐하면 일본인은 좁은 공간에서 사는 것이 습관이 돼 있지만, 한국인은 넓은 공간을 좋아하기 때문이다. 이것이 또한 한국 도시에서 다른 하나의 문젯거리이다. 일본 사

람들은 일본적인 양식으로 좁은 공간을 활용하는 일에 대단히 숙달되어 있다. 또 일본 사람들은 좁은 공간에 아름다운 정원을 만들고 그럼으로써 그 문제를 정서적으로, 기능적으로 잘 해결하고 있다. 이것은 서울보다는 좋은 해결책이라고 생각한다. 우리 한국 사람들은 그다지 여유있지도 못하면서 크게 계획하는 것을 좋아한다. 내가 도쿄를 좋아하는 것은 곳곳에 이 '오차노미즈(御茶の水)의 호텔' 같은 특정한 분위기의 장소가 있기 때문이다. 그렇다고 다른 옛것들이 모두 아주 잘 보존되어 있는지는 알 수 없지만, 다른 나라와 비교해서 조금은 다른 분위기를 느낄 수 있다. 또 그 지명이 주는 느낌이 대단히 좋다고 생각한다. '오차의 물'이라는 이름이 어디에서 유래되었는지는 확실히 듣지 못했지만, 다분히 거기에는 무슨 스토리가 있을 것 같은 예감이 있다.

전통에 대하여

내가 도쿄에 대해 가질 수 있는 한 가지 희망이 있다면, 아까 말한 그런 좋은 분위기를 보존하기 위해서 더욱더 노력을 해주었으면 하는 점이다. 이것은 오랜 세월을 통해 만들어진 것으로서 현존하므로 일본의 모던 양식이라고도 할 수 있

12. 교토의 묘오겐인(龍源院) 남정(南庭). 젠부디즘(禪佛敎) 계열의 미니멀한 소우주의 한쪽 마루에서는 서구의 여행객들이 하루종일 이 마당을 쳐다보고 앉아 있다.

다. 그러므로 현대적이면서도 일본만의 독특한 분위기를 표현하는 방법이 더 있을 것이라 생각된다. 그런 이유로 나는 세계를 향해 눈을 돌린 일본의 건축가들에게 일본의 이런 전통을 더더욱 살리는 방법을 찾도록 제언하고 싶다.

토지성(土地性)

일본과 한국, 특히 아시아 지역의 젊은 세대가 예로부터 내려오는 좋은 것들을 잊어버리고 있는 데 대해서 대단히 안타깝게 생각한다. 그들은 이렇다 할 이유도 없이 서양의 풍습을 더 배우고 싶어한다. 내 생각으로 사람은 자기들 생활의 전통이 있고, 그것을 이어받아 그 안에서 생활하는 것이 대단히 좋은 점이 많을 것이라고 생각한다. 나는 이것이 인간과 대지의 관계에서 가장 좋은 예를 찾을 수 있는 한국의 전통적 철학이라고 생각한다.

예를 들면 고대부터 한국에 전해지는 향약(鄕藥)이라는 말이 있다. 약초(藥草)는 그 고장에서 난 것이 그곳 사람들에게 제일 좋은 약이 된다는, 바로 내가 가장 좋아하는 이야기이다. 들은 바에 의하면 한 지역에서 나서 자란 사람에게는 그 지역의 약초로써 병을 치료하는 것이 가장 잘 듣는다고 한다. 한국인은 녹용을 많이 애용한다. 요즘에는 중국이나 알래스카에서 수입하고 있지만, 한국인에게는 한국산 녹용이 더 좋다고 믿는 것도 그와 같은 의미인 것으로 알고 있다. 인삼이나 다른 식품도 마찬가지일 것이다. 인간과 토지가 깊은 관계가 있는 것으로 보아 인간은 환경적으로는 그가 사는 땅의 영향을 절대적으로 받고 있다고 본다. 지표에서 생성되는 많은 종류의 에너지도 그와 같이 사람에게 영향을 끼치는 '환경결정론'으로 존재한다고 생각한다. 사람의 성격, 체질, 운명은 지역적인 요소들과 시간적인 요소들에 대단히 깊은 관계를 맺고 있다고 예부터 한국인들은 믿어 왔던 것이다.

그 믿음에 의하면 사람은 어디서, 언제 태어났느냐에 따라 체질이 결정되고 그 체질은 곧 성격이 되고 그 성격은 곧 운명이 된다고 했다.

한국의 속담에 "사람이 깊은 산속에서 살면 그 심성이 깊어지고, 넓은 해변에 살면 그 심성이 넓어진다"라는 말이 있다. 내 생각에는 이 속담이 현대에도 적용되리라고 생각하지만, 이 시대에는 너무 많은 사람들이 살고 있어서 복잡해지고, 이와 같이 인간이 환경을 마음대로 선택하기는 어려우리라고 생각한다. 그러나 이런 때에도 자연과 인류와의 관계를 우리들의 아이디어에 적용할 수 있으리라고 믿는다.

풍수설(風水說)

이것이 제일로 에너지 절약형 환경론이 되는 것은 사실이다. 아주 좋은 주택의 위치, 즉 뒤에 산이 있고 앞에 시내가 있고, 경사는 뒤에서 앞으로 완만히 되어 있고, 또 남쪽을 향해 볕이 좋으며, 뒷산이 겨울의 찬바람을 막아 주는 이런 지형은 배수처리(背水處理)에도 좋으니까 직접적으로 성(省) 에너지(에너지 절약)가 되는 것이다. 입지의 선택에 따라 하늘과 땅에서 되도록 많이 좋은 환경을 제공받을 수가 있는 것이다. 어느 특정 지역에서는 또 다른 특정한 환경요소의 영향을 받게 되는 경우를 볼 수가 있다. 예컨대 서울 남쪽의 발전지역인 강남지역은 옛 지가서(地家書)에도 기록되어 있지만, 대단히 좋은 지역이다. 그러나 사람이 살기에 좋으냐 하는 것은 조금 다른 것 같다. 강남과 강북은 땅의 양기와 음기가 다르게 방출된다고 한다. 여기에서 음양설(陰陽說)이라는 말이 쓰인다. 말하자면 음양이라는 기(氣)의 요소는 지역에 따라 강하게 또는 약하게 나타난다. 일반적으로 사람들은 살기 좋은 곳이냐, 일하기 좋은 곳이냐라고 구분을 한다. 도쿄에도 '풍수지리설'뿐 아니라 더 특정한 지역에 전해 오는 특정한 지리 이론과 감각이 있을 것이며, 그것에 의해 오랫동안 건설되어 왔다고 본다.

교토의 느낌

교토는 서울과 같이 지형의 변화가 심한 도시에 비하면 평평한 편이었다. 내가 머물렀던 호텔의 십삼층 방에서 내려다보니 사방이 너무 평평해서 방향을 알 수가 없었다. 그곳은 무한히 펼쳐진 작은 집들의 평야 같았다. 지리적으로 평온한 느낌이었다. 지형에서 평온함을 느끼는 것은 그곳에서의 삶이 평온하다는 의미가 된다.

거기에 잠재적 가치가 있는가

그런데 독특한 자연뿐 아니라 이곳 일본의 전통에서 유래한 여러 생활관습, 즉 전통건축이나 마쓰리(祭り)와 같은, 현재 생활과는 이색적으로 대조되는 요소들이 공존하고 있다. 이와 같은 공존하는 분위기와 공존하는 생활양식의 중요성이 젊은 세대에게는 새로이 강조돼야 할 것이다. 거기 잠재된 가치있는 요소들은 전통과 사람들과의 관계의 당위성에서 발견되고 있다. 또 그런 영향을 끼치는 전통과, 영향을 끼치는 자연 속에서 자란 사람들에게서 그 영향의 결과들을 발견할 수 있다는 사실에서 온 것이다. 나는 이것을 모두 같은 것이라고 생각한다. 우리들은 현재의 환경들을 만드는 과정에서 너무나 과거를 무시했기 때문에 옛날 사람들의 가치관에 좀더 귀를 기울일 필요가 있으며, 이 일이 더욱이 미래에 대한 잠재력이 되리라고 생각한다.

겸허함에 관한 이야기

사람들은 일상생활에서 옛 생활양식을 점점 잊어 가고 있다. 그러나 먼저 얘기한 바와 같이 일본인에게는 일본의 음식이 가장 적합하며 햄버거는 잘 어울리지 않는 것처럼, 건축도 특정 지역에 살고 있는 사람들의 특정한 필요에 의해 더 신중하게 배려할 필요가 있다고 생각한다. 이것은 현대적인 건축이나 디자인에 대해서도 같은 설명이 가능하다. 건축가는 '사람들의 그때의 필요에 따라' 좋은 건물과 공간을 창조하지 않으면 안 되기 때문에….

그리고 실제로 이것은 우리 한국 건축가들에게는 제일 큰 과제이다. 많은 건축가들이 아마 이 일에 대해서 그다지 흥미가 없으리라고 생각하지만, 그러나 약간의 사람들만이라도 많은 관심을 가졌으면 한다. 말하자면 소수의 사람이라도 자연 앞에 겸허했던 선인들의 사고방식에 더 깊은 관심을 갖는 게 필요하다고 생각한다.

건축가들은 '사람들'에 대해 그다지 깊이 생각하지 않는다. 다만 그들은 자기의 새로운 일이 잡지 등에 어떻게 과장돼 보도될 것인가에 더 관심이 있다. 건축가들이 더욱 겸허해야 된다고 생각한다.

다다미(疊)에 대해서

다다미에 관해서 말하자면 내 생각은 대단히 간단하다. 다다미는 일본의 기후와 환경에서 고안된 것으로 대단히 중요하고 좋은 점이 있고, 그런 의미에서 카펫은 일본의 기후 풍토에는 어울리지 않는다고 생각한다. 다다미의 절제된 모듈(module)과 카펫의 무한정한 연성(延性)은 동서양의 대표적인 상징이다. 그래서 나의 대답은 대단히 간단하다. 나에게 다다미는—한국의 온돌처럼—일본을 상징하는 것이다.

풍토주의(風土主義)

예를 들면, 지역성이 강한 특정 요소들은 반대로 보편성을 동시에 가지고 있으므로, 건축가는 인간의 가장 기본적인 요구에 대해 글로벌한 해답을 낼 수가 있다고 생각한다. 말하자면 일본처럼 습기가 많은 지역에 사는 미국인에게는 또 다른 해답이 있음에 틀림없다. 뉴욕이나 시카고에 있는 일본인의 집은 또 미국의 풍토주의만 적용되지는 않는다고 본다.

온돌

이론 자체는 아직 잘 정리되어 있지 않지만 온돌에는 많은 훌륭한 요소들이 있고, 현대생활에 새로이 필요하게 된 요인 등에 의해 글로벌한 해결책이 나오리라고 생각한다. '온돌 히팅 시스템'은 인간의 건강생활에 대단히 좋다고 믿는다. 사실 최근에 와서 서양 의사들도 환자에게 딱딱한 판자 위에서 잠자도록 권하고 있지 않는가. 이것은 척추에 좋다고 하는데, 같은 뜻으로 우리는 더 많은 것을 소개할 수 있다고 생각한다. 이런 것은 나에게 옛 명언을 생각나게 한다. "가장 토속적인 시인, 가장 민족적인 시인이 가장 세계적인 시인이 될 수 있다." 나는 이 말을 믿는다.

단순성이라는 것에 대한 애착

그것은 사람들 각자의 기호(嗜好)거나 또는 문화적으로 특수한 경우의 표현이기도 할 것이다. 여러 방면의 디자인에서 일본인 특유의 심플함, 즉 단순히 감각적인 것이라도 큰 포용력을 가진 것으로 변환될 수 있는 것이다.

시대성(時代性)에 대해서

시대감각, 혹은 세대의 교대가 가져다 주는 변화의 경향에서, 그것이 유행의 변화만이 아닌 무엇인가를 가졌는지에 대해서는 잘 모른다. 건축가가 그런 것에 너무 민감할 필요는 없기 때문이다. 다만 거기에는 변치 않는 본질적인 요소가 시대를 초월하여 바탕에 깔려 있을 것이라고 생각한다. 기본적으로 일본인은 일본인이다. 물론 그 중에는 선생과 같이 국제적인 감각을 가진 사람도 있지만, 대부분의 사람은 어쩔 수 없이 일본인이라고 생각하며 역시 백년 후에도 그것은 같을 것이다.

도쿄는 도쿄다운가

다른 아시아의 도시들에 비하면 도쿄는 보다 개방적이고 현대적인 도시의 요소들을 많이 가지고 있다. 그러나 뉴욕과 도쿄를 비교하면 내가 앞에서 말한 것과 같이, 뉴욕이 여러 인종과 다양한 문화의 용광로인 데 비해 도쿄는 그런 면에서는 비개방적이라고 생각한다. 말하자면 마음 깊은 곳에서는 그다지 개방적이지는 않다는 뜻이다. 도쿄 사람들은 뉴욕 사람들보다는 아직 그 자체의 사고방식과 생활양식을 그대로 보존하고 있다. 그래서 나는 이 훌륭한 일본문화가 침범되는 것은 걱정할 필요가 없다고 생각한다.

일본에 와 있는 절반 정도의 외국인은 일본식 생활에 순응하려고 노력하고 있다. 뉴욕에서는 뉴욕식으로가 아닌 자기식 삶이 허용된다. 그래서 도쿄는 다른 도시들과 매우 대조적이다.

도쿄의 국제화에 대하여

물론 받아들이지 않으면 안 된다고 생각한다. 만약 도쿄가 소위 '발전'하는 방향으로 가야 한다면…, 왜냐하면 현재 도쿄가 세계에서 가장 큰 도시 중의 하나이기 때문에 서구식으로 절충될 수밖에 없을 것이다. 그러나 도쿄가 만약 뉴욕이나 시카고와 같이 된다면 아무도 도쿄에는 오지 않을 것이다. 그것이 도쿄는 어디까지나 도쿄여야 한다는 것을 의미한다.

한국적
순천주의 順天主義

1991년 10월 22일에 서울에서 열린 아시아 태평양 지역 디자이너 연합
(APSDA, Asia Pacific Society of Designers' Associations) 창립총회에서
'한국적 순천주의'라는 제목으로 행한 특별강연 내용이다.

존경하는 의장님, 그리고 각국 대표난 여러분, 저는 오늘 이 자리가 대단히 뜻 깊고 의미있는 자리라고 생각하기 때문에 여기 와서 저의 평소 생각을 피력하게 된 것을 아주 반갑게 생각하고, 이 자리를 마련해 주신 데 감사드립니다.

결론부터 먼저 말씀을 드리자면, 저는 학교시절부터 서양 문명사 위주의 인류 문화사에 대해 심각하게 이의를 갖고 있었고, 삼십여 년이 지난 오늘날에는 그런 생각들을 점점 더 굳게 믿고 있다는 점입니다.

지구상에 인류문화가 생성하여 발전하던 시초부터 동양문화는 괄목할 만한 성취를 이룩해 왔지만, 산업혁명 이후 서양의 물질적·경제적 비교우위에서 비롯한 서구 중심 사상에서 동양문화의 성취가 과소평가되어 왔음을 우리는 잘 알고 있습니다. 그렇다면 당연히 우리는 정신문화 중심으로 세계 문화사를 다시 써야 하고, 위태로운 증상을 보이는 인류 문명사에 무언가 전문직업인으로서 역할을 해야 한다는 사명감을 가져야 할 것으로 믿습니다. 한마디로 서구 중심의 과학문명은 세기말적 딜레마에 빠져 있습니다. 오늘날 누가 보든지 인류는 파멸의 길로 치닫고 있습니다. 여기에 어떤 대안이 있을 수 있겠는가를 함께 고민해야 할 때인 것입니다.

동양 사람들이 오랫동안 간직하고 신봉해 온 자연 중심의 정신과 철학이 이제 인류 구원의 대안으로 제시되지 않으면 안 되는 막바지에 와 있습니다. 지구상의 인구분포를 보더라도 중국의 십이억, 인도의 구억, 일본·한국의 삼억만 해서

도 이십사억으로, 아시아권의 인구가 세계 오십억 인구의 대종을 이룹니다. 소위 서구 선진국들은 인구면에서 우리와 비교될 수 없는 열세에 있으며 오히려 감소하는 추세에 있습니다. 더욱이 모든 분야에서 이들 아시아인의 폭발적 잠재수요 가능성이 21세기에는 현실화할 것이고, 인간의 기본욕구라는 점에서 주된 의사결정 집단으로 대두할 것입니다.

디자인 분야에 관해서만 말하더라도 첨단과학문명을 자랑하던 소위 서구 열강이 이제는 아시아권에서 무엇을 이룩했고, 무엇이 일어나고 있고, 무엇을 원할 것인지 귀기울이지 않으면 안 되는 시대에 와 있습니다. 유럽의 비행기 제작은 오래 전 아시아 시장개척을 염두에 둔 여객기 개발에 힘을 쏟고 있으며, 곧 자동차와 패션 시장이 그렇게 될 것입니다. 건축은 어떻습니까. 중국에는 앞으로 대도시말고도 분당 규모의 신도시가 천 개 정도 세워져야 한다고 합니다. 새로운 도시사(都市史)의 개막입니다. 거기에는 아파트 건축만을 보아도 하나의 새로운 건축사가 씌어져야 할 것입니다. 자동차와 텔레비전, 냉장고는 이제 구매력을 가진 동양 사람 취향에 따라 만들어져야 합니다. 디자인 스쿨은 서울이나 도쿄 또는 북경에 세워져야 하고, 동양 취향의 패션을 만들어야 세계적 명품으로 살아남을 시대가 올 것입니다.

저는 오늘 강연을 위해 이 자리에 오면서 차 속에서 이런 생각을 했습니다. 로마 사람들에게 무엇이 잘못되었던가 하고 말입니다. 우리는 사치와 낭비와 향락으로 로마제국이 멸망한 사실을 잘 알고 있습니다. 로마의 황제들은 팔두마차(八頭馬車)를 탔는데 오늘 제가 타고 온 자동차가—소위 중형차입니다만—백오십 마력의 엔진이 달린 차이므로 저는 말 백오십 마리가 끄는 마차를 타고 이 자리에 온 셈입니다. 저라고 하는 육십 킬로그램짜리 사람 하나를 운반하기 위해 백오십 마리의 말이 동원되었고, 저만이 아니라 대부분의 서울시민, 한국인, 일본인, 미국인 그리고 세계인류가 그런 터무니없는 낭비를 전제하는 소위 '현대적 문명생활'이라는 것을 운영하고 있습니다. 이것이 무언가 잘못 가고 있는 엄청난 사례 중 대표적인 사례가 아니고 무엇이겠습니까. T형 포드 이래로 교통에 관한 인류의 기본적인 사상은 크게 왜곡돼 왔고, 마찬가지로 모든 삶의 패턴이 왜곡되어 있습니다. 인간의 위치이동(transportation)에 대한 개념이 이렇게 편향되는 것은 무언가 잘못된 것이지요. 설사 또 지금은 그 수밖엔 없다고 하더라도 작은 것이 아름답고 작은 것이 미덕이라는 개념으로서 소형차—엄청나게 질이 좋은 일인승 소형차—는 어떨까요. 그리고 소형차에서 나아가 소형주택, 작은 정부, 환경문제를 최고의 미덕으로 삼아 소비를 최소화—그리하여 생산을 최소화—하는 나라, 이렇게 되어야 하지 않을까요.

산업혁명이 무엇입니까. 그것이 이룩해 온 서구 중심 현대문명의 문제점들은 물질적 풍요와 과잉소비, 그리고 정신적 퇴폐와 인간성의 상실, 나아가 자원의

13. 인간 개개인의 행복이라는 기준에서 볼 때 현대 경제학이 진정으로 이 사진의 자급자족 경제를 비웃을 자격이 있는가. 현대의 자본주의 경제학과 고도성장의 개발논리에 기초한 현대도시와 건축의 해법은 이 사진의 농부들에게 더 큰 행복을 보장하는가.

고갈, 자연환경 파괴, 커뮤니티의 상실로 이어지고 있지요. 한때 '소비는 미덕'이라는 슬로건이 세계를 휩쓴 적이 있습니다. 휴지나 비누를 많이 소비해야 공장이 잘 돌고 고용이 증대된다는 괴상한 논리였지요. 휴지를 만들기 위해 나무를 베어야 했고 비누를 많이 써서 지하수를 오염시킨 것을 그때 몰랐을 리가 없습니다. 그것은 다국적 거대기업들의 속임수에 모든 정부들이 놀아난 결과였습니다. 인류의 소비수준의 상향 증가속도는 이미 생태계의 회복속도를 넘어서 있습니다. 이것은 인류의 파멸을 눈앞에 생생하게 보여주는 것입니다. 왜 인류문명은 끝없이 '성장'해야 한다고 맹신하는가, 왜 경제는 계속 '발전'해야 하는가, 그것을 위해 사람은 왜 끝없는 탐욕으로 눈을 부릅뜨고 살아야 하는가, 그런 근본문제에 대답이 없습니다. 경제성장률에 관계없이 인류는 찬란한 문화를 꽃피울 수 없는가, 현대문명은 그러므로 천박한 물질논리, 배금논리 위에서만 가능한 것인가, 서구 경제학의 물질논리란 이렇게 허무한 것입니다.

그런 종류의 무책임한 현대문명이론에 근거한 현대도시와 현대건축의 딜레마를 우리는 직시해야 합니다. 에너지의 무한정한 낭비와 인간능력의 과신에 따른 유물론적 가치관은 오늘날 인류의 정주사회를 파멸의 경지까지 몰고 왔습니다.

이와 같은 문명의 말기현상들에 대해 아시아 태평양 지역의 문화적 독자성과 특수성이 건축적·도시계획적으로 지역계획을 위해 그리고 글로벌 플랜(global plan)을 위해 이제 기여해야 합니다. 그래야 인류는 살아남을 수 있습니다. 우리는 자연에 순응하는 겸허한 태도와 그에 따른 역사 중심의 전통적 가치관을 오래 지녀 왔습니다. 그것을 부양시키는 일, 그리고 그것을 세계에 알리고 지금까지 그들이 가졌던 가치관을 바꾸는 우리의 노력이 필요한 때입니다. 물질적 평가보다 정신적 풍요를 중시했던 우리 선조들의 지혜를 우리가 먼저 배워야 하고 서구인들에게 가르쳐야 합니다. 환경을 만드는 일은 이제 동양적 가치관에서 돋보이는, 절제에 의한 분배의 균형과 무분별한 과잉소비의 반성에서 시작돼야 합니다. 서구인들의 근검절약에서 우리가 배울 점이 현재는 많습니다. 그러나 저는 퇴비를 만들기 위해 소변조차도 참았다가 집에 돌아와 해결하던 우리 할아버지들을 생각합니다. 그것은 종교였습니다. 우리는 지금 그 신앙에 배교(背敎)하고 있는 것입니다.

소동파(蘇東坡)의 「적벽부(赤壁賦)」에 '용지불갈(用之不竭)'이란 말이 나옵니다. 그것은 달과 구름에 관해 읊은 것인데, '써도 써도 말라붙지 않는다'는 뜻입니다. 인간은 탐욕스럽게 그 모성인 자연을 갉아먹고 있습니다. 삼림자원의 소멸과 석유자원의 고갈이 그것입니다. 우리는 소시인(蘇詩人)에게서 햇볕과 바람과 바닷물처럼 써도 써도 마르지 않는 자원을 찾고, 해와 달과 별과 구름의 정서적 자원을 찾는 지혜를 배울 수 있습니다.

한국적 건축 특성의 세계적 보편화라는 관점에서 특별히 한국의 환경관에는 현대문명의 문제들에 해답의 실마리로 제시될 요소들이 많이 있습니다. 우리의

14. 풍수지리는 장풍득수(掌風得水), 즉 바람을 장악하고 물의 이치를 터득하는 방법이다. 가장 쉽고 확실한 바람의 이용방법으로서 서파키스탄 신드지방(Hydrabad-Sind)의 바람을 이용한 오백 년 전통의 에어컨을 들 수 있다.

자연관은 현대의 문화가치관을 재정립하고, 생리적으로 그리고 정신적으로 건강한 인간생활의 발전에 이바지할 수 있을 것이며, 우리의 전통사상은 커뮤니티의 회복, 가족 공동체의 복원, 인간성의 재발견에 복음이 될 것입니다.

첨단과학, 정보사회, 국제화 및 지구촌 등 최근의 용어들은 반드시 중요한 희생을 전제로 요구한다는 점을 우리는 망각하고 있습니다. 핵에너지가 그 위력적 능력에 반하여 가공할 위험을 수반하는 것과 마찬가지로, 과학문명의 미래는 인류의 정신세계와 지역전통과 자연보전을 대전제로 하지 않은 것들이므로 그 논리체계가 재편돼야 합니다. 그 세계관, 우주관이 전폭적으로 바뀌어야 하는 것입니다.

저는 한국 제품의 불완전성 때문에 제 설계과정에서 태양열의 이용에 대해 대단히 소극적이었으나 요즘 그 점에 대해 크게 반성하고 있습니다. 또 미국과 독일에서 풍력, 조력(潮力) 발전을 대폭적으로 증설하고 있는 일에 한 가닥 희망을 느낍니다. 에너지 과소비문제에 대한 해결방법은 많은 부분이 건축가, 도시계획가, 인테리어 디자이너 등 환경을 만드는 직업인들에 의해 제안되고 실천되어야 하며, 현대건축에서는 자연주의와 전통적 로맨티시즘이 조화되어야 하고, 인간을 나태하게 하는 테크놀로지의 개발에 앞서 그것들이 전제되고 우선해야 한다고 봅니다.

저는 몇 가지 실례를 통해 이 주장들을 검증하고자 합니다. 피터 블레이크가 『현대건축의 실패』에서 지적하듯이, 근대건축과 현대도시계획은 실패한 현대문명의 전형입니다. 우리가 아직도 일구월심(日久月深) 매달리고 있는 용도지역제도는 커다란 오류였음이 증명되고 있습니다. 신도시의 개념은 검증되지 않은 방법론으로서 종합적 실패가 예견되고 있으며, 주차장법, 일조권법 등 대부분의 건축규제가 우리 모두를 논리적으로 회의에 빠지게 하는 혼란을 겪고 있습니다. 쾌적한 환경을 만드는 기본조건인 용적률과 건폐율 규정은 행정관서의 무원칙한 운용으로 불필요한 규제에 불과하거나 선심행정으로 전락해 있습니다. 이런 이야기들은 우리 분야에서만 이야기해도 끝이 없습니다. 근본적으로 환경철학이 부재한 탓입니다. 결국 현대건축은 자연과 인간에 대한 경외와 애정으로 돌이켜져야 하는 것입니다.

'인간만사 자연의 순리대로'라는 것이 가장 훌륭한 철학이며, 자연의 순리가 가장 훌륭한 디자인이라고 믿습니다. 옛말대로 "물이 어찌 산을 넘으랴. 산이 어찌 물을 가로막으랴" 아니겠습니까.

멋진 만찬이 준비되어 있으므로 연설은 짧게 끝내는 게 좋겠습니다. 오늘 제 이야기의 결론은 이것입니다. 각국 대표 여러분, 공해를 생각해서 음식을 남기지 맙시다. 그것으로 오늘날 우리 아시아 태평양 지역 디자이너들이 할 수 있는 인류역사를 위한 작은 공헌이 시작되게 합시다.

2

환경론적
이해와 접근을
위해서는
그 바탕을
이루는 정신과
그 가치에 대하여
우리 모두가
합의해야 한다.

한국
민간신앙의
뿌리,
풍수지리

민속박물관이 주최한 연속 세미나의 일곱번째로 한국 풍수지리에 관한 토
론이 1982년 10월 30일 민속박물관 강당에서 열렸다. 「한국 풍수지리설의
전래와 보급」이라는 이종항(李鍾恒) 전 국민대 교수의 주제 발표와, 중앙대
임동권(林東權) 명예교수의 「풍수민속」이라는 주제 발표에 대해 풍수지리
연구가 장용득(張龍得) 씨와 건축가로 초대된 나의 질의와 토론이 이어졌
다. 당시 내가 발표한 「건축가의 입장에서 본 풍수지리」가 아래의 글이다.
하나의 국가기관이 풍수지리에 관하여―비록 민속연구라는 이름으로나
마―공식적으로 토론을 벌인 일은 정부 수립 후 처음 있는 일이었다. 대다
수 국민의 의식 밑바닥에 깊이 뿌리내린 신앙적 철학을 굳이 외면하는 태
도는 부자연스럽고 당당하지 못하다. 공감대의 형성과 지속적인 후속조처
가 중요하다.

　이종항 교수는 오늘 발표에서 결론적으로 "이제 풍수설(風水說)이 신봉되던
시대는 지나갔고, 오늘에 와서는 누구도 선조의 유택(幽宅)의 양부(良否)나 가
옥 양기(陽氣)의 지력(地力) 강약을 거론하는 자는 볼 수가 없게 되었다"고 말
하면서도 "그러나 풍수상 명당이라는 곳이 자연적으로 신택지(信宅地)로 적격
한 곳이라는 진리에는 지금도 변함이 없다"고 주장했다.

　또한 자신의 글인 『한국민속대관』(「民間信仰」 중 '宗敎條') 324면의 결론 부
분에서 "풍수설에 아무런 타당성이 없는 것을 부인할 수 없다"고 애매하게 단언
하고 있다. 이 교수는 풍수설의 진리에 대해 학자로서 분명한 태도 표명을 해줄
것을 부탁드리며, 나는 오늘 '풍수설의 시대란 지나가는' 것이 아니라 아직도
풍수설의 과학성과 효용성을 주장하고 그 연구와 응용을 실천하는 건축가들이
존재한다는 사실을 말하고 싶다.

　비록 풍수지리설이 확대·응용되어 혹세무민(惑世誣民)의 경지에까지 이르렀

던 점이 있고, 민간에서조차도 그 맹목적인 신봉에 회의를 갖게까지 된 시절이 있었지만, 지금까지 비난받아 온 것으로 충분하다고 볼 뿐만 아니라, 적어도 양택론(陽宅論)에 관한 한 건축가의 입장에서는 오히려 '대단히 큰 타당성'을 발견하고 있다.

이 교수의 위와 같은 결론은 현재 풍수설의 타당성 입증과, 통계적 학문으로서 이론정립과 그 전승 응용에 뜻을 둔 많은 사람들에게는 성급한 단언이 아닌가 생각되는 바, 그 이유로서 소위 배산임수(背山臨水), 좌청룡 우백호, 안산조배(案山朝拜) 등의 단어로 대변되는 풍수설의 양택론이 현대적인 의미에서도 주택입지나 취락배치에서 합리성과 과학성이 입증되고 있을 뿐만 아니라, 나아가 자연에너지의 활용 및 그에 따른 화석에너지 소비절감이라는 의미에서 미래지향적으로 연구할 가치가 충분하다고 믿고 있다.

또한 인체가 자연의 일부로서 자연이 창조된 방식과 똑같은 시스템으로 만들어졌다고 생각되는 바, 이 가설에 따라서 땅과 물을 인체의 경우처럼 혈(穴)과 맥(脈)과 국(局)으로 정의하는 풍수사상은 인체를 다루는 한방의학의 경락사상(經絡思想) 체계와 일맥상통 이상으로 일치하는 바가 있다. 이것은 어느 면에서 현대 물리학, 지리학, 생리학 및 건축학이 발견해내지 못한 분야에 대한 해답까지를 암시하고 있다.

예컨대 인체가 갖는 자성(磁性)과 대지가 갖는 지자기(地磁氣)와의 관계는 생활환경의 관점에서 따로 떼어놓고는 인간과 자연을 생각할 수 없는 직접적 영향과 광범한 연관을 갖고 있다. 풍수에서 말하는 대로 지상의 특정 부분에 따라 인체와 생활에 땅으로부터의 에너지가 결정적으로 각기 다른 영향을 미치는 것이 사실일진대, 이런 방향으로 접근하는 것이 풍수설의 과학성을 뒷받침하는 근거가 되며, 현대도시의 환경문제 접근에도 하나의 방법론이 될 수 있다고 본다. 현대도시에서 음양의 길지(吉地)를 고수하여 주거지구와 상업지구를 따로 두는 방법은 충분히 연구가치가 있을 것이다.

나아가 풍수에서 말하는 지풍(地風)·지기(地氣)·지온(地溫)이라는 개념은 또한 현대과학에서 지구물리학과 지구에너지의 관점에서 지금까지의 연구결과와 합일점을 발견할 수 있다고 본다. 지구에너지는 지상에서 땅의 온도(각 부분 온도는 모두 다르고 매번—밤낮, 아침 저녁, 계절에 따라—다르다), 땅의 기운(지역마다 다르다)으로 나타나며, 감지되고 측정 가능하고 인체에 영향을 끼친다.

예컨대 노쇠한 지질대의 노출된 암반 표면은 낮의 열기와 밤의 냉기와 표면의 건습(乾濕)만 가지고도 인간의 주거장소로 부적합하다는 이론에 수긍하지 않을 수 없다. 더구나 그것이 사람들 누구에게나 같지 않고 그것을 이길 수 있는 체질과 이기지 못하는 체질이 있다는 내용에 이르면, 서양의학의 일괄적 공통처방에 문제가 있음을 잘 알 수 있다.

마찬가지로 지표면에 형성되는 에너지 상태가 부분적으로 다름으로써 지구상에 폭풍과 해일을 비롯, 모든 종류의 눈에 보이는 기상현상이 일어난다. 그러나 사실상 이 현상들의 감추어진 바탕에는 지구상의 모든 물체가—물과 모래와 우라늄에 이르기까지—각기 특정한 에너지를 분출하고 있으며, 그것들이 대기와 수증기를 움직이게 한다는 사실에 대하여 현대과학은 불가시광선(不可視光線, invisible ray)설로 설명하고 있는 바, 풍수지리의 '장풍득수(掌風得水)'는 바로 그 모든 보이지 않는 에너지의 인간에 의한 이해와 장악과 활용의 필요성을 설명하고자 했던 것이라고 보인다.

예컨대 지하수가 어떻게 존재하느냐, 그것이 정지상태로 고여 있느냐, 흐르고

15. 길산도(吉山圖). 한국 사람들이 가장 좋은 지형이라고 믿어 온 이상지(理想地). 그들에게 어디에 사느냐는 어떻게 사느냐보다 중요했다.

77

있느냐, 그 흐름의 방향과 수량을 정확히 측정해내는 버드나무 가지의 반응은 지하수맥의 존재가 거대한 힘으로 지표면에 어떤 에너지를 형성하고 있음을 증명하는 것이며, 이것이 인간 주거에 미치는 영향의 심각함은 건축적으로 의학적으로 입증된 바다. 또한 바위의 에너지, 흙의 에너지, 정지된 물의 에너지, 흐르는 물의 에너지가 모두 성격과 강약이 다르고 그 에너지의 총화가 지구 전체의 에너지가 됨은 물리학으로 입증된 바다. 그렇게 본다면 오히려 현대과학의 생물, 무생물, 동물, 식물, 광물의 구분은 에너지의 보유와 분출이라는 면에서 풍수이론보다도 뒤져 있다.

환경을 만드는 건축가의 입장에서는 이것은 크게 문제가 된다. 집터의 선정이 문제가 되고 토양의 함수율이 문제가 되고, 바위 표면온도의 일교차가 인간생활에 직접 문제가 된다. 뿐만 아니라 석재와 목재, 흙과 시멘트와 강철 등 건축재료들의 눈에 보이지 않는 에너지 방출이 문제가 된다. 이에 관한 체계적 이론으로는 우리의 풍수설만한 학설이 없다고 본다.

땅속의 물과 감추어진 지맥〔潛龍〕에 관한 풍수론의 지적과 관심은 건축, 도시계획 및 환경학의 일부로서 밝혀질 가치, 이용할 가치, 연구할 가치, 교육해야 할 가치가 충분히 있다고 본다.

또한 인체가 발생하고 받아들이고 순환시키는 모든 종류의 에너지에 관해서도 풍수설은 그 상대적 중요성을 지적하고 있다.

예컨대 명당은 누구에게나 좋은 것이 아니라 '삼대덕적(三代德積)'이 있어야 한다느니, 집터의 양부는 '대주(大主, 家長)의 사주(四柱)'에, 그리고 가인(家人)의 체질〔四象〕에 맞아야 한다는 등의 표현이 대표적으로 그런 것들이라고 보이는 바, 이것들은 자연과 인간의 에너지 공조현상(共調現象)으로 설명될 수 있을 것이다. 하늘과 땅의 기(氣)와 인간의 기는 상호관입(相互貫入)한다는 뜻이다.

여기까지 물리적·생리적 문제를 말해 보았는데, 정신적 문제, 후천적으로 인간성을 형성하는 문제들까지 풍수설이 설명하고 있음에 주의할 필요가 있다고 본다. 인간의 탄생과 성장에 끼치는 달의 운행과 지기(地氣)의 영향은 절대적이다. 그리고 그것이 디엔에이(DNA) 다음으로 사람의 후천적 체질을 결정하는 요인이 된다. 현대적인 주거환경을 연구하는 입장에서도 생활과 환경과의 관계는 불가분의 관계이며, 예컨대 이 관계는 풍수에서 "산을 보고 사는 사람은 심성이 깊어진다. 물을 보고 사는 사람은 심성이 넓어진다"라는 말로 모든 설명을 대신하고 있다. 동양철학에서 개개인의 체질은 그의 성격을 형성하고 그렇게 형성된 성격은 운명으로 발전한다. 그러므로 체질이 운명이라는 철학이다. 풍수이론이 체질론과 연관되어 있음은 대단히 독창적이며 과학적이다. 풍수설이 타당성이 없다는 말은 이와 같은 우주에너지 존재의 명증성에 배치되고 있다.

결론적으로 풍수설의 양택론은 그 기본에서 인간의 환경결정론의 표본이며, 훌륭한 입지분석의 접근방식이며, 통계학적인 환경선택의 방법론이다. 그것은 환경의 일반론이 아니라 특별히 어떤 환경이 개개인의 체질에 맞는가를 논의함으로써 무엇보다도 독특한 환경선택의 개별처방이라는 데 독창성이 있다.

특히 한국의 풍수는 중국으로부터 전래하여 일본에 이식시킨 것이지만, 대단히 독특한 한국 풍수만의 영역이 있다. 중국의 풍수가 무조건적인 기복론(祈福論)에 기울어 있고, 일본의 그것이 디테일적이고 오히려 가상학(家相學)에 기울어 있음에 비해, 한국에서는 땅을 아끼는 사상이 우선하여, 명당찾기 이전에 그 땅의 풍수를 보고 그것을 비보(裨補)하는 방안을 찾았다. 버려진 땅도 보완시킬 수 있다고 믿는 것은 바람직하고 훌륭하다. 한국의 풍수가 비보의 원리를 중요시했던 역사는 감탄할 만한 학문적 전통이다. 그들은 명승지라는 곳은 사람이 살 만한 곳이 못 된다고 가르쳤다. 그리고 사람은 평범한 곳에서 살아야 한다고 배웠다. 풍수로 보아 너무 좋은 곳은 혼자만 알고 아껴 두었다. 혼자 투기를 하기 위해서가 아니라 '이곳은 후일 더 큰일에 쓰여야 할 곳이다'라고 했다. 무언가 모자란 듯한 곳에는 그것을 보완하는 방법을 찾았고, 결정적인 흠결이 있는 곳에는 그 결점을 바로잡아 정상의 것으로 만들려고 했다. 경복궁의 해태상, 삼성산(三聖山)의 호압사(虎壓寺) 등 이런 예는 끝없이 많다. 우리에게 잘못 알려진 것처럼 한국 풍수는 부귀영화가 목표가 아니었다. 그래서 우리는 길지를 말할 때마다 삼대가 덕을 쌓아야 함을 전제로 했다.

우리는 그런 민속이 과거에 우리에게 존재했다는 정도로서가 아니라, 연면히 내려온 하나의 훌륭한 학문, 위대한 철학으로서 연구하고 계승하고 발전시킬 가치를 느끼며 사명감을 갖는다.

더욱이 우리 시대에 와서 이 훌륭한 학문이 멸실위기에 처해 있음은 마음 아픈 일이다. 일제는 고의적으로—어느 면 풍수설을 경외(敬畏)했기에—조직적이고 지속적으로 풍수말살 정책을 폈고, 그 영향으로 해방 후 지금까지도 그같은 과장된 풍수의 폐해, 풍수의 비과학성이 전파되고 있다.

조금이라도 글을 읽는 모든 집에 비장되었던 지가서(地家書)들은 무게로 달아 고서점에 팔리고 서류 파쇄기에 분쇄되어 지승공예(紙繩工藝) 재료로 쓰였다. 현대판 분서갱유(焚書坑儒)가 아니고 무엇인가. 풍수가 너무도 어려운 학문이어서 지관(地官)이라는 직업은 멸종상태이다. 어려서부터 스승을 따라 실제 산을 밟고 다니며 관산법(觀山法)을 익히던 도제방식도 이제는 있을 수도 없으려니와 음양오행(陰陽五行), 주역(周易), 태극도참(太極圖讖)의 어려운 원전들을 읽을 능력도 없다.

환경관련 대학에서는 이에 관한 강좌가 개설돼야 하고, 그 연구학도에게 다른 학문과 똑같은, 또는 그 이상의 연구기회가 제공되어야 하고, 활발한 독려가 있어야 한다. 건축가들에게는 자연이 이루는 완벽한 조화를 납득시켜야 하고, 그 조화에 역행하는 인공의 구축물들이 문화적으로 타당한가를 자성하도록 설득시켜야 한다.

임동권 교수의 결론에서 "자연의 이치를 깨달아 이에 순응하는 것이 인간지사(人間之事) 최선의 길일 것이므로 길지에 조상을 모시고 효(孝)와 충(忠)의 마음으로 생활한다면 가정적으로, 사회적으로 우리 모두에게 영화로운 삶이 될 것이다. 사자(死者)는 유택(幽宅)을, 생자(生者)는 양택(陽宅)을 길지에 마련하여 풍수지리의 근본이치에 맞는 상(相)으로 모시고 건축함이 우리 삶을 풍요롭게 하는 길이다"라는 부분에 공감을 표하며 감사드린다.

우리의 대문,
일상의
철학과
믿음으로서

우리의 문들을 실제로 관찰하거나 기록한 사진들을 보면, 사실상 어떤 말로 된 설명보다도 철학적이고 종교적인 바탕 위에 그것들이 세워지고 있음을 알 수 있다. 말은 항상 불완전하다.

사람들은 집 주위에 담장을 쌓는다. 사람들에게는 자기가 있는 곳이 어디인가를 확인하고 그것이 어디까지인가를 알고자 하는 본능이 있다. 그리고 그것을 다른 사람들에게도 알리고자 한다. 그래서 사람들은 자기가 있는 곳이라는 의미로 주위에 울타리를 치거나, 담을 쌓거나, 기단을 높이거나 하는 일들을 한다.

네 귀에 돌을 세우거나, 경계에 말뚝을 박거나, 깃대를 세우거나, 나무를 심거나 하는 일들이 모두 그런 일 중의 하나이다.

그것은 선언적인 의미가 있다. 담장이나 다른 어떤 종류의 경계표지들이 갖는 선언적인 의미는 안과 밖의, 나와 남의, 공(公)과 사(私)의, 개체와 집단의 분명한 구분을 말한다. '밖'에는 남이 있다는 나와 남의 구분, '안'에는 내가 있다는 자기 선언, 그것은 자신의 존재증명이기도 한 것이다.

그 선언을 분명히 하지 않고는 사람들은 불안하다. 여기까지가 내 땅이라는 자위(自衛)와 배타(排他)에 의한 자기 보호의 본능적 의미가 있다.

그 담은 나와 너의 경계이고, 우리와 남들과의 경계가 되며, 내 땅과 남의 땅, 나아가 마을과 마을의 경계가 되기도 한다. 개인의 경우에 담장의 안쪽에는 내가 있고 밖에는 남이 있다. 주택의 경우에 담장의 안쪽에는 안온(安穩)과 프라이버시가 있고 밖에는 그것이 없다. 절과 같은 신앙의 대상을 두고 말할 때는, 그 경계의 안쪽은 성역(聖域)이며 그 밖은 속계(俗界)가 된다. 방어적인 성격의 성곽에는, 그 안에 동족이 있고 밖에는 이교도와 적이 있는 것이다.

바로 그 담장과 울타리와 성벽이라는, 어떤 의미로 엄청난 경계에 유일하게 열려진 통로가 있어 그것을 문이라고 우리는 일컫는다. 문이란 안과 밖의, 나와 남의 교통로이며 개인과 집단의 만남이며 성역과 속계의 드나듦이며, 그리하여 다시 말하면 성역과 속계가 왔다갔다할 수도 있다는, 그곳을 지나면 속(俗)이 성(聖)이 될 수 있다는 그 점을 중요하게 생각하지 않을 수 없는 것이다.

사람들은 예로부터 그 통과(通過)라는 과정에 아주 깊은 의미를 부여했다. 그러므로 문은 그것 자체로 대단히 중요하고, 그리고 심장(深長)한 뜻을 갖는다.

사람들은 문을 통과할 때(집에서나 사원에서나) 어떤 의식을 연상하고 마음가짐을 달리한다. 무언가를 통과한다는 행위는 사람들에게 관념적으로건, 실제적으로건 늘 어떤 의식을 연상케 해왔다. 성년식(成年式)이란 어떤 시간을 통과할 때 가졌던 의식이며, 한 해를 보내고 새해를 맞는 따위의 시간 통과를 색다른

16. 대문은 법률적으로도 보호를 받는다. 허락없이 이 문턱을 넘어서면 가택침입죄가 성립하는 것이다. 그러므로 이 문턱은 개인생활이 보장되는 경계이기도 하다.

마음가짐으로 맞는 것은 하나의 종교적 의미로까지 승화되는 것이다.

대문을 통과하는 행위는 그것 자체가 하나의 의식이어서, 사찰 입구의 사천왕상(四天王像)은 그 통과의식을 형식화한 구체적 표상이 된다. 봄이 오면 대문에 입춘방(立春榜)―일종의 부적이다―을 붙이는 일, 처용(處容)의 얼굴을 그려 넣는 일, 상가(喪家)에서 집에 돌아오면 대문 밖에서 소금을 뿌리고 들어오는 일, 출산 때의 금줄 등 그 헤아릴 수 없이 많은 의식들이 대문의 의미심장한 존재에서 비롯하는 것이다.

반 게넵(Arnold van Gennep, 1873-1957, 프랑스의 인류학자·민속학자)에 의하면, 이집트나 아시리아의 여러 괴물들(바빌로니아의 날개 달린 용, 스핑크스 등), 중국의 여러 상(像)들에서와 같이 문의 보호자가 기념비적 역할을 수행할 때, 그들은 안심하고 문을 밀고 문지방을 넘어선다. 이 경우는 공간적인 통과가 영적(靈的)인 의례로 된다. 문에서 나타나는 이 두 가지 의례는 거의 동시에 행해진다. 많은 의례에서 물력론적(物力論的) 의례가 물활론적(物活論的) 의례와, 또는 직접적 의례가 간접적 의례와 결부되어 나타난다. 이 둘 다 통과 자체를 수행하기 위한, 또는 통과에 나타날 수도 있는 장애들을 제거하기 위한 것이다.

대문만이 출입의 의례가 행해지는 장소이다. 왜냐하면 대문은 특수의례를 통해 신성화되었으며, 대개 좋은 방향으로 향하고 있기 때문이다. 다른 출입구는 내부세계와 외부세계의 진이지점(轉移地點)으로서 그 성질을 대문만큼 지니지 못한다. 그러므로 도둑은 문 이외에 다른 곳을 통해 들어가기를 좋아한다. 담을 넘거나 뚫린 곳을 빠져 나간다. 정상적인 출입이 아니기 때문이다. 시체도 후문이나 창문을 통해 밖으로 옮겨졌다. 이런 관습은 어떠한 것이 특별한 의례를 통해 일단 정화되면 계속해서 정화된 상태를 유지하기 위해, 즉 오염을 방지하려는 의도에서 이루어졌다. 대문의 신성성(神聖性)을 유지하고 표현하기 위해 러시아에서는 때로 문지방에 편자를 고정시켜 두기도 했다.

문지방은 한계점이요 경계선이며, 두 개의 세계를 갈라 놓고 대립시키는 구분선이다. 폐쇄와 개방이 대문에서 동시에 상징되는 것은 역설적이다. 동시에 그것은 이 두 세계가 교섭을 갖고 세속적인 것에서 거룩한 것으로 전이하게 하는 역설적인 개방의 장소이기도 하다. 주택의 문지방을 통과하는 간단한 행위에도 많은 제의식(祭儀式)이 포함된다. 거기에는 자신의 보호자인 수호신들과 정령들이 깃들여 있으며, 그 수호신, 천신 들은 적대적 인간이나 악마의 세력 따위를 못 들어가게 막아 준다. 때로는 문지방 위에서 수호신들을 위한 희생이 바쳐지기도 하며, 몇몇 고대문명—바빌로니아, 이집트, 이스라엘—에서는 재판이 필요할 때 그 판결의 장소로 문지방 위를 택함으로써 그 판결을 분명하게 했다. 가장 극적인 장면은 구약의「출애굽기」에 나오는 대목이다. "그 피를 받아 집의 좌우 문설주와 상인방(上引枋)에 발라라. 집에 피가 묻어 있으면 그것이 너희의 집이라는 표이니 그 피를 보고 너희를 쳐죽이지 않으리라. 그리하여 너희가 재앙을 피하여 살게 되리라."(「출애굽기」, 12장 7-13절)

문과 문지방은 공간에서 연속성의 단절을 직접적으로, 또 구체적으로 보여준다. 그것들은 하나의 공간에서 다른 공간으로 넘어가는 이행의 상징이자 매개자가 된다.

선인들은 계절의 첫날이 되면, 그날의 일기로 한 해의 운수를 점치기도 했고, 입춘에는 방(榜)을 써 붙이는 일로 부산했다. 선비네 문전은 입춘방을 써 받으려는 사람들로 줄을 잇는다. 입춘방에는 덕담(德談)이 되는 글귀를 쓰는데, 그것은 복을 빌고 복을 맞아들이겠다는 의지와 희망의 표현이었다.

입춘방을 붙이면서 입춘굿을 하기도 하는데, 그것은 농악대를 앞세운 동네사람들이 집집마다 찾아다니며 상주(上主), 옥황상제, 토신(土神), 오방신(五方神)을 제사하며 그해의 풍년을 기원하는 의식이다. 하루아침에 골목은 용과 호랑이의 그림 전시장이 되고 축제의 분위기로 변한다. 이것은 모든 해악으로부터 집을 보호하는 것을 의미하며 또한 벽사(辟邪)의 기원이 된다.

신라 때에도「처용가」의 주인공인 처용을 모델로 화상(畵像)을 그려 대문에 붙이기도 했는데, 이는 처용에게 잡귀가 다시 얼씬거리지 않겠다고 한 맹세가 자기 집에서도 효력을 얻고자 원했던 때문이다. 지금도 우리에게는 정초에 '복조리'를 대문에 매다는 풍속이 남아 있다. 조리가 쌀에서 돌 등의 이물질을 걸러 내는 데서 유추해, 좋은 일은 걸러 들이고 나쁜 일은 골라낸다는 뜻으로 조리를 달아 두는 것이다. 나쁜 일을 걸러내는 필터를 대문에 설치하는 셈이다.

대문을 만들 때는 대문과 건물 본채의 대응적 관계가 중요하게 배려됐다. 대 문은 본채와 공간을 두고 조형적으로 대응한다. 대체로 같은 디자인 모티프를 사용하면서 전체적으로 하나의 조형을 이루며 하나의 원리로 해석되지만, 주제 와 부제의 관계는 엄격히 지켜진다.

『산림경제(山林經濟)』에 보면, 조문잡법(造門雜法)이라 하여 춘동하남(春東 夏南)과 추서동북(秋西冬北)은 문을 내는 방향으로는 마땅치 않다. 문이 작고 집이 크면 재산이 늘며, 반대로 문이 크고 집이 작으면 허모(虛耗)하는 일이 많 다. 대문과 중문은 같은 선상에 배치하지 않는 것이 좋다. 집안의 문들이 서로 마 주보게 섰으면 불길하다. 밤나무로 문의 얼굴을 만들면 도둑이 들지 않는다. 문 얼굴의 설주가 지나치게 굵든지, 반대로 아주 가늘든지 하면 좋지 않다. 동북으 로 문을 내면 기괴한 일이 많다고 했다.

또 취로잡법(取路雜法)이라 하여 대문 앞에 길을 낼 때에는 보통 반선곡전(盤 旋曲轉)하도록 한다. 만일 택수(宅水)가 왼편에서 이르고 있다면 오른편으로 꺾 이게 해야 하고, 택수가 오른편에 이른다면 길은 왼편으로 나야 한다. 문 앞의 길 이 꼬부라져 내조(來朝)함은 좋고, 서남쪽에 큰길이 있음도 길하다고 했다.

대문은 사람들에게 철학이자 종교였다고 말해도 크게 틀림이 없다. 특히 우리 나라 사람들에게 대문의 위치와 크기와 디자인과 방향, 그리고 그 사용, 그 재료, 굵기, 이 모두가 일상의 철학이자 내세를 위한 믿음의 결과였음을 생각하고, 우 리 대문들을 다시 보자. 하나하나가 모두 깊은 뜻이 있음을 보게 된다. 그 숨은 뜻을 발견하는 것은 대단히 즐거운 일이다. 그들의 숨은 철학을 그들의 염원과 함께 보게 되는 때문이다.

부엌,
전통공간의
대모代母

우리 생명력의 근원은 부엌에서 오고, 그래서 주택 설계의 중심은 부엌 설계에서 시작되어야 한다. 왜 이런 접근방식이 보편화되지 않는 것일까.

공간을 분류할 때, 일반적으로 동시적 관점에서는 그 형태의 생김새와 공간이 내포하는 성능의 속성에 의거하거나, 그 형태나 성능의 변화하는 경향성에 의거해 분류할 수도 있다. 이제 부엌공간을 논할 때 마찬가지로 그 형태와 성능 그리고 경향성에 관해 기술하고자 한다.

의미론적 관점
과거에 부엌공간은 다른 공간과는 달리 이중적인 의미를 가진 것으로 보여져 왔다. 이는 부엌공간이 생활기능상 가장 중요한 위치를 차지하는 반면에 의식적으로 천시되어 왔다는 양면성에 연유한다.

숭유정책(崇儒政策)에 따른 남녀유별의 내외법(內外法)은 곧 남존여비사상을 낳게 했는데, 부엌공간은 안방과 함께 여성의 전용적 생활공간으로서, 안방에 접속된 부대공간으로서 여성적 의미를 함께 지니고 있었기 때문이다. 또한 식전방장(食前方丈)하거나 난의포식(暖衣飽食)함이 경멸시됐고, 식불중육(食不重肉)할 정도로 식생활 경시풍조가 부엌공간의 의미를 낮추어 놓았던 것이다.

반면에 부엌공간은 양택삼요(陽宅三要)의 하나로, 혹자는 주방을 가정의 심장이라 부르고 있듯이 기실 부엌공간은 생활기능상 절대적으로 중요한 위치를 확보해야 하는데, 이는 그 부속시설의 다양함에서 쉽게 읽을 수 있다. 그 관련시설로는 찬방(饌房) 또는 찬간(饌間), 장독대, 우물, 헛간, 곳간, 고방(庫房), 도장,

봉당(封堂), 정주간(鼎廚間) 등을 들 수 있다. 이 여성 위주의 공간들은 모두가 부엌의 성능에 의존하며 이들 전체로서 주거의 중심으로 기능하고 있는 것이다.

한편 의식적(儀式的)인 관점에서 부엌은 항상 상징적인 의미를 갖고 있었고 그 의미는 시기에 따라 단기적으로 중요하게 유지되기도 하는데, 예를 들면 고사날 하루 전 솔잎을 부엌문 앞에 달아 놓으면 외인은 이를 보고 되도록 출입을 삼갔다는 풍습이 있고, 장기적으로는 평상시에도 부엌 조왕신에게 별도로 고사를 지내기도 하고, 제주도에서는 조왕에게 바치는 정한수의 그릇 자리까지 마련해 놓고 있다는 점 등이 또한 그러하다. 남성들이 유교적 생활을 영위하는 동안 여성들은 부엌을 그들만의 공간으로 확보하고 독자적인 무교(巫教)를 신봉해 왔던 것이다.

부엌공간은 보는 이의 관점에 따라 여러 가지 상징적·기능적·종교적·사회적 의미를 갖고 있음을 알 수 있다.

기능적 관점

부엌공간의 기능은 지역에 따라 서로 다른 양상을 나타내는데, 예를 들면 서울을 중심으로 한 경기지방에서는 정지의 기능이 취사기능 하나뿐이므로 부엌이라 불렀지만, 제주지방에서는 난방기능을 동시에 가지면서 난방기능을 굴목이라는 이름으로 분화시키고 있다. 기능상으로 볼 때도 역시 부엌기능의 고유성에 따른 지역적인 차이를 확인하게 되는 것이다. 다른 예로 함경도 등 북부지방에서는 정주간이 마구간이나 외양간과 연접해 마구간의 온도유지에도 도움을 주고 있고, 집안의 가장 중요한 재산인 가축을 가까이에서 관리하게 하고 있다. 따라서 부엌공간으로부터 방으로 연결되는 동선의 형식 역시 지역마다 상이한 공간 전이방식을 취하고 있음을 알 수 있다.

그러나 일반적으로 부엌공간은 대개 취사 목적의 장소로서, 우천시나 적설시에는 실내 작업장으로, 또는 농작물의 수장고로서 다용도적 기능을 갖기 때문에, 비교적 넓은 공간을 확보할 필요성을 갖게 된다. 또한 이 영역은 음식물을 저장하는 고방, 가구류를 수장하는 골방, 그 중간적인 성격이라 할 수 있는 도장(구들이 깔린 고방), 음식 준비공간으로서 분화된 찬간이나 상류주택에서 나타나는 반빗간, 그 외에 마구간이나 헛간으로 기능이 연장되고, 옥외공간인 고방마당, 장독대, 텃밭, 안마당 등으로 다시 연장되는 영역의 확장성을 읽을 수 있다. 이러한 부엌공간의 기능과 효과는 가히 양택삼요의 한 중요요소로서 부엌공간을 격상시켜 놓고 있는 것이다.

공간형태적인 관점

모든 토착주거의 구조는 그것이 속해 있는 지역환경의 외부적·내부적 조건에 의해서 그 유전인자를 달리하게 되는데, 한옥 구조 역시 지역에 따라 분명한 차이를 보이고 있다. 이에 따라서 부엌공간의 위상과 형태의 변화도 당연히 그 영향을 받고 있다. 첫째, 남부지방은 생활 중심이 대개 마루 구조의 대청이고 북부지방은 온돌 구조의 안방이 되므로, 주택 구조 안에서 부엌의 위상과 위치와 기능이 각기 다른 방식을 취하고 있기 때문에 공간형태도 근본적으로 달라진다는 점, 둘째, 역시 외기온도와 연관해 부엌공간이 옥외공간으로 연계되는 정도가 북쪽으로부터 남쪽으로 내려갈수록 강화되므로 공간형태의 폐쇄성과 개방성에 차이가 생긴다는 점, 셋째, 난방방식의 차이로부터 부엌공간의 위치와 형태 자체가 지역적인 차이를 갖게 되어 배치상, 단면 설계상, 음식물의 서비스 동선상 특이

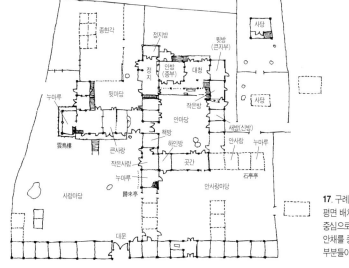

17. 구례 운조루(雲鳥樓)의 평면 배치도. 부엌을 중심으로 안채가 형성되고, 안채를 중심으로 나머지 부분들이 배치된다.

점을 갖게 되어 자연히 부엌공간이 형태적으로 지역성을 대표하는 결과를 낳고 있다.

지역적 특성

주거형태는 태백산맥 이동과 중부지방(태백산맥 이서), 영남, 호남, 그리고 남해안지방으로 나뉘어 지역적 특성을 나타낸다. 명확한 구분은 아니나 산간, 해안지방에서는 부엌과 안방 사이에 샛문을 두기도 하는데, 서부지역의 일반적 형태는 세 칸의 한쪽에 반 칸으로 부엌을 배치하고, 가운데에 안방을, 반대쪽 끝에 윗방을 한 칸씩 만들고 뒷간이나 토방을 만드는 방식이다. 영동 동해안지방에서는 부엌 옆에 덧대어 마구간을 만들고 부엌 바닥에서 구유에 직접 먹이를 줄 수 있도록 하기도 한다.

제주지방은 대청 중심의 가옥 구조로, 부엌이 안방과 분리되어 오히려 작은 방에 접속되고 있음이 특징이다. 난방형식에서 굴목이라는 난방 전용 서비스 공간이 형성되어 난방과 취사가 분리되는 형식을 취하고 있다. 식사기능이 정지나 마루로부터 분화돼서 하나의 독립된 찻방(茶房, 식사 준비, 식사, 부녀 작업방 등으로서의 다용도 공간)을 형성하고 있는 예가 대부분이다.

이 당연한 지역 특성의 차이는 의식구조, 생활방식, 나아가서는 자연관, 세계관에 이르기까지 지역적 세분화 경향을 보인다.

이상으로부터 부엌공간의 의미와 형태 그리고 기능에 대한 기본적인 성격을 다음과 같이 요약할 수 있겠다.

첫째, 한국 주거건축에서 부엌은 식사라는 생활기능상, 또한 식사를 준비한다는 의미상 절대적으로 중요한 위상을 확보하고 있다는 점.

둘째, 다양한 기능적 필요성으로 인해 옥외공간과도 밀접한 관계를 유지하고 있다는 점.

셋째, 부엌공간이 서비스 야드와 안마당의 경계영역에 위치하여 내부공간뿐만 아니라 외부공간에도 기능영역을 확산한다는 점.

넷째, 부엌공간과 옥외공간과의 연계도가 기후에 따라 남쪽지역일수록 개방적인 성향을 띠고 있다는 점.

다섯째, 부엌과 방들과의 연결은 반드시 매개영역을 통해서만 가능하고, 우리 주택의 최대 특징인 다목적이고 융통성있는 공간 활용방식에도 불구하고 남성들은 철저히 부엌공간에 출입이 제한되었다는 점.

여섯째, 그 매개영역은 정주간, 대청, 툇마루, 찬방 혹은 마당으로서 모두 다용도의 다기능 공간들이며, 이들 공간과 분리될 수 없는 중심공간이라는 점 등이다.

그리하여 종합적으로 주택의 평면구성에서 안방, 부엌을 묶는 실질적 생활공간이 전체 배치계획에서 중심적 역할을 하고 있고, 나아가 주거계획에서 여성이 독점하는 이 공간들이 사회교육적으로 얼마나 중요한 위치에 있었는가를 파악하게 한다.

한국의 전통민가를 연구하기 위한 접근방법이 여러 가지가 있겠으나 위에서 기술한 바, 전통주택에서 가장 중요한 의미로 존재하는 부엌공간에 대한 개괄적인 관찰로부터 최초에 부엌이 있고 거기 잇대어 안방이 있고 이들을 중심으로 여성의 공간이 자리함으로써, 일상생활에서 여성이 차지하는 역할을 정의하고, 가부장적인 유교관습을 공유하는 동시대적인 가옥 공간구조 속에서 그 건축적·사회적·교육적 의미를 반추해 보거나 재해석해야 할 단서들을 찾아 나감이 오늘의 과제로 부각되어야 한다고 생각한다.

나아가 현대주택의 설계에서 소위 전통을 운위함에서도 주택 공간조직의 핵심으로서 부엌과 안방의 관계를 이해하고 응용하는 일이 전통적 가치관을 보전하는 한 지름길이 되리라고 믿는다.

우리
교회건축의
앞길

이 글은 1994년 제1회 한국 교회미술 연구 세미나에서 발표된 내용이
다. '교구건축위원회' 항은 세미나에서 삭제했다가 출판 원고를 정리하
면서 다시 넣었다.

돌이켜보기

한국에서 우리 천주교의 교세가 획기적으로 확장되기 시작하고 그에 따라 곳곳에서 성전건축(聖殿建築)의 붐이 일어나기 시작한 것은 1970년대 들어와서가 아니었나 싶다. 그로부터 지금까지 서울 대교구의 백육십 개 본당 중 새로 세워진 건물은 백 개 정도였다고 한다. 또한 현재 짓고 있거나 불원간 지어질 건물이 육십 개 가량이다.

참으로 놀라운 숫자이며 놀라운 규모이며 놀라운 열성이다. 만일 오백 평짜리 건물들을 지었다면 연(延)오만 평을 지었고, 이십억짜리 건물들을 지었다면 땅값을 빼고 이천억이 소요된 셈이다. 가장 최근에 계획된 분당 본당은 건평 천 평에 육십억 예산이다.

그러나 그보다 더, 참으로 놀라운 일은 그 백 개 건물 중에서 건축적으로 잘된 건물을 꼽아 보자면 열 손가락, 다섯 손가락, 그리고도 고개를 갸우뚱해야 생각이 날까 말까 하는 그 건축적 질의 열악함이다. 아마도 절반 정도는 잘되고 절반 정도는 그저 그렇다면 그러려니 할 수도 있지만, 정확하게 말하자면 단 하나의 건물도 내놓고 정말 잘되었다고 할 것이 없다. 백 개 중에서 스물네 개의 건물은 헐고 새로 지어졌다. 어쨌든 계획이 잘못되었던 것이다. 이 놀라운 일은 그러나 사실이다. 건축에 몸담고 성당 근처에 얼쩡거리는 한 사람으로서 무어라고 말할 자격이 없으나, 그래도 더 늦기 전에 부끄러움을 무릅쓰고 할말들을 해야겠다.

우리는 그 동안에 전혀 잘못된 가치관을 가지고 교회건축을 대해 온 것이 아닌가. 우리는 큰 것을 지향했고, 비싼 것을 선호했고, 화려한 것을 존경했다. 우리는 빨리 성취하기를 원했다. 그러기 위해서 기본적으로 신중해야 할 모든 것들을 생략해 왔다. 또 양적 팽창을 자랑해 왔다. 그리하여 취미는 저속해졌고, 모든 면에서 질이 떨어졌으며, 대충대충 하는 것이 생활화되었다. 진지하고 고매한 정신은 사라졌고, 문화적 가치는 정치적·경제적 우선순위에 밀려났다.

일반 사회에서 사이비가 정통에 도전하고, 정치에서 사이비가 정통을 대신한 데 대응하여 건축의 정통이 포스트모던과 반건축(de-construction)에 도전받듯이, 교회에서 성전을 짓는 일도 정통적이고 원론적인 방식으로 행해지지 못했다.

우리는 프란체스코 성인의 작은 기도방을 우습게 생각하고 있다. 모든 부분에서 자행되는 과잉행위가 교회에서도 이렇게 신앙의 본거지로서 교회건축의 질을 떨어뜨렸다. 구체적으로 말하자면 음향장치는 과잉성능으로 분위기를 너무 압도하기 일쑤이고, 난방과 냉방은 적당한 정도를 지나치기도 하고, 건축재료는 너무 호화로운 것으로 선택하기가 보통이고, 건축규모는 너무 방대하여 백년대계라는 말이 남용됨을 절감한다. 열심히 했다는 본당에는 결국 건축가의 어설픈 과잉 의장(意匠)으로 무슨 '빛의 콘트라스트'니 '분위기의 연출'이니 하는 비종교적인 사고방식이 횡행하고 있다.

대부분의 우리 교회들은 너무 크고 너무 돈을 많이 들여서 건축자재 전시장을 방불케 하고 있다. 정작 시간을 할애해야 할 설계단계는 대충 넘어가고, 참으로 면밀히 따져야 할 계획상의 문제들은 생략되어 버린다. 공사단계에서도 마찬가지로 양생(養生)에 쓰일 시간이 건너뛰어지고, 정성스러워야 할 마무리 작업들은 무시된다. 그렇게 보면 우리의 지향하는 바가 대부분 허황한 것이었음이 분명하다. 우리는 무엇을 잘해 보겠다는 것이었는가.

건립계획

무엇보다도 우리는 건립계획의 수립에서 절대적으로 신중하고 온건하며 보편타당해야 했다. 대체로 백년대계란 말이 많이 언급되고 모든 이들이 잘해 보려고 시작하는 것은 사실이지만, 실제를 들여다보면 대부분의 경우에 건립계획의 입안에서부터 허황하고 성급하고 졸속한 경우를 흔히 본다.

규모의 설정은 적절해야 하고 오히려 보수적으로 절제돼야 한다. 큰 집, 큰 차를 좋아하는 우리 사회의 일반경향이 우리 교회에도 퍼져 있어서 '거대한 교회는 신앙심의 크기를 상징하고 곧 잘 지은 교회'라는 생각이 팽배해 있다. 김수환 추기경이 『1994년 사목교서』에서 말한 신자 수 오천 명 이상의 본당은 분가를 준비하란 말에 유의해야 한다. 대형의 미사가 꼭 기도의 질과 격을 떨어뜨릴 이유는 없겠으나, 대형 본당의 사목형태가 물량(物量) 위주로 오도될 중요한 요인이기 때문이다.

건립예산 마련이 어느 경우에나 상당한 어려움이 있음에도 불구하고, 대부분의 신축 본당들이 '크고 호화로운 성전'을 이상으로 삼는 것은 걱정스런 현상이다. 건립기간은 가능한 한 길게 설정되어야 한다. 규모와 기간에서 적정한 계획이 수립된다면, 예산계획에서 결코 무리가 발생할 수 없을 것이다.

예산규모를 세우기 위한 건축 품질의 결정(소위 평당 단가)에서도 우리는 지나치게 무리하는 경우를 흔히 본다. 하느님께 봉헌되는 집이라 하여 무조건 최고의 품질이어야 한다는 발상은 갸륵한 것이기 이전에 무리를 수반하게 되고, 이로 말미암아 성전건립 정신의 본질을 해치게 된다. 만일 예산계획에 무리한 요소가 조금이라도 발견된다면 건립계획을 단계별 계획으로 나누어 생각할 수도 있을 것이다. 무엇보다도 나는 신자들에게 경제적·심리적으로 과중한 부담을 지우는 것이 가톨릭적 교리에 어긋난다고 본다.

최근에 신문에서 '예수의 작은 형제회' 최 수사(修士)라는 분의 글을 읽었다. 그는 누구보다도 나자렛 예수를 닮은 노동판의 동료들과 함께 살게 해주신 하느님께 늘 감사드린다고 말한다. 그러나 꼬박 토요일까지 일하다가 주일에 성당에 가면 수사 신분인 본인도 소외감과 이질감을 느낄 때가 많다고 한다. 무엇이 잘못된 것일까.

또 어느 본당 신부님의 「성전건축은 잘되고 있는가」라는 글을 읽었다. 어떤 예언자가 횃불을 들고 신전을 향해 급히 가고 있었는데, 이는 사람들이 하느님보다도 신전 건물에 더 관심을 쏟기 때문에 그 건물을 태워 버리기 위해서라는 내용이었다. 이것은 우화이다. 여기서 그 신부님은 "성전을 짓다 보면 마음의 성전이 무너지기 쉽다"든가, "번성할 때 이미 멸망의 씨앗이 싹트고 있다"란 말을 우리 교회가 다시 음미해야 한다고 지적하고 있다.

우리는 작은 공간에서도, 장식없는 소박한 분위기에서도 정성들여 기도할 수 있어야 한다. 사실 그것으로 족한 것이다.

규모의 결정에 곁들여 기능을 결정함에서도 지나치게 크게 잡은 친교공간, 신심단체 공간과 봉사활동 공간들이 전체 규모를 확장시키게 된다. 친교도 중요하지만, 그런 공간들이 없으면 봉사와 친교가 안 되는 것으로 생각하는 것은 일종의 주객전도라 할 수 있다. 이런 일들을 감안할 때 건축의 규모설정에 대한 교구 차원의 진지한 연구가 필요하다. 그리하여 각 본당의 특성에 따라 그 본당에 제시, 권장될 대체적 기준이 설정될 필요가 있다. 서울 대교구는 지금까지 수많은 본당을 신축한 경험을 유기적으로 결합시킬 필요가 있다. 그렇게 함으로써 좋은 통계 및 반성의 자료가 얻어질 것이다.

현재의 교구건축 심의에서도 규모설정이나 예산의 낭비요소 등이 자주 거론되고 무리한 계획이 걸러지기도 하지만, 그보다는 좀더 과학적인 계획기준의 연구·제정·실시가 필요하다. 예컨대 신자 수와 본당 연혁 및 특성과 생활수준, 교무금, 헌금 정도에 따라 신축 성당의 수용인원, 규모가 산정될 수 있으며, 거기에 미사 횟수와 미사에 따른 공간점유율(occupancy ratio, 빈 공간의 교대율)이 적절히 적용된다면 지금보다는 좀더 과학적·학문적으로 검증될 수 있을 것이다. 그런 권장기준이 제시됨으로써 오히려 각 본당의 자율적 결정요인이 더 확대될 수도 있을 것이다.

일정계획을 세우는 데서도—이것은 참으로 다시 숙고해야 할 문제라고 생각되는데—우리는 지나치게 성급하고 졸속하여, 모금을 시작해서 축성되기까지가 빠르면 삼 년 내지 오 년, 길어야 육칠 년에 불과하다. 제대로 보자면 그 삼 년이란 기간은 겨우 프로그래밍과 설계와 건축 허가가 완료될 시간에 불과하다. 이제 그런 졸속을 부끄럽게 알 때가 되었다. 신중하게 오래 실천하는 것을 거꾸로 부끄럽게 알던 구시대의 잘못된 시각을 바로잡을 때가 된 것이다.

터잡기

옛날에 프랑스 신부님들이 성당 터를 잡은 것을 보면서 우리는 그들의 안목과 환경철학에 감탄하곤 한다. 그 혜안은 바로 그들의 종교적 열정에서 눈떠진 것이었을 터이다. 현대에는 그때처럼 선택의 여지가 많이 주어지지 않을 뿐 아니라 우리에게는 그들만큼의 열성과 조심스러움이 부족하다. 그래서 우리는 도심지 한복판에서 복덕방을 통해 알게 된 몇 개의 후보지를 놓고 주로 가격을 위주로 짧은 시일 안에 결정을 내려야 한다. 물론 그래서겠지만 흔히 후보지 선정이 잘못되어서 그후에 이어지는 모든 노력이 빛을 보지 못하는 결과를 초래하기도 한다.

땅을 선택한다는 것은 대체로 보편적인 가치판단 기준에 의하게 되지만, 사실은 대단히 전문적인 안목과 결단이 필요하다. 특히 우리나라에서는 풍수지리를 들먹이지 않더라도 선인들의 터잡기는 예술의 경지에 이르렀었다고 평가되고 있다. 실제로 도읍과 궁궐과 사원의 터잡기를 보면 그들의 넓은 안목을 알 수 있다. 이것은 소위 세계화시대에 독자적인 우리 것으로 소개될 몇 안 되는 유산 중의 하나이다.

그러나 실제로 많은 경우 신부님의 결단은 기껏해야 복덕방이나 부동산 전문가의 단편적인 조언에 좌우된다. 바람직하기는 믿을 만한 전문가에게 전문적인 조사용역을 의뢰해 시간과 비용을 제공하고, 조사분석의 결과를 전문적인 보고서로 접수하고 보관해야 한다. 전문가는 각 후보지의 비교분석과 최종결정에서 도시발전의 장래방향, 즉 후보지 자체뿐만 아니라 본당 구역 내의 생활여건 변화까지도 예측해야 한다. 그러므로 그것은 토지가격뿐만 아니라 성전 건립시기를 결정하는 요인으로 작용할 수도 있는 것이다.

어쨌거나 터를 잡는 것은 전체 사업의 반시작(半始作)이고, 잘 잡는 것은 반성공(半成功)이다. 내 경우에는 이미 선택되어 주어진 후보지에 건축주와 함께 가볼 때가 많은데, 교회건 주택이건 건축주의 후보지 선택을 보면 대체로 그쪽의 의도, 원하는 방향, 사업에 대한 열의, 나아가 설계에 대한 지침까지를 알 수 있다.

다시 말하자면 사업계획의 모든 것이 함축되어 후보지 선정 결과에 반영되는 것이므로 이 과정이 잘되어야 하나, 바로 이 과정에서 많은 요소들이 잘못 결정되어 버리고 마는 것이다. 그러므로 건립계획에 담겨진 우리의 철학이 터잡기에 잘 반영되도록 최대한 신중하기를 권장해야 할 것이다.

계획원론에 충실할 것

나는 훌륭한 건축이 뛰어난 건축가의 영감에서 만들어진다고 생각하지 않는다. 훌륭한 건축을 만드는 문제는 따지자면 생활의 문제이지, 건축의 문제는 아니다. 만일 둘 중에 하나를 선택해야 한다면 신앙심이 더 좋은 종교건축을 만들지, 신앙심이 없는 건축술이 더 좋은 건축을 만들지는 못할 것이 분명하다.

좋은 교회건축이란 무엇인가. 그것은 훌륭한 건축가의 '작품'이 아니라 신자

18. 광주 가톨릭대 성당.
광장 설계. 1998년.
신성하다는 느낌은 건축가가
만들어 주는 것이 아니다.
깨끗하고 단아해서 그것이
고결하게 보일 때일지라도,
오직 신성한 느낌을 가질
마음의 준비가 된 자에게만
느껴지는 것이다.

들이 모여서 하느님을 찬미하기에 충분한 공간이면 된다. 훌륭한 기도가 되기 위한 조용한 곳, 아름다운 성가가 들려 올 수 있는 차단된 분위기, 경건한 마음을 일깨우는 깨끗한 내부, 너무 어둡거나 밝지 않고, 너무 춥거나 덥지 않으며, 때로는 새소리가 아니라 유치원 어린이들이 떠드는 소리가 조금 들려도 좋고, 또는 거리의 자동차 소음이 들려 와도 크게 방해받을 정도가 아니면 족하다.

즉 이것들은 건축계획 원론 교과서에 모두 있다. 즉 좋은 교회건축은 기본적으로 건축의 요구에 충실할 때 이룩될 수 있다. 거기에 위대한 건축가의 의도가 엿보이면 순수한 신앙심에 사족(蛇足)이 된다. 각자 조용히 기도하는 신자들에게 건축가의 공간 의장과 빛의 연출은 항상 그 의도대로 감동을 주지는 않는다. 오히려 때로는 순수한 신앙심을 오도하고 개개인의 무한한 의식세계를 제약할 수 있다.

건축가의 의도는 일회적 감동을 만들어낼 수는 있으되, 그것이 모든 이에게 항시적이라는 보장은 없다. 차라리 건축적 감흥은 모든 이의 마음속 깊은 곳에 있다. 거기에 건축가의 얼굴이 어른거리고 큰 목소리가 들려서는 안 된다. 조용하고 깨끗하고 절제된 표현이란 모든 이에게 보편타당한 것이다. 이것이 계획원론이다. 그리고 그 정답은 어디엔가 씌어져 있다. 건축가는 어디엔가 있는 그 정답을 찾으면 된다.

소위 무에서 유를 창조한다는 건축가의 오만이 모든 일을 망쳐 놓는 경우를 우리는 주변에서 얼마나 많이 보는가. 건축가들은 성당을 자기의 작품이라고 생각해서는 안 된다. 아름다운 것, 독창적인 것을 만들려고 애써서는 안 된다. 건축 교과서에 쓰인 것, 즉 건축원리에 투철한 것, 그것을 목표로 하면 그것은 보편타당한 것이어서 적어도 터무니없는 것이 되지는 않는다. 종국에 그 결과는 온당하고 포용력있으며 결국 저절로 아름답게 되는 것이다.

자연을 통한 하느님의 영광 찬미

앞에서 말했듯이 건축가가 자신의 재능으로 아름다운 건축을 만들어서 하느님의 영광을 찬미하겠다고 나서는 것은 잘못된 생각이며 오만에 불과하다. 프라

안젤리코(Fra Angelico)의 성모님 그림은 프라 안젤리코 자신의 재능을 자랑하지 않고 성모님에 대한 지극한 애정과 존경을 표현하려 했기 때문에 아름답다.

빛은 필요한 만큼 받아들여야 한다. 그것을 연출하고 조작해서는 안 된다. 공간은 필요한 만큼 마련해야 한다. 그것을 과장함으로써 저속하게 해서는 안 된다. 음향은 본래의 소리에 가장 가깝도록 전달돼야 한다. 조용한 가운데서 성가는 아름답게 울려 퍼져야 한다. 재료는 단순하게 선택돼야 하고 다른 욕심들은 가능한 절제되어 하나의 목표에 도달하도록 강한 메시지를 저절로 담아야 한다.

현대에 와서 우리가 건축을 통하여 세상에 보내야 할 가장 중요한 메시지는 불행하게도 자연보전과 에너지 절감이라는 위축된 목소리가 돼 버렸다. 과거에 우리가 보아 온 하늘을 찌르는 고딕의 첨탑과, 하늘의 빛을 영롱하게 반사하는 스테인드 글라스는 현대의 관점으로는 사치이거나 무의미해졌다.

나는 현대건축에서 자연의 채광, 통풍, 환기, 남향 햇빛에 의한 보조난방, 맞바람에 의한 냉방효과 등등… 생각해낼 수 있는 모든 수단과 방법의 고전적·현대적 지혜를 총동원한 에너지 절감과 자연보전에 의한 자연의 위대함과 아름다움에 대한 찬미가 의무적으로 추구돼야 한다고 믿는다. 그것이 현대교회의 가르침이며 시범이 돼야 한다. 그리고 그것은 다음에 언급될 한국교회에서 전통과 토속에 대한 화해와 귀의가 되는 것이다. 한국의 전통적 환경철학의 근본이 순천주의(順天主義)와 자연순응이었기 때문이다.

종교와 예술, 종교와 건축

앙리 마티스는 그가 말년을 보낸 남프랑스 방스(Vence)의 도미니칸 수도원 성당 십사처고상(十四處苦像)에 단지 도해적인 기호만을 그림으로써 자신의 예술가적 욕심을 억제했다. 만일 그가 어떤 구체적 형상들을 그렸더라면, 예수님이 어떻게 첫번째 넘어지셨는지, 예수님의 시체가 어떻게 십자가에서 내려졌는지, 구체적인 모양으로 그려진 자신의 느낌을 어쩔 수 없이 사람들에게 강요하지 않을 수 없었을 것이다. 노년의 대가 마티스가 그렇게 하지 않은 것은 깊이 존경할 만하다. 그것은 신앙심 깊은 일이다. 그는 그 자신의 예술을 종교에 양보했다.

1980년에 나는 내가 다니던 본당을 설계해 그 시공을 감리하고 있던 중 본당 신부님이 군인들에게 붙잡혀 가는 사건을 겪게 되었다. 신부님은 새벽에 군화발로 들이닥친 그들에게 끌려가면서 겨우 수녀를 통해 나에게 성전공사를 잘 부탁한다는 말만 전할 수 있었을 뿐이었다. 나는 크게 능력이 없었고 공사는 난관에 봉착했다. 전체 공정은 사십 퍼센트 정도 진행되었고, 콘크리트 골조가 겨우 완성돼서 신자들은 지하실에서 거적을 깔고 미사만 드릴 수 있던 때였다.

주일미사에도 신자들은 많지 않았고, 더구나 상당수 신자들이 정치 신부의 부임을 반대해서 연판장을 돌리며 성당에 안 나오던 시절이었다. 사제 없는 공사장에 성전 건립헌금이 걷힐 리 없었고, 시공회사가 신바람이 날 리 없었다. 방수가 덜 된 지하실 바닥에 앉아 봉헌하는 미사는 신부님의 동창 신부가 주일에만 와서 봐주고 있었으니 모든 일이 을씨년스러울 수밖에 없었다. 더구나 때는 바로 가장 음험하고 살벌하던 시기였다. 그런데 어느 날 신부님이 감옥에서 보낸 편지가 도착했고, 동창 신부는 미사강론 대신 그 편지를 낭독해 주었다. 그것은 마치 김대건 신부의 옥중서간처럼 신자들의 마음을 움직여서 여기저기 훌쩍거리는 소리가 들리기 시작하더니, 곧 지하 성당은 울음바다가 되었다.

아마도 그 작은 성당의 어두웠던 분위기는 내가 지금까지 보아 온 세계 각국의 어느 아름답고 웅장한 성당의 미사보다도 감동적이었다. 그 다음부터 이 성당에는 이상한 변화가 일어나기 시작했다. 신부 배척운동은 사라졌고, 성당 건립헌금이 쌓이기 시작했고, 공사진척도 빨라졌다. 내가 가장 난감해 하던 일들이 모두 언제 그런 일이 있었냐는 듯 오히려 그전보다 더 잘되어 나갔다. 형사들이 상주하던 공사판 성당에, 외면하던 신자들이 대거 나오기 시작했다. 옥중서간의 낭독이 몇 주 계속되는 동안 그 지하 성당의 경건하고 감동적인 분위기는 어떤 건축가도 만들어낼 수 없는 것이었다. 그 일이 있은 후부터 나는 종교건축의 문제는 건축가나 건축의 문제가 아니라고 믿고 있다.

르 코르뷔지에가 롱샹(Ronchamp) 성당의 설계에서 지나치게 자신을 드러내려 한 데 대해 나 역시 지오 폰티처럼 개인적으로 반감을 갖고 있었다. 그러나 우리는 르 코르뷔지에의 건축정신과 가톨릭시즘에서 기인한 그의 초연함을 롱상의 여러 곳에서 직관할 수 있다. 인간정신에는 보편적인 가치기준이 있어 탁월한 감지력으로 종교적 정신을 통찰할 수 있음을 롱샹은 보여준다. 또한 성자들과 친밀해지는 것으로 경건한 마음을 일깨우기보다는 더욱 깊은 존경과 심원한 생각으로 그것을 이룰 수 있음을 보여준다.

지오 폰티는 이렇게 말했다.

"롱샹 성당은 전례가 없다. 그것은 순수하고 단순한 창조이다. 그것은 불순물이 섞이지 않은 순수한 이디엄이다. 일상적이고 설명적이며 분석적인 '교회건축'이라는 용어는 거기에 어울리지 않는다. 그것은 완벽하다. 거기엔 종교의 본질인 활력이 넘친다. 또한 거의 어린이들의 꿈처럼 어떤 형태로부터 사람들이 느끼는 본능적인 영감에 의해 활기를 띤다."

이것이야말로 종교건축이 예술의 문제가 아니라 종교의 문제인 이유이며, 예술가가 자신의 예술까지도 양보해야 하는 이유인 것이다. 종교건축에서 건축가가 해야 할 일은 그 건축을 통해 하느님의 영광을 드러내는 것이지, 자신의 건축적 재능을 뽐내는 일이 아니다. 하느님께서 원하시는 것이 무엇인지를 찾아내야 한다. 그러므로 성공적인 교회건축의 설계는 건축가의 깊은 신앙심에 관계된다. 그래서 교회건축의 설계자가 신자여야 한다는 문제가 제기되는 것이다.

토속화의 문제

가톨릭이 외래종교라는 선입견 때문에 교회건축에서 표현상 토속화라는 단어가 오랫동안 심심치 않게 거론되어 왔다. 나 자신은 토속화라는 단어에 거부감을 갖고 있다. 말하자면 그것은 지역적 특성화(localization)라고 해야 정확한 것이며, 제이차 바티칸 공의회(公議會) 정신에 걸맞는 지향이기도 한 것이다. 그러나 무엇보다도 이 지향은 인위적으로 유도되어서는 안 된다. 즉 생활 속에서 필연으로 반영되는 설정이라야 설득력이 있다.

성모님이 우리 옷을 입은 한국 여성이어야 한다고 믿는 사람들처럼 한국의 교회건축이 기와지붕과 완자창으로 건축되어야 한다고 믿는 사람이 의외로 많다. 그렇지만은 않다고 믿는 사람 가운데서도 서양에서 전래된 현대건축이 한국에서도 필연성을 갖는다는 확신을 피력할 수 있는 사람은 드물다. 어쨌건 우리가 우리 것으로 된 건물과 분위기를 갖기 원하는 것은 자연스럽고 필연적인 만큼, 자연스럽고 필연적으로 그렇게 돼야 한다. 즉 인위적인 변형(deforme)이나 고전적 디자인의 모티프 원용이나 디테일의 복제가 아니라, 정신의 원류 및 방법의 원천에서 독자적이어야 한다.

그것은 터잡기에서부터, 건축의 규모 설정에서부터 우리 식이어야 한다. 건물의 배치와 좌향(座向)에서 정통적이며, 공간질서와 외관과 공간사용의 융통성에서, 그리고 외부공간과 그 조경에서 우리 몸에 맞으며, 디테일이 우리 눈에 익고 그 생활방식이 우리에게 맞아야 하는 것이다. 그리고 다시 강조하거니와, 이 모든 것은 자연스럽고 필연적으로 이루어져야 하는 것이다. 그러기 위해서는 이 조건들이 건축가의 주장에서 유래하기보다는 건축가에게 전달돼야 하며 그것이 건축가의 가치판단 기준에 합일하는 경우가 바람직하다.

건축가는 사용자의 생활방식, 사고방식에 있어 납득할 만하고 받아들여 기꺼이 활용할 만한 것을 제시해야 하는데, 그것은 바로 한국적인 것이고 한국의 지역적 특성에 맞는 것이 돼야 할 것이다. 한마디로 이제는 고딕이나 서구 현대성당의 모사가 아닌, 한국의 지역 특성을 살린 기도공간이 생길 때가 되었다.

한국의 건축계획 원론, 기후풍토, 생활방식에 가장 알맞은 환경건축(climatic design), 지붕의 모양, 물매, 건축재료, 표현방법 등이 깊이있게 추구된 솔직한 건물이 아직 없었다. 그것이 바로 한국 종교건축에서 보는 토속화의 문제점이기도 한다.

토속화, 즉 지역 특성, 터잡기의 지혜, 자연과 조화된 건축 등의 문제는 교회건축, 한 걸음 더 나아가 한국 현대건축의 과제이며, 더욱이 세계 현대건축의 딜레마에 대한 해결책이기도 하다. 그러므로 한국에서 교회건축이 한국 현대건축의 문제 전반에 대한 제안과 해결책이 된다는 것은 오히려 당연한 일이기도 한 것이다.

건축가와의 관계

좋은 건축가를 알고 있다는 것은 두말할 나위 없이 성공적인 건축을 위해 가장 중요한 일 중의 하나가 된다. 우리는 앞에서 좋은 건축이 무엇인가를 간단히 생각했다. 좋은 건축가는 좋은 교회건축을 설계할 사람일 것이므로, 앞에 언급된 대로 좋은 건축을 위해 자신을 절제할 줄 아는 건축가여야 한다. 그는 당연히 자신의 재능에 의해서 좋은 건축을 만들 수 있다는 확신을 버리고, 교회건축의 건축적 본질과 가톨릭 교회 미사성제의 보편적 질을 높일 수 있는 건축적 원리를 신봉해야 하며, 자신의 능력보다 자연의 필연적 의장이 비할 수 없이 고귀하고 중요한 것임을 깨달은 자여야 한다. 그에게 필요한 건축적 재능은 건축에서의 일회적 감동이 일상적인 것으로 변화할 수 있게 하는 기본적 재능으로 충분할 것이다.

건축주는 위와 같은 건축가를 선택하는 데 신중해야 한다. 참으로 좋은 건축

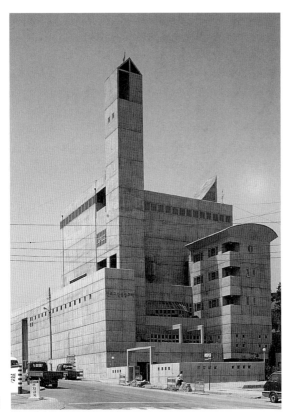

19. 청주 신봉동 천주교회.
광장 설계. 1997년. 고딕이나
한국적 절충주의 건물이 아닌
것으로는 청주교구에서 처음
허용된 노출 콘크리트 건물이다.
아직도 지방교구에서
받아들여지는 교회건축은
서양 것이나 한국 것이나
정도의 이분법적 논쟁이
대종을 이룬다.

가를 볼 줄 알고 선택하고 그를 끌고 나가 좋은 건축을 만들게 하는 반 이상의 책임이 건축주에게 있다.

건축주들은 건축가를 선정한 다음에는 그의 성실성과 전문가로서의 능력을 믿고 일을 맡기되 그에게 자신들의 요구사항을 확실하게 전달하고 관철시켜야 한다. 그 요구사항들을 정리하기 위해 그들 역시 성실하게 연구하고 사색하고 기도해야 한다. 그리고 모여서 토론하고 정리된 결과를 가지고 건축가와 대화해야 한다.

모든 것을 믿고 맡긴다는 것처럼 건축주로서 무책임한 일도 없으려니와, 내 경험에 의하면 그런 건축주만큼 어렵고 두려운 존재도 없다. 원하는 바를 정확히 정리하고 표현하고 요구하는 건축주야말로 지혜롭고 믿음직하고 훌륭하며 함께 좋은 것을 만들 동반자일 수 있는 것이다. 결국 그런 가운데서 형성된 상호신뢰를 바탕으로 모든 세상사와 종교적 가치와 건축적 감흥을 공감하는 건축가-건축주의 관계가 성립되고, 그 오랜 대화와 상호이해를 위한 노력에 의하여 최소한의 건축적 해결방안이 마련될 것이다. 건축가를 불신해서도, 과신해서도 결코 안 된다.

20. 신봉동 천주교회 내부. 건축가의 의도가 엿보일 수 있는 모든 요소는 가능한 한 배제되었다.

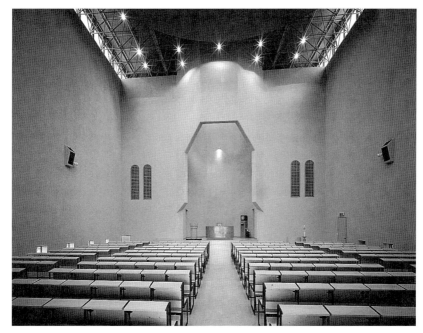

성당설계에 임하는 건축가에게 '목욕재계하고, 기도하는 마음으로 봉사하는 정신으로… 운운' 하는 것은 고전소설이다. 지금 건축가들에게 그런 것을 기대하는 것은 불행하게도 무리한 일이다. 지금은 철저한 전문가로서의 장인정신을 기대해야 한다. 프로페셔널리즘이야말로 현대의 지고(至高)한 덕목이다. 그것이 교회건축에서 신앙심 다음의 두번째 덕목인 것이다.

교구 '건축심의위원회'

마지막으로 덧붙일 것은 교구 건축 '심의제도'에 관한 것이다.

우리 사회의 모든 분야에서 지나친 규제가 만성적으로 그 분야의 발전을 저해하고 있다는 일반적 인식과 함께, 그의 철폐, 완화가 급선무임을 말하고 있는 이때, 한국 건축의 문제 또한 저질의 법령과 타성적인 행정규제가 가장 큰 걸림돌임을 거론하고 있는 상황에서 교회건축에서도 유사한 상황이 벌어지고 있음을 보는 것은 비극이다.

1973년에 내 제안을 당시의 서울 교구 당가(當家, 서무)였던 김영일 신부님이 기꺼이 받아들여 서울 교구에 건축위원회가 처음 만들어졌다. 그때까지 교구 건축위원회의 필요성은 거론된 적이 없었으나, 평준화되지 않은 각 본당의 신축계획들의 수준이 들쭉날쭉이어서 교구 차원에서 수준을 조절할 필요가 있었다. 일선에서 성전건립에 임해야 하는 본당 신부들에게 실질적 도움을 주기 위해 입지선정, 사업성 검토, 규모설정 등의 가이드 라인을 제시하고, 설계자 및 시공자 선정 등 전문지식이 필요한 부분에 대해 기술적 조언을 제공할 수 있는 기구조직이 필요했고, 교구가 일선 본당의 계획들을 파악하게 되는 이런 기회를 통해 설계도면 등 자료를 일원화해 보존하고 후일의 참고자료가 되게 하자는 취지였다.

이후 서울 이외의 각 교구에도 유사한 명칭의 위원회가 설치되어 이제는 대체로 모든 교구에 이런 위원회가 설치 운영되고 있는 바, 시일이 지남에 따라 초창기의 긍정적인 그런 취지가 퇴색하고 관료화되어, 어떤 교구에서는 명칭 자체를 '교구 건축심의위원회'라 하고, 어떤 곳은 관리국장 신부가, 어떤 곳은 총대리 신부가, 또 어떤 곳은 주교 자신이 직접 위원장을 맡기도 하는데, 성전건립에 한

두 번 경험이 있는 신부들과 교구 내 신자 건축사 몇 명, 신자 교수 몇 명 등으로 위원회를 조직해 의무적으로 심의를 통과하도록 함으로써, 때로는 행정부가 수행하고 있는 건축심의나 건축허가 절차보다도 더 까다롭고 관료적인 방식으로 운영이 되고 있는 점은 걱정스러운 일이다.

내가 겪어 본 바로는 소위 심의위원들은 현장답사는커녕 현장조건에 대한 인식이나 파악의 노력도 없는 상태로 즉석에서 배부된 도면들—전문설계자들이 수개월을 공들여 만든 작품들—을 즉흥적으로 비평하고 수정을 지시하고, 통과, 조건부 통과, 재심의 등 판정을 내릴 뿐만 아니라, 설계자의 구상을 야유, 조소하기도 하고, 청문회에 나온 피조사자 다루듯 하는 언행을 일삼으며, 때로는 건축가가 마치 교구에 소속된 부하 직원인 것으로 착각하는 듯 일방적인 설명을 요구하고, 다 듣고 난 후에는 나가서 기다리라고 퇴장시킨 후 밀담하듯이 자기들끼리 결론을 내리는 등 아연실색할 경우들이 흔히 있다. 또 어떤 때는 구조, 조명, 음향 등 대단히 전문적이고 미묘, 섬세한 문제들에 대하여 대단한 전문가들인 양 설교조의 훈시를 늘어놓기도 한다.

건축가가 고심 끝에 만든 작품을 공개하고 설명하는 자리는 연주회장의 음악가처럼, 전시회 개막일의 화가, 조각가처럼 박수를 받지는 못할지언정, 그의 노고를 치하하고 제안들을 긍정적으로 이해하고 추후 더욱 잘하도록 격려하는 자리가 아니라, 면박과 질책과 힐난과 훈시의 장소로 변하는 것이 흔히 있는 일이다. 그리하여 경험없는 본당 신부들을 당황하게 하고, 사명감을 가진 건축가들의 사기를 떨어뜨릴 뿐 아니라 시간을 낭비케 하는 규제장치로 변했다. 때로는 지방 교구에서는 '왜 이런 정도의 설계를 서울에까지 부탁해야 하느냐'는 지방색 띤 힐난이 나오기도 하고, 현장요구와 동떨어진 요구사항을 아집처럼 밀어붙이기도 하지만, 대부분의 경우 가장 흔한 주제는 설계의 큰 틀과는 관계없는 사소하고 시시콜콜한 문제들에 국한된다.

만일 어느 순진한 건축가가 자신의 노력과 확신에 자부심을 가지고 방심한 채 이런 회의에 불려 갔다가는 이와 같은 예기치 못한 상황에 놀라서 답변에 급급하여 진땀을 흘리게 된다. 그리고 그 분위기에 반발을 했다가는 일을 놓치는 것뿐만 아니라 자기도 모르게 기록으로 남아서 후일에까지 공람에 이르게 되는 것이다. 어느 교구에는 본인의 파일에 '김원: 고집과 자기 주장이 강한 사람, 요주의'라고도 되어 있다고 한다.

그리고는 재심의, 조건부 통과 등의 공문을 받고 보면 당장 그 일을 집어치우고 싶어지지만 빠져 나오기에는 이미 늦을 만큼 일이 진행되어 있는 상태라 대부분 자포자기한 심정으로 고치라는 대로 고치게 되기 마련이다. 대체 위원들의 이 무책임한 횡포는 어디에서 오는 것일까. 그것은 성직자 위원들의 무지와 편견, 건축사 위원들의 오만과 질시, 교수 위원들의 선망과 열등의식에서 온다. '심의'가 무엇이고 '통과'가 무엇인가. 서로 도와서 성전건립이라는 어려운 일에 착오가 없도록 지혜를 모아도 모자랄 일에, 규제와 간섭과 제약과 통제를 제도화해서야 그 배가 어디로 가겠는가. 규제장치로서 이 위원회의 존재의미는 전면적으로 재검토돼야 하고, 있어야 한다면 전혀 다른 성격으로—도움을 주는 위원회로—다시 태어나야 한다. 그런 경우 내가 지금까지 만나 본 최고위 성직자, 최고위 공직자, 최대의 기업가 들이 건축작품에 보여준 반응은 여기 이야기된 경우와 대조적이어서 참고할 만하다. "수고 많이 하셨습니다. 아주 잘되었군요. 공사가 끝날 때까지 계속 잘 부탁합니다"라는 감사의 미소와 신뢰의 악수는 설계자로 하여금 자발적으로 최선을 다하게 하는 최상의 격려가 되는 것이다.

명칭에 대해서도 '성전건립의 애로사항을 논의하는 모임' 정도의 의미로 겸허하고 긍정적인 것으로 다시 검토해 봄직하다.

산사에서 배우다

때로 우리는 산사(山寺)에서 어떻게 이 건물들이 이렇게 고즈넉이 가라앉은 감동을 주는가 새삼 감탄할 때가 있다. 그것을 만든 사람들, 그 터를 잡고 산기슭을 깎아 내리고 거기에 주춧돌을 놓아 집을 세우고, 거기까지 이르는 산길을 계곡 따라 만든 사람들은 모름지기 아무런 욕심이 없었을 것이 분명하다.

그들에게는 자신들의 수양을 위해 기거할 최소한의 공간이 필요했다. 누구에게 잘 보여야 하고, 크게 보여야 할 이유가 없었다. 이는 그들 요사채의 선방(禪

房)에서 즉시 알아볼 수가 있다. 사람 한 몸을 눕힐 방 앞 댓돌에 검은 고무신 한 켤레, 방 안에는 선반에 바리때 네 개, 벽에는 장삼 한 벌 걸린 횃대 하나, 기껏 이것이 전부일 적이 많다.

이런 공간을 만들기 위해 그들은 산자락을 아주 조금 걷어내서 작은 평지를 만들고 거기 자연에 기대어 자연의 일부로서 절들을 만들었다. 그 소박함, 겸손함, 비움의 마음, 그리고 정성스런 구도자적 안목이 그 아름다운 건물을 만들고 어울리는 분위기를 있게 했다. 그리하여 그 건물은 세월이 가고 이끼가 낄수록 새로운 것을 깨닫게 한다. 눈에 안 띄면서 차분히 가라앉을수록 볼 줄 아는 사람의 눈에는 더 띄게 되며, 사람들의 옷깃을 여미게 하는 것이다. 이는 좋은 것을 만들겠다는 이 사람들의 열성과 욕심도 아니고, 이 건물들의 웅장하고 화려함도 아니다. 겸손함이 오히려 우러러보게 하고, 고요함이 더욱 찬탄하게 하며, 소박함이 진정으로 사람들을 가까이 오게 하며, 의도하지 않은 결과가 훨씬 더 많은 것을 생각하게 한다.

이것은 반어법의 수사(修辭)가 아니라 놀라운 진실이다. 건축을 빗대어 말하자면, 무릇 아름답게 만들려고 빚은 것은 거기 미치지 못하고, 순수하게 만든 것은 저절로 아름다움을 넘어선다.

21. 잘 청소된 장판 위에 간결한 침구가 가지런히 놓여 있다. 침구가 없으면 선방이고 침구를 펴면 침실이 되는 공간의 융통성을 건축가들은 배워야 한다. 건축가는 선방을 설계하라면 선(禪)만을 생각한다. 사람은 그렇지가 못하다. 사람이 침구를 끌고 다녀야 하는 것도 일종의 업(業)일는지 모른다.

우리는 오래 전에 이 뛰어나게 고상하고 우수한 문화의 영역을 세련화한 민족의 후손이다. 우리는 오랫동안 그것을 잊고 지냈다. 이제 단선적이고 직설적인 저급의 문화에서 눈을 돌릴 때가 되었다. 시간이 걸려도 좋고, 크기가 작아도 좋고, 숫자가 많지 않아도 좋다. 우린 정말로 훌륭한 것, 높은 정신, 맑은 눈, 가라앉은 마음에서 우러나온 정말 좋은 것을 만들어야 한다. 그러기 위해 우리는 산에 절을 만들던 선인들의 지혜와 겸손과 안목과 정신을 배워야 한다.

산사에서 스님들은 의식주 전반에 걸쳐 극기와 절제와 금욕을 철저히 실행했고, 그들 건축에도 그것들을 실천해 그 표방한 바가 그대로 자연스레 표출됐다. 거기에 의도적인 '표현'이란 없었다. 그리하여 그것은 자연보전과 에너지 절감을 포함해 우주 삼라만상과 그것을 지으신 분에 대한 사랑과 경외로 표현됐다. 그것 자체가 그야말로 신앙심의 발로가 아니었겠는가.

성당을 화려한 샹들리에와 번쩍이는 대리석으로 장식하려는 심리는 어떤 종류의 상반되는 것에 대한 보상심리이다. 인류 역사상 가장 잔인한 형틀인 십자가를 보석과 레이스로 장식하는 심리는 오해에서 온 것이다. 우리는 인간의 가장 근본적인 상태에 가깝게 우리 환경—우리 성당들—을 만드는 것으로 만족해야 한다. 건축가가 사람들에게 신앙심을 줄 수는 없는 것이다.

그렇게 보면 교회건축의 건축가란 결국 '그분'의 충실한 도구로서 그 역할이 정의된다. 그리고 그것으로 충분하다. 그러므로 "나를 당신의 도구로 써 주소서"라는 기도는 한국 교회건축의 앞날을 위해 오늘날 건축가들에게 가장 필요한 기도라고 생각된다.

바람직한 건축교육에 대하여

21세기 한국 건축가의 역할을 전제로

한국건축가협회가 매달 주최한 금요토론회가 1995년 11월 23일 문예진흥원 강당에서 열렸다. 이 글은 '21세기 건축가를 위한 교육'이란 주제로 열린 그날 토론회에서 발표한 「21세기 건축가의 역할」이다.

먼저 한국 역사상 건축가라고 이야기될 수 있는 직업인들의 역할을 시대별로 성격 구분해 보는 전제가 필요하다. 미래를 위해 과거를 돌아볼 필요가 있는 것이다.

1900년 이전까지 도편수 시대에는 한 개인의 전인적(全人的) 체득이 훌륭한 건축가 역할을 하도록 했다. 그리고 그에 따른 능력과 권위와 성취도는 확고한 것이었다. 불국사를 만든 김대성(金大城)과 한양 도읍을 계획한 정도전(鄭道傳)과 수원 화성(華城)을 만든 채제공(蔡濟恭)의 예에서 보듯이 그것은 높은 학문의 종합적 결과로 오는 것이었다. 높은 경지의 문인이 여기(餘技)로 훌륭한 문인화를 그리는 것과 같은 것이었다.

1900년 이후 1945년까지의 관학(官學)과 식민지시대에는 일제의 식민지 수탈을 위한 기술자 교육(주로 토목, 광산, 건축 등)의 일환으로 황국신민(皇國臣民)과 공영권(共榮圈) 구축의 서약을 마친 기술자들이 주로 고등공업학교를 중심으로 배출되어 사회 긴급수요를 담당했고, 정신교육과 체험을 통한 전통적 방식의 건축교육은 급속히 사라졌다. 그 사이에 박길룡(朴吉龍) 같은 극히 소수의 개안(開眼)된 건축가가 있기는 했지만, 한국에서 전통건축 자체가 말살된 시기였다.

1945년 해방과 더불어 저급한 엔지니어링의 시대가 도래한다. 해방 후의 혼란기를 거쳐 전쟁과 복구기를 지나는 동안 이 땅의 건축가와 엔지니어 들은 긴급한 사회간접투자의 필요성과 건축투자의 빈곤에 따라 상대적으로 사회적 지위가 몰락했고 당연히 그 교육은 저급한 수준에 머물렀다.

오일륙 쿠데타에 이은 경제개발 우선정책에 따라 공장을 짓고 도로를 개설하던 초기 산업 태동기를 대체로 1970년대까지로 본다면, 이 시기의 건축과 그 교육은 개발 일변도의 편중된 엔지니어링 사회로서, 환경, 전통, 디자인의 철학은 존재하지 않았고, 최소한의 긴급수요에 응하는 과도기적 혼란 속에서 교육의 이념은 방향을 상실한 채 표류한 시기였다고 볼 수 있다.

1970년대 이후 현재까지를 중급 테크니션 시대라고 본다면, 산업 부문에서는 중흥기라고도 할 만한 건설투자가 이루어졌고, 해외건설의 활황기를 맞아 상당한 기술적 노하우가 축적되었으나 건축개념의 미분화 상태는 여전했다.

이제 2000년 이후를 진정한 건축가의 시대라고 기대해 본다면, 우리는 건축환경철학의 새로운 정립이 필요한 시대에 진입해 있고, 건축사조의 변천이 아닌 사회 수급요구의 변천에 따른 시대성격의 변화를 철학적으로 정립해야 할 시점에 와 있다고 하겠다.

오랫동안 언저리에서만 맴돌던 환경론, 전통론, 신도시론, 한국적 주거론 등은 그 실험기를 거쳐 바야흐로 세계 인류를 구원할 환경의 복음이 한국을 중심으로 한 동아시아를 바탕으로 태동되어야 할 역사의 필연적 시점에 서 있다.

이와 같은 역사적 시점에서 새 시대는 어떤 건축과 건축가를 요구하는가 하는 당연한 몇 가지 질문에 접하게 된다.

우리는 아직도 아름다운 집을 찾는가, 기술적으로 세련된 건축가를 원하는가, 공해와 온갖 인공재료와 환경의 폐해를 피해 인간적인 삶이 배려된 생활환경을 부르짖는가 하는 질문이다. 자연환경 파괴 및 에너지 위기의 시대를 맞이함으로써 인류환경의 역사는 로맨티시즘의 종언을 고하고 있다. 즉 이것은 인간생명의 문제이며 인류존망의 문제이다.

또한 우리가 매일, 매시간 열중했던 무분별하고 무작정한 개발은 자연과 환경보전의 영원한 역명제인가 하는 또 다른 질문에 당면한다. 무한정한 개발추구가 인류공멸의 지름길임을 이제 누구든 잘 인식하고 있으면서도, 그 가파른 비탈길을 내려닫는 인간의 탐욕에 제동을 거는 어떤 철학도 지도자도 동조세력도 존재하지 않는다. 더욱이 우리는 맹목적인 군대식 사고로 훈련되어, 회의하고 모색하고 고뇌하는 본성을 잃은 채 현대 과학기술이 무엇인가를 해결해 주리라는 막연한 기대 속에 시간을 낭비하고 있다. 개발과 보전의 조화점 모색이 세계인류가 당면한 가장 절실하고 시급한 명제가 되었다.

이런 상황에서 건축의 문제는 지구에너지의 문제가 되었다. 대체 건축은 그것을 짓는 데, 유지하는 데, 철거하는 데 얼마만큼의 에너지를 소비하는가를 신중하게 따져 볼 필요가 있다. 우리는 건축이라는 행위의 대량 에너지 소비를 절실하게 인식해야 한다. 건축 시공단계, 건축물의 사용단계, 수명이 다한 건축물의 철거와 재건축 등 건축의 생명 사이클을 통틀어 소비하게 되는 에너지의 총화에 대해 우리는 위기감을 갖고 따져 봐야 하고, 대안을 준비해야 한다.

그런 사고는 우리를 자연히 왜 건축가가 환경운동가여야 하는가라는 명제에 눈을 돌리게 한다. 현재의 환경문제의 심각성은, 눈을 맞으면 해롭고 비를 맞는 것도 해롭다고 하는 시대에까지 와 있다. 사람은 비를 피할 수도 있다지만 식물이 비를 피할 수는 없으며, 인간이 식물과의 공생 공존을 피할 수도 없다. 햇빛도 해로우니 피하라고 한다. 물도 마음대로 먹어서는 안 되고, 공기도 마음 놓고 마실 수 없다. 그 밖에도 소음, 분진, 매여, 토양오염, 생태계파괴를 생각하면 이것이 바로 나락이다. 이 상황에서는 오로지 모든 분야의 에너지 절약만이 인류의 살 길이다. 물, 냉난방, 조명 등 인류가 역사상 최대의 성취로 찬송해 온 도시문명에서 자원의 리사이클이 심각하게 고려돼야 하고, 그곳에서야말로 환경 건축가의 역할이 지대할 것임을 확신해야 한다. 그것은 아마도 우리 전통건축의 사상적 바탕이 현대 과학문명의 딜레마에 대한 역명제로서 크게 도움이 될 것이 확실하고, 그것이 바로 새 인류문화를 위한 우리의 공헌이 될 것이다.

이 비극적 시대상황을 염두에 두고 여기서 다시 한국 건축과 교육의 시대구분을 돌이켜보자. 우리의 역사적 시대변화에 따라 어떤 건축교육 방식이 채택되어 왔는가.

첫째, 장인교육 시대라고 부를 수 있는 도편수의 시대에는 우주 삼라만상의 직관적 파악과 체험적 교육이 도제방식에 의해 전수되었다.

둘째, 식민지교육 시대에는 인적 자원 조달목적의 기술교육을 위해, 속성의 주입식 교육방식으로 최소한의 지식과 노하우가 전달되었다.

셋째, 엔지니어교육 시대에는 저급의 서비스만이 요구되는 사회적 필연성 때문에 건축교육의 미분화 상태에서 교육방식이란 특별한 방향설정이 되어 있지 않은 채 서구식 기술교육이 식민지식 사고방식으로 걸러진 채 전달되었다.

넷째, 테크니션교육 시대에는 양적 공급은 확대되는 반면 질적 저하를 초래해 미국식 통조림 문화가 주류를 차지하고, 건축의 문화적 관념은 사멸했으며, 암기식 방법으로 피상적 기술지식이 전달됐다. 따라서 건축가라는 직분에 대한 사회적 인식은 과거 어느 시대보다도 낮아졌다.

다섯째, 진정한 건축가교육의 시대를 맞으려면 건축가 사회의 양과 질의 조화가 필요하며, 건축환경철학이 정립돼야 함을 감안해 전인교육 방식의 필요성을 절감하게 되었다. 건축과 환경 엔지니어링의 각 분야는 고도로 세분화됐다 해도 그 모든 분야를 지휘 통솔해야 할 건축가는 가히 르네상스적인 전 인격과 시대적 통찰력을 갖춘 예언적 철학가, 사상가가 되어야 했다.

그런 상황에서 현재 한국 건축교육의 문제는 무엇인가.

첫째, 우리의 학교들은 건축이라는 학문, 예술에 대한 개념설정부터 모호하여 기구조직이 미분화되었고 소속조차가 불분명하다. 공과대학이냐 미술대학이냐 는 이미 해묵은 논쟁이 되었지만, 그럼에도 독립된 건축학교는 아직 생소하다.

둘째, 우리의 대학들은 교수 정원에도 미달인 채 교수 겸업금지에 묶여 있고, 자동승진이라는 기현상으로 한번 조교수라도 되고 나면 정년퇴직까지 직위가 보장되고, 퇴직 후에도 명예교수직이 보장되는 안일무사한 온실 속에 있다.

셋째, 우리의 학생들은 지원제도가 불합리해 사명감도 직업관도 없이 학창시절을 보내며, 정상교육을 위한 교수/학생 비율이 무시된 채 정원을 초과하여 교육의 질이 세계적으로 최저수준이며, 기사제도, 건축사제도의 무분별한 남용으로 교육방향은 자격증 취득교육의 수준에 머물러 있어, 학생들의 이상은 자격증 취득과 그것으로 보장되는 소시민적 안주에 경도되어 있다.

넷째, 우리의 교육은 빈 내용과 무성격, 교육의 지향과 철학의 상실로 대변된다. 건축가 교육이 무엇인지 진지하게 토론된 바 없고, 그런 교육의 성과가 어떤 것인지 검증된 바 없다. 한마디로 우리 교육은 건축기사 교육이라고밖에 불릴 수가 없는 형편이다.

어느 모로 보아서나, 어느 분야를 보거나 교육은 미래를 위한 최상의 투자이고, 그 영향은 장구한 미래를 두고 볼 때 지대하고 지속적인 것이다.

나쁜 교육은 장기적으로 엄청난 폐해를 끼치고 그 영향이 오래간다. 우리가 받아 온 식민지교육의 경우가 그 단적인 예에 속할 것이다. 고공(高工) 건축과의 건축교육은 당시의 제국대학, 사범학교, 군관학교 등과 마찬가지로 명백한 정치적 목적으로 수행된 교육이었고, 따라서 그 방향설정에서부터 시작된 오류는 오십 년, 백 년이 지난 오늘날에도 엄청난 후유증과 영향력을 끼치고 있으며 그 폐해가 통탄할 만한 상태에 있다.

나는 건축교육의 장기적 공헌의 한 예로서 김수근(金壽根) 교수가 홍익대 건축과와 국민대 조형학부에 베풀었던 건축교육을 들고자 한다. 그는 앞에서 말한 식민지교육의 예와 여러모로 대조적으로, 그의 교육이념은 일체의 정치적 편견을 배제한 상태에서 건축가 후보자들로서의 전인교육을 목표했고 그것을 스튜디오형 협동작업에서 이룩하고자 했다. 좋은 건축교육의 예를 다른 경우에서 많이 이야기할 수도 있겠으나 이 경우처럼 적어도 방법론상으로나마 올바른 설정 위에 행해지는 교육의 영향이 얼마나 크고, 오래 가는가를 말하고자 한다. 1960년대초에 김수근 선생으로부터 짧은 기간 훈도를 받았던 홍익대 출신 제자들은 오늘날 홍익가문(弘益家門)의 주류를 형성하고 있으며, 이들의 영향력은 좋든 나쁘든 향후 수십 년을 지속할 것이기 때문이다.

새로운 건축가교육의 방식을 이제야 진지하고 절실하게 검토할 때가 되었다. 여기에는 최근의 법학대학(law school), 의학대학(medical school)에 대한 논의를 참조할 필요도 있을 것이다.

우리의 건축학교는 그 명칭부터 이야기하자면, 일반론적으로는 건축대학(school of architecture)이라고 정의돼야 할 것이다. 그것은 어느 대학, 어느 계열에 소속되지 않고 독립된 특화대학으로 존재해야 한다. 기구조직은 건축관련 학과가 모두 통합, 망라된 커리큘럼으로써 강좌 선택제에 의한 대학원 중심의 교육이 돼야 하고, 학제를 육년제로 하여 인턴십(internship) 형식이 추가됨이 바람직할 것이다.

교수는 임용방식을 테뉴어(tenure) 방식의 계약제로 하여 임기를 계약기간 및 기간연장의 경우에 한하고, 구성원은 내부 교무교수(administration)와 외부 초빙교수(현업에 종사하고 있는)로 하되 겸업금지의 해제, 작품활동의 의무화, 학생들에 의한 자유로운 교수 및 강좌 선택이 전제돼야 한다.

학생들은 계열별 모집방식으로 건축계열을 통합해 지원하되 본과 진급 당시에 가서 전공별 정원을 조절하고, 교양과정 이수 후에 전공을 선택하되 편입학, 전과가 자유로워야 한다. 다시 말해 예과제도에 더하여 본과에서 전공을 결정하

22. 서울건축학교의 여름 캠프에서 학생과 튜터 간의 크리틱 광경.

는 형식이 되어 다양한 부전공을 선택할 수 있고, 그 경우에는 거꾸로 교수들에 의한 학생선택이 필연적 결과가 되어야 하는 것이다.

교육내용에 관해 구체적으로 이야기하자면, 건축가를 만드는 교육은 예과 이 년과 본과 사 년을 합해서 육 년이 되거나, 학부 사 년에 대학원 이 년을 더해서 육 년이 되게 하는 그런 장기적인 직업관을 갖고 행해지는 교육이 되어야 한다. 물론 거기에 이 년 또는 사 년의 인턴십이 추가돼도 좋다. 그런 점에서 옛날에 160학점이었던 것이 지금 140학점으로 된 것은 특히 건축교육에서 턱없이 모자란다. 180학점이 되어도 모자랄 것이다. 물론 학점기준으로 교육량을 측정하는 것은 불합리하고, 연수(年數)로 따지는 것도 그러하다. 예과＋학부＋대학원 형식으로 하는 경우에도 학부와 대학원을 통틀어 그 교육방식이 아틀리에(atelier) 방식이나 세미나 방식으로 될 경우 석좌제, 강좌제가 도입되어 다양하게 선택의 폭을 넓힐 수 있을 것이고, 이야말로 지금과 같은 다양화의 시대요구에 걸맞은 해결방법일 것이다.

또한 인턴십을 산학협동과 연계하면 산학교수 순환보직 및 외래교수 초빙은 당연할 것이고, 이렇게 된다면 당연히 국가 자격시험은 폐지돼야 하고, 각 학교는 자율적으로 졸업과 동시에 일정 자격을 인정해야 하며, 그것만으로도 사회통념상의 자격평가 기준이 될 수 있는 사회가 돼야 한다. 그것은 학교별 교육의 특성화에 의한 것으로, 당연히 각 학교는 개성있는 교육적 특성을 별도로 가져야 하고, 어느 학교 출신이 어떤 성향을 갖는다는 것이 공인돼야 할 것이다. 그것이 또한 학생들의 학교선택에 지침이 될 것이다.

동방(東方)에 길이 있다는 말대로, 나는 특성있는 한국적 건축가교육이 세계의 건축문화에 이바지할 시기가 왔다고 확신한다.

우선 환경문제에 관하여 지구환경, 도시문명의 역사, 건축의 미래, 과학기술, 산업문명의 과거에 대한 비판과 장래에 대한 예견이 이루어져야 한다. 두말할 나위 없이 환경교육의 중요성, 환경건축의 실현, 환경운동가로서의 건축가교육이 절실하다.

다음으로 전통문제에 관하여 동양적 환경사상을 건축교육에 도입하는 일이 절실하다. 아마도 그 내용의 전달은 도제방식의 전인교육에서만 가능할 것이고, 그렇게 함으로써만 그 진정한 가치가 재발견될 수 있을 것이다. 구체적인 예로는 철학에서 서양철학 일변도의 사고체계를 평준화하고, 나아가 오히려 그 사고체계 전반의 주종이 될 기철학, 풍수지리, 주역, 증산도(甑山道), 음양오행, 일기이원론(一氣二元論) 등의 강좌가 개설될 수 있을 것이고, 이퇴계, 이율곡, 이제마, 허준 등의 사상이 연구되어 미래시대 환경건축가로서의 사고 정립에 확고한 방향설정이 되도록 도와야 할 것이다.

기초학문에서도 역사, 철학사, 문화사, 또는 천체물리학, 인문지리학, 경제원론 등이 추가되어야 하고, 관련 학문으로 사회학, 철학, 신학, 인류학, 고고학 등이 섭렵됐으면 한다.

궁극적으로 건축가교육의 목표는 미래의 인류생존을 위한 환경문제 해결방법에 대한 건축적 모색의 한 유형으로서 동양화, 평준화, 세계화, 우주화돼야 하고, 미래지향적으로 재편돼야 하며, 창조적 주도권을 확보해야 한다.

우주화란 거시적 스케일의 개안이며, 동양적 명상철학의 재평가와 한국적 순천사상의 실천과 전파이다. 미래화란 미래환경에 대한 이해와 건축가의 사명감을 확고히 하기 위해 기존의 현대 건축이론과 생태(ecology) 이론과의 접목이 필요하고, 인간성(humanity)과 마을(community)의 회복이 미래세계 건축교육의 중심과제가 되어야 한다.

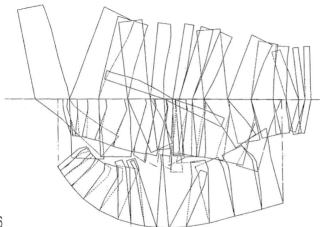

23. 서울건축학교 서혜림 스튜디오의 학생 작품. 한복의 소매는 관절의 운동에 의해 팽창되는 피부면의 팽창비율만큼 늘어난 곡선을 갖고 있다.

창조성이란 아시아 중심의 새로운 인류문화 재편을 염두에 둔 전인교육과 장인정신의 중요성에 대한 재인식이며, 민족적 정체성과 자긍심을 확보하는 일이 건축가교육에서 급선무가 될 것이다.

오해가 없도록 특별히 부연할 것은 우리나라에서 연간 오천 명 이상씩 배출되는 모든 학생들을 훌륭한 건축가로 만들기 위해 위와 같은 교육방식이 도입돼야 한다고 말하는 것이 아니다. 극단적으로 이야기하면 훌륭한 건축가 지망생은 연간 50-100명이면 족하다고 할 수 있다. 덴마크에서는 코펜하겐 한 곳에 있는 전국 유일의 왕립미술학교 건축과에서 연간 마흔 명이 졸업하는데, 그것도 인력수급계획에 따라 매년 정원을 조절하는 것을 보았다. 우리는 소수정예로 질을 높일 필요가 있다. 기왕에 선진국에서도 소위 작품활동을 하는 건축가는 전체의 오 퍼센트 정도라고 하지 않는가. 나머지는 기사교육도 좋고, 엔지니어교육도 좋다. 소수정예로 세계진출도 가능하고, 세계적 리딩 아키텍트도 가능하다. 그런 점에서 한국예술종합학교 건축과나 서울건축학교에 기대를 갖는다.

질문과 답변

정무웅 질문 과연 건축교육의 꼴(목표)이 무엇이겠느냐는 생각을 잠시 해 봤습니다. 건축교육은 건물교육 플러스 알파인데, 건축을 어떻게 짓느냐보다 더 중요한 무엇이 있겠다. 그런 의미에서 아까 김원 선생 이야기를 감명있게 들었는데, 한국의 전통적인 사상을 바탕으로 해야 된다는 것에 동감합니다. 의사들처럼 히포크라테스 선서를 배우지 않았기 때문에 하이 엘리트이면서도 사회에서 인간적인 냉대를 받고 지탄의 대상이 되는 이유는 그들에게 무엇이 부족했기 때문일까요. 건축 커리큘럼 중에 도덕이나 가치관에 대한 것을 설강할 수도 있겠지만, 그것이 학점을 따기 위한 과목이어서는 안 되겠고, 허준의 의학사상이라든지, 인간을 사랑하는 사상이라든지, 율곡이나 퇴계의 사물을 보는 사상 등으로써 인간이 우주에서 무엇인가 하는 이해를 통해서, 내가 하고자 하는 건축과 사람의 관계가 어떤 것인가를 폭넓게 이해하면서 도덕, 윤리가 종합적으로 우러나올 수 있는 교육이 되지 않을까 합니다. …

답변 엔지니어링 위드 아트(engineering with art)를 그렇게 두 개의 분야라고 별도 개념을 설정하지 않고, 한 사람의 건축가가 갖춰야 할 넓은 바탕의 소양이라고 본다면 그것을 고루 교육시켜야 될 것으로 보는데, 제가 학교별로 특화된 다양한 선택이 있어야 된다고 이야기한 것이 그런 뜻이었습니다. 미국 일리노이 공대의 예를 들면 거기선 위대한 건축가를 만들어내겠다고 학생들을 교육시키는 것이 아니라, 아주 건실한 건축계의 일꾼을 만들어내겠다는 교육목표를 갖고 있습니다. 하버드나 예일과는 달리 일리노이 공대 출신들은 사회 전반에 널리 퍼져 있어서 견실한 아키텍처럴 엔지니어 그룹을 형성하고 있단 말이죠.

그런 식으로 학교교육들이 대학에 따라 특화될 수 있다고 생각합니다.

김상경 질문 최근 우리의 건축상황을 살펴보면, 건축물이 대형화, 산업화되면서 기술개발과 정보의 축적이 필요하게 되었고, 이러한 기회에 선진 외국 건축가들의 한국진출과 설계참여가 점차 적극적으로 나타나고 있습니다.

이러한 상황에 대응하기 위해서 다가오는 21세기에는 기술개발과 병행해 김원 선생께서 말씀하신 대로 우리 교육의 환경과 전통의 문제를 포함하는 건축가의 사회문화적 역할이 더욱 강조되어야 할 것입니다. …

답변 저는 개인적으로 좋은 작품을 만들어 감동을 주고 싶기도 하고 후배들에게 좋은 교본이 되고 싶은 욕심도 있지만 잘 안 됩니다. 변명을 하자면 우리 후배들은 선배들이 잘못한 사례들에서도 좋은 교훈을 얻을 수 있을 것이라고 생각합니다. 이상적으로 말하면 좋은 작품을 보면서 배우는 것이 제일 좋겠지만, 그렇지 않고도 배울 수 있는 길은 있다고 말씀드리고 싶습니다.

교육이 학교에서만 되는 것이 아니고, 아주 쉽게 시대구분을 해 놓고 보니까 우리 건축의 역사라는 것이 과거를 하나의 성과물로 해서 그 위에 쌓아 올라가는 축적의 과정이 아니고, 일제시대 또는 전쟁 때 많이 부수고 복구를 해 온, 과거를 파괴하는 단절의 역사였기 때문에 과거라는 것이 우리에게 도움이 되는 성과로 축적이 되어 있지 않죠. 쉬운 얘기로 로마에 가서 보면 어렸을 때부터 건축의 축적들을 보고 자란 어린이들이 건축과에 들어가서 이론적으로 정리해서 배우고 나면, 사년제 대학을 나온 것이 아니라 거의 삼십년제 대학을 나온 것과 마찬가지가 되겠지요.

우리는 과거를 부정하는 것으로 일관해 왔기 때문에 사고의 축적과 전문가의 입지라는 점에서 층이 얇죠. 그래서 기본적으로 벗어 던질 수 없는 원죄 같은 문제가 있습니다. 그렇다고는 해도 우리가 조금 더 노력을 하면 좋은 방향을 찾을 수 있을 텐데, 그 중 하나가 건축가들에게 좋은 작품만을 보여 달라고 하는 것보다, 좋은 건축가 노릇을 해 가며 고민하고 책을 보고 생각했던 것들을 학생들과 서로 나눌 수 있는 방법을 모색하는 일이라고 생각합니다.

온영태 질문 잘 들었습니다. 애기를 듣다 보니까 확실히 우리가 변화하고 있는 때인 것 같아요. 변화하는 것에 대해 두 가지 양태가 나타나죠. 한쪽에서는 과거를 부정하려고 하고, 다른 쪽에서는 과거를 바탕으로 무엇인가 하려고 하는 '상황에 있어요. …그러면 건축가라는 전문가가 도대체 무엇이냐 하는 건축가에 대한 정의가 이야기된 후 그 속에서 어떻게 일할 것이냐에 대한 정리가 돼야 하고, 그후 어떤 교육의 내용을 갖고 어떤 형식에 담아서 하는 것이 효율적일 것인가에 대한 논의가 건축교육에 대한 틀이 될 것 같습니다. 김원 선생께서 말씀하신 대로 앞으로 건축가가 어떻게 되어야 할 것이냐가 제일 중요한 이슈가 될 것입니다. 건축가라는 것을 포괄적인 전문가 그룹으로 보면 논의가 어려워지죠. 건축 분야에서 일하고 있는 전문가는 아주 많습니다. …

물론 엔지니어링 쪽은 표준화돼 있는 지식체계 안에서 비교적 쉽게 수준을 확보할 수 있죠. 그러면 건축가 쪽은 어떻게 될 것이냐 하는 것이 중요한 문제죠.

김원 선생 말씀 중에 상당 부분은 동감을 하는데 일부는 다시 생각해 봐야 될 부분이 있지 않나 생각합니다. 그 중 하나가, 건축가라는 것을 전문가 그룹으로 본다면 두 가지 지식이 있어야 되죠. 하나가 전문가로서 일할 수 있는 노하우에 대한 전문지식이죠. 그것이 없으면 다른 일은 아무것도 못하죠. 그 다음에 왜 내가 이 일을 해야 되느냐 하는 규범적인 것이죠. 그리고 다음 세대에 올 건축가들, 특히 리딩 아키텍트를 생각하신 것 같은데요. 교육은 일반적인 것을 말씀하셨고 건축가 상은 특별한 것으로 정의하신 것으로 받아들였는데요. 만약 그렇다고 하면 사회문제에 대한 고도의 통찰력이 필요하고, 전문가로서 아주 전문적인 지식을 상당한 깊이까지 가지고 있어야 됩니다. 그런데 과연 개방된 시대에 이런 전인적인 전문가가 가능하겠느냐, 이것이 바람직한 건축가겠느냐, 오히려 이런 가치체계 같은 것은 다른 쪽에서 고르고 받는 것이 유리할 수도 있죠. …

답변 온영태 교수 말씀에 대답을 짧게 하겠습니다.

어느 분이 옛날에 페이(I. M. PEI) 사무실을 방문한 적이 있었는데, 투시도 그리는 파트에 가서 솜씨를 보여주고, 그 다음에 구조하는 파트에 가서 의견을 얘기하고 견적하는 파트에 가서 실력을 보여줬더니 그 사람들이 대단하다고 이야기하는데, 사실은 대단하다고 하기 이전에 당신 같은 사람이 어느 한쪽을 했더라면 엄청난 사람이 되었을 텐데 다 하느라고… 하는 얘기를 들은 기억이 나요. 지금 우리가 하고 있는 얘기가 건축교육이 아니라 건축가교육이라고 했기 때문에 제가 건축가의 상을 이상적인 수준에 올려 놓고 이야길 하다 보니까 구체화되지 않은 얘기가 된 것 같은 느낌이 있습니다.

두 분께서 말씀하신 내용에 대해 답변을 드리고 싶은 것은, 앞으로 올 상태라는 것이 테크놀로지의 시스템화한 산업사회 구조에서 건축가의 역할이 무엇이 되겠느냐, 결국은 컴퓨터가 일을 다 하고 건축가라는 직업이 설 땅이 없어질 것이라는 예상에도 불구하고 건축가라는 입지가 더 이상적인 쪽으로 목표설정이 되어야 한다고 주장하는 이유는, 그럴수록 오케스트라의 지휘자 같은 역할이 꼭 필요할 것이고, 모든 대학에서 모든 학생들이 지휘자가 될 것이라고 생각하지 않기 때문입니다. 전체가 그렇게 되라는 법은 없지만 일단 건축가라고 한다면 지휘자가 되어야 할 것이고, 그렇기 때문에 육년제, 팔년제 인턴 교육, 나아가서는 평생교육 이야기가 나오는 것입니다. 온 교수님께 부탁드리고 싶은 것은, 제가 아카데미즘이라고 하는 관학의 병폐를 많이 보았고, 그래서 아집이나 독선 등 자기 탈피를 못 하는 상황들을 학교에서부터 자발적으로 깨야 된다고 생각을 해요. 건국대에서 벌어지고 있는 새 건축대학원 설립이라는 상황변화 하나만 갖고도 큰 영향이 있을 것이라고 생각을 합니다. 그리고 좋은 교육, 나쁜 교육을 이분법으로 이야기한 것은 아니고, 교육이 얼마나 큰 영향을 끼치느냐, 나쁜 교육의 병폐가 얼마나 오래 가느냐 하는 사실을 예로 든 겁니다. 김수근 선생의 교육

방법만이 좋으니까 따르자 하는 것이 아니고, 그분이 개인으로서 노력한 결과가 얼마나 영향이 크고 오래 가느냐에 대해서 말씀드린 겁니다.

신기철 질문 김원 선생께서 생각하시는 건축가는 엘리트이즘에 입각한 젠틀맨 아키텍트를 키워 나가는 것으로 설정이 되어 있는 것 같고, 그런 바탕에서 나쁜 교육은 엔지니어링 지향적인 건축교육이고, 좋은 교육은 김수근 선생께서 홍익대와 국민대에서 행한 교육이라고 못을 박으셨는데요. 그런 이분법은 옳지 않다고 보고요. 지금까지 건축공학이건, 기술이건, 설계전문가건 우리가 전문가를 키워 온 바탕은 어느 정도 성과가 있었다고 봅니다. 해방 후 아무것도 없는 데서 이만큼 끌어 온 것은 그런 교육의 바탕에서부터 가능했던 게 아닌가 하는 생각이 들고, 그런 뜻에서 건축가교육을 엘리트이즘에 입각한 좁은 의미로서의 건축가를 정의하고 그 방향에 맞춰서 건축교육의 문제를 논의하는 것은 옳지 않다고 생각합니다. 앞으로 건축가의 정의는—교육방향도 그렇고—다원화해 가는 방향으로, 각 대학별로 나름대로 자율성과 특화의 의지를 갖고 진행해 보는 것도 필요하다는 생각이 듭니다.

건축가교육에 대한 여러 가지 문제제기와 제안을 해주셨습니다. 이를테면 교수 임용방식, 작품활동을 인정하는 방법 등은 몇몇 대학에서 현실화해 가기 위해 노력하고 있습니다. …

답변 대체로 앞에서 답변드린 내용들입니다.

3

못살았던 시절의
성장론, 그리고
고도성장시대의
개발론이
악령처럼 지금도
우리 사회의 가치관을
좌지우지하고 있다.

건설부 장관에게 보내는 공개서한 그리고 답신

1974년 월간 『세대(世代)』의 부탁으로 김재규 건설부 장관에게 보내는 공개서한을 작성했다. '광장(廣場)' 이전의 '원도시 건축연구소(原都市 建築研究所)' 시절이었다. 이 서한에서는 경제행정의 일부로, 안보행정의 일부로, 나아가서 개발독재정치의 한 수단으로 여겨지던 '건설행정'의 주무장관에게 '기술과 인간'의 문제로 접근한 의견들을 개진했다.

얼마 후에 김재규는 중앙정보부장으로 자리를 옮겼고 1979년 10월 26일 박정희 대통령을 시해함으로써 국민에게 십팔 년 독재의 종말을 가져다 주었다.

이 편지의 인연으로 나는 정의구현사제단의 함세웅 신부가 주도했던 김재규 구명운동에 서명하기도 했다. 신군부의 서슬 푸른 감시하에서는 구명운동에 서명하는 일도 두려운 일이었다. 김재규 재판은 급속도로 진행되어 1980년 5월 24일에 내란목적 살인죄로 사형에 처해졌고, 그 최종판결에 소수의견을 내고 반대했던 대법관 다섯 사람이 신군부 세력의 압력으로 법복을 벗는 수난도 있었다.

나는 김재규의 일인혁명론에 동의할 수는 없었지만 그것을 역사적인 일로 평가한다. 그는 중정부장 시절 김수근 선생에게 신문로 중정본부 설계를 맡기고—후에 한양건설 본사사옥이 된 건물—그 다음에 남영동 분실 설계도 김 선생에게 의뢰했다. 나는 그 무엇보다도 그가 부하들에게 "건축은 예술이야, 설계자 뜻대로 건물이 지어지도록 최선을 다해 그의 뜻을 존중하라"고 했다는 점을 더욱 평가한다.

김재규 건설부 장관 귀하

행정이라는 것을 모르는 채로 "소견 좁은 이야기는 좁은 소견대로 하나의 이야기이겠다" 하는 생각에서 감히 말문을 엽니다. 그러니까 이 글은 어떤 문제의 한 단면만을 본 견해이며, 건설행정이라는 다면체의 한쪽만을 본 관견(管見)일 수밖에 없을는지도 모르겠습니다.

'건설'이라는 기술이 '행정'이라는 사무적 체계를 거칠 때 어떻게 정의돼야 하는가를 생각해 봅니다. 모든 종류의 인공환경(built environment)을 만든다는 것, 이른바 건설은 순수한 입장에서 그 근본적인 접근방법이 '인간을 위한 것'

이어야 한다는 대전제가 있습니다. 그 '순수한 입장'이라는 것은 꼭 학구적인 자세에서라기보다는 건설이라는 것을 맡은 사람들이 그 대상자들에게 갖는 일차적인 책무 같은 것입니다. 즉 여기에는 건설 외적인 요인들, 예컨대 정치적인 경제적인 또는 법률상의 마찰요인들은 논의에서 제외되어야 한다고 믿는 것입니다.

'건설'이라는 말에 '행정'이라는 말이 더해져서 복합명사 '건설행정'이 되면, 어떻게 그 의미가 달라지는가를 생각했습니다. 이 경우에 행정이라는 것은 고차원의 정치기술이 실제로 집행되는 과정이겠습니다. 정치가 국민을 위한 것인 이상 환경건설의 경우와 누구를 위한 것이냐 하는 그 대전제에 다를 바가 없습니다. …

대한민국 제 몇 대 건설부 장관이라는 자리의 의미에 대해서도 생각해 보았습니다. 지금까지 많은 분들이 그 중요한 자리를 거쳤습니다. 아마도 처음에 큰 포부를 가지고 그 자리에 임하지 않은 분은 없었겠습니다. 그런데 왜 우리에게는 아직 앞에 언급된 그 기초적인 문제에 대한 장기계획이나 그 계획수립을 위한 기초자료조차 만들지 않았는가 하는 의문에 대한 열쇠가 바로 그 처음의 '큰 포부'에 있었던 것이 아닐까 의심해 봅니다. 그것은 비단 한 개인의 능력을 보여주겠다는 지나친 욕심에서뿐만 아니라 한 국가의 건설행정이라는 커다란 문제를 지나치게 과소평가한, 그리하여 단기간에 어떤 괄목할 업적을 남기겠다는 욕심에서 유래했던 것이 아닐까 하는 생각입니다. 거시적인 안목에 의한, 눈에 보이지 않는 기초작업이란 단시일의 전시효과나 한 사람의 눈부신 업적 같은 말들과는 거리가 먼, 참으로 그 성취가 먼 훗날에야 빛을 발하는 종류의 일입니다.

그래서 우리의 투자정책은 그 앞뒤에 모순이 있었던 것 같습니다. 어떤 지도자에 대한 국민의 지나치고 성급한 기대, 그리고 그 기대라는 압력에서 어떤 업적이든 손에 쥐어주듯 보여주지 않으면 안 되었던 한국적 풍토로 인한 모순 말입니다. …

실제로 우리 살림살이란 '발등의 불끄기'가 바쁜 형편이었습니다. 그런 사정이 이런 일들을 초래한 것이라고 믿어 의심할 바는 없습니다. 그러나 일인당 국민소득 삼백칠십오 달러를 기록한 작금에도 그런 일들이 반복된다면 거기에 변명의 여지는 없습니다. 우리의 가난이란 필요하고도 시급한 사업들에 펑펑 돈을 쓰지 못하는 가난이지, 두뇌와 정책의 빈곤이어서는 그것은 배고픔보다도 더 절망적인 일입니다. 돈이 아니더라도 '훌륭한 방법이 틀림없이 있을 것'이라는 우리의 믿음이 있어야 합니다.

지금까지 우리에게 있어 왔던 단기적인 안목의 병폐는 전임자에 의해 수립된 계획이 후임자에 의해 백지로 변하는 낭비에 있었습니다. 지금까지 얼마나 많은 사람들이 새로운 국토종합계획을 만들고 또 그것을 백지화하고 또 다른 계획들을 만들어 왔습니까. 어떤 분명한 방향이 정해진 다음에는 지엽적인 손질만으로 일백 년, 이백 년을 끌어나갈 진정한 의미의 마스터 플랜이 만들어져야겠습니다.

그래서 건설부 장관이라는 자리가 갖는 의미는 그 임기의 장단에 관계없이 이미 쌓아 올려진 부분을 허물지 않고 그 위에 일부를 더 쌓아 올리고 그 다음 사람이 또 계속할 수 있는 터전을 만드는 것, 그리하여 장관이라는 어떤 이의 재임기간이나 그 개인의 업적으로 평가되는 것이 아니라, 언젠가 크고 높은 탑이 완성되었을 때 그 전체로서 평가되는 것, 그런 관점에서 그 의미가 찾아져야겠습니다.

건설 분야에서 국민의 기본권은 공해로부터 해방되는 일과 주택부족으로부터 자유로워지는 것이라고 말합니다.

주거실태에 관한 비정(非情)의 보고서들이 있습니다. 서울 무주택자 실태를 또 봅니다.(이 무주택자 생활실태 조사는 그 끔찍한 내용 때문에 공개가 금지되었다) 한 사람이 이 평방미터를 차지하고 산다는 생활의 의미를 우리들 중 몇 사람이나 정말로 이해하고 진심으로 마음 아파하겠습니까.

그럼에도 불구하고 정부총예산(FY 1972)의 0.49퍼센트가 주택건설에 쓰였으며, 이 액수는 전체 재정투융자액(財政投融資額)의 1.61퍼센트에 불과한 것이었습니다.(『통계연보』, 경제기획원, 1973) 이때에도 건설부는 탁상공론 아니면 무책임하고 소극적인 방법들만을 제시하고 있었습니다. 주택건설 촉진법(국유지 불하의 우선권 등), 개발촉진지구 설정(국세, 지방세 면제 등), 주택채권 이자율 인상, 주택복권 판매확대, 저소득층 주택을 위한 차관교섭 등이었습니다.(『행정 백서』, 1973. 1.)

공해에 관해서는 불행하게도 우리는 아직 정확한 조사보고서나 수치가 나열된 통계자료를 갖고 있지 못합니다. 고도성장의 기록작성보다 먼저 대책이 마련됐어야 할 이 일은 아직 대부분 사람들의 관심 밖에 있습니다. 더욱 불행한 일은 공장의 폐수와 오염된 대기가 고도성장을 위한 필요악이라고까지 생각하는 일부 사람들의 그릇된 성장론이 우리의 대세라는 점입니다.

우리가 표면으로 나타난 피해를 기록해야 할 정도가 되면 그때는 이미 늦습니다. 사람들이 병들어 쓰러지기 시작했을 때는 이미 손쓸 시기를 잃은 것입니다.

폐수처리 시설 기준령이 유명무실한 것은 법이 미비해서도 아니고, 행정력이 미치지 않아서도 아닙니다. 정부 고위층으로부터 국민 전체에 만연한 무관심이 그 근본이유이겠습니다. 왜 개발도상국가 가운데 가장 낮은 문맹률을 가진 우리가 이렇게 무지해야 하는 것입니까. 왜 우리가 공해에 대한 대책이 없으므로 해서 세계의 지식인들로부터 삼류민족시(三流民族視)를 당해야겠습니까. 아니, 그 무엇보다도 왜 우리는 우리들 자신을 좀먹어 들어가는 공해병보다도 돈을 더 버는 일에 급급해야 하는 것입니까. 이 모든 것이 궁극에 우리가 잘 살기 위한 노력이라면 어느 쪽에 먼저 눈을 돌리고 먼저 한정된 예산을 써야 하겠습니까. …

건설을 이야기한다면서 건설 이전의 이야기로 끝나 버렸습니다. 그러나 우리에게는 지금 그 건설 이전의 이야기가 더욱 중요하고, 실제로 그것이 아직 건설 이전의 그런 단계에 머물러 있기 때문이었습니다. 우리는 이천만 원의 소화설비를 갖추지 않아 오십억 원짜리 공장을 잿더미로 만든 가슴 아픈 교훈을 갖고 있습니다. 이것이야말로 건설 이전에 우리가 마음 깊이 간직해야 할 어떤 약속의

한 예가 되겠습니다.

고도(古都) 보존의 어떤 원칙과 방법이 확실히 세워질 때까지 우리는 고도를 파헤치는 계획을 세워서는 안 되겠습니다. 산을 그대로 보존하는 개발계획이 세워지기까지는 국립공원으로 지정된 아름다운 산들을 불도저로 밀어내는 '행동파(行動派) 행정'을 밀어내야 하겠습니다. 수해가 일어날 때까지 상습 수해지구를 알고도 방치하는 '숙고파(熟考派) 행정'을 숙고해야 하겠습니다. 이것이 또한 '건설'이라는 행위의 모럴이고 약속이 아니겠습니까?

내친 김에 건설 이전의 또 다른 이야기로 이 편지를 끝맺을까 합니다.

공무원 자세에 대한 신임 건설부 장관의 소신피력을 신문에서 보았습니다.

"내가 아니면 안 된다는 사고방식을 버려야 한다. 권한과 책임을 모두 거머쥐고 있어서는 안 되는 것이다. 권한과 책임은 지위와 직책에 알맞게 대폭 위임되어야 한다."

참으로 우리는 모두 내가 아니면 안 된다는 사고방식을 버려야 하겠습니다. 그것은 동시에 내가 맡은 일만은 누구보다 철저히 한다는 사고가 그 밑받침이 되는 것입니다. 대통령이 경부고속도로의 노선을 헬리콥터 위에서 결정할 때, 그리고 수해지구를 시찰하면서 손수 불량 시멘트 블록의 강도를 시험하고자 했을 때 우리는 그 좋은 본보기를 봅니다.

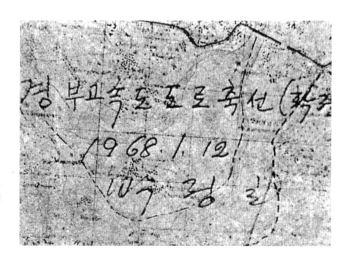

24. 박정희 대통령이 헬리콥터로 시찰한 후 경부고속도로 노선시안 1, 2, 3안 중 1안을 채택 확정하고 서명해서 내려 보내면 그대로 설계가 진행되었다.

대통령이 도로노선을 결정하도록 하는 것은 기간도로건설 사무소장의 태만이며, 대통령이 직접 블록의 강도에 세심한 주의를 기울이도록 지시하게 된 것은 건설연구소장 등의 수치가 아니겠습니까?

"김 장관은 건설행정의 방향을 확정하기보다는 공무원의 자세확립이 선결문제라고 느낀 듯…" 하는 신문기사(『조선일보』, 1974. 10. 18.)는 대단히 희망적이었습니다. 그 기사가 이 소견 좁은 글을 쓸 수 있도록 용기를 주었습니다. 건투를 빕니다.

김재규의 회신

국토개발의 중요성을 깊이있게 통찰하시고 알찬 제언을 해주신 데 대해 먼저 심심한 감사의 뜻을 표합니다. 그리고 무엇보다도 건설행정의 궁극적인 목표가 인간이어야 하며, 따라서 국토개발 및 건설행정의 대전제는 현재와 미래의 인류가 되어야 한다는 주장에 대해서는 본인도 전적으로 동감임을 명백히 하고, 그 다음 본인의 소론을 몇 자 적을까 합니다.

제의에 대한 구체적이고도 직접적인 대답을 한다기보다 이러한 기회에 건설행정을 책임맡고 있는 한 사람으로서 평소 생각한 바를 피력하면서, 그리고 건설적인 제의를 정책구현에 참고할 것을 약속드리며 건설행정에 관한 대화에 임하고자 합니다.

건설행정의 기본방향은 첫째, 건설행정은 어느 특정시대, 어느 특정인이나 특수집단만을 위한 것이 아니라 '우리 모두'를 위한 것이어야 한다는 것이 저의 소신입니다. 즉 '오늘에 사는 우리'와 '내일에 살 우리' 모두를 위한 건설이어야만 하겠다는 것입니다. 우리가 물려받은 국토는 그것이 지니고 있는 잠재력이 좋든 나쁘든 간에 하나뿐이며, 또한 이는 어느 나라의 것과도 바꿀 수 없는 것이 아니겠습니까. 따라서 우리에게 주어진 과제는 이를 잘 가꾸고 개발하여 최대로 이용하는 길뿐이라고 생각합니다.

그러나 이러한 국토의 개발이용은 오늘에 사는 우리에게 만족스러워야 할 뿐만 아니라, 내일에 살 우리 후손에게도 무리가 없도록 해야 한다는 점이 중요하다고 본인은 생각합니다. 오늘에 사는 우리에게만 편리하도록 취한 조치가 후손들에게 불편을 주는 결과가 되어서는 바람직하지 못하다는 뜻입니다.

둘째, 국토개발은 종합적이어야 한다는 것이 정부의 개발방향입니다. 정치·경제·사회·문화 등 전반에 걸쳐서 인간활동에 필요한 국토기능은 다방면적인 것입니다. 즉 도로, 항만, 공업단지, 공원, 도시시설 등 여러 가지 사회간접자본인 하부구조가 공히 필요한 것입니다. 그리고 이러한 하부구조 상호간에는 과부족(過不足)이 없이 균형을 이루어야 한다는 것이 정부의 방침입니다. 예컨대 광대한 공업단지를 만들어 놓고 이곳에서 만들어내는 재화를 실어 나를 도로가 협소하다든지 혹은 이를 해외로 수출시킬 항만시설이 부족해서는 원활한 경제활동을 기대할 수가 없을 것이기 때문입니다.

셋째, 국토개발은 과학적으로 해야 한다는 것이 대원칙입니다. 과학적인 국토개발은 다음과 같은 세 가지 요소를 갖추어야만 하겠습니다.

계획적인 국토개발입니다. 국토개발은 투자 우선순위에 따라 행해져야 합니다. 또한 과학적인 국토개발은 개발효과가 최대가 되도록 해야 한다는 것입니다. 이러한 투자효과를 허쉬만(Albert O. Hirschman) 교수는 전방연관(前方聯關)·후방연관·보완 효과로 구분하고 있으나, 아무튼 이러한 투자효과가 가장 큰 사업부터 추진해야 함은 당연한 일이 아니겠습니까. 그러나 일단 선정된 사업을 추진하는 데서도 가장 경제적인 방법으로 집행해야겠습니다. 이러한 목적을 위해 흔히 쓰이는 것이 비용편익분석(費用便益分析, Cost Benefit Analysis)을 통한 투자효율(B/C Ratio)의 비교인 것입니다. 여기서 한 가지 지적하고 싶은 것은 건설사업에 따른 편익을 정확히 파악하기가 쉽지 않다는 점입니다. 이는 건설사업의 편익이 타사업의 그것보다 훨씬 미치는 범위가 넓고, 간접적인 경우가 많고, 또한 시간적으로 장기에 걸쳐 발생하기 때문입니다.

우리 모두를 위한 이러한 대역사인 국토개발은 이미 언급한 바와 같이, 그리고 잘 지적해 주신 바와 같이 종합적이고도 장기적인 국토개발지표의 설정이 선행되어야 함은 재언을 요하지 않습니다. 이것이 바로 국토건설종합계획의 수립인 것입니다.

국토건설종합계획은 오일륙 쿠데타 후인 1961년 10월, 당시 국가재건최고회의 의장이었던 박정희 대통령의 지시 및 1962년 12월에 있은 국무총리 지시각서 제53호에 의거하여 본격적인 준비작업에 들어갔던 것이며, 이를 뒷받침하기 위한 국토건설종합계획법이 1963년 10월 14일 법률 제1415호로 제정 공포되었던 것입니다. 이러한 법적 뒷받침하에서 수년에 걸친 자료수집과 분석, 그리고 각 부문별 장기 수요예측을 통해 사상 최초의 장기계획안인 국토계획 기본구상을 1968년 12월에 국무회의 심의를 거쳐 최종확정을 보았고, 동 기본구상을 전제로 하여 국토건설종합계획(1972-81)을 1971년 10월 대통령 고시 제26호로 확정 발표했던 것입니다. …

이러한 국토건설종합계획은 도로, 항만, 수자원, 도시시설 등 각 부문별 사업에 대한 하나의 기본적인 방향 제시적 기능을 담당하고 있으나, 동 부문별 사업의 입지선정을 위해서는 토지이용계획의 수립이 조속히 되어야 했습니다. 이에 따라 정부는 1972년 12월 30일에 법률 제2408호로 국토건설종합계획에 따른 토지이용계획의 입안 및 결정과 그 시행에 관하여 필요한 사항을 정해, 국토를 효율적으로 계획관리하여 토지의 이용가치를 높임으로써 공공복리의 향상과 지역사회의 발전에 기여함을 목적으로 하는 국토이용관리법을 제정 공포했던 것입니다.

토지이용계획의 수립에는 지도제작의 선행이 필수적입니다. 지적해 주셨듯이 우리는 1955년 미군이 항공측량에 의해 작성한 1:5만의 기본도를 근간으로 하여 1963년에 일반용으로 만든 지도를 사용해 온 것이 실정입니다. 따라서 정부는 그간의 경제성장에 따른 국토의 변천을 도면에 담기 위하여 우리 기술진에 의해 1967년부터 1:2만5천의 도엽(圖葉)을 작성 중에 있으며, 조만간에 전국을 커버하는 830도엽의 제작이 완성될 계획입니다.

그러나 이러한 기본도는 지형 위주의 도면이기 때문에 토지이용계획의 수립에는 부족한 사항이 많습니다. 그리하여 정부는 이러한 기본도 이외에 토지이용장(土地利用狀)을 논, 밭, 수원지(水源池), 목초지(牧草地), 임지(林地), 도시 및 취락, 공업용지 및 기타로 세분하는 1 : 2만5천의 토지이용 현황도와, 지형, 경사, 토양, 교통입지, 인구밀도 등으로 구분하는 1 : 2만5천의 토지능력(土地能力) 구분도(區分圖) 제작에 착수했으며, 우선 수도권, 중화학기지, 고속도로변, 제주도 등은 1976년까지 완료할 계획입니다.

물론 이러한 작업이 매우 유감스럽게도 그 시급함에 비해 늦은 것은 사실이나, 이러한 작업에는 오랜 시일과 깊은 연구검토가 선행돼야 하기 때문에 불가피하게 지연된 것으로 이해해 주시면 감사하겠습니다. 완벽하고도 훌륭한 도면의 제작을 조속히 완료할 것을 약속합니다.

막중한 건설사업을 수행해 나가는 데 있어서 부딪치는 애로사항은 한두 가지가 아닙니다. 무엇보다 큰 애로는 개개사업이 모두 시급한 데 반하여 투자재원이 부족하다는 점입니다. 이 때문에 빚어지는 마찰도 없지 않습니다. 지적해 주신 바와 같이 개중에는 다소의 시행착오도 있었으리라 인정합니다. 이 점에 관한 한 계속해서 여러 전문가들의 부단한 편달을 바라 마지않습니다. 그러나 국토건설종합계획에 따라 투자 우선순위를 정하고 여기에 따라 사업을 추진해 나가고 있으며, 앞으로도 이 원칙에는 변함이 없다는 점만은 다짐을 드릴 수 있습니다.

끝으로 도로, 항만, 수자원, 공업단지 등 대단위 국토건설사업에 더욱 박차를 가할 것은 물론, 국토건설종합계획의 보완작업과 서민생활에 직결되는 주택문제, 상하수도, 공해문제 등에도 관심을 배가시킬 것을 약속드립니다.

다시 한 번 이러한 대화의 기회를 만들어 준 김원 씨에게 사의를 표합니다.

건설부 장관 김재규 올림

농가의
미학

박정희 대통령은 초가집을 싫어했다. 그것이 자신의 초라했던 과거를 상징이라도 하듯 미워했다. 그것은 그의 콤플렉스였다. 그가 과거를 덮고 사범학교, 만주 군관학교, 일본 육사를 찾아 신분상승을 추구했던 대로 초가집을 없애는 일은 그의 신조(信條)였다. 착각한 신조.

"1978년 3월, 하루는 『서울신문』 논설위원인 이중한(李重漢) 선배가 물었다. 당신은 건축가로서 지금 박정희가 벌이고 있는 농촌주택 개량사업을 어떻게 생각하느냐고. 전국의 초가집을 모두 슬레이트로 바꾸라는 엄명이 내렸던 유신 말기였다. 그 선배는 지금 벌어지고 있는 이 일들에 대해 당신 같은 전문가들이 침묵한다면, 그것은 후세에 묵시적인 동조였다는 비난을 면할 수 없을 것이라며 『서울신문』에 글을 쓰라는 것이었다. 힘들게 쓰려면 동아, 조선 등 야당지에 쓰지, 왜 정부기관지에 씁니까. 선배는 웃으면서 대답했다. 모르는 소리 마라. 독재자는 야당지는 원래 안 보는 거야. 당신 글은 호소력이 있어. 그리고 정부기관지조차도 반대한다는 걸 알아야 건설부 장관도 천천히 하자고 말할 핑계가 생기지. 형, 난 장가도 갔고 애도 있어요. 지금 지하실에 갇혀서 고생하긴 싫어요—정말로 많은 사람들이 아무도 모르게, 이유도 없이 남산에 끌려가서 얻어맞고 입다물겠다는 각서를 쓰고 나와서는 아예 넌더리가 나서 이민을 가버리던 시절이었다—선배가 또 웃으면서 말했다. 괜찮아. 너는 뒤가 깨끗하잖아. 주의인물이 아니란 말이다. 모범생이고 또 저들 안에도 반대론자들이 있어. 말을 못 꺼내고 있을 뿐이지. 몇 가지 신경 건드릴 단어만 쓰지 않으면 중정(중앙정보부)에는 안 걸려. 그리고 그런 건 내가 고쳐 줄게.

며칠간을 고민했다. 징벌을 받거나, 회유를 당하거나, 무시당하거나 어느 한 가지는 분명했다. 다만 후일에 묵시적 동조혐의를 면한다는 의미는 있었다. 권태

선(權泰宣) 씨는 부르심을 받을는지도 모른다고 농담을 했으나, 적어도 사건은 그보다는 심각할 수도 있는 상황이었다. 어느 모로 보나 이 선배가 자기 신문의 지면을 빛내기 위해 그런 아이디어를 낸 것이 아닌 것은 분명했다.

1978년 3월 24일자 『서울신문』에 김원의 기고문 「농가의 미학」이 농촌주택 개량사업을 신랄하게 비판하고 있었다. 좀 심한 표현은 이중한 씨가 다듬어 준 것이었다."(이용범 기자, 『건축인』, 1997년 1월호)

분명한 것 몇 가지를 말해 보기로 하자. 오십만 채의 농촌주택 개량사업과 취락구조 개선방안은 누구에게 보여주자는 것이 아니다. 그것은 그들의 생활이며, 어쩌면 생명이기도 하다. 거기에는 개선되어야 할 많은 것들이 있으되, 동시에 보존되어야 할 많은 것들이 있다. 그래서 앞에 말한 양극단론(兩極端論)은 주관적이며 위험하고, 심지어 그들 입장에서 보면 독선적이기까지 하다. 어쩌면 그들은 정부가 마련한 표준설계도라는 것에 대해 주춤해 있을는지도 모른다. 그들은 그것을 만든 관리나 젊은 기술자들에 관해 그들 나름의 비평을 하고 있을 것이다. 그들은 오히려 그들 생활의 지혜에 자부심을 갖고 있을 것이다. 그리고 분명히 그들은 강제되는 이런 것들을 싫어할 것이다. 그렇다. 그들도 그들 소득의 증대에 따라 편리하고 능률적인 방향으로 변화를 원하겠지만, 그들의 요구(human need)는 천차만별이다. 왜 사람들은 쉽게 농촌생활이 획일화될 수 있다고 생각하는가. 왜 도시인들은 건축가를 찾아가서 취향에 맞는 설계를 주문하면서, 시골 사람들은 몇 개로 한정된 표준설계의 틀에 그들 생활을 적응시켜야 한다고 막무가내로 생각하는가. 도시인들이야말로 '아파트'에 살 수 있지만, 또는 살아야 하지만, 농촌의 좋은 점이란 바로 그것, 그 획일화되지 않은 자연과의 접촉, 무한한 선택을 갖는 환경 패턴, 그런 것들일 게다.

그래서 사실상 농촌이 먼저 더 살기 좋은 곳이 되어야 도시에서 인구문제가 해결되는 간단한 논리에도 불구하고, 우리는 도시는 도시문제로 농촌은 농촌문제로 분리해서 생각하며, 농촌이 도시를 위해서 농민이 도시인을 위해서 존재하는 것으로 착각한다. 그런 사고방식이 초가지붕에서 수치심을 느끼게 하고, 그런 판단기준이 철도 연변부터 개량해야 한다는 시각(視覺) 우선주의를 낳는다. 그래서 참으로 건축적으로 훌륭한 초가들은 모두 지붕을 바꾸어야 했고, 우리가 그들 생활의 예지(叡智)들을 배워야 할 훌륭한 터잡음〔擇里〕과, 건축방식에서 지혜와 미학을 배워야 할 '교재(教材)'들은 교통이 불편한 오지(奧地)에나 남아 있다.

한때 농민들은 슬레이트로 지붕부터 개량하라는 지시를 받았다. 그 얇은 지붕은 여름에 덥고 겨울에 추웠다. 그것은 초가보다 못한 것이었다. 그럼에도 불구하고 슬레이트 때문에 그들은 빚을 지게 되었다. 장기저리(長期低利)라고는 하지만 개량사업비는 갚아야 하는 돈이다. 그래서 얼마쯤의 불평들을 했다. 이런 오류를 다시 범해서는 안 될 것이다. 그들의 주택개량은 그들 소득증대에 따른, 그들 자신의 필요에, 자신의 선택에 의한 것이어야 한다.

그리고 그들 자신이 개량할 수 있는 것들에 우선적으로 보조되어야 한다. 모든 것은 자발적이어야 하고, 자연발생적이어야 하고, 관(官)이 유도하는 사업이라 하더라도 자력으로, 자조(自助)하는 방향으로 이끌어져야 한다. 외부로부터 강요되는 것이 아니어야 하고, 획일화하지 않아야 한다. 그러기 위해서는 무엇보

25. 새마을 취락구조 개선사업으로 이 정겨운 초가지붕은 모두 슬레이트 지붕으로, 돌담은 모두 시멘트 블록 담장으로 바뀌었다.

다도 개선되어야 할 것과 보존되어야 할 것을 선별하는 문화인류학적·건축적 안목이 먼저 필요하고, 다시 그것을 위해 농촌 근대화라는 대명제를 두고 건전한 가치판단 기준이 전제되어야 한다.

그런 전제라면 농촌 주택문제에 관해 우리는 좀더 여유있는 자세를 가질 수가 있다. 우리는 선인들이 가졌던 생활의 지혜를 배울 여유를 가질 수 있고, 바로 지금도 섣부른 설계작업보다는 그들의 현재에서 더 많은 것을 배울 수가 있다. 우리는 정자나무를 베어 버리거나 서낭당을 헐어 버리는 대신 그것들을 보존할 배움의 자세를 가질 수 있고, 오히려 더 크고 훌륭한 초가를 자부심을 갖고 만들 수도 있다. 우리는 초가의 우수한 점들을 개발해낼 수 있다. 흙벽의 단점들을 보완할 수 있고, 아궁이의 열효율도 높이는 방안을 제안할 수 있다.

우리가 해야 할 일은 그들에게 요구하는 것이 아니라, 그들을 인정하고 함께 생각하고 그리고 현대적인 방법들을 제안하고, 개선이 필요할 때 유도하는 일이다. 더구나 개개 주택의 개량이 아니라 취락 자체의 구조개선이라는 근본적인 문제에서는 절대적으로 그들의 자연발생적이고 문화인류학적인 예지가 존중되어야 한다. 그것은 수천 년 생활의 경험으로 계속적으로 개선되어 온, 살아 있는 통계학적 결론들인 것이다.

마을의 뒷산과 앞내의 존재의미는 우리가 지금까지 알아내고 상상하는 것처럼 단순한 것이 아니다. 그럼에도 불구하고 어떤 곳에서는 마을 전체를 몽땅 옮겨 버리는 횡포가 눈에 띄기도 한다. 그러므로 우리가 해야 할 일은 마을 전체를 버리기보다는 그들 자연에 대한 애착과 순응과 이용을 배우는 일이다. 이것이야말로 합리적으로만 따져도 에너지 절약형의 취락구조이기 때문이다. 때로 우리는 얼마나 훌륭하게 다루어진 통풍과 채광과 일조 이용을 보는가. 그들은 얼마나 지혜롭게 집터를 보았던가. 그리고 얼마나 부지런했던가. 그들은 새 경작지를 개간할 때 들어내야 하는 흙 속의 돌들을 담장에 쌓고 밭둑에 쌓았다. 그들은 얼마나 정중하게 조상의 뼈를 묻었던가. 그런데 지금 우리는 도시의 공장으로부터 '시멘트'와 '페인트'를 그들에게 나누어 주며 그들에게 우리 취향을 따르라고 말하고 있다.

그들이 원하는 것, 그들이 필요로 하는 것은 젊은 관리들의 생활철학이나 동정심이 아니다. 오히려 상하수도와 전기와 전화 따위의 기본적인 것들을 먼저 원한다. 그리고 난 다음에 그들에게 공동의 목욕탕과 공동의 세탁장을 지어 주라. 더운 물을 쓸 수 있게 된 다음에 그들과 현대적인 생활에 관해 이야기하라. 지금이라도 가볍고 단단하게 고안된 정화조를 배급하라. 그들 손으로 그것을 땅에 묻고 당국이 만들어 놓은 하수관에 그것을 연결시킬 수 있을 때, 설사 그들이 수세식 변소에 물을 퍼다 부으면서 그것을 쓰는 한이 있더라도 그들은 정부가 해준 일이 무엇이고 그들이 할 일이 무엇인가를 알게 될 것이다.

그들에게 의견을 말할 기회를 주자. 그들에게 그들 생활방식의 어떤 부분들이 존경받고 있음을 보여주자. 그들에게 자부심을 갖게 하자. 그리하여 그들에게 농촌생활의 보람을 갖게 하자. 농촌의 도시화가 우리에게 이상이어서는 안 된다.

저녁밥을 짓는 시골마을의 보랏빛 연기를 연탄가스로 더럽히지 않을 방법은 분명히 있다. 우리가 해야 할 일들은 먼저 그런 것들일 것이다.

칠인 가족을 위한 열다섯 평 표준주택에 공사비가 일백칠십만 원이라는 마음 아픈 발표를 보고 우리는 느끼는 점들이 있어야 하겠다.

이 글이 실리고 며칠 후 선배는 술먹자고 전화를 해 왔다. 술자리에서 내 손에 쥐어진 것은 그 날짜(1978. 4. 12.) 석간 『서울신문』이었다. 대문짝만한 타이틀로 「농촌주택 개량사업 무리없게—박 대통령 새마을 지도자들과 환담」이라고 적혀 있었으며, 그 내용은 다음과 같았다.

"박정희 대통령은 12일 낮 경제기획원 장관실에서, 이날 상오 월례 경제동향 보고회의 때 새마을 훈장을 받은 새마을 지도자들과 곰탕으로 점심을 나누며, 새마을 지도자의 헌신적인 노력을 치하하고 농촌의 주택개량 진척상황, 전남 택양 주민의 중독사건 등에 관해 약 한 시간 동안 얘기를 나누었다.

다음은 대화 내용이다.

박 대통령: (조병남 보령군수에게) 일부에서는 주민부담이 많다고 하는 모양

인데 그곳 사정은 어떤가요?

조 군수: 자재대가 올라 부담은 되지만 내무부에서 자금을 지원해 주어 큰 부담은 되지 않습니다.

박 대통령: 농가개량은 능력있는 사람부터 먼저 하도록 해야 합니다. 문제는 큰 길가나 국도변에 초라한 집이 있어 공무원은 개량을 하고 싶고 집주인은 아직 능력이 없기 때문에 이에 응하지 못하는 것인데, 너무 무리하게 해서는 안 됩니다.

조 군수: 강요하지는 않고 그런 집은 이웃돕기 운동 등으로 추진하고 있습니다.

박 대통령: 동네 자체에서 해결방안이 있으면 몰라도, 금년에 안 되면 내년에 하고 내년에 안 되면 그 다음 해에 하면 될 것입니다. …"

박 대통령이 1978년 당시에 자신이 지시한 사업을 '너무 무리하지 말라'고 지시한 것은 내가 이룩한 대단한 성과라는 것이었다.

그날 저녁 선배와 나는 둘이만 아는 사건의 비밀을 안주삼아 실컷 마셨다.

독립기념관에
바라는 것

1982년 8월에 일본의 '교과서 왜곡사건'이 있었고 8월 28일에 독립기념관 건립추진위원회가 결성되었다. 이 글은 독립기념관 건립추진위원회나 그 기획위원으로 정식 참여하기 전에 생각한 바를 『동아일보』에 기고한 것이다. 독립기념관의 성격규정에 관한 논쟁의 시작이었다.
이 글을 쓴 후에 어찌되었건 내가 직접 그 사업의 후보지 선정, 기획, 마스터 플랜, 현상공모까지를 맡게 되었다. 내가 관여하기 전에 바라던 많은 것들이 그대로 되지 않았다. 건축가의 언행은 일치해야 하는 것이다.

이차대전 중 나치에 학살당한 프랑스 유태인 레지스탕스의 기념관이 파리에 있다. 유명한 노트르담 성당의 뒤쪽, 그러니까 시테(Cité) 섬의 동쪽 끝 센 강 쪽으로 뾰족이 나온 부분에 별로 눈에 띄지 않게 지하로 내려가는 좁은 계단이 있고, 그 계단을 따라 내려가면 지면보다 한 층 반쯤 낮은 소광장을 만나게 된다. 파리대학 건축과 교수인 건축가 펭귀송의 작품이다.

이 광장은 강 쪽으로 콘크리트 옹벽에 창을 내어 강물이 내려다보이지만, 그 창에는 쇠창살을 달아 이곳이 갇힌 곳임을 암시해 준다. 그 반대쪽이 입구로서 작은 로턴다 홀(Rotunda Hall)이 있고 짧은 복도가 역시 쇠창살로 막혀 있으며, 복도에 면하여 감방 비슷한 작은 방들이 몇 개 있는 것이 눈에 보인다. 그러나 그 복도나 방들은 들어가도록 되어 있지 않아, 볼 수 있는 곳이란 그 예의 광장과 작은 입구 홀뿐인 셈이다. 말하자면 별로 눈에 띄지 않는 곳에 전혀 거창하지 않게, 그리고 고답적인 방식의 기념탑이나 조각이나 벽면 부조(浮彫)가 있는 것도 아니고, 교훈적인 구호나 교육적인 설명이 구구하게 곁들여지지 않은 아주 단순한 설정 속에 서 있는 것이다.

그럼에도 불구하고 하나의 작고 조용한 공간에서 이처럼 머리칼이 곤두서는 듯한 전율의 분위기를 느껴 보기는 나로서는 처음 있는 일이었다.

최근 우리의 독립기념관 건립에 관한 열기 띤 논의들을 보면서 그 작은 기념관의 섬뜩했던 분위기가 내게 맨 먼저 떠올랐다. 물론 그곳에도 거대하고 장엄한 기념관이 세워질 수 있었을 테고, 대전 중 파리 시민의 저항운동은 그럴 만큼 충분히 찬양받을 가치도 있었을 것이며, 더구나 자세한 사료(史料)와 풍부한 전시자료도 있었을 것이 분명한데, 그 모든 것이 생략된 채 암시적인 분위기만으로 방문객이 압도당하고 마는 결과는 어디서 오는 것일까.

내 생각으로는 구구하게 여러 가지를 설명하지 않아도 알 만한 사람은 모두가 다 안다는 그들의 자부심이 그곳에 역력히 나타나 있는 것이 그 중 가장 큰 이유가 아닌가 한다. 그래서 설명적이랄 만한 요소는 아무 곳에도 없이, 단지 깊은 생각에 그리고 감동에 빠지게 하는 것이다. 그런 감동의 클라이맥스는 출입문 상단의 돌벽에 새겨진 글귀―그것은 어느 저항시인의 시 구절 가운데 한마디로서,

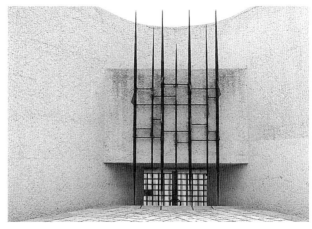

26. 파리 유태인 레지스탕스 기념관. 시테 섬의 뾰족한 모서리 옹벽에 개구부(開口部)가 보인다. 노트르담 성당 뒷마당에서 지하로 내려가게 설계되었다.(위) 규모는 작지만 기념관이 어떠해야 하는가를 감동적으로 보여준다.(아래)

번역해 보면 이렇다. "용서하라. 그러나 잊지는 말아라."

우리는 어떤 큰일을 기념해 어떤 것을 만들고자 할 때 우선적으로 그 열렬한 의욕의 과시로서 거창하고 웅대하고 총체적인 것들을 먼저 생각하게 된다. 그러나 실제로 그 일을 현실화해 구체적인 감동으로 이끌어야 할 일을 맡은 전문가로서 건축가, 조각가, 화가 들에게는 문제가 거대한 규모나 방대한 수량에 있지 않고 차원 높은 질(質)의 수준에 있게 된다는 점을 말해 두고 싶다. 물론 이 양자가 공존할 수가 있다. 또한 그렇게 될 수가 있다면 더할 나위 없이 좋은 일이기도 하다. 그러나 가진 것 모두를 망라해 보여주려는 욕심과, 대상자를 너무 많이 감동시키려는 노력이 흔히는 역(逆)의 효과를 낳게 된다. 사실 역사의 진실이란 조금의 가감없이 그것 그대로일 때 가장 감동적일 수 있다. 극화(劇化)되었을 때 그것은 자칫 왜곡되기 쉬우며, 차라리 상징적 공감으로 제시되느니만 못한 경우가 많다.

우리는 그런 예를 여러 곳에서 본다. 벨기에의 워털루(Waterloo)라는 마을에 가면 웰링턴 장군의 연합군이 나폴레옹을 패배시킨 기념물들이 곳곳에 있다. 나폴레옹 군대의 대포들을 노획해서 녹여 만들었다는 사자상(像)이 있는 언덕을 중심으로 마을 전체가 웰링턴 승전의 기념관이나 다름이 없다. 그런데 한 가지 역설적인 일은, 그럼에도 불구하고 그곳의 모든 전시물, 모든 기념품 들이 승자 웰링턴보다는 패장 나폴레옹에 집중되어 있는 점이다. 이것은 우리에게 역사의 진실—나폴레옹은 패했지만 위대했다는 사실을 역설적으로 설명하고 있는 셈이다.

바로 이 점에도 우리는 충분히 유념해야 할 것 같다. 워털루 마을의 흥분된 승전 무드도 사실은 나폴레옹 찬양으로 끝나고 마는 그 진실의 마력을 말이다.

과잉설명과 지나친 극화로 오히려 역효과를 낸 다른 한 가지 예를 나는 이란의 테헤란에 있던 팔레비 왕과 이란 독립기념관에서 본 적이 있다. 당시 이란은 풍족한 석유 재원(財源)으로 왕실의 정통성과 국가의 진로를 동일시하는 기념관을 만들었다. 이란 최고의 건축가와 프랑스 최고의 연출가 들이 동원되었다고도 들었다. 그러나 그것은 외국인인 나의 냉정한 눈으로 보았을 때 분명한 실패작이었다. 정치적 상황이 달라진 지금 그 기념관의 운명은 어떻게 변했는지 궁금하기도 하다.

오히려 그와는 반대의 경우를 우리는 워싱턴의 유명한 링컨기념관에서 본다. 링컨 대통령 자신에 대한 자세한 설명은 전혀 없이 건물 속에 조각이 하나 들어앉아 있을 뿐인 이 기념관은, 그러나 미국 민권운동의 도도한 흐름과, 평등한 권리에 대한 깊은 사색이 여러 곳에 잘 표현되어 있다. 주먹을 쥔 조상(彫像)의 한쪽 손에서는 굳센 의지와, 손가락을 편 다른 한쪽 손에서는 과장되지 않은 인간애를 본다. 예술은 또한 진실을 훨씬 더 감동적인 것으로 전달하는 것이다.

문제는 근본적으로 어떤 대상을 바라보는 사람들의 의식과 애정에 있는 것이란 말이 그래서 존재한다. 사료와 설명만으로써 설득과 이해는 얻을 수 있을망정 감동을 얻기까지에는 다른 무엇이 필요한 것이다.

이스라엘 사람들에게는 '통곡의 벽'과 '마사다의 언덕'이 있다. 그곳에는 사실상 보여주는 것은 아무것도 없는 셈이다. 그럼에도 그곳들은 역사적 장소성만

27. 링컨기념관의 거대하고 엄숙한 대리석 조상의 손등에 이름모를 새 한 마리가 날개를 쉬고 있다. 자유를 말하는 기념관에서 자유로운 새를 보는 것은 색다른 감동이었다.

으로도 그들 모두를(때로는 외국인을 포함해) 감격케 하고 실제로 눈물을 흘리게 하는 것이다.

우리의 경우를 생각하자. 우선 장소성(역사성)에 입각한 입지선정이 되어야겠고, 충분한 기간 동안 훌륭한 팀이 완벽한 계획을 만들어야 한다. 내 생각으로는 전체 계획을 일원화하는 방안도 고려될 수 있으리라고 본다. 같은 계획지역 안에서일지라도 철저히 상징화한 부분과 철저히 기능적인 부분이 분리되어 공존할 수 있지 않을까 하는 점이다. 전자 쪽에는 단순하고 예술적인 작품이 세워지고, 후자 쪽에는 실제로 이용될 자료전시, 문서보존, 기록열람 들의 시설을 두어, 예컨대 독립지사들의 공판기록, 상해(上海) 임시정부 문서, 조선탄압에 대한 일본인 자신들의 보고서 등이 비치된다면, 설계에서는 상징성과 기념성이 충분히 표현된 기념관과, 완벽하게 기능적인 자료관이 서로를 보완할 수도 있을 것이다.

전시와 행사에는 온갖 현대적이고 미래지향적인 방법이 동원되어야 할 것이다. 이 둘이 모두 수준과 질이 높아야 함은 물론, 행사는 실질적이고 학구적인 것들로, 전시는 순수하고 세련된 차원의 것이어야 한다.

다시 한 번 강조하거니와, 모금(募金)과 일의 추진에는 과열하는 일도 백번 바람직하지만, 자칫 그것이 실제 계획과 설계와 전시에서도 흥분으로 연장되지 않기를 바란다. 이것은 결코 동양 최대라든지, 모금액이 기록적이라든지 하는 숫자들로 평가될 일이 분명 아니다.

흥분하지 말자. 얄미울 만큼 냉철하게 훌륭한 것을 만들어내자.

이것은 연전에 문화공보부의 민족박물관 계획과 문화방송의 독립기념관 건립 계획에 열을 올렸던 우리 모두의 쓰린 기억에서 오는 노파심 때문이다.

임시행정수도
계획에
반대한다

'지방자치' 이야기만 나와도 그것이 '지방분권' 또는 '권한이양'으로 받아
들여져서 절대 권력자의 노여움을 사고, 심지어는 '반체제 성향'의 발언으로
간주되기도 하던 시절이었다. 물론 그보다 앞서 정부시책에 공공연히 반대
한다는 일 자체가 '반체제'였다. 예컨대 대통령 긴급조치들은 그와 같은 내
용의 포고령이었다.

"이 시평은 당시 박정희 대통령의 최대 역점사업으로 진행되던 수도 이전이
라는 엄청난 프로젝트에 대한 비판의 글이었다. 청와대의 중화학 담당이었던 오
원철(吳源哲)이라는 무소불위(無所不爲)의 실세 비서관이 진두지휘하던 프로
젝트로, 상당히 구체적인 단계에까지 계획이 진척되어 이미 H자형 패턴의 가로
망 계획까지 대통령에게 브리핑되어 있는 상태였다. 비판여론이 커짐에 따라
'수도 이전'이 '행정수도 이전'이 되고, 다시 '임시행정수도 이전'으로 격하되
어 결국은 취소되고 말았다. 이 일에 대해서 김원은 건축가들의 건전한 사회 참
여의식이 때로는 큰일을 할 수도 있고 크게 잘못된 일을 바꾸어 놓을 수도 있었
던 한 예가 아닐까 회고하고 있다."(이용범 기자, 『건축인』, 1997년 1월호)

…만일 이 문제가 단순히 서울의 인구문제 해결을 위한 방안만으로 제시된 것
이라면 그 결과는 우선 회의적이다.

현재 서울의 연간 인구증가만 삼십오만 명으로, 삼십만 내지 오십만 인구의
도시를 신설해 서울 인구를 그곳으로 이동하기로 한다면, 이동인구의 숫자는 기
존 도시인구에 대하여 일 년쯤의 억제효과를 갖는 셈이므로 항구적인 대응책이
되지 못한다.

또 서울의 안보(安保)를 말하는 사람도 있다. 안보의 측면을 보더라도 행정부

만이 옮겨졌을 때, 더구나 일단 유사시에는 다시 서울로 복귀하여 사태에 대처한다는 대통령 발표를 감안하면 어떤 안보상의 이점이 있는가를 되묻게 된다.

한 가지 분명한 사실은 서울 인구의 자연증가율 이외에 인구유입을 유도하는 가장 중요한 인자(因子)가 되어 왔던 행정기능이 중앙집권적인 행정체계를 원인으로 했던 사실을 고려하면, 그 본질적 요소인 행정기능이 옮겨짐으로써 인구분산이나 증가억제에 직접적인 효과는 없더라도 파급효과는 클 것으로 보인다.

다만 이것은 지방자치에 의한 지방분권 또는 권한의 대폭 이양이 전제될 때이며, 같은 방식으로 복합기능 속에서 중요한 위치를 차지하는 단일기능들이 빼내어 옮겨지는 작업이 앞으로도 계속된다는 전제하에서이다. …

다른 하나의 우려는 인구와 공해라는 기존의 도시문제들을 일단 회피하고, 새 집터를 찾아 헌 집을 떠나는 듯이 보이는 발상의 소극성이다.

28. 무솔리니의 로마신도시(EUR).
터무니없는 스케일감과
모뉴멘털리티에 치중한 계획으로
대표적인 실패 사례가 되었다.

서울은 이미 어마어마한 기존투자가 되어 있는 도시이다. 그러므로 그것을 영속적으로 가치있는 것이 되게 하기 위해 기존 도시와 신도시는 모도시(母都市)와 자도시(子都市)의 관계로 남아 있어야 한다. 그렇다면 그것은 동일한 생활권 안에 존속함을 의미한다. 기존 도시를 배후지(背後地)로 갖지 않는 단일기능의 신도시는 지속적인 생명력을 갖지 못한다. 그러므로 통근거리 이내에 입지해서는 안 되리라는 논리에 모순이 생긴다.

더구나 시속 이백 킬로미터의 고속전철이 우리나라에서도 실용화할 때 통근거리라는 개념은 지금의 두 배 이상으로 연장된다. 만일 허만 칸(Herman Kahn)의 예언대로 서기 2000년대에 서울과 부산을 연결하는 거대도시(巨帶都市, megalopolis)가 형성될 것에 공감한다면, 신도시는 그 대상도시(帶狀都市)에서 어떤 위계를 갖게 될 것인가가 미리 설정되어야 한다.

이미 우리는 서울-인천, 그리고 서울-수원 고속도로를 따라 상당히 발달된 형태의 대상도시를 체험하고 있기 때문이다. 그러므로 발달된 통신수단만으로 연결된 아늑한 분지와 인공호수변의 이상도시(理想都市)는 실제로는 없는 것일는지도 모른다. …

29. 1960년에 시작된 브라질리아 신도시 중심부. 오스카 니마이어(Oscar Niemeyer) 설계.
이 신도시 계획은 나의 대학시절의 꿈이었다. 그러나 도시가 시민의 자발적 필요에 의해 성장한다는 사실을 간과한
실패 사례로 꼽힌다. 1973년에 바우센트룸(Bawcentrum)에서 만난 브라질의 운동권 여학생은 나의 그 꿈을 얼마나 비웃었던지.
나에게 그것은 충격이었다. 그러나 사람들은 겉보기에 모뉴멘털한 이런 것들을 이상도시처럼 여긴다.

임시행정수도 건설구상이 발표된 다음날로 서울의 지하철 이호선 건설계획이 전면 재검토된다는 기사가 실리고, 대법원 청사를 영동에 이전하는 계획이 신수도 계획과 무관하게 거론되는 졸속이 예방되기 위해서는 먼저 국토와 수도권의 분명한 마스터 플랜이 선행돼야 한다. 벌써부터 신수도의 물리적인 형태를 고전적인 도시개념에 의거하여 입지조건으로부터 파생하는 필연적 요구가 무시된 채, 아무 곳이나 평지에 세워질 수 있는 어떤 프로토 타입을 제안하는 등의 관념적이고 보수적인 도시관이 좀더 미래적인 것으로 순화(醇化)되기 위해서는, 미래도시에 관한 예언적인 이론들에 적극적으로 귀기울일 필요가 있다.

까마득한 것처럼 보이는 서기 2000년은 앞으로 불과 이십 년 후이다. 도시의 역사로 보면 이십 년은 짧은 것이다. 그리고 발전과 도시화의 속도는, 그리고 현대도시의 생태변화는 앞으로 보다 급격할 것이 확실하다. 유럽 여러 나라의 신도시들이 이미 현대 도시이론으로서는 가장 고전적인 것으로 간주되는 시대에 우리는 살고 있는 것이다. …

도시문제에 관한 한 성급한 기대는 금물이다. 도시가 형성하는 시간과 역사의 장구함에서뿐만 아니라, 궁극에 도시는 인간생활의 집적(集積)이며 그 껍데기이기 때문에, 도시가 그 본질 속에 갖는 갈등들이 완벽하게 배제된다는 일은 어느 경우에도 있을 수 없을 것이다.

중앙청
철거문제

구(舊)중앙청 건물 철거에 관한 『조선일보』 김용삼(金容三) 기자의 리포트 『건물은 사라져도 역사는 남는다』에 요약된 나의 견해이다. 『공간』 1990년 12월호에 실린 나의 견해가 너무 거두절미 축약돼서 이것으로 보완이 됐으면 한다.

국립중앙박물관은 과거에는 우리 독립정부의 중앙정부청사 건물이었고, 더 먼 과거에는 미 군정청과 일제의 조선총독부로 쓰였다. 이 낡은 건물 한 채가 우리 사회의 역사관과 미래관, 그리고 상식과 지성을 저울질하는 시험대에 올려졌다. 오래 시끄러웠던 이 조선총독부 건물의 운명이 결정되던 최후의 과정을 보자.

1993년 8월 9일. 그날은 상해 임시정부 요인들의 유해 다섯 위의 국립묘지 안장을 하루 앞둔 날. 김영삼 대통령은 '오랫동안의 고뇌 끝에' 옛 조선총독부 건물을 완전 철거키로 결단을 내렸다. 그리고 내각에 다음과 같은 요지의 특별지시를 내렸다.

"광복절을 앞두고, 그리고 민주공화정의 법통을 최초로 세운 임정요인들의 유해봉환에 즈음하여 고뇌 속에 심사숙고해 왔다. 아무래도 민족 자존심과 민족정기 회복을 위해 조선총독부 건물을 가능한 한 조속히 해체하는 것이 바람직하다는 결론에 도달했다. 여기에 국민적 공감대가 형성돼 있다고 생각한다.

더욱이 조상의 빛나는 유산이자 민족문화의 정수인 문화재를 옛 조선총독부 건물에 보존하는 것은 잘못된 일이다. 조선총독부 건물 해체와 함께 통일 한민족시대에 대비하고 오천 년 문화민족으로서의 긍지에 합당한 국립중앙박물관을 국책사업으로 건립하는 문제를 정부가 조속히 검토해 착수하라."

문화적 사안이 결국 정치적으로 결판이 난 것이다. 우리는 문화적 사안을 정치적으로 결정하는 데 매우 익숙한 민족이다. 기구한 운명 속에서 역경을 헤쳐온 국립중앙박물관 건물이 김영삼 정부의 정통성 확립이라는 상징조작에 희생된 것이다. 그렇게 한다고 수치스런 역사가 말살되는가. 오히려 이것은 수치스럽다고 해서 역사의 증거를 인멸하고 싶어하는 민중요구를 국민정서라는 이름으로 정치에 이용하는 것이다.

문화적으로 신중하게 검토되어야 할 박물관 철거문제가 김영삼 정권의 정통성 찾기와 연계되면서 광범위한 여론수렴 과정이 생략된 채 정치적 결정이 먼저 내려졌다. 정통성이란 한 민족의 뿌리나 민족의 삶, 역사의 참모습 등을 문화적 안목으로 올바르게 정리하면 저절로 확보된다. 따라서 국립중앙박물관은 국가와 민족역사의 정통성 확보에 대단히 중요한 문화공간임에도 정치적인 이유만으로 사형선고가 내려졌다. 한 나라의 왕궁을 파괴하고 그곳에 건물을 지은 행위와 그 사람들을 미워할 수는 있어도 그 건물 자체에 죄를 뒤집어씌울 수는 없다. 건물을 보고 과거를 되씹으며 누구를 미워하는 것은 의학적으로 소아병이며 문화적으로 야만이다. 옛 조선총독부 건물은 바로 이 땅에서 조달된 건축자재와 우리 아버지, 할아버지 들의 노동력으로 지어졌고, 프러시아 건축가가 설계한 르네상스식 건물일 뿐이다.

오공화국 때도 중앙청 건물을 박물관으로 개조하는 문제를 놓고 전문가들이 공청회를 열었다. 당시 허문도(許文道) 문공부 차관은 '옛 총독부 건물을 헐어야 한다'는 생각을 가졌던 것으로 보인다.

그 해 설날이었다. 허문도 차관이 점심식사에 초대해서 나가 보니 안휘준(安輝濬) 교수가 나와 있었다. 그날 허 차관은 중앙청 건물의 처리문제에 대해 의견을 물었다. 안 교수는 "하루빨리 허물어야 한다"고 했고, 나는 "허물어서는 안 된다. 다른 용도로 변경해서라도 쓰는 것이 좋다. 우리 같은 지식인들이, 중앙청을 부숴서 그 돌로 도로를 포장하고 그걸 밟고 다녀야 시원하겠다는 대중심리를 순화해야 한다. 우리가 어른이라는 것을 보여주자"고 주장했던 기억이 난다.

논란 끝에 정부는 1982년 3월 16일, 중앙청 건물을 박물관으로 변경해서 쓰기로 국무회의에서 의결했다. 전두환 대통령의 철거재가가 난 사항을 뒤집은 것이었다. 오공화국 때 합법적인 과정을 거쳐 의결된 정책은 김영삼 정부에 와서 정면으로 거부당했다. "옛 총독부 건물에 우리 문화재의 정수를 넣어 두는 것은 분명 잘못된 일"이라는 김영삼 대통령의 평가는 전 대통령의 결정을 뒤엎는 것이었다. 전임자의 결정을 뒤집는 것이 바로 가는 길이라는 망상 중에서 가장 잘못된 사례가 또 하나 만들어진 것이다.

영구적으로 자리잡은 새 박물관이 설 때까지 이 건물이 박물관으로서 남은 기능을 다하는 것을 용납 못 하고 그렇게 철거를 서둘러야 하는지. 전쟁이나 천재지변의 경우를 제외하고 국립박물관의 기능을 정지시키는 비문화적인 나라는 찾아보기 힘들다. 정부가 망명을 떠나기 위해 보따리를 싸는 것도 아닌데 왜 이렇게 서두르는지 이해가 안 가는 것이다.

2대 문화부 장관 이수정 씨도 새 박물관 터를 물색하기 위해 전문가들에게 자문을 구하고 여러 장소를 두고 연구검토하다가 '용산 미군부대 자리가 최적지'라는 결론을 내리고, 미8군 사령부와 반환모색을 시작하면서 먼저 조사연구와 마스터 플랜을 만들어 놓고 새 건물을 그곳에 지을 때를 기다리자고 방침을 정했다. 이때는 한미정부 간에 서울 도심의 미8군 사령부 터 이전문제가 상당히 심도있게 논의되던 상황이었다.

정양모(鄭良模) 관장은 박물관 수가 미국은 사만 개, 일본은 오천 개가 넘는데 비해 우리나라는 백 개도 안 된다면서, "이백억 원 이상을 들여 조선왕궁사박물관을 먼저 짓고, 그 건물에 임시로 국립중앙박물관이 들어가는 것"이라고 말했다. 현 박물관 하나를 철거하는 대가로 두 개의 박물관을 얻을 수 있기 때문에 낭비가 아니라는 것이다.

조선왕궁사 박물관은 무엇이고, 임시박물관은 무엇이고, 국립중앙박물관은 무엇인가. 이게 무슨 말장난인가. 이것이 임시박물관이라면 욕이 될까 봐 고육지책으로 끌어다 붙인 임시 명칭에 불과하다. 국립중앙박물관의 기능이 정지된다는 비난을 희석하기 위해 '조선왕궁사 박물관'이란 기발한 발상을 하게 된 것이다.

그렇다면 과거 총무처 식당과 매점이었던 '조선왕궁사 박물관'도 애초부터 박물관으로 설계된 건물이 아니기 때문에 현 국립중앙박물관과 똑같은 문제점을 안고 있는 셈이다. '급조된 건물'이 잠시나마 제대로 국립중앙박물관으로 기능할 수 있을까.

임시로 증축 중인 사회교육관 건물은 천장이 낮아 대형 불상이나 벽화 등은 전시할 엄두도 못 낼 것이며, 박물관으로서 기능하기에는 규모 자체부터 회의를 갖게 한다. 아울러 증축공사가 마무리되어도 전시구성에만 일 년 정도가 걸리는 게 상식이고, 사회교육관 증·개축 공사는 시간에 쫓겨 졸속이 될 것이 불을 보듯 뻔하다. 더구나 정부발표대로 경복궁 복원을 전제로 할진대 그때 또 복원이 거론될 경복궁 서십자각 자리에 앉아 있는 이 건물은 또 언젠가는 경복궁 복원을 이유로 철거당해야 할 운명이다.

30. 고유제(告由祭)란 하늘과 조상에게 어떤 큰일을 행한 사유를 보고하는 제사의식이다. 대한민국 문화체육부 장관과 국립중앙박물관장이 제주(祭主)가 되어 중앙청 건물 철거를 하늘과 조상에게 알리는 고유제를 지냈다. 건물의 상투를 자르고 목을 베고 몸통를 파쇄하는 축제는 문화사에 남을 미개하고 야만적인 사건이었다.

신축 국립중앙박물관 후보지 선정에 대해서도 졸속한 결정을 내리고 있는 것 같다. 용산 가족공원은 도시의 위계로 보아서나, 교통문제로 보아서나 적지가 아니다. 전체적으로 습지대인 것도 문제이고, 시민들이 쉽게 접근할 수 있는 장소도 아니다. 더구나 용산 미8군기지 전체 이전문제가 논의되다가 유보된 상태이고 아직도 헬기장 이전조차 성사되지 못한 상태에서 한 나라의 중앙박물관이 미군기지에 인접해 지어지려는 것이다. 박물관과 군사시설은 상극인 줄을 아무도 모른단 말일까. 기존의 국립극장, 국립현대미술관 등은 위치 때문에 반쯤은 죽은 공간이 되었다. 이러한 실패의 전철을 밟지 않으려면 도시 전체의 마스터 플랜과 문화 인프라 시설의 배치에 대한 장기계획 차원의 배려가 중요하다.

다른 전문가들의 의견도 용산 가족공원은 국립중앙박물관으로 적지(適地)가 아니라고 한다. "경복궁 복원 차원에서 국립중앙박물관을 옮기는 것이라면 가장 좋은 대안은 경복궁 주위에 위치해야 한다"라는 의견도 제시되었다. 문화체육부 관계자들이 광활한 대지에 '떡 벌어진' 건물을 지으려는 욕심 때문에 합리성과 설득력을 상실하고 있는 것이다.

꼭 새로 지을 자리를 찾는다면 정독도서관(옛 경기고 자리)과 국군보안사 자리, 그리고 문화체육부와 미국 대사관을 잇는 자리를 박물관 타운화하는 방안도 검토해 볼 만한 안이라고 본다. 이곳을 활용할 경우 현 국립중앙박물관의 수장고를 그대로 사용할 수 있기 때문에 유물 이전 부담도 덜 수 있고, 박물관의 상징성이나 접근성, 교통문제 등을 일거에 해결할 수 있을 것이다. 그렇게 하면 구도심의 북촌에서 경복궁과 가회동과 삼청공원을 낀 역사성 깊은 박물관 거리가 스미소니언 거리(Smithsonian Mall)보다도 멋지게 형성될 수 있을 것이다.

세종로, 즉 과거의 육조거리에서 경복궁을 잇는 대로를 박물관 타운화하자는 의견에 대해 신기철(명지대)·이난영(동아대)·김기호(서울시립대) 교수, 강홍빈(서울시 정책기획관) 박사 등 많은 전문가들이 동의하고 있다. 장소의 협소문제는 각 위치별로 박물관의 주제를 정해 분산시키면 훌륭하게 극복할 수 있는 것이다.

일본의 지성인들 중에는 옛 조선총독부 건물을 돌아보며 '우리 조상들의 만행에 질렸다'는 참회의 심정을 피력하고 가는 경우가 많다. 내가 잘 아는 일본 지식인들이 우리 박물관을 구경하고는 큰 충격을 받는 것을 보았다. 보라는 듯이 박물관으로 꾸며 감정을 삭이고 있는 한국을 보면서 그들은 '수치감을 느꼈다'고 한다. 한국인들이 대단한 문화민족이라는 생각을 다시 하게 됐다고 말한다.

우리는 말끝마다 유구한 오천 년 역사와 자랑스런 문화전통을 긍지로 삼는다. 오천 년 역사에서 일제 삼십오 년 몇 개월은 '부처님 눈 한 번 깜박할 사이'다. 짧은 한 시대의 수치심을 씻기 위해, 한순간의 감정을 삭이지 못해 죄없는 건물에 분풀이를 한다면 그 동안 우리가 '역사 왜곡의 주범'인 일본에게 보여 온 문화적·도덕적 우위를 우리 스스로가 내던지는 것이 된다. 대통령은 일본인들이 없애 버리고 싶어 안달하는 철거문제를 대신해 처리해 주고 있는 것이 아닌지.

김영삼 정부가 철거방침을 자꾸만 서두르는 것은 그만큼 문화에 무지하다는 것을 드러내는 증거다. 용산 가족공원에 새 박물관을 짓겠다는 발상은 옛 조선총독부의 철거문제와 맞물려 여론 무마용으로 내놓은 것이 아닌가 하는 의심이 들 정도다. 현 정부의 솔직한 심정은 총독부 건물 철거가 목적이지, 새 박물관 건설이 관심사가 아닌 것 같다. 파리의 유태인 레지스탕스 기념관을 예로 들어 이 일을 평가해 보자. 거기에는 "Forgive, but do not forget"이라고 씌어져 있다. 우리가 하려는 일은 "Forget, but do not forgive"가 아닌가.

정부안에 반대하는 많은 박물관 직원들은 문화적 사건에는 문화적 논리가 정치적 논리보다 앞서야 함을 강조한다. 장기적이고 종합적인 계획이 필요하다. 광복 오십 주년에 맞추어서 철거한다는 것은 '문민정부는 무언가 달라야 한다'는 강박관념에서 나오는 '정치적 쇼'라고 그들은 비판하고 있다.

중앙청 철거문제가 원론적으로 문화적·건축적 관점을 떠나서 민족감정으로 해결해야 할 정치적 문제로 귀납된다면 그야말로 어쩔 수 없이 그 점에는 찬성할 수밖에 없다. 나 역시 한 사람의 민족주의자이다. 그래서 왕정복고냐 무엇이냐를 따지지 않고, 문화재로서 경복궁 복원을 전제로 한다면 또 다른 의미가 있을 수도 있는 것이다.

그러나 경복궁 전체 복원에는 기술적으로, 의미론상으로 문제와 한계가 있을 것이다. 실제로 교태전(交泰殿)과 몇 개 남은 전각들 이외에 사백여 채가 가득 차 있던 건물군들은 남아 있는 유구나 유물이 없어서 사실상 건축유물의 복원이 아니라 새로 짓는 건물들이 될 것이다. 그것은 투자에 비해 건축적으로 큰 의미가 없어 보인다.

그리스의 문화재 복원기준을 보면 팔분의 칠 이상의 유물이 잔존해 있지 않는 한 새로 만들어 복원하는 것은 피하고 있으며, 쓰러진 채로 두되 복원도를 만들어 알아볼 수만 있게 하고 있다. 그러므로 최소한의 격식을 갖춘 몇 개의 건물만 '복원'하는 방법도 고려해 봄직하다. 어느 경우건 경복궁 복원을 전제로 중앙청을 철거해야 한다면 경복궁 구내에 임시박물관을 짓고 왕조박물관으로 쓰겠다는 논리는 앞뒤가 안 맞는다.

중앙청을 박물관으로 쓰기로 했던 1980년대의 계획은 당시로서는 좋은 방안이었다. 돈은 들었지만 군사정부하에서 서울의 도시 이미지를 문화적인 것으로 바꾸는 데는 절대적으로 공헌한 것이 사실이다. 실로 그 이전의 중앙청이란 정치적 사건이 있을 때마다 제일 먼저 탱크부대가 진입하는 살벌한 곳이었고, 초등학교 어린이들이 그 정문으로 재잘거리며 드나드는 일은 상상하기 어려웠다. 이제 그 역할이 잘 끝났다고 본다면 무리수를 두면서 임기 내 철거, 임시박물관 신축, 박물관 이전, 정식 박물관 신축, 박물관 재이전, 다시 임시박물관 철거, 경복궁 복원을 강행하는 것이 논리적으로 설명되지 않는다. 그 사이에 있었던 왕궁박물관의 국립중앙박물관으로 명칭 변경, 졸속 이전으로 인한 시멘트독 문제, 용산 가족공원의 신축용지 부적합 논쟁, 가림막 설치에 수억 원이 들었다는 비난, 수억 원을 들여 첨탑을 제거하는 고유제를 지낸다고 정치 쇼라는 비난받던 일 등 우스운 일들은 역사의 뒤쪽으로 묻어 두기로 하자.

다만 경복궁 '복원' 및 서울 왕도 중심부 회복이라는 전체 계획에 따라 중앙청이 철거되고(다른 곳으로 이전건립은 어렵거나 무의미할 것이다), 태평로에서 보는 스카이라인이 복원되는 것은 바람직하다고 생각한다. 철거란 어느 면에서 보든 문화적 반달리즘으로 보일 수 있겠으나 한일관계의 특수성으로 보아 이제 어쩔 수 없는 일로 된 것 같다. 민족감정, 군중심리, 대중조작, 인민재판, 이런 말들이 등장해야 하는 비문화의 시대에는 문화적 시각과 그 주장만으로 어찌할 수가 없는 것이다.

그럴 바에야 차제에 옛 중앙박물관(현 민속박물관)과 옛 학술원·예술원 청사도 경복궁 정비계획에 포함됐으면 하는 바람이나, 어쨌거나 이런 정치적 논쟁은 문화적으로는 서글픈 일이다.

경부고속철도 경주 통과노선에 대하여

『건축가』지(1995년 9월 18일)와의 좌담을 정리한 글에 최근의 생각을 덧붙여 보았다. 고속철도사업은 우주선이나 항공기 산업처럼 초정밀 과학의 산물이다. 우리나라에서는 고속철도가 이렇게 만들어져도 달릴 수 있는 것일까.

나는 경부고속철도 문제를 세 가지 다른 관점에서 말해 보겠다.

첫째, 공간적으로 먼 장래 한일 해저터널과 시베리아 대륙횡단철도 연결이라는 세계적 공간의 스케일로 이 문제를 보는 관점, 둘째, 시간적으로 지금이 문제가 아니라 21세기라는 다음 세대에 이것이 필요한 것이라는 거시적 시간의 스케일로 봤을 때의 관점, 셋째, 지금까지 정치, 경제적인 판단기준에 의해 모든 것이 결정되어 왔는데, 시대적인 요구도 그렇고 분명한 귀결점이 정치, 경제적인 안목에서 벗어나 생활·문화 정보라는 것이 주안점이 되어서 이 문제를 보는 정책방향이 결정되어야 된다는 점이다.

이 세 가지 관점에서 하나씩 짚어 보자. 첫째, 이것을 일본, 한국, 시베리아, 유럽을 이을 '극동특급열차(orient express)' 계획의 시작이라고 보면, 노선을 지나치게 우회하는 것은 바람직하지 않고 통과역의 갯수가 많아서는 안 된다. 둘째, 우리 다음 시대에 경주라는 도시가 그 정도의 역세권(驛勢圈) 발전에 의지하기보다는 다른 방식으로 발전되어야 한다고 믿는다. 셋째, 경제적인 관점에서 고속철도라는 국책사업의 결정은 정치적·경제적으로 이루어지더라도 고도 경주의 문제는 역시 문화적인 접근방법으로 우선 풀어야 하는 게 아닌가 한다. 그래서 고속철도가 경주를 통과해야 된다는 주장은 이렇게 볼 때 세 가지 점에서 전부 설득력이 없는 것 같다.

나는 또 하나 근본적인 문제를 말하고 싶은데, 관광객이 많았으면 좋겠다는 아주 상식적인 발상이 잘못된 것 같다. 경주에 올해 백칠십만이 들어온다고 하는데 현실적으로 구경거리나 숙박시설, 음식점 등 시간을 보낼 곳이 현재는 거의 없다. 그런 상태에다가 사람을 더 끌어들인다면 부가가치의 증가는 없이 고도를 무지하게 더 짓밟고 다니는 것밖에 안 된다. 그리고 좋은 것이니까 많은 사람들한테 보인다는 개념에 대해서도 나는 반대다. 좋은 것일수록 꼭 봐야 될 사람만 찾아가서 봤으면 좋겠다는 것이 내 생각이다. 볼 사람만 꼭 가서 보고, 혹은 어느 기간은 학자들만 가서 볼 필요가 있는 것이다. 또 중·고등학생이 많이 온다고 꼭 좋은 것이 아니라 그들이 좋아하는 미디어를 통해 해설을 잘 해서 보여주는 것이 더 교육적으로 효과있는 것 아닌가 하는 생각이 있다. 경주니까 백칠십만보다 오백만이 가면 더 좋지 않겠느냐 하는 물량적 생각이 도대체 잘못된 것이다. 그리고 거기에 고속철도라는 것은 말 그대로 고속화·대량화라는 말인데, 그 역세권 개발과 우리가 생각하는 역사 고도의 보전이라는 것하고는 상반된 개념이다. 기본적으로 상반되는 두 개 명제를 묶어서 하나로 풀겠다는 것이 잘못된 것 아닌가.

더구나 고대도시와 관광이라는 관계설정에 대해서도 잘못 가고 있다. 지금 와서 보면 보문단지라는 것이 이십 년 이상 지나고 나니까 조경, 식생 등 경관이 겨우 자리가 잡혔지만 나는 처음부터 발상에 문제가 있었다고 본다. 위락도시라는 것과 고대도시(즉 문화도시)라는 것을 혼동했다. 보문단지에 허니문 카가 돌아가는 것을 보면 다른 곳에 그런 시설이 없어서 우리가 놀지 못하는 것이 아니니, 이것은 박물관에 술 마시러 가겠다는 것과 마찬가지다. 천년 고도라는 주 메뉴를 가지고 거기서 파생되는 몇 가지 메뉴에 국한하여 관심있는 사람들을 초대하고 그것을 목적으로 오는 사람들을 받아들이되 최대한으로 부가가치를 늘리는 발상이어야지, 일본 사람들이 와서 기생파티 하도록 하는 것이 목적이 아닌 것이다. 그런 데서 착상을 시작했다는 것이 경주의 비극이었고, 군사 쿠데타와 개발시대의 그런 발상이 아직도 남아 있다는 것이 큰 문제이다. 그것이 고속철도가 일본까지 연결됐을 때 일본 사람들이 많이 오지 않겠느냐라는 생각으로까지 비약이 되었던 것이다.

고속철도의 속도라는 의미만을 갖고 생각해 보면, 대구에서 부산도 상당히 가까운 거리다. 경주를 노선에 포함시켜서 생각하면 더욱 말도 안 되게 짧은 구간이다. 대구, 경주가 지금도 삼십 분 거리 아닌가. 확대해석을 해서 노선의 영향권 속에 포항, 울산 등 중요한 경제개발의 거점들을 포함시킨다 해도 거리가 짧은 건 어쩔 수 없기 때문에, 그런 우리 노선 자체가 고속전철의 고속통과라는 중요한 의미를 훼손하고 있는 것이다. 차라리 경주, 포항, 울산을 묶어 기존 철도의 고속화 또는 항공로 확충 등 다른 방법으로 현재를 보완하는 방법이 검토되어야 한다. 노선변경안으로 제시된 건천역(乾川驛) 위치를 보면 거기서 보문단지까지 차로 삼십 분 정도 걸린다. 그렇다면 대구역에 내려서 갈아타는 것과 다를 것이 없다.

역세권 개발이 중요하게 떠오르는 유행어가 되어서 중간역을 추가해 달라는 요구가 많아진다. 그래서 오산, 천안, 조치원, 청주 등의 그 민원을 모두 들어 줄 모양이다. 그렇게 지방 자치단체의 압력에 따라 통과역을 늘리고 노선을 우회시키다가는 '고속'의 의미가 없어진다. 고속전철이 무슨 '마을버스'인가. 새마을호 기차도 서울-대구-부산만 서는데, 이게 고속전철이라니, 소가 듣고 웃을 일이다.

도시발전과 주민들의 개발이익이라는 기본개념을 살리려면 고대도시를 보존하기 위해서라도 주변에 신도시를 건설해 두 도시를 공생시키는 방법이 쓰일 수도 있겠다. 대구, 경주, 포항, 울산을 하나의 권역으로 묶어서 생각하는 것이 고속전철과 관련해서는 타당한 생각이라고 본다.

경주에 경마장을 짓겠다. 대규모 위락시설을 짓겠다는 것도 그런 점에서 문제가 있는 발상이다. 경마장을 세워서 사람들을 끌어들이고 돈을 벌어야 되는데 그럴려면 교통이 편해야 된다고 고속철도와 연계를 시키고 있다. 그 두 가지는 다른 문제고 다른 방식으로 처리를 해야 한다. 그렇기 때문에 그런 발상 자체를 없애기 위해서 두 경우를 별도개념으로 이야기해야 된다. 현재 건설교통부에서는 노선을 바꾸면 시간이 걸리고 비용이 더 들기 때문에 못 하겠다고 하는데, 그런 논리에 찬성하는 사람이 있겠는가. 삼 년 더 걸리는데 그래도 좋으냐, 이런 것은 국민에 대한 협박이 아닌가. 대통령이 '임기 중에 착공하라' '노선을 변경하라'고 한마디 하니까 고속철도 공단에서 아무 소리 못 하는 것이 한국의 정치문화 수준이다. 그래서 나는 기왕에 이렇게 된 바에는 고속철도의 본질적인 의미를 따져서 일본, 부산, 대구, 서울, 평양, 만주, 시베리아 이렇게 생각해서 거시적으로 보기로 하고, 인구 십칠만의 경주 이야기는 이제 이 문제와 연관시켜서는 꺼내지도 말아야 된다고 본다.

1997년 6월의 생각은 이러했다. 이 문제에 대한 건설교통부와 고속철도공단의 국민을 향한 협박은 한심하다. 지금 노선설계를 변경하면 완공이 이 년 이상 늦어질 것이라는 이야기는 위협성 발언이다. 총체적인 토목공사 부실에 따라 어쩔 수 없이 자초된 공기연장에 대해서는 유구무언으로 함구하고 있다.

핵심장비 도입계약을 체결한 지 삼 년 만인 1997년 5월 29일, 한국 테제베(TGV) 1호차가 완성되어 파리 현지에서 공개행사가 화려하게 열렸다. 그러나 이 멋진 열차는 아직 한국에 인도될 수가 없다. 약속했던 시운전 구간조차 한국측이 완성을 못 했기 때문이다. 인수하지 않으면 그쪽에 엄청난 보관료를 물어야 하고, 인수해 오면 삼 년 이상(지금 보아서는 물론 그보다 훨씬 더 오래) 고

31. 프랑스 알톰 사가 제작한 테제베 열차의 시제품이 시험운전 구간과 차량기지도 준비 안 된 상태에서 부산항에 도착했다. 언제 만들어질지 모를 고속철도가 완성되면 이 미끈한 차들은 보증수리 기간을 넘긴 고철 덩어리로 변해 있을 것이다. 그리고 그때쯤에는 값싼 자기부상 열차가 보편화될 것이다.

철로 썩혀야 하는데, 현재 상태로는 보관장소도 없을 뿐 아니라 무엇보다도 한심한 일은 그 삼 년이 지나고 나면 이 특수차량의 보증수리 기간이 지나가 버린다는 사실이다. 그때 가서 차량이 움직이지 않아도 하소연할 곳이 없는 것이다.

전체 토목공사는 한국 기술만으로 완성할 수 있다고 판단하고 애국적으로, 그러나 무모하게 장담했으나 그것이 착각의 시작이었다. 고속전철 토목구조물은 특별한 기술이다. 여기 참여한 한국 건설업체 서른 개 중 이 특별한 기술의 경험이 있는 회사는 한 군데도 없다.

무엇보다도 테제베는 한국 실정에 안 맞는 것이었다. 처음 고속철도 당국의 발표는 '서울-부산 백 분 시대'였다. 그 발표는 슬금슬금 '두 시간'으로 후퇴하고 있다. 서울-부산 사백이십이 킬로미터는 현재 철도시설로 네 시간 이십 분(평균시속 백 킬로미터) 걸린다. 기존 경부선 철도 복복선화(複複線化)와 장대(長大) 레일 부설 및 신형 차량 투입으로 세 시간까지 단축할 수 있다고 한다. 일본이 채용한 현재의 신칸센(新幹線) 방식만으로도 두 시간 운행(시속 이백십 킬로미터)은 가능하다. 테제베의 시험 최고속도는 삼백팔십 킬로미터, 상업 운행속도는 이백팔십 킬로미터이다. 우리처럼 산과 강이 많은 지형에서 전체 노선의 칠십 퍼센트를 터널, 교량 등 토목 구조물로 채우는 환경파손의 무리를 감행하면서 한 시간 삼십 분에 꼭 부산까지 가야 하는가. 그리고 그 무엇보다도 노선지도를 보면서 느끼는 것은 경주 통과노선의 우스꽝스러움이다. 프랑스 현지에서 테제베를 타 보자. 그 망망한 지평선을 바라보면서 왜 테제베가 프랑스제인가를 알게 되는 것이다. 이에 대해 프랑스의 경제 전문지『뤼진 누벨』1997년 4월 10일자에는 다음과 같은 기사가 실렸다.

"한국은 또 한 차례 너무 빨리, 그리고 너무 밀리 가려 하고 있다. 테제베는 (한국인들의) 너무 서두르는 일에 대해, 그리고 아무런 준비도 갖추지 않았던 사실에 대해 반드시 대가를 치르도록 할 것이다."

우리는 무슨 대규모 시설이 있어야만 지자체(地自體)의 수입이 올라가고, 주민 수익사업이 되는 것으로 생각하는 폐단이 있다. 경주는 언필칭 '도시 전체가 거대한 박물관'이라면서 파헤치고 훼손할 생각만을 하고 있지 않은가. 경마장, 위락시설, 놀이기구 그런 것은 단선적인 발상이다. 좋은 아이디어에서 장소성을 살리고 사업을 성공으로 이끄는 지혜, 고도를 살리는 전제조건, 적은 지출에 고소득률이라는 공식이 나올 것이다. 예컨대 요즘 경주에서 벌어지고 있는 제2회 세계양궁선수권대회나 문화재 엑스포 같은 것이 한 예가 될 것이다.

이것은 삼풍사고와 한보사태를 합친 것과 비슷하다. 예산규모에서 그렇고, 주먹구구식 난맥상에서 더욱 그렇다. 다만 고속철도의 경우 대통령과 정부가 주도했다는 게 다를 뿐이다. 오조 원을 예상해서 시작한 사업이 십팔조 원으로 늘어날 거라는데 그것 역시 근거가 희박한 이야기이다. 한마디로 얼마가 더 들지 아무도 모르고 있는 것이다.

소위 '노 대통령 임기 중 착공'은 우리 전래 폐습의 대표적 사례이다. 애초에 공단을 만들 때부터 인적 구성과 조직체계에 대해 말들이 많았는데, 시작부터 타당성 조사 부실에 의한 경제성 검토의 문제점, 그리고 거기 따른 사업비 추정의 부정확성, 노선, 기술 등 기술적 검증이 생략된 점 등 시작부터 잘못된 일이 한두 가지가 아니었다. 무엇을 측량했는지 모르지만 노선 곳곳에 폐광이 걸쳐 있다. 1991년 최초 사업비 책정 때 오조 팔천억 원이 든다고 했는데 이 액수는 '일반 철도 공사비에 삼십 퍼센트를 더한 것'이라고 했다. 이 주먹구구가 지금

32. 1998년 김대중 정부가 들어서면서 고속철도 사업은 전면 재검토에 들어가 그 타당성 여부부터 다시 검토되고 있다.

도 반복되고 있다. 대체(代替) 노선 결정도 시발역 위치도 결정 안 된 상태이며, 최근에는 소음평가도 엉터리로 보고됐던 것이 노정되었다. 도시 부근을 고속철도가 달릴 때 생기는 엄청난 전파방해의 피해 정도는 생각해 본 적도 없다고 한다. 이것이 대한민국 사상 최대 국책사업의 현주소이다. 이것은 책임자를 조사하고 문책, 처벌해야 할 공무원의 범죄행위이다.

오천억 원이 허비된 지금 시점에서 빨리 손을 씻고 전면적으로 재검토하고 새로 시작해야 한다. 잘못을 인정하는 것도 용기있는 일이기 때문이다.

1997년 6월 20일에는 다음과 같은 신문기사가 실렸다. 최근 들어 가장 재미있는 기사였다.

"「경부고속철 건설과정 '백서'로 펴낸다」

경부고속철도 건설과정의 시행착오를 낱낱이 담은 백서가 오는 9월쯤 발간된다. 한국고속철도공단은 19일 경부고속철도 건설사업의 전 과정을 기록으로 남겨 호남과 동서 고속철도 건설 등에 활용하기 위해 지난 오 년 동안의 경부고속철도 건설과정과 시행착오를 담은 백서 『경부고속철도 건설사』(가칭)를 펴낼 예정이라고 밝혔다.

이 백서는 일지를 비롯해 노선선정, 기술과 타당성 조사, 용지매입, 재원조달, 설계·시공·감리 등 건설공사 과정, 첨단공법, 앞으로 일정, 공단설립 과정 등으로 구성돼 있다. 공단은 당초 경부고속철도 사업종료 또는 시험선 구간개통에 맞추기로 한 백서발간 일정을 오는 9월쯤으로 앞당길 계획이다.

고속철도 건설에 대한 국민의 관심이 높고 사업 시행기간이 길어 중간에 사료가 분실될 수 있다는 점을 감안한 것이다."

이게 대체 무엇을 하는 짓들인가. 그리고 1998년 3월 새 정부는 고속철도사업을 전면 재검토한다고 한다. 대낮에 널뛰는 꿈을 꾸고 난 기분이다.

존경하는
총대리
신부님께

어느 사회에나 그 사회의 존재의미에 반하는 사람들이 중요한 존재의 미처럼 대접받는 일이 있다. 그것을 공생이라고도 하지만 내가 보기에는 기생이라고 해야 할 것 같다. 그러나 본인들은 주객이 전도된 생각을 하기도 하는 듯하다.

10월 4일자 추진위원회 의결사항을 통보받고 생각 끝에 이 서신을 올리게 되었습니다. 변경 권고를 받은 사항들에 몇 가지 심각한 문제점들이 있기 때문입니다.

첫째, 경당과 강의실을 숙소 본건물에 넣자—공사비 절감을 위해—라는 권고는 경제적으로 큰 의미가 없을 뿐 아니라 건축적으로 좋은 처리방법이 아닙니다. 오히려 두 개 층씩 옹벽을 만들게 됨으로써 토목공사량은 더 증가하고, 숙소 일, 이, 삼층은 모두 한 면이 지하에 묻히게 되어 채광도 안 되고 통풍도 안 됩니다. 또한 숙소 일층은 진입로와 같은 레벨에 면하게 되므로 진입로에서 방 안이 들여다보이며 방 안에서는 시야가 불안해지게 됩니다.

둘째, 숙소와 식당을 합벽하여 일층에 세미나실을 배치하자는 권고도 이해하기 어렵습니다. 숙소와 식당과 세미나실은 각각 기능이 다르고, 크기가 다르고, 사용시간대가 다른 건물들입니다. 식당의 음식냄새, 설거지 소리가 숙소와 세미나실에 전달될 것을 생각해 보면 해답은 자명해집니다. 음식재료와 찌꺼기는 주방과 식당에만 있어야 하고 그래서 냄새와 소음으로부터 숙소와 세미나실이 분리 독립하고 쥐와 바퀴벌레는 숙소와 세미나실에 올 일이 없어야 합니다.

셋째, 주차장은 법규로 지정된 대수가 주차가능함을 도면에 표기한 것일 뿐 그곳은 조용한 정원으로 보존되어야 할 것입니다. 사실상 주차는 아래 운동장에

시키고, 피정(避靜) 오는 사람들은 적어도 그 정도 거리는 걸어 올라가는 수고를 해도 좋을 것입니다. 그것이 진입도로를 이차선으로 넓히고 노면을 포장하고 하는 등의 공사비를 생각하지 않는 이유입니다.

넷째, 복도 폭을 넓히자는 말씀에 대하여, 현재의 복도 폭은 벽 중심선 간격 1550, 안치수 1200입니다. 숲 쪽으로 복도창을 크게 내어 감각적으로 좁게 느끼지 않고 복도를 걷는 것이 묵상의 길이 될 수도 있겠다는 생각이었습니다. 한 층에 스무 명이 식당과 경당으로 가는 이십 미터 길이의 동선이 그렇게 붐비지 않으리라고 생각했습니다. 피정 오는 사람들이 빨리 가려고 몰려다닐 것이 아닌 바에는 조용한 묵상의 걸음걸이 속도로는 문제가 없습니다. 방 하나의 크기를 50밀리 단위까지 신경써야 하는 마당에, 복도 폭을 1.5로 하면 15평, 1.8로 하면 건축 면적이 30평 추가됩니다. 회의석상에서 평면 모듈이 600, 900, 1200 등 깨끗이 떨어지지 않고 왜 1050, 1950 등 이상한 숫자가 나오느냐는 지적이 있었는데, 그것이 바로 어떻게 하면 다만 50밀리라도 면적을 줄여 볼까 노력한 결과였습니다.

다섯째, 각 방의 붙박이장은 편리할 수도 있겠지만 깊이 생각해 보면 대단히 불합리한 것입니다. 도무지 두 사람용 침실 면적이 안치수 6.6평방미터인 방에서 그 면적의 십 퍼센트에 달하는 가구가 항상 자리를 차지하고 있다는 일은 방의 사용에도 불편하고 감각적으로 답답할 것임은 이론의 여지가 없습니다. 침대를 놓지 말자는 이유도 그것이고, 좁은 공간을 최대한 융통성있게 이용하자는 뜻이 그것입니다. 요와 이불은 높은 선반에 올려 놓을 생각이었고 겉옷은 옷장 대신에 두어 개의 옷걸이에 걸어 놓을 생각이었습니다. 도대체 길어야 이박 삼일 피정에 무슨 옷을 그렇게 많이 가져오겠습니까. 무엇보다도 수도원의 방에 수도복 한 벌만 걸려 있는 검소한 풍경이 저희의 피정집 발상이었습니다. 내복과 세면도구는 욕실에 두고 작은 옷가방은 발치나 머리맡에 놓아두면 될 것입니다. 붙박이 옷장은 제작 설치비도 부담될 뿐만 아니라, 통풍이 나쁘고 바퀴벌레 등 위생에 나쁘며 구석구석 청소도 불가능합니다.

여섯째, 장애인용 램프시설은 예비회의에서 이미 검토해 결론을 내렸던 사항입니다. 장애인이 휠체어를 타고 램프를 이용해 네 개층을 올라가는 것은 쉬운 일이 아닙니다. 그 램프 설치에는 면적이 276평방미터(84평) 필요하고, 공사비가 평당 백오십만 원으로 보아 일억 이천육백만 원이 더 필요합니다. 차라리 이삼천만 원을 들여 작은 엘리베이터를 놓는 것이 좋을 것이라는 결론이었습니다.

두 번의 회의에 참석하여 충분히 설명드렸다고 생각합니다만 저희가 설계를 시작할 때 가졌던 중요한 지향은 첫째, 한정된 예산규모 이내에서 시공이 가능하도록 면적 프로그램을 조정해 확정하는 일, 이것이 가장 중요한 부분이었습니다. 둘째, 피정집의 건립의미는 무엇인가, 이것이 저희 구상의 시발점이었습니다. 구체적으로는 도심과 일상생활에서 떠난 사람들이 바라는 것은 무엇인가, 기도하고 묵상하려는 사람들에게 어떤 환경과 느낌을 줄 것인가, 셋째, 기존의 자연환경을 깨뜨리지 않고 최소한의 인공을 가감함으로써 산과 숲과 조망의 요소들을 느끼고 생각하게 하는 일, 이것이 궁극적인 목표였습니다.

그 결과 예산 이십억 원에 부합한 연면적 620평의 면적 프로그램이 확정되었고, 대지는 현재 조성된 상태를 최대한 활용해 토목공사비를 최소화하고, 수목의 벌채를 줄여서 자연경관을 그대로 보전하고, 건물은 기능에 따라 별동으로 배치하되 각 건물에서 자연채광과 통풍을 최대화하면서 변화있는 느낌을 갖게 하는 방안을 생각했습니다. 특히 경당은 소나무 숲속에 두고 전면을 유리로 하여 숲속의 미사가 되게 하고 싶었습니다.

이것이 짧은 피정기간 참가자들의 느낌을 극대화시키는 방법이라고 믿었습니다. 훌륭한 자연 속에서 미사하는 느낌, 조용한 식당에서의 조망, 심지어 산을 바라보면서 복도를 걷는 동안에도 좋은 묵상을 할 수 있는 곳이어야 한다고 생각했습니다. 식당과 숙소와 세미나실과 경당은 각각의 기능이 있고, 각각의 느낌이 있어야 합니다. 각각의 위치와 조망과 기능과 사용시간이 다릅니다. 저희는 그것이 건축의 기본원리라고 배웠고 그렇게 믿어 왔습니다.

우리가 지금 정말로 예산을 절감하기 위해—그것을 최우선 목표로—무엇을 만든다면 얼마든지 다른 방안을 생각할 수 있겠습니다만 주어진 예산 안에서 가능만 하다면, 그리고 그것이 교구설정 오십 주년 기념사업이라는 의미깊은 사업의 경우라면 건축적으로 훌륭한 작품이라는 의미도 큰 것이고, 그 궁극적인 목적은 훌륭한 피정기간을 지낼 수 있도록 느낌이 풍부한 건물을 목표로 하는 것이 옳다고 믿습니다. 이것은 결코 사치한 건물이 아닙니다.

지금 저희가 받은 변경권고는 그대로 따르자면 참으로 누워서 떡먹기처럼 손쉬운 처방입니다. 그대로 해 드릴까 하는 생각도 순간적으로 해 보았습니다. 제가 보기에 그것은 아무런 지향도 없이, 아무런 건축적 의도도 없이, 아무런 상상력도 없이, 건물이 사람들에게 무엇을 주는가를 생각하지 않고 오로지 공사비가 적게 드는—실제로 적게 드는가도 의문이지만—방법을 제시한 것에 불과한 것입니다. 그 훌륭한 자연환경 속에 의미있는 사업의 결정체로서 성금을 모아 하나의 상징물을 만드는 일에 임하여, 어느 누구도 건축적으로 평가하지 않을 또 하나의 콘크리트 박스를 세운다면, 감히 말씀드리건대 일종의 게으름, 안이함, 상상력의 빈곤, 가치관의 전도라고 부를 수밖에 없을 것입니다.

우리 교회는 지금까지 수많은 건물을 지어 왔고 지금도 짓고 있습니다만, 바로 이런 게으름과 안이함과 상상력의 빈곤으로 단 한번도 훌륭한 건물이라고 후대에 물려줄 만한 것을 갖지 못했습니다. 우리는 항상 좋은 여건이 주어지지는 않더라도 적어도 '좋은 건물'을 만들려는 최소한의 노력은 경주해야 한다고 생각합니다. 지금은 먹고 살기에 급급했던 시절이 아니고, 건축이 비바람을 가리기에 급급했던 시절이 아닙니다. 건축이 본래적으로 가진 사회적 역할을 찾아야 할 때이고, 좋은 건물로 인간생활을 감싸야 합니다. 지금은 우리가 그것을 할 수 있는 시기입니다. 그것은 어느 의미에서 종교가 갖는 사회적 존재의미와 일치하는 것이기도 합니다. 종교건축이 상처받은 사람들을 치유하고 고단한 사람들에게 위안을 주며, 외로운 사람들에게 의지가 되고 죄지은 사람들에게 자기성찰의 기회를 주어야 하듯이, 피정집이야말로 위의 기능들을 단기간에 집중적으로 줄 수 있기 위해 조용하고 깨끗하고 아름다워야 할 것입니다. 그 해답을 저희는 그 대지의 훌륭한 자연환경에서 찾았습니다. 아름다운 전망과, 깨끗한 공기의 통풍과, 조용한 주변환경과, 잘 보전된 수림입니다.

이번 경우도 예산이 풍족하지 않은 것은 어려운 여건임이 분명하지만, 아름다운 환경 여건과 훌륭한 신부님들의 이해 속에서 저를 불러 주신 보답으로서 미력이나마 노력을 해 보았고, 그 결과에 대해서는 저 자신의 미천한 경험으로써 확신을 갖고 있었습니다. 제가 보기에—외람된 말씀이오나—이번 결정은 후퇴입니다. 후퇴보다도 더한, 한 좋은 기회의 박탈이며 문화의 말살입니다. 저 개인에게는 한 작품을 짓밟는 일이며 한 작가를 경멸하고 조롱하고 실의에 빠지게 하는 일입니다.

특히 이렇게 하라고 도면까지 그려서 보내신 데 대해, 한 전문 직업인으로서 그 권고의 방식에 이의를 제기하며 간단히 승복하기에는 너무도 일방적이어서 무참히 내던져진 느낌입니다.

어느 모로 보나 이것은 추진위에 참여한 일부 건축교수들의 무책임한 단견이라고 믿어집니다마는 이것은 같은 길을 걷는 전문가로서 너무도 무지하고 무례한 일입니다. 그들은 건축이 무엇인지도, 건축을 사랑할 줄도 모릅니다. 지혜도 지식도 경륜도 의식도 사명감도 없습니다. 이런 사람들이 추진위원회나 교구 건축위원회에서 이렇게 큰 발언권을 행사하고 있다니 놀라울 따름입니다. 이들 때문에 얼마나 많은 훌륭한 기회들이 박탈되었을까, 얼마나 좋은 작품들이 말살되었을까, 얼마나 많은 건축가들이 수모를 당했을까를 생각해 보면 분노가 치밀어 오릅니다.

더구나 그들이 그런 정도의 의식과 수준으로 한자리에 앉아 수십 년씩 대학생들을 가르치고 정년으로 물러날 때까지 그것을 계속하고 있다니, 얼마나 많은 젊은 학도들을 건축적으로 오염시키고 타락시켰을까를 생각하면 모골이 송연해집니다.

이것은 참으로 저의 신념이고 확신입니다. 이것은 교수의 겸직을 금하고 있는 대한민국 전체의 문제입니다. 설계를 안 해 본 자들이 설계를 가르치고 설계를 심의합니다. 누가 보아도 이해가 안 가는 대목입니다.

존경하는 총대리 신부님. 지난번 회의에서 중도 퇴장한 사실을 용서해 주시고 추진위원회 결정사항들에 대하여 재고해 주시길 간절히 바랍니다. 대학교수들이 그 좋은 환경에다 콘크리트 박스를 지으라고 신부님께 잘못 증언하는 것을 물리치셔야 합니다. 누구든지 어떤 작품을 보고 호·불호를 말할 수는 있습니다. 그리고 위원회라는 기구가 모든 위원의 호·불호 여부를 투표해서 다수결로 어떤 일을 결정하는 기구라면 거기에는 이의가 없습니다. 그러나 이것은 개인의 취향을 이야기하는 자리가 아닙니다. 아무리 생각해도 그들의 방법과 사고와 결론은 틀린 것입니다. 저는 직업인의 양식과 신자의 양심을 걸고 그것에 승복할 수가 없습니다. 승복하는 것은 이 경우 악의 승리를 시인하는 것이기 때문입니다. 장황한 변설에 용서를 비오며 끝까지 읽어 주셔서 감사합니다.

1997년 10월 8일
김원 안드레아 올림

동강을
살리자,
영월댐 반대

1998년 12월말에 건교부가 발표하기를, 영월댐 착공을 아홉 달 연기하고 정밀 지질조사와 환경조사를 다시 한다고 했다. 친구들이 농담으로 "역시 김원이 나서니까 건교부가 겁을 먹는구나"라고 했다. 나는 "아니야, 더 두고 봐야해. 그렇게 호락호락할 사람들이 아니야. 여론이 나쁘면 잠깐 꽁지를 내렸다가 다시 조용할 때 달려드는 법이지"라고 했다.

    1998년 9월 26일 새벽에 우리 일행은 동서울 시외버스 터미널에서 정선(旌善)행 버스에 올랐다. 좀더 편하게 가는 방법이 없을까도 생각했으나 기왕이면 속죄하는 마음으로 고생을 좀 해 보는 것도 좋을 듯싶었다. 음식물, 음료 따위도 일절 안 가져가기로 했다. 서울의 찌꺼기를 거기 가서 떨어뜨리고 오는 것도 나쁜 일이려니와 기왕 그곳 사람들에게 조금이나마 도움을 주자면 음식도 그곳 것을 먹어야 하고, 버스도 강원도 버스에, 래프팅의 모든 장비, 숙소와 침구 등 모든 것을 현지 사람들에게 의지하기로 이야기가 된 것이었다. 1950년대말, 내가 고등학교에 다닐 때는 이곳 터미널에서 떠나는 시외버스가 백담사 입구 용대리까지 열한 시간이 걸렸다. 1960년대초, 내가 대학에 다닐 때는 이곳 터미널에서 횡계읍까지(용평이 생기기 전이다) 비포장도로를 털털거리며 여덟 시간을 가야했다. 정선, 영월은 그보다 세 시간을 더 가야 하는 곳이었다.

    강원도는 깊이 들어갈수록 커 보이고 산세가 깊어질수록 아름다워지고 정겨워지고 그래서 신비스러워지는 곳이다. 늦은 점심 때 정선에 도착해서 우리는 정성스럽게 준비된 토종닭 요리를 정신없이 맛있게 먹었다. 그리고는 곧 여덟 명씩 나뉘어 래프팅을 시작했다. 옆에서는 내게 걱정스러운 눈치를 보이는 사람도 있었다. 체격이 좋고 매너가 좋은 우리 배의 인스트럭터는 내게 물었다. "괜찮으시겠습니까. 이 중에 최고령이신데요"라는 것이다. 과연 둘러보니 젊은 사람들뿐이었다. 그러나 일단 물에 들어가니까 알 수 없는 힘이 솟는 것이었다. 나는 우리 배의 누구보다도 열심히 성실하게 노를 저었다. 사실 평소에 전혀 쓰지 않던 근육들을 몇 시간을 계속해서 힘껏 움직여야 한다는 것은 무리였으나 그런 건 사실 상당히 기분에 좌우되는 것이다. 우리는 급류를 만나면 힘껏 노를 젓고, 급류지역을 지나면 천천히 양쪽 산의 아름다움을 감상하며 수영을 하기도 하고 수달 동굴과 박쥐 동굴을 탐방하며 20킬로미터의 구불구불한 강을 다섯 시간 동안 내려갔다.

어라연(於羅淵) 못 미쳐서 마을 사람들이 임시 숙소를 차려 놓고 밥을 해주었다. 풋고추, 감자찌개와 밥, 김치뿐인 소박한 저녁이었으나 맛과 정성은 어디에도 비길 수 없는 성찬이었다. 식사가 끝나고 다시 어둠 속에 배를 타고 5킬로미터쯤 하류의 텐트장까지 야간 래프팅, 약간은 위험할 수도 있는 행군이었으나 무사히 배를 대고 샘에서 몸을 씻은 다음 모닥불 가에서 토론회가 벌어졌다. 사진가 석동일 선생의 동굴사진 슬라이드 관람, 국회의원 보좌관들, 환경부 심의관 및 식물학 박사 일행 그리고 현지 주민들과 벌어진 토론은 열기로 가득 찼다. 마지막에는 내가 삼십 분쯤 연설을 했다. 취기도 돌고 피곤했지만 기운이 펄펄 나는 듯했다. 나는 사람들에게 아주 냉정하고 이성적으로 이 일을 풀어 가자고 이야기했다. 아름다움에 도취되어서 그저 낭만적으로 감각적으로 왜 이것이 아름답지 않냐고 흥분해서 목소리만 크게 반대를 부르짖다가는 이 노회(老獪)한 관리들과 큰 이권을 손에 쥔 대기업들에게 일방적으로 당할 수밖에 없다는 것이 나의 생각이었다.

가을 새벽의 강바람은 추웠으나 모두들 조금씩 숙면을 했다. 큰 강물 소리가 자장가 역할을 잘 해주었다. 늦은 아침을 먹고 다시 래프팅, 두 시간 후에 어라연에 도착, 칼바위 능선을 등산하며 그 아래 펼쳐지는 동강(東江)의 아름다움에 일행 모두 넋을 잃었다. 다시 래프팅, 영월까지 더 아름다운 20킬로미터를 다섯 시간에 왔다. 우리는 도중에 사람들을 만날 때마다 주먹을 불끈 쥐고 "동강을 살리자, 영월댐 반대"를 소리질렀다. 사람이 없으면 강변의 소떼를 보고도 악을 썼다. 소들이 무심히 우리를 쳐다보곤 했다. 영월역 대합실에서 기차를 기다리면서도 한바탕을 했다. 깜짝 놀라는 사람들도 있고 박수를 치는 사람도 있었다. 우리는 기차 속에서 소주를 마시면서 왜 동강을 살려야 하는지, 왜 영월댐을 반대해야 하는지 조금 더 전문적으로 정리를 해 보자고 했다.

영월댐은 구천억 원의 예산으로 시행되는 수도권 수자원 공급사업의 일환이다. 동강의 험준한 V자 계곡에 200미터 길이, 98미터 높이의 댐을 쌓으면 육억 구천만 톤의 물을 저장할 수 있다는 것이다. 정부는 이를 시작으로 2012년까지 한강 수계에 스물네 개의 댐을 추가 건설해 수도권 수자원을 확보할 예정이라고 한다. 그러나 그 가파른 V자 계곡 때문에 길을 낼 수가 없어 그대로 보존될 수밖에 없는 천혜의 비경을 간직한 이곳은, 하늘다람쥐·수달·어름치 등 희귀 동식물의 서식지 파괴 등 중대한 문제들이 무시된 채 동굴의 숫자 등 환경평가 보고서 조작이 알려지면서 문제가 제기되기 시작했다.

영월 일대는 지진 다발지역이다. 『조선왕조실록』에 의하면 조선조 개국 이래 리히터 규모 4.0-6.0 정도로 추정되는 지진이 열일곱 번으로 기록되어 있고, 영월을 진앙지로 한 지진도 네 번이나 기록되어 있다. 이 지층을 거미줄처럼 연결

33. 동강은 흘러야 한다. 그리고 동굴과 동식물은 보호되어야 한다. 단지 아름답기 때문만이 아니다. 실질적으로도 보전된 자연이 우리에게 줄 것이 더 많다. 그리고 우리는 이것을 파괴할 권리가 없다. 천연기념물 260호인 백룡동굴을 어떻게 할 것이냐는 질문에 수자원 개발공사는 "담수 후 모형으로 만들어 재현해 보여주면 된다"고 말한다. 그들은 장래의 물 부족 수요예측도 과장했다는 의심을 받고 있다.

하고 있는 석회동굴의 전반적 상황도 아직 파악하지 못한 상태이다. 댐이 완공되면 지하수위 변동과 담수압력으로 석회석 지반이 함몰할 우려도 있다. 이것은 더 심각한 대형의 환경파괴를 몰고 올 것이다.

이탈리아에서 1963년 석회암층에 건설된 바이온댐은 그 해 거대한 석회암층이 붕괴해 저수지 물이 월류(越流)하면서 이천육백 명이 사망하는 사고로 이어졌고, 미국 서부 와이오밍 주의 터튼댐은 환경단체의 반대와 법정소송에도 불구하고 건설을 강행했으나 천연동굴이 많았던 이 지역 특성을 무시한 결과 1976년 완공 직전에 붕괴되었다. 소위 댐건설 사업 가운데 역사적으로 대표적인 실패 사례는 이집트의 아스완댐을 들 수 있다. 세계은행은 1990년 이후 댐건설 차관제공을 중지하기로 결정했다. IMF는 중국의 삼협(三峽)댐에 대한 부정적 시각으로 자금지원 요청을 거절했다. 결국 물막이 댐사업이란 총체적으로 손해라는 것이 최근의 일반적 학설이다. 그럼에도 대체로 모든 정부들은 경제적 효과만을 강조하는 경향이 있으며, 특히 우리의 건설교통부와 수자원 개발공사는 산하조직의 존속을 위해 사업만 확장하려 한다는 비난을 받아 마땅하다.

수몰지 보상시비도 서툴기 그지없는 사건이었다. 땅 투기가 묵시적으로 방조되었고 보상가액은 과장되었다. 이곳 사람들을 가장 화나게 한 것은 서울에서 온 투기꾼들이었다. 그들은 보상권을 싸게 사서 옥수수밭에 약초를 심어 보상액을 다섯 배까지 타내는 못된 짓들을 했다. 물론 보상 공무원들과 결탁한 결과이다. 처음에 현지인들은 조사단이나 환경운동단체 또는 댐건설 반대론자들이 현지에 오면 돌을 던지며 시비를 걸고 욕설을 퍼붓고 쫓아내려 했다고 한다. 보상금 받아서 서울로 가 살아 보려는데 저것들이 훼방을 놓는다고 했단다. 지금 이들은 '당신들이 살고 후손에게 물려주어야 할 낙원으로 두고두고 보전하자'는 말에 설득되어 있다.

흐르는 강을 막으면 수질은 악화되기 마련이다. 그로 인해 하류의 팔당호 수질개선 계획에 차질이 올 우려도 있다. 현재 동강은 BOD 1.3-1.8의 2급수이나 댐건설 후에는 3급수로 전락할 전망이다.

사실 수도권의 수자원 확보문제는 오히려 지금의 팔당 상수원 보호구역의 수질오염대책 확보가 더 급선무이고, 그것은 댐건설 구천억보다 돈이 덜 드는 사업이다.

그러나 그보다도 수도권의 수돗물 누수방지가 더 급선무이다. 서울은 상수도관이 노후해 누수율이 30-40퍼센트에 달하고 있다. 서울시의 수도관 4,420킬로미터 중 82킬로미터가 일제시 건설되어 오십 년 이상 지난 상태이고 880킬로미터가 이십 년 이상 된 노후 상황이다. 수돗물 1일 공급량 489만톤 중 누수율은 128만톤으로 26.16퍼센트에 달한다. 누수율 중 계량기 미비는 51만톤으로 10.55퍼센트에 달한다. 서울시에서 지난해 누수된 수돗물은 6억 4,400만톤으로 영월댐의 저수율 육억 톤과 맞먹는다. 누수를 막으면 댐을 건설하지 않아도 되는 것이다.

수도요금 징수율은 63.29퍼센트(310만톤분)에 불과하여 장사로 치면 천 원어치 물공급에 630원을 회수한 꼴이다. 1998년 서울특별시 상수도 사업본부 예산 6,700억원 중 수도요금 수입은 4,200억원에 불과하니, 이런 사업본부는 사업을 하고 있는 것이 아니라 수돗물에 대한 국민의 이해를 역으로 유도하는 사업을 하고 있는 것이다. 무엇보다도 먼저 수도관 개량과 계량기 교체로 공짜 물 사용을 막아야 한다.

이제 우리는 물 아끼기를 체질화하지 않으면 살아남지 못한다. 우리나라 물 부족 심각성의 한 예로 김포지구를 이야기할 수 있다. 수도권의 신규 아파트 단지로 각광받던 김포지역에 물이 부족해 1998년 9월 이후로는 신규 아파트사업의 승인신청을 받을 수 없음이 밝혀졌다. 이러한 물 부족 사태는 2005년까지 지속될 전망이며, 따라서 2005년까지는 김포지구에 아파트를 지을 수가 없는 것이다. 1998년 10월말 현재 십여 건의 승인신청이 반려되었고, 김포시는 하루 47,000톤 생산용량의 정수장에서 27,000톤을 생산 중이나 나머지 20,000톤을 생산해도 2000년말까지는 8000톤의 식수 부족이 예상되며, 수도권 광역 육 단계

상수도사업(2001-2005)에서 김포에 배정된 52,000톤의 물을 생산하려면 2001년까지 500억원의 예산이 필요하다고 한다. 김포의 이 사건은 피상적인 한 사례에 불과하다.

우리나라는 유엔이 분류한 대표적 물 부족 국가이다. 그러나 우리나라 사람 일인당 하루 물 소비량은 409리터로 일본의 393리터, 캐나다의 340리터, 독일의 233리터와 비교해 최고로 높다. 우리나라의 용수 예비율은 1997년 7.7퍼센트, 2001년 2.1퍼센트, 2011년 -5.5퍼센트로 예비율 부족상태가 심각할 것으로 예상된다.

우리는 물값을 현실화해야 한다. 광역 상수도의 톤당 생산원가가 146원, 공급가 96원으로 원가 회수율이 66퍼센트에 불과하다. 지방 상수도 톤당 생산원가 307원에 공급가 397원으로 원가 회수율 77퍼센트에 지나지 않는다. 댐용수는 톤당 12원이지만 생산원가는 22원이 든다. 외국의 톤당 물값과 비교해 보면 서울의 209원에 비해 런던 946원, 도쿄 1,832원, 취리히 2,761원으로 우리 물값이 얼마나 싼지 알 수 있다. 생활비의 가구당 평균소비로 보아도 전기료 23,200원, 통신료 40,100원에 비해 수도료는 6,600원이다. 물값이 이렇게 저렴한 것은 투자 재원 확보의 어려움을 말하는 것이고, 신규시설 투자를 지연시켜 상수도 품질을

34. 1992년 리우회의 이후 널리 쓰이는 말로 '지속 가능한(sustainable) 발전'이라는 말이 있다. 개발이건 발전이건 지속 가능하지 않은 것은 죄악이라는 것이다. 더 나은 환경을 다음 세대에 물려주어야 한다는 환경윤리 때문이다.

저하시키는 것이며, 품질저하는 물값 인상 반대론을 부추겨 악순환의 고리로 연결된다. 결국 우리는 수자원의 중요성을 너무도 경시하고, 해결책을 다른 곳에서 찾으려 하고 있다.

영월댐의 문제는 수자원 확보명분으로 팔당수질 보전을 포기하고 상류로 상류로만 올라가면 된다는 유치한 발상이며, 근원적으로 수자원에 대한 개념을 바꾸어야 하는 문제로 귀착하는 것이다.

우리는 1998년 12월 21일 「동강을 사랑하는 문화예술인들의 모임을 출범하면서」라는 제목으로 다음과 같은 성명서를 각 신문사에 보냈다.

"최근 환경파괴의 논란 속에 영월 다목적댐 건설계획 추진으로 국민적 관심이 일고 있는 강원도 정선, 평창, 영월 3개군을 거쳐 흐르는 남한강 상류 동강은, 수억 년간 자연이 빚어낸 산과 강이 어우러진 뛰어난 경관과 생물다양성, 아울러 놀라운 규모의 선사유적과 향토문화의 자취가 남아 있는 인간과 뭇 생명체가 공존하고 있는 삶터로서, 총체적 가치를 지닌 소중한 자연 문화유산이다.

오늘 이 자리에 모인 우리 문화예술인들은 지난해 몇 차례의 동강 탐방을 통해 경이로운 또 하나의 세계가 우리 땅에 숨어 있었음을 눈으로 확인하고, 대자연 앞에서 미술, 음악, 공연예술, 사진, 영화, 문화, 건축 등 각개의 분야에서 나름대로 행한 그간의 창작행위와 개인적 작업이 왜소한 틀에 안주한 채 생명력을 결여한 것들이 아니었는가 하는 반성과 함께 앞으로 어떠한 모습으로 제고되어야 할지를 생각하게 되었다.

우리는 동강이 댐건설이라는 무지한 개발의 손길에서 벗어나 우리 국토의 마지막 남은 금수강산으로 국내외에 자리매김되어 후대까지 보존될 수 있도록 함은 물론, 이곳을 배경으로 하여 이루어낼 수 있는 모든 형태의 창작 및 예술 행위를 통해 개인 또는 공동 작업의 가능성을 실현해, 우리 땅, 산과 강, 동강에서 비롯되는 토착적이자 세계적일 수 있는 한국적 예술혼을 펼칠 수 있는 길을 열어 보고자 한다.

이같이 문화예술적 접근으로 동강을 널리 알리고 창작활동의 새로운 영감의 원천으로 삼음과 함께, 작업을 해 나가는 과정에서 우리는 우리령보존회 등 동강보존에 앞장선 단체들과 뜻을 같이하여, 21세기로 가는 문턱에서 국책사업의 이름으로 강행되려는 시대착오적인 한국 최대의 국토환경 파괴사업인 영월댐 건설계획의 백지화를 촉구하지 않을 수 없다.

발기인 대표 : 김원, 창립회원 : 정보원, 금누리, 임옥상, 노정란, 이호신, 유양옥, 박영애, 손문상, 이성미, 안상수(이상 미술), 박윤초, 김기영, 원일(이상 음악), 강운구, 주명덕, 전민조, 황숙정(이상 사진), 이창동, 김상수(이상 영화), 황동규, 이성부(이상 문학), 민현식, 조성룡, 김영섭, 정기용, 이종호, 이성관, 조병수, 최욱(이상 건축), 김호근, 김옥철(이상 출판편집)"

이것은 문인들 이백 명이 동강살리기 서명운동을 하고 있다는 환경연합의 발표와는 다른 의미를 갖는다. 건축가들이 중심이 되어서 이런 일을 한다는 것은 사회적으로 기득권층에 안주하던 건축가들이지만 이번 기회에 확실하게 전문가적인 견해를 밝혀 잘못 가는 일들을 방관하지 않겠다는 모처럼의 대 사회발언이다. 우리는 전문가 집단으로서 당당하게 청문회와 공청회와 공개 토론회를 제의할 것이다. 또한 이를 계기로 과거의 환경문제에 책임이 있는 건축가들이 늦게나마 환경보전의 전면에 나서야겠다는 결연한 의지의 표현이기도 하다. 우리는 후손에게 물려주어야 할 조상으로부터 받은 귀중한 유산까지도 앞당겨 탕진하면서, 당대일신의 안일과 나태를 추구한 타락한 인류로 기록되는 것을 막는 일에 앞장서야 한다. 그것은 건축가와 예술가 들의 몫인 것이다.

새만금사업을
중지하라

1999년초부터 국내에서도 습지보호법이 발효되고, 뒤늦게나마 서해안 갯벌
의 국립공원 지정이 검토되고 있다. 한쪽에서는 여전히 엄청난 파괴행위가
자행되고 있는데, 국립공원 지정이라니 울어야 할지 웃어야 할지 모르겠다.

  1972년에 내가 처음 유럽에 갔을 때 크게 인상적이었던 것이 두 가지 있었다. 하나는 네덜란드의 조이델 해(Zuider See) 간척사업이었고, 또 하나는 독일 홀슈타인(Holstein) 주(洲)의 갯벌 공원이었다. 조이델 둑(Zuider Bank)은 북해를 남북으로 가로지르는 장장 30킬로미터의 인공 둑으로서, 해수면보다 낮은 나라인 네덜란드의 토목기술을 과시하는 대대적 국토확장 사업이었다. 독일의 북해에 면한 홀슈타인 주의 갯벌은 국립공원으로 지정되어 일체의 개발행위가 금지되고, 소위 체험관광 따위의 소극적 방문이 허용되고 있었다. 이 두 가지 인상적인 사업들의 상이한 점들이 스물아홉 살 젊은 나이의 개발도상국 출신 건축학도에게는 가치판단의 기준을 흐리게 하는 정반대의 사건이었다.

  네덜란드인들의 야심적이고 도전적인 인공개발 논리와 독일인들의 냉정하고 관조적인 보존 논리를 삼십 년이 지난 오늘 돌이켜보면, 북해의 험난한 바다에 도전했던 네덜란드인들은 그 사업의 성과에 회의적이며 오히려 다시 그 옛날 원래의 자연환경 상태로 돌아갈 수 있는 방법들을 모색하고 있고, 그렇게 보면 독일의 갯벌 보존은 선견지명에 빛나는 현명한 태도였다.

  우리나라 서해안의 갯벌은 앞에 말한 독일 북부 갯벌과 아마존 하구 갯벌, 미국 동부 조지아 주 갯벌, 그리고 캐나다의 뉴펀들랜드(Newfoundland) 갯벌과 함께 세계 5대 갯벌에 속하는 거대하고 특이하게 형성된 습지이다. 우리는 못살던 시절에 틈만 나면 이 갯벌을 막아서 '비옥한 농토'를 만들 수 없을까 생각할 만큼 '몹쓸 땅'으로 여겨 왔다. 그러나 한마디로 그것은 너무도 무지하고 탐욕

스러운 일이었다. 사실 갯벌은 그것 자체만으로도 개발된 농지의 3.3배의 단위 면적당 수익을 올릴 수 있으며, 연안 해양생물의 66퍼센트가 이 갯벌을 생명의 터전으로 삼아 먹이를 섭취하고 알을 낳고 살아가고 있다. 중금속 등에 오염된 하천이 끝없이 흘러들어도 무한정으로 정화해내는 포용력에 대해 혹자는 돈 값으로 따질 수 없는 그 가치가 폐수 정화시설 수만 개에 맞먹는다고도 하지만, 자연보전이라는 차원에서 보면 세계 어디에도 비교할 수 없이 중요한 생태계를 형성하고 있는 특이한 보존대상 지역이다.

우리는 관민이 합심해서 삼십 년간을 지속적으로 이 생태의 보고인 서해안 갯벌들을 파괴해 왔다. 무엇보다도 이 일은 우리 정부가 주도해서 1994년 7월에 가입한 습지보호 람사협약(Ramsa Convention, 전 세계 903개소를 보호습지로 지정함. 1998년 3월 현재 106개국 가입)의 합의 내용에 정면으로 위배되어 환경 논의에 관한 한 우리나라는 삼류 국민으로 취급받고 있다. 소위 새만금사업을 비롯해 지금 벌어지고 있는 열일곱 개의 대소 간척사업의 즉각 중지를 촉구하면서 왜 그것이 중지되어야 하는지를 따져 보고자 한다.

새만금사업은 전북 부안군 변산면에서 군산 앞바다까지 33킬로미터의 방조제를 쌓아 갯벌을 메운 뒤 여의도의 백사십 배인 1억 1,600만평의 농토를 새로

35. 새만금 방조제의 끔찍한 자연파괴 현장. 한때 사람들은 이 광경을 '개발'이라 불렀고 갈채를 보냈다.

만들어 국토를 확장한다는 소위 국내 최대의 간척사업이다.

이 사업 완공 후의 토지활용 방안은 당초에 다음과 같이 발표되었다.

개발면적 40,100헥타르(1억 1,600만평) 중 토지 조성이 28,300헥타르이고, 나머지에 11,800헥타르(3,500만평)의 담수호가 생긴다. 조성된 토지 28,300헥타르는 종합 농업단지 10,300헥타르, 도시 및 공업단지 9,400헥타르, 근교 원예단지 2,500헥타르, 수산개발단지 2,000헥타르, 관광단지 및 기타 4,100헥타르로 토지이용 계획이 짜여 있다.

이 사업이 가져다 줄 직접효과라고 거론되는 것으로서, 첫째가 물론 국토의 확장이다. 21세기에 필요한 산업용지를 신규로 창출한다는 것, 거기에는 전체 국토확장을 40,100헥타르(여의도의 140배)로 보고, 그 중 농수산용지 신규 창출이 14,800헥타르, 도시공업용지 신규 창출이 13,500헥타르이며, 이 땅을 종합산업단지로 이용할 때 9조 2천억원의 수익이 발생할 것이라고 보고 있다.

둘째, 첨단산업 기지로서 최적지를 조성한다면서 금강, 만경강, 동진강의 수자원 확보로 연간 10억톤의 물이 농어촌용수, 생활용수, 공업용수 등으로 이용 가능하며 중국 등 대륙권 무역 기지화에 유리하다고 말한다.(중국 靑島港까지의 거리가 580킬로미터인데, 이 거리가 인천에서 610킬로미터, 목포에서 620킬로미터인 데 비해 가깝다는 뜻이다) 또한 신국제공항 및 종합유통센터를 조성하고 국제 휴양관광단지 개발 여건에도 최상이라고 한다. 백제 고도권, 변산 국립공원 및 해양관광권인 고군산군도와도 연계한다는 것이다. 나아가 첨단 농업시범단지 조성으로 국제 경쟁력을 제고하겠다고도 한다.

셋째, 새만금 신국제무역항 조성을 들고 있는 바, 수심 20-25미터로 10만톤급 선박의 자유로운 입출항이 가능한 서해안 중심 항구로 최적지이며, 연간 하역능력 5천만톤이 가능한 중부권의 대량 화물 기지항으로 서해안 경제권의 중심항이 되고, 관광 및 어업 전진기지로 여건이 최적이라고 한다.

간접효과로서 수해 상습지의 배수개선으로 만경강, 동진강 유역의 상습 수해지를 해소하며, 배수개선에 의한 농작물 증수 및 재해방지로 연간 400억원의 수익이 발생할 것으로 보고 있다. 또한 해안선 단축 66킬로미터와 해안도로 개설 35킬로미터 등의 육운(陸運) 개선으로 교통 편익이 증진되며, 노동 인구 1,339만명 고용으로 전북지역 유휴 노동력의 고용증대를 꾀한다고 말하고 있다.

1996년 현재 사업비는 외곽시설 총공사비 1조 5,447억원 중 시설 공사비가 1조 1,355억원, 용지매수 및 보상금이 4,092억원인 바, 1997년까지 공사비 2,951억원(26퍼센트)을 집행하고, 보상비 3,760억원(92퍼센트)을 집행했다. 1998년에는 2,430억, 1999년 이후에 6,306억원이 집행될 예정이었다. 1996년에 발표된 이 예산은 1997년에 1조 8,680억으로 늘어났고, 1998년 6월 감사원 발표로는 당초 예산을 2조 500억으로 잡고도 18조원이 추가되리라고 한다.

우리는 시화호가 어떻게 되었는지를 모두 잘 알고 있다. 시화호는 오염을 견디다 못해 갑문을 열어 바닷물을 오염시켰고, 최근의 결론은 바닷물을 끌어들여 오염을 희석시키겠다는 것이다. 이제 오염은 희석되겠지만 이미 담수호가 아니고 농업용수로도 쓸 수 없다. 한마디로 재앙이다. 사업계획이 어떻건 한가지 분명한 것은 새만금호는 시화호와 똑같은 또는 더욱 질이 나쁜 오염호수가 되리라는 명약관화(明若觀火)한 사실이다.

1997년 8월 농림부가 국회에 제출한 새만금호 환경영향 평가보고서에 따르면, 새만금호의 수질이 화학적 COD(산소요구량) 등 각종 오염도에서 시화호 수준을 훨씬 초과하는 것으로 나타났다.

오염부하량 측면에서 새만금호의 COD는 1백당 304.2로 나타나 시화호의 114보다 2.67배나 높은 것으로 나타났다. 또 부영양화를 촉진하는 총질소(T-N)는 2.46배, 인(T-P)은 3.13배가 많은 것으로 조사됐다.

특히 새만금호는 시화호에 비해 유역인구가 일백만 명이나 많고 저수량은 1.49배나 되어, 이것이 오염될 경우 정화하는 데도 어려움이 보다 더 클 것으로 지적되고 있다. 시화호 주변 오·폐수는 하루 42만톤이 발생, 그 중 31만4천톤이 처리되지 않은 채로 방출되는 데 비해, 새만금호는 72만톤 중 약 42만6천톤이

미처리로 방출돼 현재도 시화호보다 오히려 폐수 배출량이 더 많은 것으로 나타났다. 뿐만 아니라 희석수로 분류된 금강 하구 수질조차 시화호의 농업용수 기준치인 COD 8.0보다 더 악화된 8.9로 나타났다.

농어촌진흥공사에서 새만금사업을 추진하고 있는 한 관계자는 인터뷰에서 "특별한 대책이 마련되지 않는 한 제이의 시화호가 될 우려가 있다고 판단되므로, 환경부를 통해 전주, 익산, 군산, 김제 등 오·폐수 유입지에 대한 유입방지 대책을 세워 달라고 요청했다"고 말하는 것으로 눈가림을 하고 있다.

전라북도는 새만금호 수질보전을 위해 2001년까지 생활하수, 축산폐수 등 오·폐수 처리장 건설비용 3천1백39억원, 하수관 정비에 4천9백억원 등 총 8천39억원을 책정하여 환경부에 지원을 요청한 상태다. 그러나 기본적으로 지방시설은 지방재정에서 집행되어야 하는 것이 원칙임을 감안하면, 재정 자립도가 꼴찌에서 이위인 전북이 이 일을 감당할 수 있으리라고 생각하는 사람은 아무도 없을 것이다.

1998년 1월 대통령직 인수위원회가 새만금 간척사업에 대한 전면적 재검토 방침을 밝힌 것과 관련해 전북 환경운동연합이 이를 환영하는 성명을 내면서 "새만금사업은 환경영향 평가가 부실하게 이루어졌고 규모에 걸맞은 타당성 검토나 사전점검이 부족한 상태에서 졸속으로 추진되는 등 여러 문제점을 지니고 있다"며 "지금 상태로서는 천문학적인 비용을 쏟아 붓더라도 '제이의 시화호'로 전락하는 것을 막기는 어려울 것"이라고 지적하는 등 새만금사업을 전면 재검토할 필요가 있다는 여론이 비등하고 있다.

또 "처음엔 사업시행자인 농어촌진흥공사가 농지로 사용하겠다고 했지만 전라북도는 복합산업단지 조성을 위해 4차 국토종합개발계획에 포함시켜 달라고 요구하고 있고, 현대제철, 다우코닝 사, 새만금 신항, 국제공항 등 갖가지 개발계획이 충분한 검토도 없이 무분별하게 추진되고 있다"면서 "현재 진행 중인 새만금사업의 추가 건설공사를 모두 중단하고 새 정부 관계자와 학자, 환경단체가 참여하는 전면적 사업 재검토작업을 벌여야 한다"고 주장했다.

이 밖에도 일부에서는 "차제에 새만금사업 계획수립과 시행 과정에서 잘못된 인·허가와 각종비리, 부실공사 등을 철저히 파헤쳐 관련자를 문책해야 하며, 타당성이 부족해 사업을 포기할 경우 갯벌 생태계 복원대책도 마련해야 한다"는 원초적 의견도 나오고 있다.

국민회의는 당초 농경지 조성을 위해 추진된 새만금 간척사업의 사업계획을 전면 재조정해 외국인 투자자유지역으로 개발하는 방안을 검토하고 있는 것으로 알려졌다. 국민회의 장영달 제2정책조정위원장은 1998년 4월 "새만금사업은 그 동안 구체적인 사업계획이 없어 정치적인 요인에 따라 공사가 흔들려 왔다"면서 "농업경쟁력이 약화되고 있는 우리 경제의 현 상황을 고려할 때 사업목표를 변경해 외국인 투자자유지역으로 종합개발해야 한다는 여론이 높다"고 말했다. 경제부처와 당정협의 자리에서 거론된 이같은 사업변경 필요성에 대해 관련부처가 공감대를 이뤘다며, 농림부, 건교부, 재경부, 기획예산위, 환경부, 해양수산부, 산업자원부 등이 참여한 가운데 종합조정회의를 조속히 열 예정이라고 말하고 있다.

이 엄청난 사업을 추진하던 사람들이 여러 가지 반대 여론이 일어나니까 갑자기 '목표를 변경한다'는 이야기는, 말이 쉬워서 사업목적 변경이지 처음부터 그 목적 자체가 의심스러웠다는 이야기가 된다. 갯벌을 메워서 전답을 만들겠다던 사업목적을 두고 경제성이 없다니까. 그러면 임해공업단지로 바꾸겠다는 것이니 그게 무슨 애들 장난 같은 일인가. 더구나 공단조성에는 전면적으로 다른 사업계획이 필요하고 엄청난 추가예산이 든다.

드디어는 이 엉터리 사업에 대대적인 감사원 감사가 들이닥쳤다. 감사 결과는 '전반적 사업성 재검토'라는 결론이다. 1998년 6월 한승헌(韓勝憲) 감사원장 서리는 새만금 현장을 방문한 자리에서 "당초 농업용지 조성으로 계획된 사업인데 중간에 산업단지 계획이 포함되면서 지반조성, 토사확보 등에 18조원의 추가예산이 필요하다. 더구나 사업시행 주체인 농어촌진흥공사가 관련부처와 협의도 하지 않고, 구체적인 재원마련 방안도 고려치 않은 채 사업계획을 변경해 차질이 우려된다. 환경문제만 하더라도 간척지의 농업·산업 용수로 사용될 새만 금호의 목표수질은 8ppm으로 4급수인데, 갈수기엔 27ppm으로까지 떨어질 우려가 있다"며 "수질개선 방안도 철저히 마련해야 한다"고 밝혔다.

그러면 이 천하의 엉터리 같은 새만금사업은 어떻게 시작되어 여기까지 온 것일까. 그 지나온 경위를 뒤져 보면 이 사업은 소위 타당성 이전에 모든 것이 정치논리로 쌓아 올려진 것이어서 논리적으로 성립하는 타당성을 거론할 가치조차 없는 사업이었음을 쉽게 알게 된다.

새만금 종합개발사업은 애초 박정희 대통령 시절 마련된 서남해안 간척 장기구상에 근거하여 시작되었다. 그는 가난을 몰아내겠다는 집념 때문에 갯벌을 메워 그 땅에 벼를 심는 구상에 집착하고 있었다. 박정희에게 있어 가난은 지울 수없는 콤플렉스였다. 그 콤플렉스는 그의 인간적 한계였다. 그에게는 눈앞의 쌀만보였지 미래의 환경은 보이지 않았던 것이다. 구상의 터무니없음도 엄청났지만더욱 엄청난 사업비 부담 때문에 오랫동안 구상단계에만 머물러 있었다.

그러나 이 사업은 13대 대통령 선거를 한 해 앞둔 1986년부터 갑자기 햇볕을보면서 본격 추진되기 시작했다. 1986년 6월 전북지역 주민들의 정서를 달랠 선거용 정책을 찾던 전두환 정부는 전북 무주 출신인 황인성 농림수산부 장관(85.2-87. 5)에게 새만금지역 종합개발안을 마련하라고 지시했다. 이는 "전북이 지역발전에 뒤처져 있어서 어느 지역보다 주민들의 개발욕구가 거세기 때문에 선거용으로 새만금사업을 터트리는 것이 좋겠다"는 황 장관의 의견을 따른 것이었다. 농림부는 청와대 지시를 받고 곧바로 개발계획 초안을 마련해 이듬해 3월타당성 조사를 시작했으나, 선거 전까지 십일 개월밖에 남아 있지 않아 타당성검토를 마치고 최종 개발계획을 발표하기엔 무리라는 의견이 농림부 내부에서도 제기되기까지 했다. 그러나 전체 기본계획 수립은 간척사업 경험이 풍부한농어촌진흥공사에 맡기고, 타당성 조사는 농림부 관료를 지낸 한갑수 전 의원이운영하고 있던 한국산업경제연구원에 용역을 주어서 선거전에 대비한 선심용의엄청난 사업 하나가 졸속 속에 은밀히 꾸며진 것이다.

사업규모로 볼 때 일이 년 정도가 예상된 타당성 조사는 이례적으로 칠 개월만인 10월에 경제성이 있다는 결론으로 마무리되고, 한씨는 선거 다음해 곧바로 민정당에 입당하여 고향인 전남 나주지구당 위원장에 임명되었다.

그때 경제기획원 예산실장으로 있던 강현욱 의원(당시 신한국당 소속)이 예산을 만드는 일에 주도적인 역할을 했다. 1987년 9월 정기국회 예산심의를 앞두고 김주호 농림부 장관이 당시 일조 원 정도 걷혀 있던 농지전용 기금을 이 사업에 활용하자는 의견을 냈으나, 강 의원 주장으로 정부예산안에 일부러 포함시키지 않았다. 이는 국회에 예산을 올리지 않아도 야당인 평민당에서 먼저 적극적으로 예산 배정을 요구해 올 것이니, 그때 못 이기는 척하고 넣어 주면 된다는 주장이 채택되었기 때문이라고 한다.

예상대로 그 해 국회 예산결산위원회 여야 협상과정에서 200억원의 새만금사업 예산이 첫 배정되었고, 전두환은 모든 준비절차가 마무리되자 선거를 불과 며칠 앞둔 12월 11일 농림부 장관에게 새만금사업 추진계획을 국책사업으로 전격 발표하도록 지시했다. 이 일에 중요한 역할을 한 전북 군산 출신의 강현욱 의원은 대통령 선거 직후 24대 전북지사(1988-90)에 임명되고, 농림부 장관(1992-93)을 거쳐 1996년 제15대 국회의원 선거에서 야당 텃밭인 호남지역(군산)에서 여당(신한국당) 후보로 유일하게 당선되었다.

한편 1987년 대통령 선거전에서 민자당의 정책사업이었던 새만금에 대해 평민당 김대중 대통령 후보는 재미 한국인권문제연구소 소장으로 있던 유종근 현 전북지사를 후보 정책기획 담당으로 임명해 새만금 개발 공약을 마련토록 했다. 여야가 노리는 바가 우연하고도 필연적으로 일치한 사건이었다. 마찬가지로 1992년 대선에서도 YS진영은 지역감정 싸움의 좋은 소재로 이 사업을 이용했다. 서해안 개발사업은 여전히 동서분열의 원인이었다. 유종근 소장은 1995년 초대 민선 전북지사에 임명된 뒤 1998년에 재당선되었고, 이로 인해 유 지사는 최근에도 정부예산 담당자를 찾아다니며 예산배정을 요청하는 등 새만금지역 개발사업에 큰 힘을 쏟고 있으며, 부족한 타당성 논리를 무리하게 강변하고 있다.

농림부는 이 사업으로 매년 8만6천톤의 쌀을 생산하는 농지와 10억톤의 물을 공급하는 담수호가 생기며, 항만건설로 서해안 전진기지를 마련할 수 있을 것으로 기대하고 있고, 거기에 전라북도는 18조 5천억원을 더 들여 산업단지, 물류센터, 공항 등을 두루 갖춘 첨단 도시단지를 조성하는 일견 야심찬 개발계획을 작성해 이를 밀어붙이고 있다. 국토확장과 농지 신규창출에 의한 양곡수확 증대라는 처음의 사업목표는 어디로 갔는지 없어진 것이다. 사실 나는 김대중 정부가 국민의 정부를 표방하고 집권했을 때 이 문제에 관한 한은 약간의 희망을 가질 수 있다고 생각을 했다. 김 대통령은 개발논리에 반대하고, 정부가 정부를 위해 하는 사업을 판별할 줄 알고, 그리고 적어도 환경·공해 문제에 안목을 가졌으리라고 믿었다. 또 그의 브레인인 경제학자 유종근은 선진국에서 공부한 신세대로 환경문제에 상당히 의식화되어 있을 것으로 알았기 때문이다.

환경문제를 말하기 전에 '새만금'의 문제는 우선 바닥이 보이지 않는 예산에서부터 찾아볼 수 있다. 1997년까지 모두 6700억원의 예산이 들어갔지만 56퍼센트인 3700억원이 용지매수와 보상비로 쓰였고, 순수 공사비는 2900억원에 그쳤다.

1998년말 현재 공정은 방조제 두 개 구간 13킬로미터의 공사를 겨우 마친 수준이고, 나머지 두 개 구간인 20킬로미터의 방조제를 마저 쌓고 내부공사까지 마치려면 2조 3천억원(1998년 기준)이 더 필요하고, 계획대로 2004년까지 공사를 마치려면 매년 3300억원의 예산을 투입해야 한다는 계산이다. 그러나 정부는 매년 2천억원 이상 예산을 배정하기 어려운 형편이며, 따라서 농림부는 애초 1998년까지 끝내기로 했던 방조제 공사를 2003년까지로, 최종 내부공사는 2011년으로 완료시점을 늦추었다. 어떤 사업이건 시작만 해 놓으면 어떤 명분으로든 예산을 늘리고 기간을 연장해서 끝까지 우려먹는 전형적인 '개발공사 먹여 살리기 사업'의 모델인 셈이다. 이런 모델에서는 타당성 조사 자체가 정치적 필요에 의해 왜곡되기도 하고 사업 도중에 사업목표가 마음대로 바뀌는가 하면 사업기간도 연장되고 예산도 마구 늘어나는 것이다. 몇십 퍼센트가 아니라 몇 배, 몇

십 배로 마구 늘어나는 것이다. 초창기의 가장 기본적 발상이었던 농지확장 아이디어만 해도, 갯벌이 얼마나 엄청난 정화능력을 갖는지 모른 채 쌀밥을 더 먹을 수 있다는 이야기만 국민들에게 늘어놓았던 것이다. 갯벌의 오염 정화기능만 따져도 새만금지역 갯벌 6천만평은 하루 10만톤의 처리능력을 갖춘 전주 하수종말처리장 마흔 개와 처리능력이 같다. 갯벌 자체의 경제적 가치를 전혀 고려하지 않은 타당성 조사는 비교 설득력이 없는 것이다.

환경기초시설의 비용부담도 만만치 않다. 2004년까지 7500억원을 들여 하수처리장 서른일곱 곳, 축산 폐수처리장 여섯 곳을 추가로 지을 계획이라고 하나, 재정자립도가 33퍼센트밖에 안 되는 전라북도의 재정형편을 감안할 때 이는 불가능에 가깝다. 한 인터뷰에서 제이의 시화호 이야기를 집요하게 묻는 기자의 질문에 유종근 지사는 그때 가서 폐수처리장 지을 예산이 안 잡히면 할 수 없는 일이라고 답변을 하는 것을 보았다. 이것이 대한민국 대통령의 최측근인 엘리트 브레인의 태도라는 점이 믿을 수 없는 일이다. 또한 다른 유사사업에서와 마찬가지로 환경영향 평가도 시공을 맡고 있는 농어촌진흥공사가 실시했으니 신뢰도에 문제가 있고, 그렇다면 학계, 환경부, 농림부 등이 공동으로 참여하는 공동환경영향 평가를 다시 실시해야 하는 것이다.

감사원은 최근 두 달 동안 새만금사업 전반에 대한 감사를 벌여 토지 이용계획이 불합리하다고 지적하고 사업성의 전면 재검토를 지시했다. 또한 환경부는 11월 새만금호 수질보전을 위해 농어촌진흥공사 등 새만금호 간척사업 관련기관에서 제출한 수질 보전대책을 종합평가하고, 농업용수의 목표수질 달성 여부를 판단하기 위한 수질예측 모델링을 담당할 '새만금호 수질 보전대책 평가단'(단장 환경부 수질보전국장)을 국립환경연구원에 설치할 계획이라고 한다.

평가단은 농어촌진흥공사에서 제출한 '새만금호 수질예측 및 대책' 보고서와 전라북도에서 낸 '새만금 상류지역 환경기초시설 설치계획' 등을 검증해 새만금호 목표수질 달성 가능성 여부를 판단할 계획이지만, 이 가운데 실현 가능한 대책을 선별, 종합하고 이를 토대로 수질예측 모델링을 실시해, 새만금호의 목표수질 달성이 가능할 경우 종합대책안을 작성해 내년 1월까지 총리에게 제출하기로 했다고도 한다. 유종근 지사는 지금 와서 사업을 재검토하라는 것은 투자액 회수라는 점에서 불가하다고 말한다. 속된 말로 '본전 생각이 나서' 못 물러서겠다는 이야기다. 5천억이 아까워서 20조원을 쏟아 부어야 할 장래도 생각을 못 하고, 그리고 국토를 망가뜨리는 결과보다는 자신의 정치적 입지를 더욱 생각하는 듯하다.

전반적으로 이 사업을 들여다보면 이런 생각이 든다. 이것은 농어촌개발공사와 여기 관련된 건교부, 전라북도 등 행정기관들을 먹여 살리자는 사업이다. 지난 오십 년 동안 우리 정부는 국민 위에 군림하는 정부였다. 모든 사업은 정부가 구상해서 집행하고 국민은 세금으로 이를 뒷받침하는 역할을 했다. 즉 정부를 위해서 국민이 있었다. '문민정부'는 군사정부와 일란성 쌍둥이었다 해도 '국민의 정부'는 국민을 위해서 있는 정부라고 했다. 관민불이(官民不二)라고 알아들었다. 나아가 그것은 관주도(官主導) 민호응(民呼應)과 반대로 국민이 하고자 원하는 것을 정부가 심부름해 주는 상황이어야 한다는 것이다. 농어촌개발공사가 거짓 타당성 조사로 사업을 벌이고, 그 핑계로 기구를 확대하고 예산을 확보해 '돈줄을 쥐어야 말발이 선다'는 고정관념 위에 서 있는 한, '감사'도 '재검토'도 구두선(口頭禪)에 지나지 않는 것이다. 소위 여러 종류의 '개발공사'들을 모두 조직규모와 사업규모와 그리고 인원과 예산에 있어 최소한으로 줄여야 하고, 건교부 퇴직자들의 밥그릇이라는 연결고리를 끊어야 한다. 정부개혁과 구조조정과 규제혁파가 안 되는 이유가 여기에 있는 것이다.

이야기가 나온 김에 개발시대를 종식시키고 개발논리를 잠재우기 위해서 그 많은 '개발'자 붙은 이름들도 고쳐야겠고, 이제 이런 '공사(公社)'들은 모두 없앨 때가 되었다고 말하고 싶다.

4

건축이
개발논리에
휩쓸린 것이
우리 건축문화의
비극이었다.
문화가 경제를
만드는 시대가
지금 우리 앞에
와 있다.

서울은
문화도시인가

새 문화탐구 시리즈—무분별의 현장에서 '나'를 찾는다—는 『서울신문』의
훌륭한 기획기사였다. 1980년대 초, 당시만 해도 이런 시리즈에 도시와 건축
의 문제가 진지하게 포함되기는 흔한 일이 아니었다.

서울은 과연 문화도시인가.

이런 종류의 질문에 대부분의 사람들은 당혹한다. 외형으로만 보아 서울은 얼
핏 상당한 문화도시로 보인다. 아름다운 산과 강이 있을 뿐만 아니라 오백 년 왕
도(王都)의 전통이 여기저기 살아 숨쉬는 역사의 도시이며, 성장하는 한 국가의
수도로서 활력이 넘치고 있다. 적어도 한국의 어느 도시보다도 문화시설이 편중
되어 있고 그런 점에서 서울은 '한국의 문화도시'임이 분명하다.

그러나 자세히 들여다보면 우리 도시가 가진 반문화적인 요소들은 거의 절망
적인 느낌을 줄 만큼 회복불능의 상태에 빠져 있기도 하다. 우리는 이 도시의 문
제들에 관하여 이제 진정으로 문화적인가, 비문화적인가 하는 이야기들을 거론
해 볼 때가 되었다. 이 문화환경 논쟁은 한국의 환경 전체가 문화적인가 아닌가
의 이야기가 되는 것이다.

인간의 문명사가 도시화라는 격류에 휩쓸리기 시작한 이래, 사람들은 그들의
환경을 조금이라도 그들 본래의 욕구에 가깝게 하려는 안간힘을 계속해 왔다.
인간이 도시라는 정주공간(定住空間)을 발명해낸 것은 대단한 일이었지만, 그
인류 최대의 발명품인 산업과 문명과 기술의 도시는 대부분이 인간 본연의 생리
적 욕구에 반하는 요소들로 구성되었고, 그리하여 도시생활이란 최소한의 충족,
어쩔 수 없는 만족으로 끝나게 된다.

그래서 도시란 현대의 공룡, 가장 거대한 필요악적 존재로 손꼽힌다. 사람들은
이곳에서 그들의 진정한 의지에 반하여 지하철에 그들 몸을 실어 날라야 하고,

온갖 도시공해를 감내해야 하고, 성냥갑 속에 그들의 꿈과 정서와 미래의 행복을 묻어야 한다.

도시의 물질만능문명이 반문화적임을 인식할 때 비로소 그들은 문화적인 생활을 향유할 본래적 권리와 인간적 의무를 자각할 수 있으며, 최소한의 정신문화 회복에 노력과 자본과 시간을 경주할 마음을 갖게 될 것이다. 그 결과가 우리의 이상에 훨씬 밑도는 것이라 할지라도, 그러한 노력들이 있어만 준다면 그것만으로도 우리는 최소한으로 '문화적'일 수 있는 것이다.

이런 의미에서 우리에게 당장 필요한 것은, 도시란 그 시민이 만들어야 한다는 인식이다. 문화적인 환경은 문화적인 사람들이 만들게 된다. 그런데 문화적인 사람은 문화적인 환경의 지배를 받아 만들어지기 때문에 결국 문화적인 사람과 환경이라는 두 요소는 같은 숙명의 선상에 있게 된다. 그것들은 상승작용을 한다. 그래서 더욱 문화적인 환경은 더욱 문화적인 사람들을 만든다. 도시를 그 시민이 만든다는 인식은 문화적인 시민이 문화적인 도시를 만들고, 문화도시가 또 문화시민을 만든다는 상승작용을 가능케 한다.

이런 관점에서 보면 서울이 문화도시가 아니라는 주장은, 서울이라는 도시가 오랫동안 시민의 도시로서 시민에 의해 만들어지고 가꾸어져 오지 않았다는 점만으로도 충분히 일리가 있다. 서울은 시민의 높은 문화의식으로 만들어지기보다는 정치가의 정치의식으로 만들어져 왔다. 이곳은 정치역량의 경연장이었으며, 그래서 시민이라는 관객이 소외된 드라마의 무대였으며, 그리하여 대부분의 시민이 그들 도시에 애정을 상실했다. 이것이 서울의 비극이다.

서울에는 의도적으로 만들어진 녹지공간이 없었다. 수많은 시장(市長)이 바뀔 때마다 새로운 마스터 플랜을 제시해 왔으나, 그 기본정신을 가용면적의 확대에 두고 기존의 녹지를 조금이라도 더 훼손하는 계획이 있었을 뿐, 녹지공간을 좀더 확보할 수 없을까를 주안점으로 만들어진 계획은 한번도 없었다.

서울시가 만성적으로 누적되는 재정적자를 몇 해 만에 한 번씩, '버려진 땅들'의 개발이익 독점으로 매워 나간다는 사실은 문화적인 도시발전이라는 관점에서 절망적이다. 개발이익이 시민에게 환원되어야 한다는 주장은 진정한 의미에서 시민공동의 것일 공원과 녹지와 문화시설로 환원되어야 한다는 뜻이다. 가로망의 확장, 정비로 환경의 질이 높아졌다는 주장에 항상 따라다니는 수익자 부담원칙은 시민에게만 적용될 뿐 시당국의 이익분에는 적용되지 않는다는 사실은 도시를 대리운영하는 사람들의 비뚤어진 정신을 웅변하고 있는 것이다. 더구나 '버려진 땅'들은 사실상 오히려 보존되어야 할 녹지들이었고, 어떤 대가를 치르고도 다시 환원시킬 수 없는 귀중한 자연자원이었다.

'녹지공간의 확보'라는 개념은 일면 개발이라는 개념과 상충된다. 우리는 지금까지 다람쥐 쳇바퀴 돌 듯 개발을 위한 개발을 해 왔고, 그 개발을 위해 재원이 필요했고 그 재원을 위해 또 개발을 했다. 그 무한정한 개발은 과연 무엇을 위한 것일까. 영국의 어느 도시계획가는 '도시계획이란 개발의 속도를 늦추는 방편'이라는 농반진반(弄半眞半)의 명언을 남겼다.

외국인들이 서울에 와서 반복하는 '눈부신 발전에 놀랐다'는 외교사령(外交辭令)을 이제는 새겨들어야 할 때다. 만일 우리의 개발이 좀더 문화적이었다면 가히 세계에 유례가 없을 서울 주위의 아름다운 산과 능선 들은 보존될 수 있었을 것이다. 고층건물 신축이 개발이라면 그것은 반문화적이다. 자연에 대한 경외심은 현대도시에서 가장 문화적인 이상이다.

그래서 개발과 보존은 동시적이며 상충적이다. 만일 한강개발이 좀더 문화적인 관점에서 시작되었다면 아파트 단지로 병풍을 두르기 전에 모든 시민이 공유하는 도시의 강으로 배려될 수 있었을 것이다. 그 개발이 상업적으로 시작되었기 때문에 서울은 도심을 흐르는 강변에 문화시설을 갖지 않은, 아니 시민의 생활로부터 강물이라는 천혜의 문화요소를 배제한 삼류문화의 도시가 되었다. 강물이 배제되고 산들이 부차적인 요소로 간주되는 인공의 개발이 결과하는 야만들을 우리는 도처에서 보고 있다. 그것이 숨막히다, 답답하다라는 천만 시민의 절규로 나타난다. 그런 점에서라면 서울의 환경은 아직 생리적 기준에도 미달이다. 생리적 기준이 성취된 후에 바라볼 수 있는 것이 사회적 기준일 테고, 그 다음에야 기대할 수 있는 것이 문화적 기준일 터이다. 먼저 우리 모두의 의식만이라도 문화적으로 개조되어야 한다. 만일 우리의 수도 서울이 시민의 애정을 바탕으로 시민의 문화의식 속에 가꾸어진 도시적 전통을 가졌다면, 저절로 그 시민은 그들 의식 자체를 문화적으로 가꾸어 왔을 것이고, 그것이 문화도시의 가장 큰 저력으로 한국을 하나의 엄연한 문화국가로 이끌었을 것이다.

이 시점에서 우리는 시민의식과 도시환경의 상관관계에서 무엇이 문화적이고 무엇이 반문화적인가를 새삼스럽게 따져 둘 필요를 느낀다. 예의 환경결정론에 따라 한번만 시민의식에 문화적인 감응(感應)이 발동된다면, 시민과 환경의 관계는 상승적으로 문화화로 향한 길을 치달을 수 있는 것이다. 우리는 인공환경에 있어 생리적인 최저욕구는 성취단계를 넘어섰다고들 한다. 발전단계설로 보아 다음에는 사회적 욕구를 충족시켜야 할 차례이고, 곧 우리에게도 문화적 욕구를 충족시키지 않으면 안 될 단계가 올 것이다.

더구나 정치적으로는 문화정책을 국정지표의 상당한 우선순위에 올려 놓은 정부를 처음으로 갖고 있다. 그리고 그 무엇보다도 우리에게는 남다른 문화적 저력이라는 전통적 자랑거리들이 있다. 문화라는 것이 정신적 내면세계의 성취를 말하는 것이라면, 우리는 지금의 이 물질문명이 있기 훨씬 이전에 시(詩)를 써서 출세하던 문화적 전통을 가진 민족이었다. 과거(科擧)에서는 시를 지어 그 사람의 신언서판(身言書判)의 기준으로 삼았다는 문치숭상(文治崇尙)과 창조적 정신에 대한 경외사상(敬畏思想)에는 어쩌면 인류문화사상 가장 독특한 하나의 문화적 독창성, 창조적 판단기준의 설정이 있었다. 예로부터 중국인들은 우리를 동이(東夷)라고 부르면서도 마을마다 글읽는 소리가 그치지 않았다고 적었다. 충효를 숭상하고 노래와 춤을 즐기는 것을 가장 큰 특징으로 지적했다. 문화의 꽃은 문화시설과 문화 인프라의 문제가 아니다. 아악(雅樂)은 마당에 차일을 치고 연주되었고, 민속악은 놀이마당에 멍석을 깔고 공연되었다. 우리는 그런 민족의 후예이다. 그런 점에서 우리 자신들의 문화적 성취 가능성의 여부, 우리 환경의 문화화 가능성의 여부는 소위 인프라 여부에 관계없이 충분히 긍정적인 면들이 있는 셈이다.

우리는 반성과 자극을 겸해서, 그리고 과거의 수준을 되찾기 위해서 우리의 환경, 우리의 도시에서 오히려 문화적인 소프트웨어들을 가꾸어 나가야겠다. 그러기 위해 지금 도서관이 몇 개, 문화센터가 몇 개인지를 따지기보다 우리의 의식 속에 문화의 뿌리를 내리게 하는 정신적 정지(整地) 작업이 필요하다.

또 그러기 위해 무엇이 문화적인가를 인식해야 하고, 무엇이 반문화적인가를 먼저 알아야 한다. 문화센터와 미술관은 아무리 지어 봐야 그것이 문화적 필요에서 진심으로 세워지고 사랑받지 않는 한 제구실을 할 수 없으며, 그것이 문화정치의 기념비로서만 존재하는 한 가장 비문화적인 존재에 그칠 것이고, 그런 식의 문화에 길들여지는 한 사람들은 가장 반문화적인 상황에서 헤맬 수밖에 없는 것이다. 그것들은 시민들이 자발적으로 만든 아파트 단지 내의 작은 야외공연장보다 의미가 없다. 한때 반체제의 우려가 있다 하여 제재의 대상이 되었던 소극장 운동은 이제 시민의 것으로 되돌려 주어도 좋을 만큼 의식수준이 성숙되었다.

성숙과 세련이란 가장 문화적인 것이다. 언필칭 여유와 멋을 자랑하던 우리 민족의 문화적 저력은 '뛰면서 생각하는' 가장 반문화적 배금주의(拜金主義)에

36. 국립국악당 놀이마당. 대극장, 소극장 같은 오디토리엄 형식의 공연장 외에도 로비, 광장, 옥외 놀이마당 등 여러 곳에서 여러 행사가 가능하도록 만들어졌다. 그러나 그리 잘 활용되고 있는 것 같지는 않다. 하드웨어가 그것만으로 존재의미가 없다는 사실은 만고불변 어느 곳에나 통하는 진리이다.

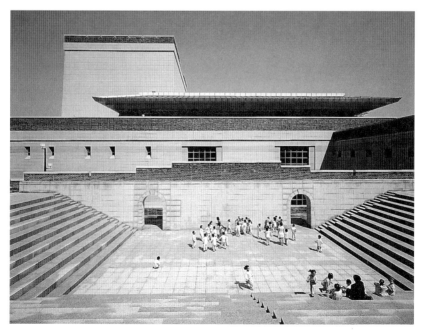

짓밟혀 왔다. 국력(國力)과 국부(國富)를 혼동하던 시대에는 문화는 거추장스러운 것이었다. 우리는 그런 우여곡절 끝에 여러 가지를 배웠다. 새마을운동에 뒤따른 취락구조 개선이 얼마나 반문화적이었으며, 전통과 역사에 대한 경외가 또한 얼마나 문화적인 것인가를 알게 되었다. 중공의 문화혁명이 역설적으로 얼마나 반문화적 혁명이었는가를 우리는 남의 집 불 보듯 했으나, 우리에게도 그런 비문화적인 요소가 없었던가를 반성해 볼 좋은 기회가 되었다.

획일주의의 '비문화성'과 창조적인 다양함의 '문화성'을 비교할 줄도 알게 되었고, 거칠고 졸속한 것이 비문화적이며, 섬세하고 차분히 가라앉은 것이 가장 문화적이라는 사실도 깨닫게 되었다. 문화란 그래서 시간과 돈이 많이 들어가는 것이며 쉽게만 이루어지지 않는 것이란 것도 알았다. 경제성장은 문화성장에 자칫 큰 상처를 내기도 한다는 것도, 그리하여 돈벌이에 있어 과하지 않고 부족하지 않은 중용과 조화의 경지라는 것이 얼마나 문화적으로 앞선 생각이었던가를 다시 생각하게 했다. 우리가 문화적이려면 일세를 풍미하던 가치관의 혼돈시대에 분명하게 종지부를 찍어야 한다.

그러기 위해 우리의 도시들을 시민들이 만들게 해야 한다. 이것은 시민을 도시계획에 참여하게 하는 기술상의 문제 정도의 차원에서가 아니라, 근본적으로 그들에게 되돌려 주어야 하는 것이다. 파리는 루브르와 퐁피두센터 때문이 아니라, 그 시민의 세련된 미의식과 아름다운 미소로 주고받는 아침 인사 속에 감추

37. 프랑크푸르트 도심을 흐르는 마인(Main) 강 양안에 들어선 각종 박물관들. 아름다운 건물과 충실한 전시와 강변 거리의 조경과 강물의 어우러짐은 문화라는 일을 총체적으로 다시 생각하게 한다.

1. 종교화박물관
2. 수공예박물관
3. 민속예술박물관
4. 영화박물관
5. 건축박물관
6. 우편박물관
7. 시립예술학교
8. 시립 리비그 미술관
9. 유태문화박물관
10. 역사박물관
11. 선사미술박물관
12. 서언미술관
13. 근대미술박물관

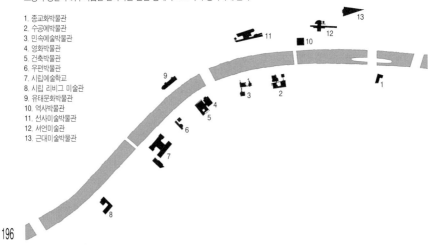

어진 마음의 여유 때문에 문화적이다. 런던의 셀 수 없이 많은 극장들은 매일 밤 그 극장들을 가득 채우는 시민들 때문에 문화적이다. 프랑크푸르트의 마인 강 남안의 샤우만카이(Schaumankai) 거리는 건축박물관, 영화박물관, 수공예박물관, 아프리카 박물관 등 그 수많은 박물관들 때문만 아니라, 백 년 이상 열심히 가꾸어 온 강변의 가로수들이 문화도시임을 웅변한다.

그들의 능력과 욕구와 자의로 만들어진 도시가 문화도시이다. 그리고 그렇게 만들어진 문화시설들이 진정으로 문화적이며, 그런 도시의 경관, 개개의 건축물, 골목길, 소공원, 광장, 공연장 들이 문화시민을 만든다. 문화는 생활화되어야 하고 그리하여 생활이 문화화되어야 한다. 그 길만이 도시를 시민의 고향으로 만드는 길이며 현대문명의 병폐로부터 유일한 탈출구가 되는 것이다. 그것만이 현대에 살아남는 우리의 유일한 이상이다. 우리는 우리의 전통적 환경론이, 딜레마에 빠진 세계의 현대건축과 도시론에 하나의 처방이 되리라고 믿는다. 서울은 처음부터 환경친화론에 따라 생태도시로 설정되었다. 우리는 그것을 잊고 있다. 그리고 도쿄와 뉴욕만을 선망의 눈으로 바라보아 왔다.

서울은 '현대적'으로도 문화도시일 수 있으며 서울 시민, 즉 우리 국민은 문화시민일 수 있다. 우리 식으로 만들어진 도시가 현대문명에 하나의 제안일 수 있기 위해 우리 식의 시민의식과 문화의식이 계발되어야 할 때이다. 우리는 다시 한 번 문화민족인가 아닌가의 갈림길에 지금 서 있는 셈이다.

작가의
전통성과
회화성
김중업 작품평

이 글이 실린 『김중업—건축가의 빛과 그림자』에는 김중업 선생의 희망
대로 주변 여러 사람이 그의 인품과 작품에 대해 쓴 글이 뒤따랐다. 고은,
김비함, 한운사 등 친지들은 당연했지만 인선을 하느라 고심한 흔적이
작품평 부분에서 엿보인다. 나는 김 선생의 귀국 직후 선생의 부탁으로
『디자인』 1979년 4월호에 「성숙한 작가의 세련된 의지를—건축가 김중
업에게 바라는 것」이라는 글을 쓴 적이 있었는데—그 글은 졸저 『빛과
그리고 그림자』(도서출판 광장, 1982)에 실려 있다—그 내용에 대해 선
생은 탐탁해 하지 않았음에도 또 내가 지명필자가 된 것이다. 다시 마음
에 쏙 드는 글을 쓰지 않을 것이 뻔한데도 굳이 사양하는 나에게 졸필을
부탁한 것은 의외였다. 선생과 나의 개인적인 관계는 기인(奇人)과 맺은
기연(奇緣)이었다.(그 내용은 『PA』, 1997년 1월호에 좌담으로 실려 있
다) 「김중업에게 기대하는 것」이 실린 졸저 『빛과 그리고 그림자』를 틀
림없이 드렸는데도 열화당인 당신 작품집 이름을 굳이 '건축가의 빛과
그림자'라고 붙이기를 주장한 것도 선생의 고집이었다. 한마디로 그 점
이 건축가 김중업의 나이브한 참모습이었는지도 모르겠다.

   한 작가에게는 두 개의 시기가 있다. 처음에는 작품이 작가를 규정하는 시기
로 한 작가는 시작된다. 후일 온갖 오해의 총화일 명성이라는 것을 얻은 다음에
는 작가의 이름이 그의 작품을 규정하는 시기가 온다. 그러나 대체로 일관된 길
을 걸어 온 작가의 경우 이 두 가지 상반되는 상황이 본질적으로 다르지 않다.
작가는 작품이며 작품이 바로 작가이기 때문이다.

   작가 김중업(金重業)의 작품세계를 알기 위해 우리는 작가 자신의 내면세계
를 알고 싶은 강렬한 충동을 느낀다. 누가 뭐라 해도 김중업은 한국 현대건축의
초창기를 이끌어 온 한 지주였으며, 그의 영광은 한국의 현대건축과 같이하는
것이었고, 그의 번뇌는 한국 현대건축의 그것이었다. 시대가 달라졌다고는 하더
라도 그의 프랑스대사관은 여전히 한국 현대건축의 시작이었으며, 사회를 대하

는 그의 태도가 어떠했건, 어쩔 수 없이 그는 우리에게 한 시대를 앞서가는 선배였으므로 그가 우리에게 준 것들은 강하고도 큰 것들이다.

나 자신 그와 그의 작품을 오랫동안 주시해 오면서, 때로는 존경과 찬탄을, 때로는 실망과 이의(異意)를, 때로는 의문과 부정을, 그리고 또 다른 희망과 기대를 가져온 것은 그의 작품행위 하나하나가 독보적인 시대적 의미로 존재하기 때문이었다.

그럴수록 언젠가는 누군가가 본격적인 '김중업론'과 그의 작품론을 써야 한다는 당위성이 해가 갈수록 높아져 왔다. 누구든 언젠가는 정당하고 정확한 평가를 받아야 하는 것이라면, 그것이야말로 김중업의 작품들에서처럼 중요한 일은 없는 것이었다.

그런 의미에서 나에게 이런 글을 쓸 기회가 주어진 사실을 나는 기쁘게 받아들인다. 누군가가 시작하지 않으면 안 될 이 일을 내가 시작하게 된다는 것이 일종의 사명감으로 받아들여진다. 한 작가의 전부일 수 있는 그의 작품들 하나하나를 언급한다는 일이 얼마나 부담스럽고 어려운 일이며 위험한 일인가를 나는 알고 있다. 그러기에 나는 이 짧은 글 속에서 조심스럽게 문제를 제기하는 것으로 그 일의 시작을 삼으려 한다. 문제의 제기는 작가와 사회 사이의 공간에 다리를 놓는 일일 수 있으며, 추후에 계속 있어야 할 논쟁의 실마리가 되는 것이다. 적어도 김중업의 작품들은 그가 인정하건 안 하건 추후에 계속 있어야 할 한국현대건축 초창기 논쟁에 충분한 가치가 있는 것이다.

먼저 그의 작품들에 지속적으로 일관하고 있는 공통적인 요소들에 관해 언급할 필요가 있다. 무엇보다도 그의 작품들이 대부분 구성적 처리로 시작하고 끝맺어지는 사실에 주목할 필요가 있다. 거기에 또 한 가지 간과할 수 없는 요소는, 그의 작품 속에 다양한 형태로 반복하는 소위 한국적 전통에 대한 애정이다. 위의 두 가지 점에 관련하여 그의 작품들을 돌이켜보면 어느 정도 그의 작품의 비결들이 윤곽지워짐을 알 수 있다.

구성적 처리라고 말한 부분에 관해서는 여러 가지 부연설명이 있을 수 있다. 그의 작품들은 대체로 회화적 구성을 바탕으로 깔고 있으며, 찬탄할 만한 그의 특기라고 할 수 있는 조화된 비례감과 표현주의는 바로 그 구성주의에서 비롯하고 있는 것이다.

예컨대 그에게서 가장 성공적인 작품이 되는 주한 프랑스대사관은 한 폭의 그림이며 하나의 구성작품이다. 여기서 그는 철두철미 후천적인 노력과 각고에 의해 비례를 다듬어 나갔고, 그것은 성공적인 결과를 낳았다. 그는 질량이나 공간보다는 선(線)을 다듬어 그것을 하나의 세련의 절정으로까지 끌고 간다. 그에게서 선이란 면분할을 위한 구성요소이며, 부유(浮遊)하는 곡면(曲面)은 또한 그가 말하는 공간의 한정이라는 논리적 요구 이전에, 하나의 시적 화면에 없어서는 안 될 구성요소로 채택되고 있다. 그의 선화(線畵)는 날아갈 듯한 기와지붕의 곡선을 연상케 함으로써 이 작품을 그의 대표작으로 만들었다.

서강대학 본관에서 보이는 그의 선의 구성은 역학의 전달방향을 수평선과 수직선으로 한정해 보여주려는 구성적 노력의 소산이다. 그래서 그의 기둥들은 그것들이 무게를 받아야 할 슬래브(slab)를 뚫고 보를 지나 위로 치솟고 있다.

제주대학 본관과 서산부인과 병원에서 그의 선화는 극치를 이룬다. 여기서 모든 분위기는 교묘한 곡선처리가 주로 지배하고 있으며, 그것들이 바로 곡면을 구성하고 덩어리(mass)를 이루어 나가는 기초가 되고 있다. 제주대학의 둥근 창이 연속된 둥근 덩어리는 아름다운 라인 드로잉으로부터 시작되었으며 곡선의 경사로(ramp-way)가 또한 그러하다. 서산부인과 병원의 경우, 평면과 입면은 도면 자체로서 한 장의 그림이 된다. 완공 후의 건물에서 도면과는 달리 램프 윗부분과 실린더의 윗부분이 잘려 나간 것을 보면, 처음부터 그것들은 덩어리로 처리하려 시도한 것이 아니라 아름다운 곡선을 그려내려는 노력으로 시종되었음을 알게 한다.

부산의 유엔묘지 정문은 가장 특별히 선화(線化)된 건물이다. 용마루와 추녀의 곡선은 곡선 자체로서 발전되어 있으며, 기둥의 엔타시스(entasis)와 공포(栱包)의 디포름은 곡선으로 대변되었다. 그것이 이탈리아대사관과 1968년의 이씨주택에서는 연속적으로 반복되는 직선들로 서까래를 대신했고, 진해 해군공관에서는 다시 공간 한정장치로서 지붕곡선으로 되돌아온다.

뒤에서 다시 언급하겠지만, 그가 크게 변신을 시도하는 삼일로빌딩(1969) 이후의 작품들에서도 곡선에 의한 회화적 구성은 지속되고 있으며(성공회관, 세실극장 등의 원설계도면), 다시 한 번 변신을 겪게 되는 1978년 외유(外遊) 이후의 작품들에서도 외환은행 본점(1973)을 시작으로 하여 이븐 올루아 스포츠호텔과 교육개발원 신관에서는 원형의 평면에 의한 또 다른 회화적 구성을 계속하고 있음을 볼 수 있다.

방배동 민씨주택과 한남동 이씨주택에서는 그의 곡선이 원형 요소의 평면구성과 초가지붕의 선형을 도입함으로써 한국적 전통선형의 답습을 시도하고 있으며, 드디어 부산 충혼탑에 와서는 절병통(節瓶桶)과 서까래와 기둥 들이 선화한 구성으로 귀착된다.

아나 아트센터와 바다호텔과 민족대성전의 경우도 예외없이 원형과 직선으로 면과 덩어리를 만들어 나가고 있으며, 가장 최근에는 을지로 재개발 계획안의 호텔계획에서 외환은행 본점 같은 시도가 재현되고 있다.

그가 평면의 기능적 추구와 조소적인 덩어리 만들기(massing)보다는 회화적으로 선형 구성들을 사랑하고, 거기에서 비례감의 성취를 찾아보려고 하고 있다는 증거는 또 여러 곳에 있다.

서강대학 본관 굴뚝의 구성적 처리, 프랑스대사관과 진해 해군공관 굴뚝의 조형적 중요성, 서산부인과 병원 굴뚝의 도면상의 회화적 처리, 한국교육개발원 비상계단의 강조된 그래픽, 아나 아트센터의 피뢰침과 첨탑의 기호적 처리 등에서 일관해 보이는 이와 같은 집요한 추구는, 수평선이 있으면 수직선이 있어야 한다는, 직선과 곡선이 하나의 그림으로 어울려야 한다는, 그리고 끝에 무언가 화룡점정(畵龍點睛)이 그림에 필요하다는, 그의 선적 회화구성에 일종의 대응적 강박관념임을 증명해 주고 있다.

그에게서 이와 같은 비례감 추구와 회화적 구성과 면분할 요소로서의 선들의 구성적 처리기법을 두고 나는 바로 그의 스승 르 코르뷔지에를 연상하며, 동시에 클레(Paul Klee)와 몬드리안(Pieter Cornelis Mondrian)과 매킨토시(Charles Rennie Mackintosh) 등 초기 구성주의 작가들을 연상한다. 그리고 또한 한때를 풍미했던 피카소의 입체파 그림들을 떠올린다. 그것은 분명히 르 코르뷔지에의 영향이다. 그가 르 코르뷔지에와 함께 보낸 시간들이, 또한 르 코르뷔지에에게서는 '살기 위한 기계'를 부르짖던 시절로부터 샹디가르와 롱샹의 조형적 예술세계로 일대 변신을 꾀하던 시기와 일치한다는 사실은 시사하는 바가 있다. 김중업은 그때 르 코르뷔지에가 말하던 지중해적 애정과 롱샹의 언덕을 향한 꿈을

38. 삼일로빌딩. 김중업 설계. 1969년.
1970년대에 서울에서 가장 유명했던 고층건물.
김중업 최초의 커튼 월(curtain wall) 건물에서
그의 오리지널리티는 실종되었다.

하나의 판타지로 받아들였을 것이다. 김중업의 작품에 대한 접근자세에는 미리 설정된 어떤 플롯도 없으며, 어떤 종류의 논리성도 개입할 수 없을 만큼 예술성이 지배하는 것도 그런 경향이라고 보아야 할 것이다. 그러나 르 코르뷔지에와 달리 그는 선의 구성으로 면을 만들고, 면들의 구성으로 내부공간을 한정해 나가지만, 자신이 만든 내부공간에 어떤 이미지를 주고 분위기를 만들어내는 특별한 재주를 가졌다. 그것은 높이 평가될 만한 것이다. 한국 현대건축의 초창기에는 사십 년을 계속해서 건축을 해도 그런 재주를 가진 다른 사람이 없었기 때문이다.

김중업의 작품에 지속적으로 일관하는 다른 하나의 요소일 한국적 전통에 대한 애정과 집착은, 비록 최근에는 약간 퇴색해 보이기는 하지만 집요한 것이며, 이것은 또한 앞에 언급한 그의 선화적(線畵的) 관심과 연계되는 것이기도 하다.

서강대학 본관에서 그가 무한한 공간에 하나의 한정하는 장치로서 옥상 파라페트(parapet)를 생각했던 것은 기묘하게도 프랑스대사관에 이르러 한국적인 선형 요소와 비례감에 조우하게 되고, 이 만남은 하나의 예술적 기쁨으로 이후

39. 'ㅅ' 자 집. 김중업 설계. 1958년. 그는 한옥지붕을 이렇게 풀었다.

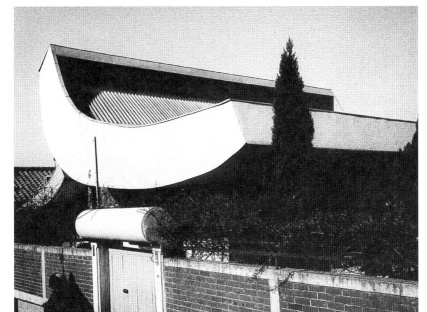

제주대학 본관, 유엔묘지 정문, 진해 해군공관 등에서 재현된다.

한편 그 과정에서 얻어진 '집이란 곧 지붕'이라는 감각적 관념이 그의 한국적 요소에 대한 애정에 덧붙여져서 '人'자 집, 청평산장 등에서 보이는, 지붕이라는 공간 한정의 하나의 도구로 정착하게 된다. 이에 비하면 주한 이탈리아대사관과 1968년의 이씨주택에서 보이는 서까래지붕의 구성적 표현은 오히려 디테일에 매달린 편으로 보이며, 방배동 민씨주택과 한남동 이씨주택 등 비교적 최근의 초가지붕 모티프는 프랑스대사관 지붕의 성공사례에 비하면 그 결과에서 한 걸음 뒤로 물러선 느낌을 갖게 한다.

역시 부산 충혼탑과 진주 문화회관에서 보이는 전통건축의 재현방법도 지나치게 직설적인 것으로 보인다. 그런 점들로 보아 그의 전통성은 감각적 기교에서 벗어나 전통철학에 근거한 방법론으로 침잠할 필요가 있다.

다음에는 그의 작품들을 몇 개의 시대적 전환점에 따라 대별해 보는 관점이 있을 수 있음을 강조해 두어야 하겠다. 이 관찰에서는 그가 프랑스로 떠나기 전 작품들은 논외로 하기로 하고 본다.

필그림 홀(Pilgrim Hall)과 명보극장으로 시작되는 그의 귀국 후 작품활동은 건국대학, 서강대학 등의 시험기를 거쳐 프랑스대사관에서 꽃을 피운다.

프랑스대사관은 그의 최대 역작이었으며, 아마도 그때처럼 그가 작품에 심혈을 기울였던 시기는 다시 돌아오기 힘들 것 같다. 그는 그것으로 자신을 정의해 보였다.

그러나 그는 삼일로빌딩과 도큐호텔 설계를 통해 미스 반 데어 로에의 어법을 소개함으로써, 분명하게 르 코르뷔지에의 영향에서 벗어나 자신의 언어를 구축하려는 시기로 삼고 미스적(Miesian) 일대변혁을 시도한다. 그러나 그의 이 두 번째 시도의 기간은 길지 못했다. 또한 자신의 목소리로 무언가를 이야기해 보고 싶었던 욕구도 크게 충족하지 못한 채 그는 외유의 길에 오른다.

그가 고국을 떠나 있던 불운의 시절 동안에 그린 작품들이 여기 고스란히 실려 있다. 성공회 회관, 세실극장, 외환은행 등은 그의 외적 불운과는 관계없이 일찍이 없던 분방한 작품들이었다. 여기서 그는 그가 모색해 왔던 여러 개의 이디엄(idiom)과 좌고우면(左顧右眄)을 포기하고 새로운 방황으로써 제3의 시대를 만든다. 그리고 팔 년 만의 귀국과 그 이후의 작품활동은 바다호텔, 민족대성전 등 환상과 비전이 엇갈리는 기상천외의 것들로부터 시작해 한남동 이씨주택, 방배동 민씨주택 그리고 육군박물관 등 솔레리(Paolo Soleri)와 가우디(Antonio Gaudi)의 상상력을 연상케 하는 예술지상주의적 탐닉을 가져온다.

나는 그의 작품에서 여러 번 반복되는 작가적 양면성에 의문을 갖는다. 그는 엉성한 것, 여백의 아름다움을 주장하면서도 한남동, 방배동 등에서는 지나친 완벽주의를 제안한다. 그는 현대적이고 미래지향적이고 예언적인 작가를 자부하면서도 과거 건축의 풍요로움에 강렬한 애착을 보인다. 그는 누구보다도 강한

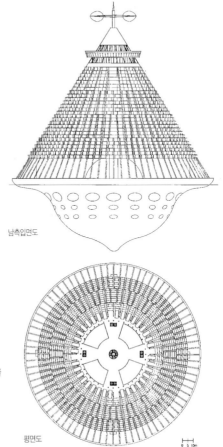

남측입면도

40. 바다호텔. 김중업 설계. 1979년. 이 제안은 객실이 천이백 개에 달하는 관광호텔을 서귀포 앞바다에 띄우려는 것이었다. 때로는 건축가의 상상력이 시대를 뛰어넘기도 하지만, 비현실적인 상상력은 일반인을 오도할 수 있다.

평면도

장인적 기질을 지녔으면서도 때로 너무 쉽게 포기하려 한다. 그의 생각들은 단순하고 분명하면서도 그림에서는 다변하고 의욕과잉을 보인다. 그는 기본적으로 가장 한국적으로 사고하지만 의외로 여러 부분에서 서구적이고 로마네스크적인 그림들을 그려낸다. 그는 집요하게 몇 가지를 추구하지만 실상 대단히 기복이 심한 것 같다. 그는 낭만적이고 환상적이며 예술지상주의를 말하지만, 그의 건축에서 시와 에스프리는 때로 현실타협의 엉거주춤한 결과를 보인다. 그는 항상 도시와 인류와 삶의 미래를 말하지만, 그의 작품들은 근본적으로 나이브하다. 그는 실생활에서 시를 쓰고 읊으면서도 현실문제에서 철저히 자기중심적이다.

이상은 내가 개인적으로 그와 그의 작품들에 대해 갖는 불만과 의문 들이다. 그러나 무엇보다도 그는 한국 현대건축 초창기의 큰 획을 긋는 주한 프랑스대사관을 땀과 정열로 완성했다. 그 사실만으로도 그의 모든 인간적 약점, 태작 들에 대한 책임은 면제된다고 본다. 설사 한 작가가 그의 일생에 단 하나의 성공적인 건물만을 만들었다고 하더라도 그 의미는 그만큼 큰 것이다.

나는 앞으로 보여줄 그의 작품에 대해 나름대로의 기대를 갖는다. 그가 한국인들에게 건축의 예술성을 보여준 몇 안 되는 작가 중의 한 사람이라는 사실을 염두에 둔다면, 그가 해야 할 일은 산적해 있고, 그리하여 당연하게도 이제야말로 그의 모든 것을 바쳐 무언가를 보여줄 때가 되었다. 그는 단순과 생략과 절제된 의욕으로써 더 큰 것을 보여줄 수 있다. 그는 방황하는 탐구자로서가 아니라 이제 이 땅 위에 넓게 자리잡고 정착한 도승(道僧)처럼 손가락 하나를 들어 모든 것을 가리키는 일획을 그어야 하는 것이다.

나는 그에게 다시 한 번 '작품이 작가를 재평가' 하게 하는 시기가 오기를 바란다. 더구나 그에게는 지금까지의 그의 족적(足跡)으로 보아 이제 작품으로써 무언가를 보여주어야 할 사회적이고 개인적인 책임이 있기도 한 것이다.

낡은
초상화처럼
남아 있는
초가

1974년부터 시작된 박정희의 새마을 취락구조 개선사업으로 한국에서 초가는 사라졌다. 열화당에서 나온 『초가』라는 사진집을 보고 반가운 마음에 서평으로 쓴 글이다.

한때 우리에게는 경제입국을 제일주의로 하는 대통령이 있었다. 그는 보릿고개를 추방하고 국민을 배불리 먹이기 위해서는 어떤 수단과 방법도 가리지 않는다는 편향된 신념과 철학이 있었고 그것을 위해 온갖 독재적인 방법도 사양하지 않았다. 그는 민주주의를 몰랐을 뿐만 아니라 문화와 예술을 이해하지 못한 반문화적인 성향의 인물이어서 초가와 돌담이 문화와 예술이 된다는 사실들에 무지했다. 고도성장과 개발우선 정책의 부작용이 어떻게 올 것인지 예견할 통찰력이 없었고, 민족문화의 오랜 전통이 어떻게 존중되고 계승되어야 하는지, 그 바탕이 무엇에서 출발하는지, 그 민중의 정서가 어디서 유래하는지 몰랐다. 위인열전(偉人列傳)에 탐닉했던 그에게는 영웅과 호걸에 대한 관심만이 있을 뿐이어서, 문화에는 스타가 있고 건축에는 모뉴멘털리티만이 가치있는 것으로 알았다.

한때를 풍미하던 새마을운동과 농가 개량사업의 결과는 시멘트 파동, 페인트 부족을 가져와 일부 관련 기업들을 살찌게 했을 뿐, 우리의 농촌과 초가마을은 시멘트 덩어리와 슬레이트에 울긋불긋 페인트를 칠하는 저질문화를 남발했다.

그에게 있어서 초가는 공적(公敵) 1호였다. 가난과 무지와 비위생의 상징이었다. 그는 개인적으로 초가 콤플렉스를 갖고 있었다. 언필칭 자신은 빈농의 아들이었으나 빈농에 대해, 자신의 그런 과거에 대해 연민보다는 적개심을 갖고 있었다. 그 치하에서 국민은 배금주의에 물들었고, 사유(思惟)의 기능은 마비되었고, 전통적 가치관은 몰락했다. 그리고 그 폐해는 누대를 지나도 치유될 수 없는 깊은 상처가 되었다. 초가에 관한 한 거의 완벽한 파괴가 자행되었다. 그런 점에서 그는 한 나라 지도자로서 경륜이 부족했고 자질이 미달이었다. 그야말로 사람이 빵만으로 살 수 있다고, 문화와 예술은 그 다음에 돈으로 살 수 있다고 믿은 사람이었다.

초가를 허물고 돌담길을 넓히는 것이 먼 장래에 어떤 의미를 갖는지 그때 사람들은 생각해 볼 겨를이 없었다. 그리하여 우리에게는 경제의 전진과 문화의 후퇴가 함께 왔다. 초가집이 왜 그런 모습이었는지, 마을과 뒷산과 앞내와의 관계가 어떠했는지 우리 모두가 관심이 없었다. 훈련에 의하지 않고 수준 높은 본능을 갖춘 민중이 문화의 원동력이며 그것은 국력이기도 하다. 그때 우리는 국

41. 낡은 초상화처럼 남아 있는 우리의 초가. 지붕이 뒷산의 모양을 닮았다.

부(國富)가 국력인 것으로 착각하고 있었던 셈이다. 부끄러운 일이다.

건축은 근본적으로 자생적이며, 거기 사는 사람들의 창작이며, 문화인류학, 사회학, 역사 그 자체다. 건축은 사람들의 참여에서 이루어지며, 결과는 그들 안목의 구현이며 궁극적으로 정신문화의 산물이어서, 물질문명의 세기말에 사는 우리에게는 우리가 헐어 버린 초가의 정신이 오히려 두려운 교훈이 된다. 초가는 무지렁이 민중의 작품들이지만 투철한 정신이 있었다. 우리에게는 '왕조실록' 보다도 '서양 문명사의 기념탑' 보다도 중요하다. 그들은 현대의 문명인들이 완벽히 상실한 동물적 본능과 영장류의 지혜로 그것들을 만들었다. 초가는 가장 원초적인 자연의 재료를 쓰면서 최소공간을 추구했고, 그 재료들은 가장 섬세한 기후 조절재(調節材)였고 가장 뛰어난 자원 재활용(recycle)의 모범으로서 에너지 절감과 자연보전의 시범이었다. 짚은 벼농사의 부산물로서 폐자재의 활용이었으나 방수와 단열재로 가장 뛰어났으며, 기와에 비해 가볍고 지붕 물매를 낮출 수 있어 지붕 구조에 하중을 덜 고려해도 좋았고, 다루기가 쉬워서 지붕을 이는 데 특별한 기술자 없이 동네의 품앗이로도 가능했다. 가을추수가 끝나고 농한기가 시작될 때 지붕을 이는 일은 귀찮은 연중행사였겠지만 겨울 준비를 위한 하나의 통과의례이기도 했다. 해마다 헌 짚을 태우고 새 지붕을 만들어 또 한 해를 새롭게 맞는 것이다.

우리는 그 미풍양속을 개선 발전시키지 못하고 헌신짝처럼 버렸다. 그것은 과거에 대한 경외심과 현재의 자존심과 미래를 위한 모범답안을 버린 것이었다.

우리가 일본처럼 그것들을 보존하지 못한 것은 우리 문화의 비극이며 민족의 수치였다. 그것들은 농민들의 힘으로 보존되고 그들의 수익증대에 따라 개량되고 활용되어야 했다. 특별히 이 하이테크의 시대에 우리의 생활이 나아질수록 인스턴트 패스트 푸드보다는 자연식을, 인공섬유보다는 마직, 면직을 선호하듯, 건축에서 짚과 목재와 흙벽돌과 종이는 향수(鄕愁) 이상의 것이 되었다. 맹목적 개발과 몰가치한 편리추구로 북극권의 오존층 파괴를 걱정하는 시대에, 초가는 '나물 먹고 팔베개 베는' 절제를 아는 철학적 인류의 이상향으로 남았어야 하는 것이다.

초가의 뛰어난 문화가 이미 보존이나 재생이 불가능해진 상황에서 사진과 기록으로나마 그것들을 보는 것은 조금은 다행한 일이다.

황헌만의 사진들은 아름답다. 특히 초가마을의 전경을 담은 사진들은 한국인의 유순한 자연관을 유감없이 보여준다. 거기에는 초가마을과 뒷산 능선의 필연적 관련이 그려져 있고, 마을의 조직과 위계가 조화롭게 나타나 있다. 특히 중요한 집과 집 사이의 생활공간들, 그리고 돌담과 대숲의 공생과, 앞내와 뒷산의 풍수적 질서들은 건축적으로 극명하게 포착되었다.

'삶'의 장(章)과 '신(神)들'의 장에서는 우리 잊혀진 정서의 원류가 따스한 정감으로 그려져 있다. 다른 사진들은 때로는 지나치게 설명적이거나 기록적인 느낌을 준다. 사진작가 역시 사진으로 하고 싶은 이야기가 많아서였으리라. 그러나 이것이 초가의 재현을 위한 기록과 학술논문이 아닌 바에야 마음 아프게 정감에 호소하는 사진들이 더 마음에 든다.

한 가지 불만으로, 사진들이 찍힌 연대가 부기되었더라면 싶다. 작가는 후기에 '6, 70년대'라고만 밝히고 있는데, 기왕 사라진 것들이라면 언제 이런 경치가 있었던가라도 알았으면 해서이다. 유일하게 1960년대라고 밝혀진 208페이지의 송영학 사진은 1960년대 뉴욕 근대미술관이 주최했던 유명한 「건축가 없는 건축(Architecture without Architects)」이라던 전시회와 그 사진집을 떠올려 준다. 비슷한 연대의 그 사진집과 우리 것의 다른 점은 우리 것들이 사라져 버렸음에 비해 그들 것은 아직 잘 보존되어 있는 점이다. 건축가들이 몸으로 막지 못한 문화의 파괴를 이 작가는 카메라의 눈을 통해 고발하고 있다. 그래서 이 책은 아름다운 사진집이며 우리에게는 미래에 닥칠 재앙을 말하는 경고장이기도 하다. 그 사진들이 아름다운 것들일수록 작가의 말대로 '낡은 초상화처럼 남아 있는' 그것을 사진 찍는 일이 작가에게 보람과 긍지가 될지는 모르되 우리 모두에게는 가슴저린 서글픔으로 남는다.

이 시대,
우리의 건축
4·3그룹 건축 전시회를 보고

3, 40대만 모여서 그룹을 만들었다는 일은 명백히 5, 60대에게 할말이 많아
서였으리라고 짐작되고도 남는다. 굳이 그 전시회 평을 써 달라고 한 것은
비(非)4·3의 대표로서 그들 '할말'에 대답해 달라는 뜻이었을 것이다.

'4·3그룹'에 대해 처음 이야기를 들었을 때 나는 그 명칭에 대해 생소한 느낌
을 가졌다. 후에 '4·3'이라는 것이 '40대, 30대 건축가', 그리고 첫 모임 날짜인
'4월 3일'에서 그 명칭이 비롯했다는 사실을 알고 마음속으로 다행이라고 생각
했다. 이유는 그 이름에 결국 아무 의미도 없다는 사실 때문이었다.

만약 '현대건축을 걱정하는 모임' 또는 '디콘(De-construction Group)' 등의
그룹 명칭에 어떤 행동강령을 표시하기로 하자면, 그건 무슨 주의자(主義者)라
는 표현이 되고 공동의 운동(movement)을 표방하는 것이니까 이야기 상대로
는 쉬울는지 모른다. 그러나 하나의 이념집단이라는 것은 그 표방하는 이념에
맞도록 행동방향과 반경이 정해져야 하는 것이므로 우선 자유로운 창작활동에
스스로 제약의 굴레를 씌우는 것이며, 자칫 이론적 비약, 논리와 작품의 괴리, 편
협한 시각 등 스스로 족쇄를 채우고 함정을 파는 행위가 될 수 있다. 그룹을 만
들지 않은 개인적 취향의 작가들도 그들이 어떤 이즘으로 분류되기를 꺼리는 이
유가 그런 것일 터이다. 그러므로 철두철미 자유로워야 할 예술행위가 단체운동
일 수 있는가에 대해서는 또한 이야기가 더 필요하다.

1960년대 일본에 있었던 메타볼리즘 그룹(Metabolism Group)은 구로가와
(黑川紀章)나 이소자키(磯崎新) 같은, 지금의 일본 건축계를 이끄는 대부분의
건축가들이 모여서 관념적으로 하나의 이론체계를 만든 모임이었다. 지금 돌이

켜보면, 메타볼리즘이라고 하는 것은 건축이 신진대사한다는, 실재하지 않는 관념을 설정해서 거기에 자신들을 끼워 넣음으로써 스스로 만족하고 보호받는다고 느끼며, 여럿의 목소리를 합침으로써 혼자보다 좀더 큰소리로 자신들을 강변했던 그룹이었음이 드러난다. 상당히 강한 세력을 가지고 일본 건축계를 휩쓸었고, 현대건축의 나갈 길을 일본식 정신으로 세계에 제시하려고 했던 하나의 허구였다. 4·3그룹이 그런 기치를 내걸지 않았다는 점에서 좋았다는 이야기이다.

이에 비해 씨암(CIAM)이나 팀 텐(Team 10)에 관해 말한다면 모더니즘이라는 하나의 사상—그리고 현실—에 대한 공감과 공동행위였으므로, 강변이나 견강부회, 이론을 위한 이론이라기보다는 현실과 미래에 대한 대처방안에서 공감대의 형성에 성공했다고 할 수 있었을 것이다.

결국 건축이라는 것이 지적 행위의 소작이 아니며 관념의 유희가 아닌 바에는, 전시회란 벌거벗고 길에 서서 따가운 눈총을 받는 일이며, 건축이란 실제로 폭풍우에 시달려야 하는 현실이기 때문에 건축가들이 로맨티시즘이나 센티멘털리즘에 빠져서는 대화가 안 된다는 생각이 먼저 있었다. 그래서인지 이 전시회 출품작가 여러분에게서 공통적으로 보이는 공허한 수사(修辭)들, 즉 탈(脫), 귀

42. 당진 돌마루 공소 승효상 설계. 1994년. 그는 미니멀의 풍요함이라는 '빈자(貧者)의 미학'을 말한다.

(歸), 초공간(超空間), 파동(波動), 상징화, 비움, 신(神)의 감성, 빈자(貧者), 관계항(關係項), 성(聖)/속(俗), 백문(白文) 등 상징적 어휘의 표제들을 보면서 느끼는 것은 이분들이 건축을 표제음악(表題音樂)이라고 생각하지 않는다면 이것은 상징의 과대포장이겠다 하는 생각이고, 나아가 이런 서정조의 건축개념은 아직도 건축에서 아름다움만을 추구하는 사람들도 있는가라는 물음을 던지게 한다. 그렇지 않고 이것이 고매한 어떤 철학들의 표현이라면, 그 철학들은 단순명료하고 쉽게 전달될 수 있어야 한다. 그리고 언행은 일치해야 하는 것이다.

이 전시회를 카탈로그에 밝힌 대로 '한 시대의 반향(echo of an era)'이라고 이름한다면 우리에게 지금 필요한 것은 오히려 강한 사회의식, 현실의식, 그리고 나아가 역사의식이 아니겠는가 하는 점이다. 21세기로 넘어가는 시대적 분기점에서 우리가 고뇌해야 할 일은 무엇인가.

산비탈의 벌집과 도심의 매연과 교외의 자연파괴와 저질의 수입문화와 전반적인 인간성의 말살에 대해 건축가들이 몽땅 책임을 져야 한다고는 않겠다. 그러나 적어도 '4·3'이 '5·6·7'에 대해 집단적으로 항변하고 싶었던 일들이 많았음을 우리 모두가 너무도 잘 아는 터에, 그 메시지는 좀더 강하고 단순하고 정

43. 국악고등학교 중정. 벽이 실내외 공간을 가로막는 장치가 아니라는 초기 모더니즘과 한국 건축의 정신이 일치함을 보여준다.

연해서 기성과 수구의 굳은 껍질을 깰 만큼 날카로워야 했다. 그렇게 보기에는 이 표제들은 아직도 시를 읊고 건축의 아름다움을 노래하고 있는 듯하다.

센티멘털리즘에 빠진 혁신은 성공하지 못한다.

이번 전시회와 그 카탈로그와 세미나의 내용에 대해 공감하는 부분도 많았지만, 한편으로는 다소 과장된 관념의 설정이 난해한 시를 쓰듯 공통적으로 엿보이고 있다는 점이 나에게는 우려되었다. 자칫 잘못하면 어떤 표제를 내걸게 되고, 그러다 보면 그것을 합리화시키기 위해서 어떤 다른 것을 또다시 만들어 덧붙이는 모순이 싹트게 된다. 사실 그런 측면의 오해를 받을 수 있는 부분에 대해서 우리는 다같이 경계하고 조심해야 할 것이다. 이것은 특별히 그룹 전반에 대해 '비평'을 해 달라는 부탁을 받았기에 하는 이야기이다. 개별적으로는 공감하는 바도 많고 함께 밤을 새워 하고 싶은 얘기들도 많았다. 이분들이 곧 한국 건축계에서 중요한 역할을 감당해야 할 분들이라는 점에서 고언(苦言)을 드리지 않을 수 없었다.

우규승의
환기미술관

1994년 제5회 김수근 건축상 수상작에 대한 심사평이다. 윤승중, 김원석 두 분이 함께 심사하고 내가 대표 집필했다. 이 작품은 작가가 미국에서 활동하고 있는 관계로 후에 미국에서 프로그레시브 아키텍처상(P/A Award)을 수상하기도 했다.

환기미술관(煥基美術館)은 서구적으로 세련된 외관에도 불구하고 대단히 한국적인 작품이다. 작가는 그의 여느 다른 작품의 경우와 마찬가지로 건물이 들어설 대지의 주변과 상황을 차분한 관심으로 정확하게 읽고 있음이 보인다. 대지는 좁고 구불구불한 진입로를 거쳐야 하는, 도시적으론 입자(粒子)가 작은 주택들로 둘러싸인, 그리고 고저차(高低差)가 심하고 주변 산의 풍광이 압도적인, 전형적인 한국적 분위기이다.

작가는 넓지 않은, 그리고 해석이 쉽지 않은 그런 대지를 맞이해 그것을 있는 그대로 자연스럽고 의연하게 풀어 나갔다. 주변과의 친화력, 조화, 그리고 더욱이 그 일부로서 존재하는 겸손함과 안정감은 어떤 강박관념도 느껴지지 않으며, 췌언(贅言)과 수사(修辭)로 보는 이를 현혹하려 하지 않는다. 이 점은 작가에게서 최근에 느끼게 되는 정서적 성숙과 이지적 자부심과 예술적 안정감의 결과인 것으로 보인다. 그것은 한국적인 것을 지상목표로 뭔가를 추구한 것이 아니라, 건축에서 가장 중요한 문제, 건축의 본질에 가장 접근해 있을 때 나오는 자연스런 결과로서 풍경과 외관과 기능과 공간의 아름다운 조화일 것이다. 건축의 아름다움은 사람들을 차분하게 한다. 작가의 다변한 고성(高聲)의 주장은 절제되어 있다. 조용하고 깨끗한 것이 사람들을 생각하게 한다. 그것은 문화의 본질이며 인간 본성의 일깨움이다. 건축의 실존적 아름다움은 거기까지 승화되어야 하는 것이다.

대지는 먼저 여러 개의 레벨로 분할되어 점증(漸增)하는 상승감으로 수용되었고—그런 방법은 이 경우 가장 타당하고 적절한 방법이었다—건물들은 여러 개로 분동(分棟)되어 지나친 질량감을 주지 않는다. 이것 역시 이 작가에게서 가장 자연스럽고 그다운 생각이며 방법이다. 그래서 이 건물들은 주변에서 너무 뛰어나지 않으며 산들과 경쟁하지 않으며 그래서 사람을 압도하지 않는다. 그런 데 정작 중요한 성공점은 그 단순성과 자연스러움에도 불구하고, 내부공간이 갖는 변화감과 주전시장에서 느껴지는 큰 공간감과 탁월한 전시기능이다. 미술관이 건축으로 존재할 뿐 전시물을 앞질러 나서지 않는다. 벽면들은 그림들보다 한 발 물러서서 차례를 양보하고 있다. 자연채광의 세련됨과, 바닥 크기와 높이의 적절한 비례감에서 오는 전시공간의 활달함이 그 이유이다.

그러므로 이 건물은 한마디로 자기 목소리를 높이지 않으면서 할말을 다하고 있는 건물이다. 자기를 자랑하지 않음으로써 존경을 얻는 것과 같다. 좀더 크고 절대적인 가치에 자기를 맡김으로써 그 작품은 저절로 지속적인 생명력을 갖는다.

흔히 하는 말로 건축은 그 작가 자신이고 인생이다. 그리하여 이 가장 보편타당한 이야기가 여기서 가장 설득력이 있고 그래서 그것은 감동을 준다. 이것은 그런 이야기가 가능한 작품이다.

44. 환기미술관. 우규승 설계. 1994년.

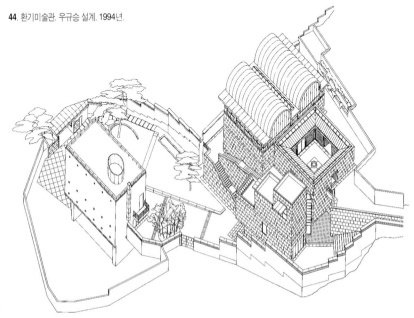

훌륭한 사람을 골라 상을 주기도 힘들고, 꼭 좋은 작품이 상을 받기도 힘든 것 같다. 김수근 건축상이 1990년 제정된 이래 아홉 번의 수상작이 나왔지만 그 들쭉날쭉했던 수준을 돌이켜볼 때, 아홉 작품 중 가장 내 마음에 드는 작품이어서 이 수상작 결정 후 심사위원의 한 사람으로 기분이 덜 우울했다. 나머지 두 분도 같은 느낌이었으리라 믿는다.

김수근
건축의
'일본적 영향'에
대하여

1996년 6월 3일부터 14일까지 열흘 동안 김수근 선생 10주기 추모 세미나가 공간사옥에서 열렸다. 그 마지막 날 발표한 내용을 녹음해 정리한 것이다.

진실로 건축가—아니 모든 종류의 예술가—에게 실수, 잘못, 오류라는 것은 인간적이다. 과학자나 판사, 검사가 아닌 바에는 가장 인간적인 자만이 예술가라고 할 수 있다.

여러분 반갑습니다. 그리고 많이 와 주셔서 감사합니다.

오늘 사회를 보시는 박길룡(朴吉龍) 교수도 말씀하셨지만 이것은 사실 저로서는 참 이야기를 하기 어려운 주제입니다. 특별히 제 은사에 대해서, 또 고인이 되신 분에 대해서, 더군다나 혹시 실례라든지, 누가 되지 않을까 하는 생각이 드는 주제인데, 이걸 제가 자진해서 이야기를 해야겠다고 나선 이유를 간단히 설명을 드리면 이렇습니다.

김수근(金壽根)이란 분은 한국의 현대건축이 전혀 불모지일 때 혜성같이 나타나서 거의 영웅과 같은 대접을 받았습니다. 우리는 그의 다양한 여러 모습 중에서 어느 한쪽 면만을 보는가 하면, 한편에서는 또한 여러 가지 다른 면들을 보고 다른 이야기들을 합니다. "모든 명성이란 온갖 오해의 총체다"라는 말이 있듯이, 사람들이 잘 알지 못하면서 그분이 누린 영광이나 명예에 대해 질시도 하고, 일본적인 영향이다, 일본 냄새가 난다, 명백히 일본 것이다, 더 나아가서는 일본의 어떤 것을 베꼈다라고 이야기하는 경우가 있어 왔고, 그런 논의는 대부분의 경우에 무대막 뒤에서 비공개적으로 거론되어 왔습니다.

표면적으로는 상당히 자제하는 것처럼 보이면서도 기정 사실화한다든가, 그러면서도 그런 것을 공개적으로 이야기하기를 꺼린다든가 기피해야 할 이야기처럼 되어 있는 것이 저로서는 답답하기도 하고 또 어느 면에서는 마음 아프기도 했습니다. 한 가지 양해를 구해야 할 것은 제가 학문을 하는 학자의 입장이 아니기 때문에 학문적이고 논리적으로 풀어 보려고 하기보다는 제가 겪은 경험에 따라 감성적이고 주관적으로 접근해서 말씀드리는, 일종의 체험기이고 거의 삼십 년 전의 회고담이라는 점입니다.

그렇기 때문에 이것은 아마도 여러분이나 김수근 연구를 위해서 논문을 쓰거나 자료를 수집하는 분들한테는 하나의 자료제공이 되리라고 믿고 그런 정도까지만 제가 바라고 있습니다. 김수근 연구라는 논문을 쓰는 분, 책을 쓰는 분, 그런 분들에게 이 이야기가 조언이 될 수도 있기를 바라는 것입니다.

제가 개인적으로 김수근 선생의 아주 초창기인 삼십대 초반부터 옆에 가까이 있었던 사람으로서, 오히려 저 자신이 그런 이야기를 먼저 꺼내 가지고 떳떳하고 공개적으로 이야기하는 것이 좋겠다, 자발적으로 정리할 필요가 있겠다, 그리고 이것은 어느 정도까지는 이야기해도 좋지 않겠느냐는 수위조절이라고 생각한 것입니다. 왜냐하면 김수근 선생의 불명예는 저 자신에게도 불명예이며, 김선생이 쌓아 올린 명예라는 자산은 저 자신에게도 상속의 혜택이 주어지는 것이기 때문이지요.

그런 사정을 염두에 둔다면 혹시 제 이야기가 어느 면에서는 팔이 안으로 굽는 이야기로 들릴 부분이 있을는지도 모르겠는데, 그런 부분에 대해 생각이 다른 분이 있으시면 깨우쳐 주시거나 질책을 해주셔도 좋습니다.

먼저 제가 거의 결론이랄 것을 미리 말씀드리겠습니다. 건축가나 화가나 조각가나 음악가나 시인이나 간에 어떤 작가에게나 그 사람이 누구한테서 어떤 교육을 받았느냐, 누구의 어떤 영향을 받았느냐 하는 것은 그 사람의 작품세계를 이해하는 데 절대적으로 중요하지요. 그런데 그 중요한 것들이 작가의 성장과정이나 초기 작품생활을 통해서 상당히 중요한 요소로 등장하는 것이 사실이지만, 궁극적으로 어느 작가의 총체를 이해하려면 그 사람이 그것을 어떻게 받아들였느냐, 거기서 끝났느냐 아니면 그것을 극복했느냐, 또는 그것을 뛰어넘어서 어떤 모습의 자아를 찾았느냐 또는 자기를 확립하려고 노력했느냐, 노력한 결과가 어떻게 됐느냐 하는 것이 사실 더 중요하다고 봅니다.

그래서 저는 오늘 그 이야기를 하고자 합니다. 어떤 영향을 받았고 어떤 것이 어떻게 나타난 점이 있다. 그리고 궁극적으로 그것이 어떤 결과로 됐느냐 하는 이야기입니다. 그리고 이제 그 동안 논의되었던 김수근 작품의 일본적인 영향에 관해서는 상당히 단편적이고 또 애매모호한 개념의 논쟁이 오히려 더 많았다고 보기 때문에, 제가 주장하는 것은 교육적인 영향이라든가, 사회적인 영향, 본인의 감성적인 수용, 논리와 철학의 형성 등 모든 분야의 영향을 총체적으로 비추어 보는 시각이 필요하지, 어느 디테일이 뭐와 비슷하다 그래서 일본적이고 일본 냄새가 난다, 그러니까 일본 영향이다라고 이야기하는 것은 별로 우리들의 논쟁에 도움이 안 될 뿐만 아니라, 작가를 평가하는 데도 전혀 의미가 없다는 이야기를 하고 싶습니다.

먼저 그 교육적인 영향에 대해서 이야기를 하는 것으로 시작을 하지요. 여러분도 아시다시피 1950년에 그분이 서울공대 건축과에 입학을 했는데 서울공대 건축과의 그 당시 교수진 구성을 한번 봅시다. 이균상 교수, 송민구 전임강사, 이런 분들이 주축이었습니다. 경성고등공업학교 출신들입니다. 경성고공은 서울공대의 전신입니다. 그리고 김형걸 교수는 도쿄공업대, 김중업 전임강사는 요코하마고공, 황의근 전임강사는 도쿄대학 출신입니다.

이런 면면들을 보면 그 당시 서울대학교의 교육은 다른 선택의 여지가 없었기도 했지만, 대부분이 경성고공이라는 서울공대 전신에서 내려오던 교육방식을 답습하고 있었습니다. 직설적으로 이야기하자면 경성고공은 식민지에 필요한 고급인력을 공급하기 위한 기술자 양성이라는 교육이념을 갖고 시작했던 교육기관입니다. 그 학교가 서울대학교로 개편이 되고 나서도 거기 교수들이 그대로 남아 계셨기 때문입니다.

적어도 제가 그 학교를 1961년에 들어가서 1965년에 졸업할 때까지도 이 중에 여러 분들이 그대로 남아 계셨습니다. 잘 아시다시피 소위 관학의 맹점이라고 할 수 있는 유아독존이라든가 그런 흐름이 강하게 남아 있었을 뿐만 아니라,

특히 그 식민지 인력수급이라는 것이 지나치게 기술교육에 치중한 나머지, 사회 지도자 교육이나 거시적인 철학을 갖게 하는 그런 교육보다는 마치 급박한 사회 현실에 적응하도록 훈련시키는 살아남기(survival) 훈련 같은 교육 분위기가 그 때까지도 강하게 남아 있었지요.

김수근 선생이 서울대학교에 들어가서 오래 교육을 받고 영향을 받은 것은 아닙니다. 1950년 6월이 신학기였기 때문에 육이오에는 거의 신입생 입학식도 하는 둥 마는 둥 전쟁에 휩쓸렸지요.

서울대학교는 부산에 피난교사가 있었고 거기서 김수근 선생이 1951년말에 일본으로 건너갈 때까지 학교를 다니신 걸로 되어 있는데 그 전시학교의 교육내용이란 보잘것없었겠지요. 천막 임시교사에서 하던 교육이었으므로 거기에서 크게 교육적 영향을 받았다고 보기는 어렵겠지만, 제가 알고 있는 김수근이라는 분은 나이 스물에 굉장히 영리하고 감수성이 예민한 분이었고, 그런 황량한 분위기에서 그런 교수진들에게서나마 단 몇 시간의 교육을 받았다 하더라도 건축이라는 것에 대한 첫번째 이미지가 어떻게 입력이 되었으리라는 것은 우리가 상상을 해 볼 수 있는 상황입니다.

그러다 일본으로 가서 도쿄예술대학—그 전신이 무사시노(武藏野) 미술학교라는 조형예술(fine art) 계통의 대학—에서 학부를 다니게 됩니다. 그 학교에서 정식으로 건축교육이라고 말할 수 있는 것을 집중적으로 받게 되는데, 가장 영향을 받은 사람이 요시무라 준조(吉村順三) 교수입니다. 그분은 일본이 서양문물을 가장 많이 받아들이던 시절에 라이트(Frank Lloyd Wright)를 따라와서 서양 건축문화의 사절같이 미개인들을 가르치듯 황무지에서 여러 작품활동을 했던 안토닌 레이몬드(Antonin Ramond) 계열이지요. 즉 그 미국 건축가를 통해서 서양문물을 처음 받아들인 그룹의 한 사람입니다. 이분의 교육을 통해서 김수근 선생은 서울공대에서 설익은 내용을 배운 이후 처음으로 근대건축 교육을 받는데, 이것이 어떤 식이었느냐 하면 독창성과 작품성을 중요시하는, 그리고 소수정예를 길러내는 아틀리에 교육을 위주로 하는 그런 방식의 교육이었다고 합니다. 유추하건대 감수성이 예민한 이국에서 온 젊은 학도에게는 강한 의미의 영향을 주었으리라고 생각이 듭니다.

그 예대(藝大)를 졸업하고 도쿄대 대학원에 간 것은 당게 겐조(丹下健三) 연구소에 들어가고 싶어서였다고 합니다. 일본의 대학원은 교수별 연구실 체제로 되어서 어느 교수 연구실에 소속되면 그 교수와 실질적인 프로젝트를 같이하는, 도제교육을 겸한 스튜디오 방식의 연구소이지요. 당게라는 사람은 르 코르뷔지에의 제자이고, 실은 김수근 선생은 르 코르뷔지에를 동경했던 것 같습니다.

그런데 김수근 선생이 당게에게 받아들여지지 않았던 모양입니다. 그래서 대신 다카야마 에이카(高山英華) 연구실에 들어가게 됩니다. 다카야마 연구실은 팀워크를 중요시하는 분위기였지만, 다카야마라는 개인의 철학이나 사고방식에 따라서 도제방식의 훈련을 받고 작업을 같이하게 되는데, 거기서 김수근이 수행한 일 중 제일 크고 기억에 남는 것이 도쿄올림픽의 기본계획입니다. 도쿄올림픽이 1964년이었는데 그 기본계획은 1959년부터 시작되었던 것으로 이야기됩니다. 올림픽 전까지 주로 도시계획을 위주로 일하던 다카야마 연구소에서 김수근은 대학원 학생으로서 그 교수와 프로젝트를 같이하면서 일을 배웠습니다. 그리고 대학원의 졸업작품이 올림픽 시설에 관한 조사연구였습니다. 그리고는 석사학위를 받은 후 박사과정에 등록을 하고 잠시 마쓰다(松田)·히라다(平田) 설계사무소에 수습한 경력이 있습니다. 그분의 건축교육에 관해 이렇게 이야기하는 것은 젊은 나이의, 감수성이 예민한 시기에 받아들이는, 백지에 잉크물이 번지듯이 강한 영향력을 상기시키고자 하는 것입니다.

또 한 가지는 일본의 당시 사회분위기에 대한 이야기입니다. 김수근 선생이 일본에 가신 것이 1951년인데 그때 일본의 사회분위기는 어떤 상황이었는가. 1945년에 일본이 전쟁에 졌지요. 전쟁에 졌다는 것은 보통의 게임(fair play game)에서 졌다는 단순한 논리가 아니었습니다. 일본인들에게는 팔굉일우(八宏一宇), 미영귀축(美英鬼畜) 따위의 이야기가 그들 전쟁을 수행하는 마지막 십수 년 동안 완벽하게 국민을 사로잡았던 신앙이었습니다. 팔굉일우라는 것은 하나의 우주 속에 여덟 개의 우주가 다 포용된다는, 즉 일본 민족이 지구를 지배하고 우주를 지배한다는 전쟁의 슬로건이었고, 미국, 영국 이런 것들은 다 아귀와 짐승들이라고 가르쳐 왔습니다. 전쟁에 진 후 신의 아들이라고 생각했던 천황이 신이 아니라고 맥아더 사령부가 포고를 하고, 자기네가 귀축이라고 믿었던 미국 점령군에게 식량을 얻어먹어야 되고, 그들 원조에 의지해 전쟁 복구사업을 해야 하는 상황에서 엄청난 가치관의 전도를 경험하지요. 천황으로부터 시작해서 사회의 지도자, 군부, 서민 대중에 이르기까지 국민 전체가 그런 가치관의 전도를 경험한다는 것은 엄청난 일이었겠지요. 1950년대는 그 가치관의 혼돈과, 그 혼돈을 벗어나려는 각성이 뒤범벅되어 있던 시기였습니다. 그것이 어느 정도 정리되는 것이 사회적으로는 1950년대초의 한국전쟁 특수경기를 거쳐 1964년에 올림픽을 개최하고, 1967년에 오사카 박람회를 개최하면서였고, 이로써 일본인들이 자신감을 되찾게 된 것은 물론이었습니다. 한국전쟁 특수경기로 경제력이 회복됐으니까 그것이 가능했지만 1964년 올림픽이 결정되기 전까지 그런 혼란기가 지속되었다는 사회상황을 이해할 필요가 있습니다.

그러면서 이 사람들이 가장 빠르게 현대적인 사고를 도입해야겠다는 사회분위기가 팽배하면서 다른 슬로건이 필요했어요. 국민을 하나로 묶거나 열광시키는 문화적인 분위기로 반전이 필요했지요. 예를 들면 문학의 경우 일본식 탐미주의의 결과로 아쿠다가와(芥川龍之介) 같은 문학의 선구자를 뒤좇아 아쿠다가와 상을 받은 다니자키(谷崎潤一郎) 같은 사람은 끔찍할 정도로 탐미주의에 빠진 작품들을 만들어냅니다. 그런 탐미주의가 나중에는 미시마 유키오(三島由起夫)처럼 일본의 혼이 다 어디로 갔느냐면서 자위대 본부 연설대 위에 올라가서 할복자결하는 그런 극우, 보수, 민족주의가 팽배하던 것을 잘 추스려서 노벨문학상을 두 번씩이나 받는 쪽으로 사상문제를 정리해 나갑니다. 이것이 문학으로서의 한 예이고, 순수회화나 조각에서는 일본 사람들이 그들의 진로를 정리하는데 성공했다고는 볼 수 없으나, 건축에서는 당게를 중심으로 해서 혼란상을 극복하고 서양의 신도시 건축이라든가, 새로운 건축사상을 재빨리 받아들임으로써 그들 건축의 방향설정을 확실히 하게 됩니다. 당게 이전까지 일본에서도 전통논쟁이 활발했으나 1964년 당게의 요요기(代代木) 올림픽 주경기장을 정점으로 해서 우리는 일본 건축의 전통론에 종지부를 찍었다. 우리는 전통론에 구애받지 않는다. 이제는 세계화다. 내셔널리즘이 아니라 국제주의다. 코스모폴리탄이다. 글로벌리즘이다. 이렇게 생각의 정리를 재빠르게 해 나갑니다.

이런 급변하는 상황의 초기단계에 김수근 선생은 스무 살에서 스물아홉 살까지 구 년 동안 인생의 가장 민감한 시절을 그곳에서 보내고 그 많은 사상적 편력 속에서 객관적으로 이들을 보았을 것이라고 생각을 해요. 본인이 고학해서 벌어야 되고 공부해야 되고 아르바이트 해야 되고, 심리적으로 경제적으로 불안정한 상황이어서 학생운동에 가담하거나 그런 적극적인 여유는 없었을 것이고, 객관적으로 조용히 지켜 봤을 것이라는 얘기입니다. 이것이 나중에 어떻게 발전하는가를 보기 위해, 예컨대 스무 살에 일본에 건너가기 전까지 그분이 처했던 상황이 어떠했는가를 돌이켜보지요.

경기중학교는 지금과 달리 중·고등학교를 합쳐 놓은 오년제 중학교였는데, 이것은 한국에서 제일가는 엘리트 교육기관이었고 그때가 태평양 전쟁의 막바지였습니다. 이것을 한번 상상해 보십시오. 식민지 청년이 한 사회의 엘리트로 자라난 후 소위 내지(內地)와 반도라는 구분이 엄격하던 시절 일본 군국주의의 전쟁에 대해서 어떻게 생각했겠는가. 후에 저에게도 가끔 이야기하신 적이 있습니다만 아마 누구보다도 냉철한 눈으로 일본을 보았을 것으로 생각합니다. '황국 신민으로서 천황에게 충성을 해야 하느냐', 아니면 '이들이 빨리 망해야 전쟁이 끝날 텐데'라고 생각했겠느냐. 그것은 아마도 중요한 단서가 되리라고 생각합니다. 또 일본에 건너간 직후의 그 혼란기에 여러 가지 사조의 풍파를 겪으면서 이 사회에 대해 그가 마음속으로 어떤 평가를 하고 있었을 것인가를 유추하는 데 별로 어렵지 않을 것입니다.

그리고 이제 잘 아시다시피 도쿄대 대학원 재학 중인 학생의 신분으로서, 반일감정이 상당히 고조되어 있던 이승만 정권하에서 국회의사당 현상설계 일등당선으로 서른한 살의 나이에 금의환향, 고국에 돌아옵니다. 이 현상설계라는 것이 김수근의 작품세계나 교육의 영향을 이야기하는 데는 가장 좋은 하나의 표본이라고 생각합니다.

그것은 당시로서 그 사람의 최고의 역량이 집결된 결과이기도 하지만, 그 최고역량이라는 것이 상당 부분은 그에 앞선 교육의 결과였기 때문에 그런 좋은 결과를 가져올 수 있었을 것입니다. 한국의 심사위원들에게 그 작품은 출중한 것으로 보였을 것입니다. 그 당시 심사위원들의 평은 '동양적인 외관을 높이 사서 당선시켰다'고 발표되었습니다. 넓은 포디움(podium) 같은 기단 위에 높이 솟은 탑이 있어서 수평적인 형태요소와 수직적인 것을 조화시키면서 가느다란 선으로 면분할하여 직선화된 선형의 부재(部材)를 결구로 하는 조형이었는데, 제게는 조형이라기보다는 그것은 선의 구성이라는 느낌이었습니다.

제가 나중에 김수근 연구소에 들어가 현상응모 도면을 열심히 들여다본 적이 있습니다. 저도 스물여섯 살 때였는데, 그분이 서른한 살 때 그린 도면이 얼마나 대단했길래 한 나라의 국회의사당 설계에 일등 당선을 했을까 궁금했지요. 거기에 쟁쟁한 교수들과 이름있는 건축가들이 다 응모했는데 일본에서 교육받은 대학원생이 일등 당선을 했다는 것은 센세이션이었습니다. 그래서 그것을 흥미있게 보았지요. 제 느낌으로는 평면계획이 세부까지 잘 정리가 안 되어 있어요. 그래서 제가 웃으면서 한번 이야기를 했지요. "그것이 당선됐다니 놀랍군요"라고. 그랬더니 김 선생이 씩 웃으면서 "평면이 뭐 그렇게 중요해"라는 거예요. 저에

45. 남산 국회의사당
현상설계 당선작.
김수근 설계. 1959년.

225

게는 참 신선하기도 하고 좀 과장해서 쇼킹한 대답이었어요. 저 역시 관학의 교육을 받은 모범생으로서 무슨 설계를 하라면 자료집부터 먼저 찾기 시작하고, 평면의 동선 해결이 안 되면 조형이고 뭐고 전혀 의미가 없는 것으로 생각해 온 사람으로서, 이분에게서 그런 이야기를 듣는 것은 청천벽력 같은 이야기라고나 할까. 복도와 방의 동선들이 잘 해결이 안 되어 있는 평면도를 가지고 입면을 구성하고 모형을 만들고 상을 타고 온 나라를 발칵 뒤집어 놓고도, 그게 뭐가 중요하냐고 이야기하는 것이 도무지 논리의 비약뿐 아니라 그 배짱 하며 하여튼 여러 가지로 굉장히 놀랐습니다.

저는 그것을 다카야마, 당게의 도쿄대 대학원 분위기가 반영된 것이라고도 봅니다마는, 본질적으로는 그런 대범함은 일본교육과는 거리가 먼—차라리 선천성의 발로였다고 보고 있습니다. 또 필로티(pilotis) 부분의 느낌은 르 코르뷔지에의 직접 영향이라기보다는 당게나 마에카와 쿠니오(前川國男)가 그들의 필터로 르 코르뷔지에를 걸러서 만들어낸 영향을 받은 것으로 읽을 수 있었습니다. 그러나 대학원생에게 필로티를 만드는 테크닉은 중요하지 않습니다. 그것이 있느냐 없느냐가 중요하다고 보아야겠지요.

그분에게는 대범함과 섬세함의 양면성이 있었습니다. 인간적인 면에서도 그랬고, 작품에서도 그랬습니다.

또 한 가지 우리가 재미있게 볼 수 있는 것은 그 현상설계를 만든 팀의 구성입니다. 박춘명(朴春鳴), 강병기(康炳基), 정경(鄭坰), 정종태(鄭鐘泰), 김수근 다섯 분이 그 안을 만들었습니다. 박춘명, 강병기 두 분은 도쿄대 대학원의 당게 연구소 출신입니다. 그리고 정경, 정종태 두 분은 도쿄대학 출신이지만 구조 전문가들입니다. 나중에 들은 바로는 김수근 선생 집에서 주로 일을 했는데, 박춘명 선생은 술 마시고 피아노 치고 노래 부르고 놀기를 좋아하는 소위 분위기 잡는 보스였다고 해요. 강병기 선생은 지금도 도시 분야에서 활발하게 활동하고 계신 도시계획 전문가지요. 정경이라는 분은—일찍 돌아가셨지만—그 당시에 당게의 요요기 체육관의 서스펜션 셀(suspension shell) 구조의 해법을 제시한 쓰보이(坪井) 박사 연구소에서 그 실무를 담당했던 천재적인 구조 기술자입니다. 정종태 씨 역시 구조 출신이고, 이 면면을 보면 다섯 분 중 김수근 선생 혼자서 많은 일을 했을 것이라고 금방 알아볼 수 있습니다.

제가 고3 때 국회의사당 설계를 맡게 된 박춘명, 김수근 두 분이 제가 다니던 고등학교에 '모교를 빛낸 선배'라고 강연을 하러 오신 적이 있습니다. 박춘명 선생이 더 선배니까 박춘명 이름으로 당선자 이름이 나고, 자세히 신문에 날 때는 두 분 이름으로 나기도 하고 그런 상황이었는데, 박 선생이 간단하게 인사를 하고 김 선생이 인상 깊은 인사말을 했어요.

"국회의사당의 본질이 무엇이겠는가를 제일 고민했다. 국회라는 것이 위엄이 있어야 한다고 생각했다. 모든 사람이 느낄 법의 존엄성이라는 위엄을 건축에서 표현하고자 했다. 그러면서 동시에 민주주의라는 것의 표상으로서 국민 누가 보든간에 애정을 느껴야 한다."

그 위엄(dignity)과 애정(affection)은 상반된 명제인데, 그것을 고심했다고 이야기한 것을 기억합니다. 권위의 표현이라는 것이 일종의 모뉴멘털리즘이고, 시민의 그 건물에 대한 사랑이란 요즘 이야기하는 휴머니즘이라고 생각을 합니다. 그런 이야기들이 그 작품의 주제였고 한 주제를 내세우고 작품을 풀어 나갔다는 설계의 과정은 건축을 하나의 표제음악처럼 풀어 나가던 당시의 풍조였고, 일본의 전후 사회상황이라든가 교육풍토와 연관지어 보면 김수근 선생이 나중에까지 상당히 모뉴멘털리티에 집착한 이유를 거기서 볼 수 있을 것 같았습니다.

그것을 들은 것이 제가 고3 때였으니까 그 강연이 저 자신을 건축과로 가게 한 계기의 하나가 되었습니다.

그리고 나서 국회의사당 계획이 오일륙 쿠데타로 무산되기까지 삼십대 초반의 대학원 재학생이 서울에서 대선배들을 휘하에 거느리는 국회의사당 건설 설계사무소 책임을 맡게 되었습니다. 그 프로젝트가 취소된 일은 대단히 아까웠지만 그 대신이랄까 다행히도 얼마 후 새롭게 일을 시작한 것이 자유센터였습니다. 건축가 김수근을 잘 이해하게 하는 좋은 예이며 대표작입니다. 쿠데타 직후에 주체세력인 김종필(金鍾泌) 씨와 교분을 갖게 되고 그쪽에서 계획했던 자유센터와 워커힐 등 소위 정부가 주도하는 대한민국 초유의 대규모 프로젝트들을 그 나이에 맡아서 하게 됩니다. 누가 뭐래도 대단한 출발이었습니다.

자유센터는 여러분이 많이 보셨을 것입니다. 귀국 후 첫 작품이 되는 이 건물이 어떻게 완성되고 삼십여 년 후인 지금 와서 어떻게 평가되는가를 본다는 것이 김수근의 일본건축의 영향 논의에 핵심이 될 것으로 봅니다.

선생의 자유센터 스케치를 본 적이 있으신지 모르겠지만, 산을 그리고 그 사이에 대기가 관통하여 흐르는 것을 그린 간단한 스케치가 있어요. 그후에도 제가 계속해서 눈여겨보는 것은 대지를 어떻게 해석하는가에 대한 그의 깊은 애착 같은 것입니다. 뒤에 있는 반공센터(타워호텔로 쓰고 있는 건물)는 대지에서 솟아오르는 힘을 보여줍니다. 젊은 혈기가 용솟음치는 것 같은 작품이지요.

자유센터 아래에 보이는 앞뒤가 확 트인 반음영의 공간은 현대적으로 상호관입한 공간이기도 하고 또 어떻게 보면 한국적인 것이라고도 볼 수 있는데, 그것은 노출 콘크리트라는 재료의 선택이나 거친 브루탈리즘(brutalism)적인 표현이나 콘크리트 디테일에서 보이는 일본적인 처리 때문에 일본적이라는 이야기를 듣습니다. 한국에서는 그때까지 도무지 그렇게 텅 비워 놓은 건물을 본 적이 없어서 그저 쓸모없는 낭비공간이 너무 많은 건물이라고만 치부해 왔습니다.

정인국(鄭寅國) 선생은 생전에 자유센터를 두고 '당게의 도츠카(戶塚) 컨트리 클럽에서 반사된 작품'이라고 하신 적이 있었는데, 저는 그 문제에 대해서 김

46. 김수근의 자유센터를 위한 스케치.

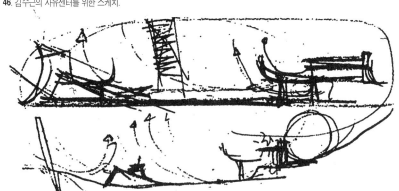

선생이 적어도 어떤 원전을 두고 그것을 디포르메하는 누를 범하지는 않았으리라 생각합니다. 당시의 경제형편이나 정치상황에서 그 중요한 프로젝트를 맡으면서 권력의 핵심에 가깝게 가 있는 좋은 기회에 머리 좋은 분이 그런 우를 범했으리라고 생각되지 않는 상황논리가 있습니다. 차라리 르 코르뷔지에라면 모를까. 다만 콘크리트 노출표면은 상당히 일본적 처리라고 보일 수도 있는데, 그 당시 르 코르뷔지에로부터 당게, 마에카와로 내려온 그 계열의 모든 작품들이 다 그랬습니다. 지금 우리가 경제 규모로 보아 그 당시보다 몇백 배가 늘어났다 해도 건축 프로젝트의 규모로 보면 지금 보아도 큰 프로젝트인데, 그 어려웠던 1960년대초에 시멘트가 없어서 일본의 아사노 시멘트를 수입해서 쓰고, 콘크리트 형틀을 만들 재목도 일본에서 수입해서 썼으니 그때까지 우리의 경험으로 보면 적어도 한국적이라고 보이지는 않았을 터이고,『곡사이 겐치쿠(國際建築)』등의 일본 잡지를 통해 일본의 현대건축을 보아온 눈썰미로는 확연히 일본적이라고 이야기될 수도 있었을 것입니다.

47. 카가와현(香川縣) 청사. 당게 겐조 설계. 1956년. 당시에는 콘크리트를 목조부재처럼 선형화(線形化)하던 풍조가 있었다.

디테일의 처리기술에 있어서 아마도 대학에서 받은 정도의 현장학습만으로는 선택의 여지가 많지 않았으리라고 봅니다. 서른 살의 건축가가 능란하게 여러 가지 디테일의 테크닉을 구사하기는 어려웠을 터이고, 아마도 경험에 한계가 있었을 것입니다. 더구나 한국에서 함께 일한 당시의 실시설계팀, 시공팀이 완벽한 일본식 교육을 받은 사람들이었기에 상당 부분이 일본식 디테일로 처리되었다는 것을 부인할 수는 없을 것입니다. 이것은 궁극적으로는 건축가의 책임이지만 함께 책임을 진다면 아마도 그 디자인의 전개(development)에 능히 미치지 못했던 우리 사회 전체의 책임이었다고 볼 수 있습니다.

그 다음에 한 일이 워커힐입니다. 우리나라가 돈을 벌어야 먹고 산다, 무슨 수단을 써서라도 외화를 벌어야 한다, 그 여러 가지 아이디어 중 하나가 미8군이 도쿄에 가서 휴가를 보내고 돈을 다 쓰니까 여기에 관광시설을 만들어 기생관광을 해서 외화를 벌자는 것이었습니다.

경제적으로 급박할 때고 군사정부의 젊은 사람들 역시 얕은 아이디어로 그런 생각을 했겠지요. 김종필 중앙정보부장이 광나루에다가 대규모의 사업을 벌였습니다. 워커 중장이라는 미국 군인의 이름을 따서 워커힐이라는 언덕을 만들고, 지금같이 쇼하는 극장, 술집, 호텔, 도박장 등 대규모 관광위락 시설을 만드는 것이었는데, 거기에 여섯 사람의 건축가가 참여하고 김수근 선생은 신예로서 한국의 일급 건축가 여섯 명 중에 당당히 끼게 됩니다.

저는 대학 4학년으로 저희 교수가 맡았던 그 중 한 건물의 준공 때 견학도 갔습니다. 워커힐에 김수근 선생 작품은 여러 개가 있습니다만 지금 남아 있는 것은 힐탑 바하고 더글라스 하우스라는 호텔형식의 방갈로 같은 건물입니다.

힐탑 바는 산꼭대기에다가 역피라미드형으로 만든 작품이지요. 그것 역시 대지를 어떻게 해석하느냐 하는 기본적인 문제에 집착해서 나온 결과라고 볼 수 있습니다. 그것을 꼭 좋은 의미로만 해석하는 것이 아닙니다. 오스카 니마니어(Oscar Niemeyer)의 도서관과 비슷한 모티프인데 그 워커힐의 힐탑 바를 잘 보시면 영문의 W자를 써놓은 것이라는 것을 아시겠습니까?

저는 "그것이 건축이냐" 하고 김 선생님께 대든 적이 있어요. "글자를 확대해서 건물을 만드느냐" 했더니 "그것은 우연이다. 우연히 그렇게 된 것이다. 역피라미드형으로 대지의 역동성을 살리기 위한 것"이라고 대답을 하셨습니다.

지금 와서 돌이켜보면 그것은 그후 계속해서 나타나는 김수근 작품의 대표적인 아날로지(analogy)의 일례입니다. 그런 아날로그적 접근방식이 일본의 현대건축 초기에 일본의 전통론에서 나오는 경우가 여러 번 있기 때문에 그것을 가지고 일본 영향이라고 이야기하기도 하는 것입니다.

더글라스 하우스 역시 대지와 연관된 작가의 생각을 이야기할 수밖에 없는 경우입니다. 건물이 구불구불하게 등고선을 따라가게 되는데, 그것은 구조, 복도와 방의 배치, 각 방의 전망이 등고선을 따라 순리적으로 배치되는 것이 지형상으로 합리적이라는 점 때문에 작가의 대지에 대한 해석이 강하게 나타났다고 생각을 하지요.

다시 정리해 보면 국회의사당의 경우 그런 선형 부재의 결구(結構)라는 것은 (자유센터와 타워호텔에서도 비슷하게 나타나는 요소입니다만) 어떤 원전을 가지고 디포르메했다기보다—그냥 무의식적으로 몸에 익은—마에카와나 당게가

48. 워커힐 힐탑 바.
김수근 설계. 1961년.

초창기에 목조를 프리캐스트(precast)화하는 과정에서 보였던 시도들의 영향이 아닌가 봅니다.

다음으로 제가 알고 있는 김수근 선생의 여러 가지 개인적인 취향이라든가 집착하는 것들을 말씀드리겠습니다. 초창기에 저하고 여러 번 이야기한 것 중의 하나가 메이저 스페이스(major space)라는 테마입니다. 그것은 일본적인 것이라고만 말할 수는 없는 것이고 그 당시 세계적으로 건축계에서 유행하고 있던 화두였지요. 메이저 스페이스라는 것은 대담하고 거대한 중심공간을 설정하고, 그것을 중심으로 다른 작은 것들을 부수적 구성으로 만들어 나가는 공간개념입니다. 이것이야말로 건축 외관의 모뉴멘털리즘에 못지 않은 내부공간의 모뉴멘털리티 추구지요. 거기에 이분이 상당히 심취해 있었기 때문에『공간』잡지를 처음 만들 때 '메이저 스페이스'라는 특집을 창간부터 두 달 정도 연재했습니다. 제가 설계실 일을 하면서 편집 일을 얼마 동안 도왔기 때문에 잘 기억하고 있지요. 그것은 사람을 감동하게 하는 모뉴멘털한 내부공간을 만드는 것으로, 김수근 선생이 젊은 나이였기 때문에 거기에 심취했을 거라고 보는 것입니다.

연속해서 제기되는 아날로지라는 이 문제 또한, 한 작가라는 자아가 아직은 확립되기 전이기 때문에 그런 접근방법에서 완전히 벗어나지 못하고 있었다고 이야기할 수도 있겠으나, 후일에 가서는 그 기념성이나 아날로지를 벗어나려고 노력했음을 제가 알고 있습니다. 실제로 많은 경우 그것들은 극복되었다고 봅니다. 한번은 저에게 '대칭에서 벗어나야 해'라고 혼잣말하듯 말씀하신 적이 있는데, 저는 그것을 비슷한 노력을 하던 시기의 자기확인이었을 거라고 생각합니다.

그때 우리끼리 한 이야기 중에 또 자갈리즘이라는 것이 있었는데, 한마디로 큰 스케일의 프레임을 만들어 놓고 거기에다가 자갈자갈하게 덧붙여 나가는 것을 말합니다.

대학로에 있는 문예회관은 붉은 벽돌의 거대한 벽면들로 구성된 건물인데, 벽돌을 쌓다가 양복에 하는 아웃 스티치(out stitch) 바느질처럼 중간중간에 땀이 보이도록 빼놓는 그런 섬세한 요소들을 첨가함으로써 큰 것과 섬세한 것이 극단적으로 대비되는 디자인이랄까. 그런 것들이 일본 교육의 영향이었다고 저는 봅니다. 왜냐하면 일본의 건축가들은―지금도 그렇고 옛날에도 그랬듯이―아주 대범한 면 처리를 그냥 두고 보지 못해요. 대범하게 놔두지 못하고 거기에다 뭔가 손을 대야 속이 시원하지요. 저는 그것이 일본의 섬세한 디자인 교육의 영향이라고 봅니다. 그래서 나중에 제가 웃으면서 "자갈리즘이라는 것은 그게 자갈자갈해서 자갈리즘이지요" 하고 물었지요. 그때 밤일할 일이 있으면 선생 댁에서 밤을 새곤 했는데 자주 바흐를 크게 틀어 놓곤 했습니다. 선생은 바흐에 비유해서 이야기를 했어요.

"바흐는 전체적으로 굉장히 큰 대지나 끝없는 바다를 보는 것처럼 스케일이 큰 광경을 보여주고 있는데, 거기에 복잡한 장식음들이 붙어서 섬세한 변화를 주고 아름답게 느끼게 하지만, 그 장식음들은 곧 전체의 구성을 좌우하는 것이 아니고 궁극적으로는 하나의 거대한 지평선이나 수평선을 이루는 작은 요소들이다."

소위 자갈리즘에 대한 설명을 그렇게 하셨습니다. 우리가 상황에 따라 그런 주장을 다르게 느낄 수 있겠습니다만 저는 그것을 일본 사람들의 대범하지 못한 영향도 있을 것이라고 보았습니다. 당신은 '바흐를 보라'라고 대답을 했으니까 그렇게 두고 보십시다.

제가 초기에 담당했던 몇 가지 주택의 설계과정에서 느낀 점을 말씀드리겠습니다. 그때 들은 이야기 중에서 기쿠다케 기요노리(菊竹淸訓)라는 일본의 건축가가 있었는데―일본의 현대건축 초창기 건축가지요. 마에카와 쿠니오와 거의 동기이거나 얼마 후배일 것입니다―기쿠다케 본인이 설계한 자신의 저택이 도쿄의 메구로(目黑)에 있습니다. 제가 어느 주택을 맡고 있었는데 어느 날 스카이 하우스의 도면을 보았느냐고 물으셨어요. 후에 1969년 일본에 처음 가서 그

스카이 하우스라는 건물을 보았는데, 그 느낌이 그전에 했던 신문로의 고 사장 주택, 신촌의 무슨 여사 주택, 돈암동의 우 사장 주택들과 연관이 있어 보이더라구요. 주택문제에서는 저와는 생각이 많이 다르신 것 같아서 저도 갈피를 못 잡던 터라 하나의 실마리가 보인 것 같아 반갑기는 했습니다. 저는 주택을 맡으면 무슨 공간의 시스템 같은 방식으로 풀어 보려고 했는데 한번도 그것이 채택된 적이 없어요. 원서동의 구 회장 저택도 제가 하는 것이 마음에 안 들어서 유걸 씨에게 넘기도록 했던가 본데 그것 역시 김 선생의 스타일은 아니었습니다.

김 선생은 주택에서 어떤 작가적인, 창의적인, 작품성이 강한 색다른 분위기 같은 것을 좋아하셨지요. 우리가 하고자 했던 도시형 주택의 전형적 일반해(一般解) 같은 일종의 시스템을 추구하는 시도가 마음에 안 드는 것 같았습니다.

넉 달 동안 일본 근무를 마치고 돌아온 후 "스카이 하우스를 보았느냐"고 다시 물으세요. 그런 이야기를 또 하신 것을 보면 그것을 퍽 좋아했던 것 같습니다. 그리고 지금 돌이켜보면 이 일은 내가 딱딱하고 합리주의자인 모범생보다는 자유로운 상상력을 좀더 갖기를 바라는 김 선생의 불만이 표출된 것이 아니었나 생각을 합니다. 스카이 하우스는 공중에 떠 있는 집이에요. 아마도 좋은 작품이라고 본인이 생각하는 데서 좋은 영향을 받았을 것이라고 저는 생각합니다.

인간적으로는 시라이(白井晟一) 선생을 좋아했지요. 따라서 물론 도사풍(道士風)인 시라이의 작품도 좋아했을 터이고 돌아가실 때까지 두 분은 가까웠습

49. 신문로 주택. 김수근 설계. 1960년. 중앙의 샤프트(shaft)로 주요 부분이 공중에 띄워졌다.

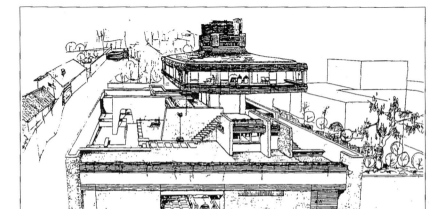

니다.

어쨌든 이런 여러 가지 배경을 갖고 있는 상태에서 큰일들을 맡게 되었고, 삼십대 초반의 나이에 승승장구를 거듭했으니까 그 바탕과 배경에 약간의 한계가 있었으리라는 것은 짐작이 가는 일입니다. 정말 우리나라에서는 그때까지 국회의사당, 자유센터, 워커힐 같은 대규모의 프로젝트를 구경도 못 해 보았고, 설계도 못 해 보았고, 시공도 못 해 본 그런 불모지, 전쟁 이후의 암흑시대였으니까 강한 메시지를 담은 새로운 시도로써 사람들에게 어필할 수 있었던, 어필해야 했던 도전적 태도는 어느 면 당연한 귀결일는지도 몰랐습니다.

그 승승장구에 브레이크가 걸린 것이 부여박물관 사건입니다. 이것이 결정적으로 왜색 논쟁을 불러일으킨 계기가 되었고, 작가로 하여금 주춤하고 반성하고 성장하는 계기가 된 사건이었습니다.

당시 한국에서는 두 가지 부류에 해당되면 완전히 사회에서 매장되는 분위기였습니다. 하나는 친일파라는 것, 또 하나는 용공주의자라는 것이었어요. 두 가지 덫 중의 하나에 한 건축가가 걸려든 것이지요. 왜색 작가라고 굴레가 씌워지면 누구든 그것으로 끝장이에요. 그런 시대상황에서 어떤 사람이 부여박물관의 거의 완공된 상태를 구경갔다가 사진을 찍어서 『동아일보』에 고발을 했습니다.

그때의 사진이나 잡지 등에서 지금도 보실 수 있는데 진입로에서 계단을 한 층 정도 올라가면 대문이 있습니다. 거기에 계단 난간이 콘크리트로 육중하게

50. 부여박물관.
김수근 설계. 1965년.

되어 있고 그 위에 일주문(一柱門)을 연상시키는, 육중한 지붕 형태를 단순화시킨 콘크리트 덩어리가 얹힌 대문이 있습니다. 그 대문을 아래서 묘하게 찍으면 비례가 전혀 다름에도 불구하고 일본의 신사에 들어가는 입구같이 보여요. 그것을 일본말로 '도리이(鳥井)'라고 합니다. 그것이 발단이 됐어요. 부여박물관 입구를 '도리이' 같이 만들어 놓았다고 말이지요.

결론부터 이야기하면 대문은 윤승중 실장이 그린 것입니다. 그리고 그것은 한마디로 '도리이'하고는 관계없는 것입니다. 콘크리트 처리나 디테일 처리가 일본식 디테일 처리방식처럼 느낄 만한 사소한 점들은 있지만, 대문 자체는 '도리이'가 전혀 아니며, 또한 윤승중이라는 분이 도리이를 고의로 흉내내서 그릴 분은 아니죠. 서울 토박이에다 일본 근처도 가본 적이 없는 분이니까요.

그 당시 『동아일보』는 민족주의를 표방하고, 왜색이라 하면 쌍지팡이를 들고 나서는 신문이었으므로 '이 기회에 뿌리 뽑자' 이렇게 된 것 같습니다. 이것은 그 대상이 된 젊은 건축가로서는 정말 황당한 이야기였을 것입니다.

그래서 박물관에서 심의위원회를 만들었습니다. 공정한 심의가 되기는 어려웠겠지요. 박물관에서 위촉한 심의위원들이었으니까요. 일종의 방탄조끼 같은

51. 부여박물관 대문. 계단의 육중한 난간 때문에 '도리이'를 연상시킨다.

것이었지요.

심의위원회는 우선 사건을 어느 정도 선에서 덮어 두자고 만들어 놓은 모임이었습니다. 그러나 사회분위기가 격앙되어 있었으므로 그 위원들이 겁을 먹었습니다. '이것은 왜색이 아니다'라고 이야기해 주기를 기대했던 이분들이 꽁지를 내린 것이지요. 심의위원회에는 일반 문화인, 화가 등이 많이 있었고, 대선배 건축가들도 몇 분이 계셨습니다. 그래서 회의석상에서는 다른 분야 위원들은 상식적으로 이야기하는 것이고 건축가 위원들의 이야기로 거의 결론이 나는 상황이었어요. 대선배 건축교수 한 분이 회의에서 뭐라고 하셨는가 하면 "나는 전문가로서 이야기하기보다는 일반 상식인으로서 이야기하겠다"라고 전제를 하고, "일본 냄새가 나지 않는다고 말할 근거가 희박하다는 것을 주장하기는 어렵지만…" 이런 식으로 책임을 회피하는 듯한 이야기를 하더라구요. 빙빙 돌려서 한 이야기의 결론은 왜색이라고는 보이지만 내놓고 그렇게 말할 수 없어서 괴롭다는 뜻이었습니다.

도저히 결론이 안 나는 이런 상황에서 김중업이라는 분이 정식으로 나서서 "이것은 일본 냄새가 나는 정도가 아니고 부여박물관 본건물은 신사의 디포르메다. 정문은 도리이의 디포르메다"라고 건축 전문가로서 신문에 기고를 하면서 정식으로 논쟁을 제의한 것이지요.

김중업 선생은 김수근 선생이 서울공대에 들어갔을 때 서양 건축사 전임강사였고, 일 년 미만을 배웠다고 하지만 김중업 선생은 끝까지 사제지간이라고 생각을 했어요.

그때까지는 두 분이 서로 '김수근 군, 김중업 선생님'이라고 했을 것이라고 생각하기는 어렵지 않지요. 김중업 선생이 먼저 한국에 돌아오셔서 지도적인 (leading architect) 역할을 하고 있었는데 김수근 선생이 갑자기 나타나서 아마도 김중업 선생으로서는 이 논쟁을 정리해 놓을 뿐만 아니라 인간관계까지도 정리해 놓을 필요가 있다고 생각했는지 모르겠어요. 그래서 명백하게 신사의 디포르메다, '도리이'이다, 고상식(高床式)이다, 치기(千木)이다라는 이야기를 처음 꺼낸 셈이지요. 일반 사람들이 보기에는 그런 대건축가가―젊은 건축가의 스승이라고 알고 있는 사람이—그렇게 이야기했으니까 논쟁은 결론이 난 셈이라고 보아야 했지요.

김수근 선생은 거기에 대해 "이것은 내가 옛날 부여박물관에 가서 와당의 파편에 나와 있는 곡선을 스케치해 와서 만들었기 때문에 일본의 곡선이라고 말할 수는 없는 것이다. 거기에서 일본 냄새를 맡는다면 그것은 일본 건축이 백제에서 배워갔기 때문에 나에 의해 다시 재수입된 것이다"라는 이야기를 반론으로 신문에 썼습니다. 또 "나는 일본에 대하여 누구보다도 잘 안다. 일본 건축이나 건축가나 일본적 경향에 대해서 누구보다도 잘 안다. 그래서 나는 정말로 조심할 줄 아는 사람이고 그렇기 때문에 나야말로 일본을 극복할 수 있는 사람이다. 그런데 내가 미쳤다고 그런 것을 하겠느냐." 이렇게 두 가지를 말했습니다. 그때 우리는 동아방송 문화부의 조동화 기자를 중심으로 언론대책반을 만들고 매일 합숙하며 회의를 했습니다.

저는 대책반에 파견나가 있는 입장으로서 김 선생의 그 대응논리가 마음에 안 들었고 그 '역수입론'이 큰 실수라고 생각했어요. 이것이 또 다른 전통 논쟁을 불러일으켰지요. 신문에 김중업 선생이 한 번 쓰면 김수근 선생이 또 쓰고 하던 때였지요. 그래서 좀더 공격적인 대응을 하기로 했습니다. "이것은 김수근식이다. 그리고 김수근의 작품이다." 이런 독자론을 폈지요. 여기 몇 가지 스크랩이 있으니 한번 같이 보십시다.

"부여박물관의 설계도를 면밀히 검토해 본 결과 몇 가지 근본적인 문제를 제기하지 않을 수 없다. 결론부터 한마디로 말하면 이 건물은 일본 신사의 디포르메라는 인상이 확연하다. 내가 보건대 김군은 일본에서 공부하면서 받은 영향을 충분히 여과시켜서 내면화하고, 다시금 우리의 전통을 깊이 연구하고 정관(靜觀)하여 독자적인 창작의 길을 열었어야 하는 그의 과제를 철저하게 수행하고 있지 않은 것 같다."(김중업, 「전통없는 神社의 변형」 『중앙일보』, 1967. 9. 2.)

"건축예술의 역사는 여러 세기를 통해 구조와 장식의 수법으로써 기록되어 왔지만, 철과 콘크리트에 의한 무한한 구조 가능성의 확대는 지난 수십 년 동안 과거의 양식을 철저히 전복해 왔으며, 현대건축의 공법이 기존양식을 표절하는 것을 수치스럽게 생각하고 있다. 새삼스럽지만 현대감각을 가진 건축가라면 기존양식을 모방한다는 것을 무엇보다도 기피해야 한다는 것을 나는 잘 알고 있다. 내가 명확히 말할 수 있는 것은 이 설계는 백제의 양식도, 일본의 신사양식도 아닌, 현대건축을 전공으로 하는 바로 김수근의 양식이라는 것이다."(김수근, 「신사 모방 아닌 내 것」『동아일보』, 1967. 9. 5.)

"건축가는 자기를 자기 건축에 표현한다. 그것은 그저 막연히 '전통의 내재미와 형식미의 추구'가 아니라 자기의 발견이고 더 큰 의미의 자기, 즉 전통이 소화되며 그것을 통해 하나의 조형이 탄생된다. 그렇기 때문에 부여박물관은 창작이 아니라 일본의 모방에서 나온 습작이란 것을 알려 주고 싶다."(김중업, 「부여박물관의 조형문제」『동아일보』, 1967. 9. 12.)

그런 와중에서 토론이 지루해지자 「일본 건축가의 눈으로 본 부여박물관」이라는 어느 일본인의 글이 이 논쟁을 조금 가라앉혔다고 저는 보았습니다. 이 사람은 황당하다는 것이었지요. "한국 사람들이 왜 그것을 보고 일본적이라고 하는지 모르겠다. 일본 사람인 자신이 보았을 때 그것은 대단히 한국적이다. 대지에서 용솟음치는 원시적인 힘을 느낀다." 이렇게 썼어요. 일본 사람이 일본식이 아니라고 하니까 굉장히 이상하게 됐지요.

자, 그 결론은 여러분 각자가 내리셔야 될 것으로 봅니다. 거기에서 일본 냄새가 난다고 생각하는 사람도 있고, 일본적인 디테일이 뭔가 보이기는 하지만 근본은 일본적인 것과는 관계가 없다고 생각하는 사람도 있을 것이고, 정말 일본 사람이 이야기했듯이 대지에서 용솟음치는 원시적인 한국의 힘이라고 느끼는 사람도 있을 것이고, 제가 주장했듯이 소위 한 작가가 했다면 그 사람 것이지, 일본 것이고 한국 것이고 따질 것이 뭐가 있느냐라고 할 수도 있을 것입니다.

이것은 한마디로 암시에 의한 대중조작의 냄새가 짙은 사건이었습니다. 의도적이었건 아니었건 일본에 감정적일 수밖에 없는 일반 대중에게 이것은 일본 것이다라고 누군가가 먼저 외쳤고 그 불이 삽시간에 번져 나갔습니다. 대중은 '그러면 그렇지'라는 본능적 질시가 있었고, 김 선생으로서는 일본에서 건축교육을 받았다는 배경 때문에 변명할 수도 없이 구석에 몰리게 된 지경이었습니다. 민족감정이 세련되게 다스려지지 않은 예에 불과하지요.

불행하게도 최종적인 결론으로 심의위원회에서 개작(改作)을 권유했습니다. 그때 사회분위기로 보아서는 그것을 헐어 없애자는 여론이 너무 거세었기 때문에 위원회에서 몇 가지 개작 권고안이 나온 것만도 일면 다행이라고 보았습니다. 지붕 용마루가 돌출되는 부분이 일본 신사의 '지기(千木)'를 닮았다고 하여 그 부분을 자르라고 하는 주문도 있었지요. 지금 부여박물관을 가서 보시면 처음에 공사 중에 있던 것과는 다른 점을 보실 수 있습니다. 돌출된 부재(部材)가 잘린 부분이 있고, 중간에 늑골 사이 경사면에다가 한식기와를 씌우고 양쪽 벽면에 완자 무늬를 집어넣고 단청 같은 것을 칠하고 했어요.

그 당시 김수근 선생은 상당히 위축된 상태여서 개작에 동의를 했습니다. 저는 "개작에 동의한다는 것은 두고두고 후배들에게 나쁜 선례가 됩니다. 이따위 인민재판에서 건물 모두를 때려부수는 한이 있더라도 선생님은 동의해서는 안 됩니다"라고 울고불고했는데 결국에는 동의를 했어요. 그것은 작가가 사회의 압력에 굴복하는 선례를 남겼지요. 그래서 그것은 실패한 경우로 남았는데 우리에게는 좋은 교훈입니다. 실패를 어떻게 극복하느냐에 따라서 실패냐 아니냐가 평가되는데 저는 거기서 큰 교훈을 얻었지요. 이분으로서는 자신의 성장을 위해서

52. 개작 후 완공된
부여박물관. 한국적 디테일
요소가 가미되었다.

좋은 자극이 되었습니다.

그 실패를 극복해야겠다는 생각이 한국종합기술개발공사로 나타났습니다. 그것 역시 김종필이 같이한 것이지만 기술공사라는 회사는 정부투자기관들이 재투자해서 만든 것입니다. 형식적으로는 김종필이 국무총리를 하던 시절, 총리훈령 108호가 정부 각 기관에 보내져서 기술공사에다 용역을 맡길 때는 입찰할 필요가 없이 수의계약해도 좋다는 것이었어요. 적어도 1970년대에 우리가 일할 동안에는 정부의 중요한 모든 댐, 도로 설계, 도시계획 등 대규모 사업을 경쟁 안하고 수의계약으로 다 했습니다. 그때부터 일본의 자본이 들어오기 시작했어요. 한일 청구권에 의한 일본의 경제원조, 그것이 혁명 주체들로서는 한국 경제가 도약하는 데 시드 머니(seed money)가 됐다고 생각했던 돈인데, 지금 보아서는 얼마 안 되는 액수지만 그 돈이 일본에서 들어옴으로써 여러 가지 인프라를 만들 수 있었기 때문에 일본 사람들로서는 돈을 준다는 구실로 기술을 팔아먹을 필요가 있었지요.

우리가 미국에서 원조를 받을 때는 미국 물품 우선구매(Buy American) 정책이라는 것이 있어서 원조금을 결국 저들 물건을 사는 데 다 쓰게 되었듯이, 기술이 없는 우리나라 상황에서는 일본 사람들이 돈 줘 놓고 그것 모두를 자기네가 가져갈 것이 명백했기 때문에 김수근 선생은 일본의 기술수입 역조에 대비하기 위해서 기술공사를 만들었습니다. 한국 기술로도 할 수 있다라고 김종필 총리를 설득한 것입니다. 안국동에 있던 김수근 건축연구소를 합병해서 기술공사 건축부가 되고, 김수근 연구소의 윤승중 실장은 기술공사의 도시계획 부장이 되고, 저는 건축부 제1과장이 됐습니다. 저는 그때 김 선생에게서 '미국 놈들, 나쁜 놈들'이라는 말을 처음 들었습니다. 정말 놀랐지요. 아무도 내놓고 그런 얘기를 못하던 시절이었으니까요.

여기서 일본에 관한 김수근 선생의 다른 생각도 엿볼 수 있는 것입니다. 역시 '일본 놈들, 나쁜 놈들'이라는 것이었겠지요.

기술공사에서 저희가 제일 열심히 한 것이 여의도 종합개발계획하고 종로 3가 계획입니다. 여의도에서 선형(線形)의 도시 발전을 제안하고 도시 축을 선형으로 끌고 나가면서 도로의 위계(hierarchy)가 있어야 한다고 주장한 것, 또 종로 3가에서의 메가-스트럭처(mega-structure)나 인공의 데크(deck)를 만들고 하는 것들은 일본 도시계획의 몇 가지 경험을 보았던 때문이 아닐까 생각합니다. 당시 당게 겐조의 도쿄만(東京灣) 계획에 따른 도쿄 개조론이나, 도쿄 해상도시 계획이 세계적 화제를 불러일으켰습니다. 우리가 볼 수 있는 잡지라는 것은 일본의 『곡사이 겐치쿠』로 이는 최고의 지식인 잡지였는데, 이 이야기를 밝혀야 하는 이유가 무엇인가 하면 여의도 계획에서는 선형의 도시 축이나, 도로의 위계(hierarchy)나 논리적인 것이 김수근 선생과 상의해서 된 것이 없었기 때문입니다. 사실 윤승중 선배하고 저하고 대체로 한 일들이기 때문에 만약 거기에 일본적인 영향이 보인다면 저희가 일본 잡지를 본 영향이 있을는지는 모르겠습니다. 종로 3가 계획에서는 김 선생님이 스케치를 해주신 것이 있어요. 그 구조와 인공 데크에 대해서 아주 조그만 스케치를 해주신 것이 있었는데, 그것이 종로 3가 계획의 주안점이 되기는 했지만 그것이 일본의 영향이라고는 생각하지 않습니다. 그것을 그렇게 풀어 나간 것은 오히려 윤승중, 김원, 김석철 팀이었습니다.

정말로 어떤 영향이 있었는가를 이야기해 봅시다. 김수근 선생의 일본관을 총체적으로 볼 필요가 있다고 앞에 말씀드렸지요.
식민지 서울에서 부르주아 출신의 엘리트 중학생으로서 군국주의 일본을 보던 눈, 그 다음에 일본에 가서 고생할 때 전후 일본에 대해서 느낀 것, 예를 들면 문화적으로 흠모했든지, 경제적으로 적대감을 느꼈든지 하여튼 종합적으로 그렇게 보는 눈, 그리고 일본의 수입 역조에 대한 반감 같은 것을 작가의 본질적 바탕에 서서 작가 자신의 안목을 통해 작품으로 이야기할 필요가 있었을 것이고, 아마도 대학에서 배운 테크놀로지나 디테일의 노하우에 관해서는 크게 선택의 여지가 없이 일본 사람들이 가르쳐 준 것을 배워서 한때 오용했을 수도 있으리라는 것을 우리가 인정해야 되리라고 봅니다.
다음에 감성적이나 사상적으로 일본의 유미주의(唯美主義)가 세계화하는 과정을 지켜 보면서 그것을 자기화하려고 노력을 했을 것이라는 점을 우리가 유추해 볼 수 있는데, 제가 알고 있는 한, 제가 증언하기를 꺼리지 않을 만큼 이야기할 수 있는 것은 개인적으로 김수근 선생은 반일주의자였어요. 일본 여인을 부인으로 맞이할 만큼 일본 생활에 젖어 있었는지는 모르겠지만, 제가 듣고 저하고 이야기하고 행동으로 본 것으로는 이분이 반일주의자였다는 점이지요. 이런 것이 계기가 되어 개인적으로 고민하고 무언가를 모색하는 오랜 고통의 시기를 겪었을 거라고 봅니다.

그런데 그것을 같이 이해하기 위해서는 이분이 유년기에 가졌던 유교적인 교육의 영향, 가족적인 배경이라든가, 초기 작품에서도 일본의 영향을 받았다고 지적된 여러 가지 작품들에 일관해서 보이는 자연에 관한 직관과 해석이라는 것은 대단히 유교적이고 동양적이고 한국적이고 그래서 김수근적이라고 봅니다. 그리고 무엇보다도 유의할 점은 이분이 일본에 간 것부터가 일본의 건축을 동경해서라기보다는 르 코르뷔지에에게 가고 싶어했던 것이고, 그리고 르 코르뷔지에에게 못 가면 당게에게라도 가겠다고 한 사실입니다. 그리고 대학을 졸업하고 대학원 가기 전에도 역시 르 코르뷔지에에게 가려다 못 가고, 당게에게 가려다 그것도 안 되어서 다카야마 연구실에 들어가게 된 것이고, 궁극적으로는 항상 오히려 그쪽에 더 마음을 주고 있었다는 것을 알 수 있습니다. 결국은 코스모폴리탄으로 돌아가게 되었지만요.

그의 철학과 작가적 성향을 근본적이고 총체적으로 왜색이라고 말하는 것은 한마디로 틀린 말입니다. 한국의 전통주의냐 민족주의냐 이런 것도 아니었습니다. 결국 코스모폴리탄으로 돌아가는 과정을 저는 보았습니다. 이론적인 무장의 필요성 때문에 최순우 씨나 소흥렬 씨를 만나서 여행도 하고, 최정호 등과 미래학을 이야기하고 그러면서 굉장히 신중하게 되고 성숙하게 된 점이 있지요. 무엇보다도 그 전에 이미 『공간』 잡지, 공간사랑, 화랑을 통해서 문화운동을 시작했습니다. 여러분은 잘 모르시겠지만 내일 모레 이 자리에 올, 수없이 많은 문화인들이 바로 이 자리를 통해서 데뷔를 했어요. 잘 아시는 김덕수(金德洙)를 불러들여 '사물놀이'라는 새 장르를 만든 것부터가 처음이었고―그 이전에는 아예 그런 명칭도 없었으니까요—그 사람들이 여기 바로 이 공간사랑을 통해서 데뷔를 했고, 그 다음에 공옥진(孔玉鎭)의 병신춤, 홍신자(洪信子), 그 다음에 유명한 화가 하종현(河鍾賢) 같은 분이 공간 미술상을 처음 받음으로써 데뷔를 했습니다. 이것을 다시 말하면 문화운동을 통한 자기 극복이라는 성찰, 자기 성장을 모색하는 기반이 됐습니다. 그래서 '서울의 로렌초(Lorenzo di Medici)'라는 이야기도 듣게 됩니다.

제가 김 선생 곁을 떠나기 직전에 근무했던 인간환경계획연구소를 통해서 미래학을 연구하고 전통론을 종합하면서 거기서 그는 이론적으로 자신을 정리합니다. 모태공간이니 제3공간이니 궁극공간이니 하는 이론적 정리들이 나중에 계속해서 발표되었는데 그 당시에 저는 상당히 신랄하게 비평을 했어요. 이것은 건축가의 작품과 별 관계없는 말의 슬로건에 불과하다고 생각했습니다. "선생님, 이것이 잘못하면 일본 영향이라고 이야기될 수 있는 것 아닙니까?"라고 제가 여쭈어 본 적도 있었습니다.

왜냐하면 김 선생이 저에게 아주 초창기에 이렇게 물으신 적이 있어요. "메타볼리즘(metabolism)이 무엇인지 알어?" 그래서 제가 잘 모르겠다고 했습니다. "메타포(metaphor)라면 은유법, 비유법이라는 뜻인데 건축에서의 은유주의(metaphorism)라는 뜻입니까" 그랬더니, "그것도 몰라?" 하시면서 그냥 더 이야기하지 않고 지나갔는데 저는 너무 창피해서 책들을 찾아보았습니다. 그것은 성장하는 도시라는 말이었습니다. 일본 사람들이 만들어 놓은 원전이 아니고 세계적으로 유행하는 추세였지요. 건물은 성장한다, 도시는 변한다, 도시는 신진대사한다. 메타볼리즘은 신진대사론(新陳代謝論)입니다. 그것이 당시 일본 중견 건축가들—하라 히로시(原廣司), 이소자키 아라타(磯崎新) 등—의 수사(retoric)였습니다. 그래서 선생께 그랬어요. 자꾸 모태공간, 자갈리즘, 제3공간, 궁극공간, 네거티비즘(negativism)… 그러시면 그것이 일본 사람들의 얄팍한 슬로건과 무엇이 다릅니까. 건축가가 작품으로 이야기하면 됐지, 이론을 앞세우고 말로 자기를 먼저 설명하려고 들고 나중에 가서는 말과 행동과 작품과 괴리가 생겨서 고민하고, 나중에 또 이거 말씀과 다르지 않냐고 후배들에게 혼날 수도 있고, 저는 그런 것은 싫다고 말씀드렸습니다.

이분이 이론적으로 무장을 할 필요성을 느낀 것이 부여박물관 사건 이후였지만, 그렇게 자기 논리를 정리해서 태평양 어디 가서 강연(AIA Hawaian Chapter)할 때 논리적으로 이야기하고 싶어했던 것이 그 전에 메타볼리시스트들이 멋지게 이론을 전개하여 서양 사람들을 현혹하던 것을 좋게 본 결과가 아니었나, 또는 일본의 저널리즘에 어필하기 위해서는 비슷한 방법론이 필요하다고 판단하지 않았겠나 저는 그렇게 생각합니다.

일본 사람들은 김수근에 대해서 어떻게 보았느냐 하면—이 사람의 반일적인 성향은 모르고—그들은 최소한 김중업, 김수근 두 분에 대해서는 굉장히 관대했어요. 두 사람은 자기네가 교육시켜서 불모지에 파견한 문화의 선교사라고 생각한 것 같습니다. 저는 일본 저널리즘이 한국의 현대건축 전반에 대해 보잘것없이 생각하면서도 김중업, 김수근 하면 긍정적으로 받아들이고 이해하려고 애를 쓰는 그것이 궁금한 점이었어요. 일본의 건축가들이 김수근 선생의 작품에 대해서 호의적인 것은 선생의 작품이 일본 저널리즘의 눈에 거슬리는 점이 없어서였을까. 건축적으로, 조형적으로, 공간적으로, 또는 시대적인 조류로 보아서 그런 사실을 뚜렷하게 증거로 내세울 수는 없다고 봅니다. 다만 일본 사람들이 일반적으로 한국에 다른 건축가는 없다고 생각하는 풍조에 원인이 있었다고 보는 것이지요.

김 선생은 그후에 오히려 자기를 극복하려는 노력, 자아를 발견하려는 노력으로 돌아서게 되는데 그후에 나온 작품들에서 그런 것들이 뚜렷하게 보이지요. 진주박물관이나 주미대사관저에서는 전통론, 한국적인 것, 지역주의(localism), 이런 것을 많이 생각했음에도 불구하고, 그것들은 대단히 선형적인, 선형화한 직선 구조의 결구(結構) 또한 보입니다. 전문가들보다는 일반인들 쪽에서 주미대사관저는 일본 냄새가 너무 난다고 이야기하는 사람이 많아요. 이 문제는 이제 연구를 해 보기로 하십시다. 거기에는 사소한 몇 가지 계획상의 실수가 있었습니다. 연회장을 올라가는 너무 높은 계단이라든가, 연회장에 화장실이 없다든가, 관저의 숙소 부분이 너무 소홀히 처리되었다든가, 목재의 사용에 있어 기계적으로 너무 깔끔하게 다듬어진 부재들이 일본의 목구조를 연상케 한다는 점이 지적될 수는 있을 것입니다. 저는 그것을 일본의 영향이라고 보지 않습니다. 아마도 그때 이미 김 선생은 그런 디테일들에 별로 신경을 쓰지 않던 시기였던 것 같습니다.

자아의 발견을 위한 모색기나 진통기 이후의 작품들을 보면 마산성당이나 지금 우리가 앉아 있는 공간사옥, 이런 것들이 그전에 이론적으로 모태공간이다, 궁극공간이다라고 하던 논리들을 잘 대변하고 있다고 저는 평가합니다. 이것으로 이미 일본과 관련된 문제는 이제 한 단계 떠났다고 보지요. 다시 말하면 김수근이라는 건축가에게 일본적이다라고 하는 압력이 반작용으로 전통론이나 지역화라는 결과로 나타났기 때문에 왜색 논쟁에서 일단 떠난 것이 소위 모태공간의 발견이라고 봅니다. 그러나 후반에 가서는 자신의 활동에 어떤 주제를 부여하는 노력은 벗어난 것 같습니다. 그후에 그러면서도 꽤 자주 이야기한 것은 "어이, 포스트모더니즘이라는 게 말야. 그게 펑키(funky) 같지?" "그거 오래 못 갈거야" 등의 단평(短評)들이었는데, 한참 관심을 끌던 포스트모더니즘 초창기에 그것을 한마디로 펑키라고 정의한 것은 적어도 그런 논리에 관심을 기울이지는 않을 만큼 자신이 형성되어 있었기 때문이라고 봅니다. 오히려 그때부터 기호론(記號論) 등에 관심을 갖는 것을 보면서 이분의 생각범위가 한 차원을 넘어서는 구나 하고 느꼈습니다. 좀더 인간적이고 감성적인 본질에 귀의하려는 보편적인 자세에서는 자신의 행동을 무어라 말로 명명할 필요가 없었겠지요.

마지막으로 잠실의 올림픽 주경기장을 한번 보겠습니다. 당게가 요요기 경기장(1964년 올림픽 주경기장)에서 세계 각국으로부터 '일본적인 것의 정수'라는 평가를 받으면서도, 한편으로는 일본적인 것을 세계화시켰다. 일본의 현대건축에서 전통론에 종지부를 찍었다. 그리고 그 이후로 일본의 현대건축에서는 전통론이나 지붕의 곡선, 이런 이야기는 이제 끝이다라고 한 것과 우리 올림픽 주경기장을 비교해 보면, 저는 올림픽이라는 테마 때문에라도 전통 논의에서는 탈피했다고 봅니다. 저는 그것으로 인해서 적어도 김 선생에게서는 전통주의가 일단

락을 지었다고 보고 싶은데, 작가 자신이 그렇게 이야기했다고 보이지는 않는데도 신문이나 잡지에서는 경기장의 곡선이 백제 항아리의 곡선처럼 아름답다고 하고, 어떤 사람은 그것 역시 덩어리(mass)를 선형으로 세분화시키는 작업의 연속이다라고 이야기하기도 합니다. 세평(世評)이란 좋은 것이건 나쁜 것이건 이렇게 부질없는 것입니다.

그분이 쉰다섯 살에 돌아가셨는데 벌써 십 년이 지났습니다. 살아 계신 동안 이십 년 이상을 가까이 지내면서 그분이 방황하고 고뇌하는 것을 보는 것이 제게는 좀 어울리지 않게 느껴지는 그런 분이었어요. 그 양반의 이미지로 보아서 고민 같은 것을 하리라고는 보이지 않았거든요. 항상 당당하고 떳떳하고 자신있고 했기 때문이지요. 그런데 언젠가 밤늦은 시간에 사무실에 불이 켜져 있길래 올라갔더니 혼자 허공을 응시하며 외롭게 앉아 계셨어요. 저는 그때 그 광경을 보고 상당히 놀랐는데 돌아가시고 나서 생각하니까, 이분이 그 모든 세상사들을 겪으면서 느꼈던 스트레스, 아무도 따를 자가 없는 전쟁터에서 혼자 앞장서 있는 외로움, 무엇인가 새로운 것을 계속해서 보여줘야 한다는 강박관념, 이런 것들 때문에 견디기 어려워했던 적도 있었던 것이 아닌가 생각합니다.

이 모든 것을 겪으면서 이 작가가 결국 무엇을 만들어냈는가, 무엇을 남겼는가 하는 것이 문제인데, 인생과 작가생활의 클라이맥스에 와서 이것이 아직 미완성이에요. 이분의 죽음은 작가로서 좌절이라고 말해야 하는 것이었을까, 지쳐서 이제 그만두자고 한 것이었을까, 정말로 이제 곧 근사한 무엇을 만들려는 참이었을까. 무언가 미완의 느낌이지요. 만일 천수(天壽)를 다했다면 그의 작품들은 어떤 모습으로 완성되었을까.

김 선생은 일본인 부인과의 슬하 세 아이들을 두고 "쟤네들은 코스모폴리탄이 될거야"라고 여러 번 말씀하셨어요. 그 아이들 이야기를 빗대어서 본인 이야기를 암시적으로 한 것이 아닌가 하는 생각을 저는 합니다.

교육을 일본에서 받고 한국에서 건축활동을 하고 한국에다가 한국적인 것을 만들고 하는 것이 작가의 최종적인 목적이 아니라, 코스모폴리탄으로서 한 작가의 최종적 면모를 추구했던 것이 아닌가, 저는 그렇게 생각을 하고 돌아가시는 순간까지도 그렇게 믿고 있었습니다.

또 자기는 "일을 벌이는 사람이지 뒤치다꺼리하는 사람이 아니다"라는 이야기를 가끔 하셨어요. 그것이 중요한 이야기인데 일은 자기가 저질러 놓을 테니 뒤치다꺼리는 후배들 보고 하라는 이야기인 것 같기도 하고, "세계적인 것으로까지 가는 길은 내가 가르쳐 주었으니 나머지는 자네들 몫일세"라고 말하는 것처럼 들리기도 합니다. 거인적인 안목으로 보면 나는 뒤치다꺼리나 하려고 태어난 사람이 아니다라는 자부심은 존경할 만하다고 봅니다. 씨를 뿌려 놓고 떠난 분같이 생각되기도 하고, 종국에는 도인이 되고 싶었던 것이 아닌가 하는 생각도 해요. 왜냐하면 최순우 선생을 만나서 그에게는 가장 중요한 고전의 정신을 배웠고 바로 거기서 자아를 형성하는 데 결정적인 영향을 받았는데, 이 최순우 선생이 도사 같은 분이거든요. 최 선생은 한국 건축의 아름다움을 보여주기 위해서 김 선생과 여러 번 여행을 같이 다녔는데, 그는 건축물에 대해 일절 말 없이 김 선생이 직접 느끼고 깨닫도록 하는 도사교육을 시킨 사람입니다. 또 한 사람 제가 이야기하고 싶은 분이 시라이 세이치(白井晟一)입니다. 김 선생이 직접 배운 적은 없는 것으로 알고 있는데 인간적인 교류가 좋았습니다. 최 선생이나 시라이 선생 두 분과의 인간적 교유를 돌이켜보면서 김수근 선생이 최종적으로 추구했던 것은, 모든 것을 훌훌 털어 버리는 도사 같은 초월의 경지, 그런 것을 하고 싶었던 것이 아닐까 싶습니다.

쉰다섯 살은 건축가로서는 요절이지만, 그분은 한 인간으로서는 생전에 여러 가지 영광을 누렸습니다. 그럼에도 도사풍의 그런 것을 동경하고 추구했다는 것은 본인에게 그런 것이 부족했다는 자아인식일 수 있는 것입니다. 그분은 분출하는 작가의지를 절제하려고 노력했지만 돌아가실 때까지는 그것이 잘 안 되었다고 보입니다. 십 년쯤 더 작품활동을 했다면 분명히 그런 쪽으로 노력을 했을 것이다. 그리고 그렇게 되었을 것이다라고 분명히 말씀을 드릴 수 있습니다.

지오 폰티(Gio Ponti)의 책인 『건축예찬(*Amate L'Architettura*)』에 이런 이야기가 나오지요. "그는 거장이었다. 그의 모든 잘못은 용서받을 만하다(He was a great master. All his mistakes are allowable)"라는 대목입니다. 어느 작가의 경우에나, 특히 김수근의 경우, 작은 요소들을 가지고 이야기하기보다 큰 틀 안에서 그 사람과 작품을 보아야 할 것입니다. 나무보다는 숲을 보아야 이해할 수 있는 그런 분이었습니다. 그분이 세상을 떠난 지 십 년이 지난 오늘까지도 제가 생각하는 것은 건축계에서 그렇게 큰 인물을 본 적이 없다는 사실입니다. 건축 이외의 사람들이 모두 그분을 기억하고 존경한 덕을 저희들 모두가 지금도 보고 있습니다. 그 큰 인물의 일부만을 갖고 김수근 건축의 '일본적 영향'을 말하는 것은 아무래도 너무 디테일한 면을 말하는 것으로 보입니다.

저는 오늘의 이 이야기를 준비하면서 〈그랑 블루〉라는 영화의 마지막 장면을 자꾸 생각했습니다. 그 영화의 주인공처럼 하나의 코스모폴리탄으로서 아주 천천히 여유있게 유영(遊泳)하며 떠나간 사람 같은 느낌을 받아요. 그렇게 그의 작품세계는 미완성으로 끝났습니다. 그 동안에 그렇게 많이 고뇌했고 많은 훌륭한 것을 남겼기 때문에 그의 '잘못들(mistakes)'이라는 것은 모두 받아들일 만하다(all allowable)라고 말하고 싶습니다. 그가 거장(great master)이라거나 천재(genius)여서가 아니라 진실로 한 인간이었기 때문입니다. 인간만이 실수를 저지릅니다. 실수를 하는 사람만이 인간적일 수 있습니다. 실수를 모르는 사람은 우매하고, 실수를 반복하는 사람은 나쁜 사람이지만, 실수를 거울삼아 극복할 수 있는 사람은 실수가 전화위복인 것입니다. 그가 만일 어느 부분을 철두철미 감추려 했다면 그건 쉬운 일이었을 테고 비인간적이었을 겁니다. 인간만이 실수를 극복할 수 있습니다. 그는 그것들을 극복한 것입니다.

여기서 제 이야기를 끝내겠습니다.

5

개발논리를
종식시키고
새로운
환경론의 시대에 필요한
사고의 전환을 위해
몇 가지
제언을 한다.

이데올로기의 종언, 이산문화(離散文化)의 재상봉

1990년에 모스크바를 여행하던 중 그 체제붕괴의 소용돌이를 보면서 문화의 가치척도가 이런 때 어떻게 변화하는가를 유심히 보아야겠다고 생각하고, 모스크바에서 수집해 온 자료를 토대로 러시아 현대건축운동에 관한 기획기사를 『공간』지에 실었다. 이 글은 그 자료들의 배경을 해설한 것이다.

몇 해 전 동베를린 방문길에 접했던 여러 가지 사실들—찰리 검문소의 경색된 분위기와 엄격한 신분확인, 엄청난 콘크리트 장벽, 장벽을 넘다 사살당한 사람의 이름과 날짜를 쓴 십자가들. 이 모든 음울한 사실들은 검문소가 사라지고 베를린 장벽이 철거되는 오늘날과 같은 급격한 상황변화의 징후를 예측 불가능하게 하는 것들이었다. 독일은 특히 세계대전의 패배로 연합군 사 개국에 의해 분할, 점령되었을 뿐 아니라, 유럽의 모든 나라가 독일 통일에 회의를 품거나 심지어는 반대입장에 있었으며, 그 중에도 소련은 전쟁 중 칠백만의 자국 군인과 천삼백만의 양민이 희생된 그들 입장을 가는 곳마다 강조하고 있었다. 독일인들은 자신들의 통일의지 이상으로 세계열강의 이해가 얽혀 있는 당시의 절망적 현실에서도 빌리 브란트(Willy Brandt), 아데나워(Konrad Adenauer) 등의 주도로 일찍부터 과감한 동방정책을 펴 왔다. 그럼에도 내 눈에 비친 그들의 상황은 우리의 경우보다, 더더욱 통일문제에서는 비관적으로 보였다. 서독측의 그런 전향적인 자세에도 불구하고 동독은 전혀 가망이 없었다. 그들의 편향된 이데올로기는 오히려 편집병적이랄 만한 것이었고, 온 국민이 소수 공산당의 독재에 신음하면서도 이데올로기라는 이름으로 정권에 아부·편승하는 분위기는 절망적이었다. 동구권에서 가장 잘 산다는 동독에도 산업의 낙후, 경제적 궁핍은 어디서

나 눈에 띄었다. 심지어는 동베를린의 중심부에도 1945년에 끝난 이차대전의 전쟁복구가 안 된 곳이 있었으며(물론 이들은 기념으로 남겨 두었다고 강변했다), 어느 정도라도 복구된 곳들은 대부분이 "헝가리 공산청년동맹 친우들의 도움으로 이 거리가 복구, 건설되었다"는 식이어서, 궁핍의 징조와 피폐의 증거는 감출 수가 없는 것이었다. 그와 같은 정치적 상황, 경제적 형편에서 통일이란 구두선(口頭禪)보다도 더 멀고먼 이야기였다.

한편 서독으로 말하자면 경제대국이 된 것은 사실이었으되 정치외교적 실상은 동독과 비슷하게 절망적인 것이었다. 특히 패전국으로서 감수해야 하는 억압은 말이 아니었다. 서베를린이라는, 동독 한가운데 동떨어진 섬에는 루프트한자만은 못 간다. 패전국 비행기는 못 뜨게 되어 있다는 것이다. 에어 프랑스, 브리티시 에어, 노스 웨스트만 갈 수 있는데, 이들은 사십 년 전의 승전국 비행기들이다. 그리고 베를린 시에서 범법행위가 있으면 연합국의 군사재판을 받아야 한다 등등, 우리가 모두 알고 있듯이 독일의 앞날을 내다보기에는 참으로 희망이 안 보이는 상황이었다.

당시의 내 느낌으로는(물론 나의 아전인수격인 낙관론으로는) 적어도 독일보다는 한국의 통일이 빠를지도 모르겠다는 쪽이 강한 편이었다. 적어도 우리에게는 소련처럼 이를 갈며 통일을 반대하는 불구대천의 강대국은 없지 않는가. 그러한 모두의 예상을 뒤엎고 독일은 통일되었다.

이 예측 못 했던 상황은 고르바초프의 과감한 개방정책에서 시작되었으며 현재는 소련 역시 레닌과 공산당을 포기한 상태에 있다. 뿐만 아니라 동구권의 모든 나라가 개방되고 역사상 가장 극렬했던 독재정권들이 붕괴하는, 믿을 수 없는 도미노 현상이 일시에 벌어졌다. 이런 일이 가능했던 상황은 무슨 불가사의에 의한 것이었을까.

물론 그것은 공산주의의 맹주라 할 소련이 앞장서서 개방과 개혁을 주도했기에 가능한 것이었고, 또한 소련이 개방·개혁을 지향하게 된 데에는 고르바초프라는 인물의 출현이 도화선이 되었음은 분명하다. 그러나 그러한 상태에 이르기까지에는 우리가 간과해서는 안 될 중요한 전제들이 있다. 우선은 소련과 동유

럽 전체 국민들이 오랜 세월 가져온 무시할 수 없는 막강한 정신적인 배경에서
그 원인(遠因)을 찾아볼 수 있을 것이다. 소련이나 동구권 모두 그 문화의 저변
에 기독교 정신이 단단히 자리잡아 오랜 세월 면면히 이어져 온 국가들이다. 동
구의 대부분은 가톨릭 국가이며 소련에서는 러시아 정교가 혁명 이전까지 이천
년 동안을 백성들의 정신을 지배하는 문화적 바탕이 되어 왔다. 볼셰비키 혁명
이후 칠십 년간 모든 종류의 종교가 온갖 박해를 받아 왔으나 그 박해의 시간은
이천 년의 긴 역사에 비하면 실로 비교할 수 없는 짧은 시간으로서, 사람들은 아
주 쉽고 자연스럽게 그들 정신의 고향으로 돌아가고 있는 것이다. 지금 돌이켜
보면 그 칠십 년간의 광란의 기간이 오히려 우스꽝스러운 것이다.

결국 크리스차니티와 헬레니즘으로 시작되는 서구문명의 전통이 그 사회 전
체를 엄격히 지배하고 있어서, 수천 년간 사회의 저변을 흘러 온 그 전통이 혁명
이라는 강제적 외압에 의해 짧은 시간에 변화될 수는 없는 것이며, 그래서 핍박
받던 교회와 파괴된 문화유적 들은 엄청난 고난을 겪었음에도 의연하게 그곳에
서 있는 것이다. 동구인들이 예상할 수 없을 정도로 갑자기 자신들 체제의 모순
을 깨닫고 새로운 세계로 변화를 추구하며 그에 적응할 수 있었던 것은 그러한
정신적 바탕에서 가능했을 것이다. 또한 지금 와서 돌이켜보면 그것은 예정된
역사의 필연이었을 것이다.

일찍이 유고슬라비아는 1960년대부터 가장 개방된 공산국가여서 그들의 몇
몇 독재자나 당 간부 그리고 비밀경찰 이외에는 진짜 공산주의자는 몇 안 되는
사회였다고 한다. 그러므로 오늘날 유고슬라비아의 자유화는 그 중에서도 가장
자연스러운 역사 본연으로 복귀하는 것으로 보인다. 사실상 유고슬라비아를 지
나면서 만나는 사람들, 도시, 건축물을 보면 지난 반세기 동안 그들에게 무슨 일
이 있었던가를 의아하게 느낄 만큼 서구 여러 나라와 외형적으로 다를 것이 없
다. 그것은 폴란드, 체코, 헝가리가 모두 한가지다. 그리고 결국 종주국인 소련도
마찬가지다. 그 붉은 깃발이 내려지고 나니 아무것도 아닌 것이었다. 그러니 누
가 뭐라 해도 차이코프스키는 차이코프스키이며, 쇼팽도 바르토크도 혁명 이전
그대로인 것이다. 그렇게 보면 바웬사(Lech Walesa)의 솔리대리티(solidarity)는

명백한 비전과 장래에 대한 확신이었다. 그리고 그것은 놀라운 것이었다. 그러나 체제의 개혁이라는 것이 우리가 쉽게 바라보듯 그들 내부에서도 그렇게 쉽사리 진행되는 것은 아닐 것이며, 그 엄청난 진통과 혼돈은 상상하고 남음이 있다. 우선 소련의 경우를 보더라도 고르바초프라는 지도자가 우리 보기에 역사의 흐름을 바꾸어 놓은 인물임에 틀림없으나, 보수·개혁의 갈등과 견제 속에서 그 입지에 엄청난 어려움을 느끼고 있는 듯하다. 개혁에 반대하는 보수파의 기득권 주장은 물론이려니와, 개혁주의자들이라 하더라도 더 많은, 더 큰, 더 빠른 개혁에 대한 욕구와, 절대적 빈곤에서 오는 더 나은 소비생활에 대한 분출되는 욕구 등 개혁욕구는 현실적 가능성을 훨씬 앞지르는 것이어서, 많은 변화를 요구하는 급진개혁파들도 오 년에 걸친 고르바초프의 치적에 대해 회의적인 것이 현실이다. 모스크바 여행 중에 우리를 안내한 알렉산더라는 젊은 친구는(그 자신도 아직은 상당한 기득권을 가진 특수신분일 것임이 분명한데도) 고르바초프에 대해서는 '믿을 수 없는 자'라는 악평뿐이었다. 국민이 원하는 것을 해 놓은 게 아무것도 없다는 것이다.

이러한 급진적 욕구와 수구·혁신 세력간의 갈등이 극렬하게 대립하여 그 결과로 나타난 것이 중국의 천안문 사태라 하겠다. 중국은 동유럽과 다르다. 그리고 아마도 북한은 부정적인 의미에서 중국과는 또 다른 배경을 갖고 있다. 그 다른 점이 바로 우리에게 문제가 되는 점이기도 하다. 만일 중국 사람들의 유교적 또는 불교적 정신기반이 동구에서 보는 기독교 정신처럼 어떤 역할을 할 수 있다고 하더라도, 북한의 경우 그런 종교적 기반이나 어떤 기존의 가치관이 아직 유효하리라고만 기대하는 것은 무리일 것이다. 아마도 기대한다면 한국 민족의 몸에 밴 자유주의적 기질과 독자적인 사고성향과 개인주의적인 발상이 외풍의 영향을 받아 본래의 모습으로 돌아가려는 깨달음을 일깨울는지. 어쨌든 북한으로부터의 좋은 소식이란 어느 멀고먼 얼어붙은 땅에서보다도 늦을 것이다. 그러나 시대의 큰 흐름이 개방과 개혁과 탈이데올로기로 흐르는 것이 엄연한 역사의 사실인 만큼, 다소의 부작용과 희생과 시간 차이는 있을지라도 우리에게도 큰 변화가 곧 올 것은 틀림없는 사실일 것이다.

지금 우리는 오랜 동안 인류를 반분해 온 이념의 대치상태가 와해되어 하나가 되어 가는 희한한 역사의 기로에 서 있다. 낯선 문명과 이데올로기에 새롭게 접하는 자세를 서로가 갖추기 위하여, 우리가 지나온 길을 돌아보고 반성하는 시간을 가져야 할 때이다.

인간의 물리적 환경을 선도해야 할 건축가들에게는 전반적으로 부정적인 인류 현재의 환경문화, 지구 전체의 무분별한 개발, 원시취락보다도 못한 현대의 도시계획과, 존재하지도 않는 이상도시의 추구는 물론, 앞으로 있어야 할 올바른 건축문화의 형성 등도 이 역사상 유례가 없는 기회에 짚고 넘어가야 할 것이다. 우리는 서로를 반성, 위로하고 봉합하려고 노력해야 한다. 그럴수록 재상봉의 긴장과 재결합의 어려움은 축소될 것이기 때문이다. 그러기 위해서는 먼저 지금까지 우리가 접하지 못했던 계획경제체제와 공산주의체제하의 건축, 도시에 대한 상당한 이해가 전제되어야 할 것이다.

북한을 비롯한 공산주의국가들의 물리적 환경은 공통적으로 계획경제의 소산으로서, 주목되는 점은 첫번째로 사회 간접투자에 관한 것이다. 공산주의와 그

53. 김일성 광장. 광장의 중앙에는 인민대학습당(국립중앙도서관)이 있으며, 그 오른쪽에는 조선중앙력사박물관, 왼쪽에는 조선미술관이 있다. 인간이 배제된 이런 종류의 모뉴멘털리티는 건축이 아니라고 우리는 생각해 왔다. 이산문화가 재상봉하는 날, 우리는 이것을 어떻게 받아들일 것인가.

계획경제체제에서 사회 간접시설에 대한 투자는 생산과 직결되고, 모든 민중의 평등이라는 공산주의이념, 전시동원체제 확립이라는 현실적인 필요성에 부합하여 기본적으로 해결되어야 할 최우선 사업으로 간주되어 왔다. 소련의 경우에도 자본의 부족으로 인한 전화시설의 미비라든가, 고속전철의 부재 등의 문제는 있으나 지하철, 버스 등 기본적인 교통시설은 잘 갖춰져 있었다.

두번째는 주거문제이다. 공산주의체제의 주거문제는 국가가 최우선적으로 해결해 주어야 할 문제로 치부되었기에 절대적 빈곤이라는 전반적 문제에도 불구하고, 자유경제체제에서처럼 빈부의 차가 극명하게 드러난다거나 하는 문제점들이 부각됨 없이 국가가 주거문제에 철저하게 개입하고 책임져 왔다.

이와 관련하여 관심을 기울이게 되는 분야가 주택의 대량공급을 위한 조립식(prefabrication)과 양산(mass production) 시스템이다. 추측컨대 근대건축의 제 분야 중 소련이 가장 자신있게 내세울 수 있는 것이 조립식 양산 주택기술일 것이다. 비록 우리가 흔히 말하는 '하이테크'의 수준까지는 이르지 못할지라도, 소련이나 동유럽, 심지어 북한에 이르기까지 유일한 방법론으로서 주택의 대량공급체계는 상당히 앞서 있다.

세번째로 소련의 계획경제체제의 산물이라 할 콤비나트(kombinat) 등 공업단지계획을 들 수 있겠다. 기술적 연관성이 있는 여러 생산 부문을 근접지역에 입지시켜 형성된 공업 생산라인의 지역적 결합체라 할 콤비나트는 1928년부터 소련이 실시한 5개년 계획방식의 합리적 운영을 목적으로 시작한 계획경제의 소산으로서, 철두철미 기능성과 합리성이 강조되는 구성이다.

이와 같은 물리적 환경의 특징을 종합해 보면 건축과 도시계획이라는 분야가 그곳들에서 문화예술의 차원으로 받아들여지고 있지 않음은 오히려 자연스러운 일이다. 심한 경우에 건설사업은 '전투'로 간주되며 달성해야 할 할당 목표량의 숫자로 표시될 뿐인 것이다. 그러므로 우리가 신봉해 마지않는 건축의 예술성, 작품성의 추구는 엄두도 못 낼 뿐 아니라, 이러한 사상으로 하여 보존해야 할 많은 문화유적과 역사건축물이 파괴 내지 훼손되었다. 특히 가장 많은 피해를 본 것이 종교건축물이다. 종교를 아편으로까지 매도하는 유물론적 입장에서 박물관이나 교회건축은 정부 홍보전시관으로 리노베이션되거나 용도가 변경된 경우를 제외하고는 살아남도록 허용되지 않았다. 소련에서도 혁명 이후 종교건축물의 칠십 퍼센트 이상이 파괴되었다고 한다. 혁명 이전에 마치 종교도시와도 같이 많은 종교건물이 들어차 있던 모스크바의 옛 그림을 상기하면 인류 역사상 실로 엄청난 문화적 손실이라 하지 않을 수 없다.

이 혁명의 광기는 그 후유증으로 유적의 손실뿐 아니라, 세계적 주목을 받았던 러시아 구성주의의 전통이라든가, 찬란했던 러시아 문화예술의 피폐에까지 이어지며, 특히 건축 분야에서는 기존건물의 관리조차 불충분해 현대물로서는 거의 볼 만한 것이 없는 실정이다. 스탈린 시대에 모스크바 시내에는 모스크바대학, 소련 외무성 건물 등 거의 같은 패턴의 거대한 권위적·상징적 건물들을 일곱 동(棟) 건설하여—소위 스탈린 스타일이라고 한다—모스크바 시의 스카이라인을 조작했다. 이 건물들을 보면서 나치정권 말년 전제정권에 협력해서 건축의 조형성을 왜곡시켰던 알베르트 슈페어(Albert Speer)의 전철을 오늘날 소련의 건축가들이 다시 밟고 있는 것이 아닌가 우려를 느끼며, 건축가의 재능이 이렇게 이용될 수도 있다는 사실에 새삼 놀라기도 했다.

경색된 이념의 양극화 체제가 붕괴되고 개방의 역사가 시작되는 이와 같은 시

54. 러시아 혁명 이전의 모스크바 시는 중심부가 온통 양파 모양의 교회건축으로 가득 찬 종교도시였다.

대적 변혁기에 정신적으로도 극적인 변화가 왔다. 예컨대 공산주의체제에서 가장 중요시되어 온 대중예술의 한 분야인 영화산업을 보면 그 변혁의 심각성을 일별하게 된다. 일찍이 레닌은 사회주의 국가의 건설을 위해 가장 중요한 미디어로 영화를 꼽고 그의 발전에 주력해야 한다고 교시한 바 있다. 그러므로 영화는 국가 기간산업이며 영화산업에 대해 각종 지원을 하여 영화를 정치선전의 도구로, 나아가 사회주의 국가 건설의 도구로 이용해 왔던 것이다.

모스크바에는 소련 유일의 모스필름 스튜디오(Mosfilm studio)가 일찍이 1940년에 건설되어 이곳에서 모든 영화가 제작되어 전국으로 공급되어 왔다. 이곳 입구에는 "좋은 영화 제작하여 사회주의 국가 건설에 이바지하자"는 내용의 거대한 붉은 선전문구가 걸려 있고, 그 안에는 언제라도 무장이 가능한 일개 연대의 병력과 장비가 엑스트라로 대기할 정도로 파격적인 국가 차원의 지원이 이루어지고 있다. 이렇듯 외형적인 지원은 충실하나 개인의 창작성이 절대적으로 요구되는 문화예술의 정신과, 모든 민중은 평등하다는 공산주의사상 간에는 결국 공존할 수 없는 괴리가 생기지 않을 수 없는 것이다. 개인적인 능력의 차이를 무시하고 동일하게 대우하다 보니 좋은 작품이 나올 수 있는 확률은 그만큼 줄어들게 된다.

그런 상황하에서도 영화의 예술성을 앞세우고 정치성을 뒤에 감춰 왔기에 아직까지 소련 영화의 예술성은 세계적으로 인정을 받아 온 편이나, 북한의 경우에는 그 반대현상(정치성이 앞서고 예술성이 뒷전에 서는)이 벌어지고 있어서 영화라는 작품성 자체를 잃어버린 결과를 낳았다. 영화인들의 고집스런 노력이 있어 그나마 명맥을 유지해 온 소련에 비해 북한에서는 영화예술 자체가 전체적으로 이데올로기의 도구로 전락하게 된 것이다. 최근에는 개방의 물결이 모스크바 국립촬영소에도 미쳐, 자유경쟁체제를 도입하여 좋은 작품에 보너스 등 인센티브 제도를 시행함으로써 엄청난 변화가 일고 있다 한다.

건축 분야도 이와 크게 다르지 않을 것이다. 말레비치(Kazimir Severinovich Malevich), 타틀린(Vladimir Tatlin) 등으로 대표되던 러시아 구성주의 전통이 혁명 이후 소멸되고, 국가의 일방적인 지시에 의해 권위주의적인 프로젝트를 수행하라는 지시, 개인적 예술성과 창의성을 부르주아적인 행위로 간주하는 사회체제 속에서 건축가들은 갈등을 겪어 왔다. 마치 러시아 정교회 신자들이 정부의 종교탄압에 의해 교회는 멀리했으나 마음속의 신앙심은 그대로 간직한 채 은밀한 종교생활을 하다가 개방 후 다시 교회로 모여들 듯, 건축가들 내면의 창의적 욕구도 외압에 의해 일시적으로 중단된 것뿐이었을 것이다. 최근에 일어나는 건축가 개개인의 그러한 내부적 갈등보다 심각한 것은 공산체제에 길들여진 기성 건축가들이 개방된 새 체제에 대해 느끼는 갈등일 것이다. 그들은 이미 예술가라는 건축가, 환경 창조자라는 건축가의 자부심을 상실한 이들이기 때문에, 그들이 자신들의 타성을 어떻게 극복하고 새로운 변화, 개혁의 필요성을 역설하는 부류와 조화롭게 공존할 것인지가 반드시 넘어야 할 과제가 된다.

최근 소련의 건축계에서 볼 수 있는 새로운 현상은 소위 프리랜서 건축가들이 생겨나고 있다는 사실이다. 개방과 함께 서방 자본의 유입은 필연적인 것이어서, 서방의 자본가들이 굳이 정부에 귀속된 건축가들을 찾기보다는 이들을 찾게 될 것이고, 이들에게 일을 맡길 기회가 늘어남으로써 그러한 추세는 더욱 확대될 것이다. 공산주의체제에서 살아 온 사람들의 입장에서 혁명 이후 칠십 년을 돌이켜보면 혁명의 대가로 너무 큰 희생을 치렀다고 느끼는 것 같다. 국가경제의 침체는 물론, 절대적 빈곤, 인명손실, 문화적 전통의 단절 등 실로 각 방면에서 너무나 큰 피해를 초래했다. 이제 그러한 희생을 딛고 일어서서 그 상처를 치유하고 분출되는 변화의 욕구가 올바른 방향으로 유도된다면, 문화적 복귀는 이데올로기의 포기보다는 쉬운 일일 것으로 보인다.

어떤 이데올로기건 언젠가는 필연적으로 쇠퇴하는 것이고, 우리가 보듯 단시간에 붕괴할 수도 있는 것이다. 동구의 체제 변화를 바라보면서 우리와 비교해 스스로 반성하게 되고 아쉽게 생각되는 점은 여러 동구 국가들에서 만난 보통 사람들의 소박하고 순수한 인간성이다. 이 또 하나의 새로운 혁명(반혁명)의 소용돌이가 그들 순박한 인간성을 사라지게 하지 않을까 하는 점이 나로서는 가장 궁금하고 걱정스러운 일이다. 오랜 동안 자유경제체제의 생존경쟁에 익숙해진 우리는 타인보다는 자기 자신의 이익에 기준하여 사물을 바라보고 판단하는 데 길들여져 있다. 그러나 그쪽 체제하에서는 최소한의 의식주를 국가에서 해결해 주었고, 경쟁이 없는 사회에서 생활해 온 까닭에 인간적 순수함이 그대로 간직되어 있다. 우리가 일찌감치 그것을 잃어버린 것은 자본주의 경제체제가 낳은 죄악적 폐해로 볼 수 있을 것이다.

좀더 거시적으로 보면, 인류문화는 산업혁명 이후 백여 년 간 자연의 섭리에 따르기보다는 지나치게 인간의 능력을 과신해 개발 일변도의 사회를 만들어 왔다. 예로부터 이어져 온 종교나 학문의 가치체계는 무시되었고, 소위 '물신(物神)'을 신봉해 과학만능, 기술만능의 부작용으로 무계획한 개발이 남발되어 인간의 본질, 가치가 상실되고 과소비, 공해 등이 만연되어 왔다. 공산주의이론에서 말하는 유물론과는 다른 의미의 유물론적 사고방식이 자유세계에서도 커다란 사회문제가 되고 있는 것이다.

이제 남북한의 문제에 눈을 돌려 보자. 불과 얼마 전까지 우리에게 공산주의 사회는 대단히 경직된, 세상을 함께 살 수 없는 상대로 비춰져 왔다. 지금은 대통령이 공산권의 지도자를 만나 수교를 약속하는가 하면, 판문점의 무조건 개방이 거론되기도 하고, 다른 한편으로는 방북을 이유로 아직도 사람들이 투옥되어 있는 등, 한마디로 이데올로기의 혼란상태에 놓여 있다. 이것이 변화의 과정에서 필연적으로 겪어야 하는 고통이라고는 하더라도 우리의 고정관념에 대한 조속한 수정, 점검이 뒤따라야 그 고통은 극소화될 것이다.

현재 우리 사회가 겪고 있는 이데올로기의 혼란을 가장 잘 보여주는 한 예로 '토지 공개념'을 들 수 있겠다. 예로부터 토지는 사유재산이 인정되는 가장 근본적인 항목으로, 거기에 공개념이라는 용어가 적용된다는 것은 상당 부분 탈자유주의 경제라는 오해를 부를 소지가 있다. 지금도 도시계획상의 필요 등에 의해 개인 재산상의 권리 행사가 많은 제한을 받고 있다. 그런 제약을 좀더 강화해서 택지 부족현상의 타개책을 모색하는 방법은 있을 수 있으나, 근본적인 이념의 문제에서 수정을 요구하는 사상적 전환은 전후를 구분하지 않은 발상이다.

'공개념'이라는 단순한 명제를 놓고 생각하더라도, 토지는 공공의 것이라는 개념을 전제로 하는 것이어서, 즉 자유경제체제를 부정하게 되는 것으로, 확대해석하면 '공개념'은 사회주의체제를 전제로 하는 것이다. 지금 우리는 통일 독일에서 얻는 교훈을 바탕으로 자유경제체제의 우월성에 입각해서 북한의 공산주의자들이 그들의 정치적 이데올로기 주장을 포기하고 개방에 나서 주기를 바라고 있다. '공개념'의 혼란은 아마도 대표적으로 북한이 신봉해 온 사회주의체제의 근본개념이 아니겠는가.

우리에게도 통일의 날은 올 것이고 그날에 우리가 북한의 동포들에게 보여줄수 있을 우리의 성취란 것이 있을 수 있겠으나, 그쪽의 성취와 자부심에도 귀 기울일 아량이 있으려면 우리의 반성과 자세변화는 여러 분야에서 시급하다. 비단이 경우가 아니더라도 주변에서 이와 같은 이데올로기의 혼란을 겪는 징후는 쉽게 찾아볼 수 있다.

새로운 모습으로 다가오는 변화된 문화환경에 매일 접하는 가운데 우리의 의연한 모습을 지키면서 우리 이산문화의 상봉을 보다 바람직한 방향에서 맞이하기 위해서는, 그들을 바로 보고 바로 이해해야 함은 물론, 우리 자신을 돌아보고 반성함으로써 자신의 모습을 확고히 하는 것이 이데올로기의 혼란을 피하고 명확한 자세를 정립하는 첩경이 될 수 있을 것이다.

오늘 시베리아산 원목을 실은 배가 울산항에 처음 들어온다는 뉴스를 듣고, 나는 모스크바에서 레닌그라드로 가던 기차 창 밖으로 끝없이 펼쳐지던 자작나무의 숲을 회상한다. 그 자작나무는 러시아의 문학과 음악에서 빠질 수 없는 정서의 나무였고, 동시에 자본주의 세계에서 보면 건축과 실내장식과 가구재로 더할 수 없이 아름답고 값비싼 나무이다. 이데올로기의 종언이라는 역사의 이벤트가 종국에는 시베리아 전체의 자작나무숲을 잘라내는 아이러니로 끝나지는 않을 것인가.

또한 북한에 있는 대부분의 우리 동포들은 앞에서 말했던 대로 역설적으로 그런 체제의 덕분으로 우리보다는 아직도 훨씬 더 인간적인 순수함을 간직하고 있다. 그들에게 우리 쪽이 옳다고, 우리 쪽이 강하다고, 그래서 이런 식으로 살아야 한다고 말할 자신이 정말로 우리에게 있는 것인가. 통일이 되는 그날, 우리 문화,

특히 건축과 도시는 북녘의 동포들에게 무엇을 떳떳하게 보여줄 수 있을 것인가. 이산가족들의 재상봉이 반갑기만 한 것이 아닌 것처럼, 우리 문화의 사십오년 단절이 낳은 재상봉의 어려움을 극복하기 위해, 우선 우리는 서로의 과거, 헤어진 시간을 메울 애정과 이해와 사랑이 필요할 것이다.

가령 최근 북한에서 나온 『조선건축사』의 이런 이야기들을 우리는 어떻게 생각해야 할 것인가. 그리고 어떻게 받아들일 것인가. 우리는 빨리 만나서 머리를 맞대고 이 책을 함께 다시 써야 한다.

"사회주의 완전 승리를 위한 투쟁시기의 건축… 건축을 우리식으로 발전시키는 것은 우리의 건축을 주체사상의 요구가 전면적으로 구현된 건축으로 급속히 발전시키게 하는 강령적 지침이다. 우리식 건축창조의 현명한 방침이 빛나게 실현되어 나감으로써, 건축창작에서 기성관계와 낡은 틀에서 벗어나 새롭고도 기발한 착상, 대담하고 통이 큰 창작방법이 널리 일반화되어, 고유한 우리식 건축의 본보기로 많이 실현되고 그 모범이 널리 일반화되게 되었다."

"건축도 하나의 예술입니다. 그러므로 건축창작도 반드시 비반복적이어야 합니다." 김정일의 교시에서 보듯이 이런 식의 이질문화로 이산되었던 건축문화의 재상봉이 어떻게 이루어질 것인지 우리는 연구하고 준비해야 한다. 이산가족 재상봉 후 안 만나느니만 못했다는 사람들을 여럿 보았다. 우리의 통일이 그렇게 되지 말란 법이 없는 것이다.

한국
건축가의
환경선언을
만들자

결국 환경문제에 가장 가깝게 있으면서 그들 책임하에 가장 큰 역할을 할
수 있는 자들은 건축가와 도시 계획가 들이 아니겠는가.
나는 아직도 에너지 낭비에 책임있는 직업인의 순위 최상위권에 건축가들
이 있다고 믿고 있다. 특히 한국에서 말이다. 그러나 대부분 건축가들과
이야기해 보면 이 문제를 의식하지 않고 있거나 별 관심이 없다. 그것이
문제다.

  산업혁명 이후 백 년 만에 처음으로 인류가 철이 든 것일까. 최근 들어 환경문
제에 관한 논쟁으로 세상이 떠들썩하다. 난생 처음 듣는 지구환경회의라는 것이
유엔총회나 세계정상회담처럼 선진국과 후진국이 패를 갈라서 책임을 논하고
대책을 말한다. 마치 자다가 일어난 사람들처럼 너무도 새삼스레 심각해진 것
같아 도무지 어리둥절하다. 지금까지는 환경이니 공해니 그런 이야기들이 세계
정상들을 집합시킬 만큼 심각하지 않았던 걸까. 아니면 북극권 오존층에 뚫린
구멍이 최근에 갑자기 더 커져서일까.

  대체 그린피스 등 '환경론자들'이 아직도 세계 도처에서 소수의 '이단자들'
로 핍박받고 얻어맞는 일이 비일비재한 현실인데, 높은 분들이 점잖빼고 모여서
회의하고 파티하면서 배구시합하듯 말의 성찬을 벌이고 있으니 우습다는 생각
이 들지 않는가. 오죽했으면 신문기자들이 '리우회의'에서 나온 음식 쓰레기가
몇 트럭이라고 그 행사를 꼬집고 싶어했겠는가.

  어느 외국잡지는 오존층의 파괴에 의한 지구온난화 현상 주장을 허구라고 했
다. 지구온도가 그런 식으로 올라갔다가는 이미 인류가 몇 번을 멸망하고도 모
자랐을 일이었다고 한다. 사실 기상통계를 보면 지난 오십 년 동안 약간 올라갔

다 내려갔다 하면서 전체적으로는 평균 0.2도 정도 올라간 셈이고, 앞으로 더 길게 통계를 잡으면 그 변화의 폭은 더 작아질 것이라는 주장이다.

그러면 도대체 지구 온실효과와 프레온 가스 규제 등 새삼스런 수다는 누군가에 의해 과장되고 있다는 것인가. 모든 논쟁을 그런 기술적인 개념의 전문적인 방향으로 끌고 가면 아무리 가도 결론없는 선후진국간의 책임 논쟁으로 날을 새울 것이다. 그것은 철학과 종교와 도덕의 문제이지 기술의 문제가 아니다.

현대문명이 근본적으로 의지해 온 화석연료의 과도한 발굴과 과소비가 지구환경 차원에서 진실로 걱정스럽게, 윤리의 문제로 거론된 적이 있었는가. 거기에 대체 에너지로 등장한 원자력의 위험과 피해를 국제적 규모로, 도덕적으로 함께 걱정해 본 적이 있었는가.

생각해 볼수록 이건 하도 엄청난 문제여서 누구도 확신이건 의심이건 가졌다고 말하기 어려운 부분이지만, 한 가지 분명한 사실은 이것들이 또한 너무도 엄청난 이권이 왔다갔다하는 일이어서 그 문제에 관한 한 세상 어느 누구도, 정치가는 물론이려니와 소위 어떤 전문가도 믿을 수 없다는 점이겠다.

석유소비를 줄여야 하느냐, 그건 너무도 당연한 이야기지만 석유 메이저들이 하는 일이란 국가간에 소위 '정의의 싸움' 붙이기까지도 불사할 만한 인류사상 최고의 이익 덩어리가 아닌가. 이익의 개념에서 볼 때 석유생산을 줄이느냐 늘

55. 광주 가톨릭대학을 설계하면서 건축계획상의 요구조건들 이외에 환경문제를 염두에 두고 건축가가 얼마나 마음을 비울 수 있는가를 보여주고 싶었다. 그 상징으로서 중앙의 대성당은 단순한 정육면체를 모로 세우는 것으로써 설계자의 욕심이 개입할 여지를 없앴다. 정육면체는 인간이 만든 것이 아니라는 생각이었다.

리느냐라는 논쟁에서는 누구도 믿을 게 못 된다. 환경과 자원의 입장에서 볼 때만 줄이는 게 너무도 당연하다는 결론에 이른다. 원자력에 관해서는 어떤 원자력 전문가의 견해도 그가 어느 입장에 서서 이야기하는가를 먼저 파악해야 한다는 속설만큼이나 지나치게 전문적이고 이해관계에 따라 왔다갔다할 수 있는 화제이므로 누구도 믿어서는 안 된다.

바야흐로 환경산업이라는 용어가 이데올로기 시대에 존재하던 방위산업의 대체산업으로 등장하는 것인가 불길해진다. 군수산업의 궁극적 목표는 평화유지이다. 그런데 그것은 거짓말이었다. 따라서 환경산업의 궁극적 목표는 환경보전이다라는 그것도 거짓말일 수 있다. 이미 많은 자동차 회사, 기타 공해산업이 거꾸로 환경상품을 부르짖고 있다. 무기업자들이 '평화를 유지하는' 전쟁을 일으키듯이 공해산업은 자신들의 공해를 감추기 위해 환경의 간판을 내걸고 있는 것이다.

어떻든 지구환경회의는 최소한 두 가지 정도의 의미는 보여주었다. 하나는 한국 정부로 하여금 소위 정부의 환경선언이라는 것을 발표하게 한 것, 그리고 또 하나는 한국의 언론으로 하여금 그만큼이나마 공해문제에 관심을 갖게 한 것, 나는 그것이 눈물겹도록 인상적이다.

아아 대한민국, 삼십 년 동안 공해가 무엇인지를 모르고 돈벌이에 급급했던 우리 조국, 그 깊이깊이 파헤쳐진 산과 더럽혀진 강, 들, 바람, 하늘도 더럽고, 비도 해롭고 눈도 깨끗하지 않아, 수돗물도 상추도 과일도 쇠고기도 닭고기도 먹기가 겁나는 우리 조국에서 행정수반인 국무총리가 대표로 나가서 기조연설을 하고 조약에 서명을 하는 뉴스는 인상적이다. 그러나 그 문제에 관한 한 아무도 못 믿는다. 총리가 아는 게 무엇인지, 확신하는 게 무엇인지, 무슨 철학을 갖고 사는 사람인지, 그리고 정말로 앞으로 무엇을 할 것인지.

우리 정부는 지난 삼십 년간 반환경기조(反環境基調)의 정책을 지속해 왔다. 경제발전에 저해된다는 이유로 환경 우선론은 핍박을 받아 왔다. 국제환경회의에 나간 한국 대표는 경제개발의 당위성과 공해 감수설(甘受說)을 부르짖기 일쑤였다.

환경청이라는 국가기관이 생긴 오늘날에도 환경지수들은 대부분 비밀에 부쳐져 있거나 축소 조작되고 있다. 그러니 아무도 못 믿는다는 말이 나올 만하다.

우리가 가장 잘못 배워 온 서양 사람들 말로 환경보전, 자연보호라는 게 있다. 그게 대체 무슨 말인지 자다가도 웃을 일이다. 인간이 자연을 보호하다니 웃을 일이 아닌가. 마치 산꼭대기에 올라서서 그 산을 정복했다는 식이다. 우리에게 산은 어머니 같았다. 산에서 강이 시작되었고, 우리의 삶은 산과 강에서 비롯했다. 우리는 그렇게 믿고 살았다. 그처럼 우리에게는 가장 특별하고 가장 우수한 환경이론들이 있었다.

이제 우리가 그들을 가르쳐야 한다. 인간은 어머니를 따르듯 자연에 순응해야 한다고. 그들의 무한정한 개발과 성장논리는 무절제한 탐욕과 이기에 불과한 것

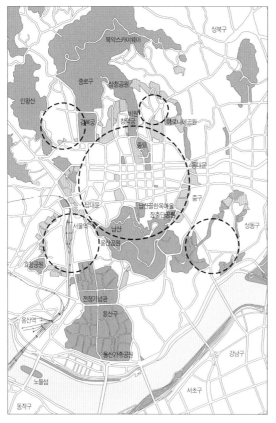

56. 남산 제모습 찾기 운동과 필동 수방사 이전, 안기부 이전, 용산 미8군 이전을 전제로, 도심을 관통하는 녹지대(green network)가 '광장'에서 제시되었다. 검게 칠해진 작은 땅들을 확보하면 도심의 녹지들은 벨트로 연결될 수 있다.

임을. 그리하여 인류문명의 물질적 풍요보다도 더 중요한 다른 것을 위해 무조건의 경제성장과 맹목적인 이윤추구를 재고할 필요가 있음을.

아름다운 금수강산에서 순천사상(順天思想)으로 살아 온 우리는 지금 환경문제에 관해 지구상의 어느 곳보다도 나쁜 상황에 있다. 우리의 인구밀도, 성장속도, 배금주의, 환경무지… 그리고 또 수없이 많은 반환경적 요인들이 우리를 암울하게 한다. 그러나 이 세상 누구보다도 우리가 환경에 관한 한 먼저 깨달음을 갖고 있었다. 그리고 우리 건축가들이란 그런 일에 가장 앞장서야 할 사람들이다. 바야흐로 우리가 '한국 건축가의 환경선언'이라도 만들어야 하지 않을까.

삼복더위에 에너지 절약이라고 냉방가동을 못 하게 할 때, 붙박이창을 설계한 건축가들은 얼마나 욕을 먹고 있을는지. 참으로 건축가들이 조금의 환경의식이라도 있다면 얼마나 할 수 있는 일들이 많은지. 그리고 환경문제란 BOD, PPT로 계량될 게 아니라 삶의 철학으로, 인류적 도덕률로 이야기되어야 함을 우리가 말해야 한다. 환경운동은 무한궤도를 질주하는 미국식 소비 자본주의가 정의한 이백 년 묵은 기존 문명체제 전반에 대한 반체제 운동이며, 문화주권을 상실한 식민지 한국의 문화 독립선언이다.

콩을 볶으려다 초가삼간을 불태우는 어린애들처럼 멋모른 채 지구를 들어먹을 위태로운 인류를 위해 이제 한국인들이 뭔가를 해야 하는 것이다.

그 중에서도 건축가들이 말이다.

필동
수도방위사령부
이전지 활용에
대하여

필동에 있던 국군수도방위사령부와 인근의 안기부(국가안전기획부, 전 중앙정보부)가 이전하기로 결정되었다. 그리하여 그 터를 앞으로 어떻게 써야 할 것이냐 하는 논의가 급한 문제가 되었다. 오일륙 쿠데타 직후 군부대의 존재가 알려지기 시작한 이래, 우리 정치의 격동기에 민주화를 부르짖는 시민의 요구가 있을 때마다 즉시 탱크와 장갑차를 출동시켜 이를 위협하고 진압하던, 다시 말해 시민을 향한 총부리이며 반대세력을 견제하던 정치군인들의 본거지, 더구나 '남산'이라면 중앙정보부라는 이름으로 삼십 년 이상 이곳에 자리하여 얼마나 많은 민주인사들과 자유투사들, 정치인들, 젊은 학생들, 근로자들, 수도자들을 고문해 폭력으로 다스렸던지 통계도 없는 악의 소굴이었다. 이들이 모두 그 자리를 시민에게 돌려주고 옮겨 간다는 일은 속이 후련하고 역사의 사필귀정을 피부로 느끼는 이상으로 도시적 관점에서 큰 의미가 있다.

1992년초, 서울 시장으로부터 이들 시설 이전 후 그 터의 향후 이용계획 작성을 의뢰받고, 건축연구소 광장은 다음과 같은 보고서를 작성했다. 1992년 10월에 작성된 이 보고서는 새로 구성된 시의회에 보고되어 통과된 후, 시장 결재를 받아 광장의 마스터 플랜 작업에 의하여 '전통문화동네'로 1994년 11월 준공되었고, 추후 발주로 미루어졌던 한옥촌 복원사업이 1998년 10월 완료되었다. 다만 안기부 일부 시설이 서울시 업무용으로 사용되는 점, 터널 앞 도로를 건너는 보행자 통행로를 확보하지 못한 일, 노태우 수방사령관 시절 세웠다는 경내 사찰이 아직도 유형무형의 압력으로 철거되지 않고 심지어 터널 앞 도로 확장공사 때에도 도로 선형을 바꾸게까지 하면서 보존해야 한다는 주장이 있었던 일 등 아쉬움이 남아 있으나, 대체로 이 보고서의 기본구상 방향으로 추진된 점은 다행한 일이다.

아마도 군대가 깎아내린 산자락과 능선을 복원하고 계류를 메웠던 토사를 걷어내는 자연복원 사업은 대한민국 건설사상, 수도 서울 역사상 처음 있었던 일이 아닌가 본다.

　　결론부터 말하자면 이 땅들은 어떤 다른 용도로도 전용되어서는 안 된다. 남산의 일부로서 지형을 복원하고 다시 녹지공원으로 조성되어야 한다. 불도저로 능선을 깎아 만든 연병장과 그 흙으로 메워진 계곡은 다시 나무가 심어지고 물이 흘러야 한다.

　　이것은 빼앗긴 남산(南山)을 다시 시민에게 돌려주는 결과가 된다. 잃어버린 남산골이 시민에게 돌아오는 보상감뿐만 아니라 광역 접근성을 강화해 남산 진입광장으로 명소화하고, 교통환경 개선, 안내체계 강화 등으로 정상 접근로를 확보하면 남산공원 도로와 연계한 보행환경 개선에 일조가 될 것이며, 그것은 서울시가 녹지공간 확보를 도시사업의 최우선 순위에 놓고 있음을 상징적으로 보여줄 것이다. 이 작업의 궁극적 이상(理想)은 적어도 21세기식의 민족주의를 생각할 때 바른 역사관, 주체의식, 선비정신의 회복이며, 서구 중심의 역사관을 재편하는, 새로운 역사적 자각 욕구를 충족하고, 참된 시대가치에 대한 미래지향적 평가와 확인에 있어야 한다. 이것은 우리의 창의성과 우수성을 입증하여 세계 속의 문화거점(文化據點)임을 확인시킴으로써, 세계에 비상하는 우리의 미래상을 추구하는 작업이기도 하다.

쾌적한 도시공간으로서 수도 서울을 재조명한다는 점에서 거대도시 서울의 생성과 성장, 발전 과정을 돌이켜봄으로써 역사의 도시, 인간의 도시, 그리하여 평화의 도시를 지향하는 한 걸음이기도 한 것이다. 다른 시각으로 서울 장기계

57. 수도방위사령부의 이전지 활용 마스터 플랜. 일본군과 한국군이 연병장을 만드느라 깎아내린 능선의 흙으로 계곡들이 메워졌으나, 이로써 다시 복원되었다.

271

획을 고려하면, 이 사업은 서울정도 육백 년을 계기로 시작된 녹지문화시설 마스터 플랜 수립의 중심이고 시발이다.

이 사업은 남산 제모습 찾기와 연계해 남산 고유의 도시적 성격에 의한 서울의 도시 이미지 복원형성에 기여하고, 장래에 도심 녹지체계 수립을 위한 개발거점(동시에 보존거점)으로 최고의 우선순위가 부여되어야 한다.

서울 도시계획에서 보는 남산의 역사

남산의 역사를 돌이켜보면 이런 이유들이 분명해진다.

남산은 서울의 내사산(內四山) 중 하나로 태조의 한양정도(漢陽定都)시 안산(案山) 겸 주작(朱雀)에 해당하는 중요한 산이었다. 도성(都城)도 이 내사산의 능선을 따라 축조되었다.

1394년(태조 3) 한양환도 이전까지 남산은 작고 평범한 산이었으나 왕조의 도읍지로 되면서 중요한 위치를 차지, 1396년(태조 5) 1월에 일차로 십일만 명의 장정을 동원해 인왕산(仁王山), 백악산(白嶽山), 낙타산(駱駝山), 남산을 연결하는 약 십팔 킬로미터에 달하는 도성을 축조해 그 남쪽을 외적 막는 자연의 방패로 삼게 된다. 그 해 8월에 이차로 팔만여 장정을 동원해 보수했다.

1395년(태조 4) 12월에 남산의 산신을 목멱대왕(木覓大王)으로 봉작(封爵)하여 국가에서 춘추로 제사지내고, 가뭄에 기우제를 지냈다. 즉 남산은 서울을 지키는 의인화된 신(神)이 되어 이를 모시고 도성을 쌓아 외적으로부터 서울을 방어하던 곳으로, 1406년(태종 6) 12월부터 갑오개혁 때까지 오백 년간 국방의 중요시설인 다섯 개의 봉수대(烽燧臺)가 설치되어 전국 각지에서 알려 오는 봉화를 받아 병조(兵曹)에 보고한 요충이기도 했다.

특히 남산의 역사에서 왜(倭)와의 관계를 주로 필동지역을 중심으로 살펴보면 마음 섬뜩한 일제의 조직적·의도적 문화말살정책을 되새기게 된다.

1592년 임진왜란을 일으킨 일본군은 서울을 무혈점령하고 북촌(北村)의 궁궐과 관아, 주택 들을 약탈한 뒤, 중구 예장동(藝場洞)의 왜성대(倭城臺) 부근을 진지로 삼아 왜장 구로다 나가마사(黑田長政)의 군대 천오백여 명이 주둔했고,

그때 쌓은 성터가 최근까지 남아 있었다.

1884년 갑신정변 후 일본 공사관을 남산의 충무로(忠武路)로 이전하고, 1893년 다시 예장동 1번지로 이전. 일본인들이 진고개(會峴) 일대에 집단거류를 시작하게 되었다. 1894년 동학혁명 때 남산에 군대를 주둔, 조선의 내정개혁을 간섭했으며, 그 해 6월 8일 남산 노인정회담(老人亭會談) 결렬 후 군대를 동원, 갑오경장과 개화제도를 강요했다. 1897년(建陽 2) 일본 공사가 조선 정부와 교섭, 일 헥타르의 공원지를 영구임차하여 1892년(고종 29)부터 진고개의 일본 거류민들이 계획한 황대신궁(黃大神宮)을 왜성대공원(倭城臺公園)으로 명명하여, 1898년 11월 3일 이 공원에 일본 거류민의 수호신을 모신 남산대신궁(南山大神宮)—후의 경성신사(京城神社)—을 세우고 일본인은 물론 한국인도 강제로 참배시켰다.

1900년(光武 4)에는 고종황제가 남소영(南小營)이 있던 남산 동쪽 기슭에 임오군란, 을미사변 때 순국한 대신 및 장병 들의 제사를 위한 장충단(奬忠壇)과 비석을 세웠다.

1905년(광무 8) '을미조약'으로 왜성대(지금의 예장동)에 통감부(統監府)가 설치되고, 1906년초 경성리사청(京城理事廳)—후의 경성부청(京城府廳), 예장동 2번지—의 발족으로 남산 북록(北麓) 일대를 경성공원으로 명명, 이사청령(理事廳令)으로 규제하며, 일본 거류민의 증가로 현 남산식물원부터 남대문에 이르는 남산 서북록(西北麓) 일대(회현동 1가의 산 1번지 일대) 삼십만 평을 한·일인 공동의 공원으로 추진, 1908년(隆熙 2)초 영구 무상대여로 1910년 5월 정식 개원, 한양공원(漢陽公園)으로 명명한다.

이토 히로부미는 일찍이 통감부 부근 녹천정(鹿川亭) 옛터에 정자(綠泉亭)를 짓고 조석으로 이곳에 와서 조선 침탈의 흉계를 구상했다. 일본인들을 남산 아래에 정주시키고 지명도 왜성대정(倭城臺町), 본정(本町), 욱정(旭町) 등 일본식으로 고치고 일본 공사관 등을 설치한 후 한양공원, 왜성대공원 등으로 개칭했다. 조선 중기 외침의 방벽으로 삼았던 남산이 오히려 왜적 주둔의 본거가 된 셈이다.

1907년 정미칠조약(丁未七條約) 체결 후 한국 군대를 해산하고, 1908년 10월 1일 용산 조선주둔군 사령부를 필동 2가로 이전, 1914년에 조선군 사령부로 개칭하며(이곳이 수방사터이다), 1916년부터 남산공원화 계획을 수립했다.〔동쪽의 장충단, 남쪽의 성곽 밖, 한양공원, 왜성대공원을 포함하는 소위 오모리(大森) 공원 계획이라는 것이다.〕

1910년 8월 29일, 한일합방 후 남산(예장동 8번지)의 통감부를 총독부(總督府)로 개칭, 세종로 1번지로 신축 이전한 1926년 10월 1일까지 십육 년간 식민지 통치의 본거지로 삼아 예장동 2번지의 일본 공사관 건물을 총독관저로 사용했고, 1916년 남산의 오모리 공원 계획을 추진할 때 장충단을 공원으로 편입, 1919년 6월 이곳에 상해사변(上海事變)의 일본군 결사대 육탄용사 동상을 세웠다.

1918년 남산식물원 일대에 조선신궁(朝鮮神宮) 건립공사를 시작하고, 한양공원은 폐쇄한 다음, 1925년 신궁을 완성, 남산 정상의 국사당(國師堂)을 인왕산 서쪽으로 옮긴다. 남산동 3가에 동본원사(東本願社), 예장동 8번지(총독부 청사 건물)에 은사기념과학관(恩賜紀念科學館), 남산 정상의 팔각정에 국기 게양탑을 설치하고, 1931년 이토 히로부미의 보리사(菩提寺, 불타의 지혜를 수행하기 위해 스스로 시주해 지은 절)인 박문사(博文寺)—현 신라호텔—를 완공했고, 1939년 총독관저는 경무대(景武臺, 현 청와대)로 이전했다. 예장동 2번지 한국의 집 일대는 경성리사청(京城理事廳), 정무총감관저(政務總監官邸)로 사용되었다.

58. 서울에 주둔한 일본군 제13사단의 용산병영 정문.

1940년 3월 1일, 조선총독부는 예장동 일대 34,800평방미터를 남산공원으로, 장충단 2가 일대 418,000평방미터를 장충단 공원으로 지정했다.

이 가운데 특별히 근대 이후 군대가 이곳에 영구적으로 주둔하게 되는 연유를 잘 돌이켜볼 필요가 있다. 일본공사관-경성리사청-통감관저-총독관저-정무통감관저(한국의 집 일대)로 옮겨 가는 변천과정과, 조선주둔군 사령부-조선군 사령부-조선군 헌병사령부(필동 군부대 이전지 일대) 등 일본군이 주둔하는 과정은 우리 역사의 가장 우울한 부분이며, 현대에 와서 이곳에 다시 조선경비대 헌병사령부, 국군 헌병사령부, 수도경비사령부, 수도방위사령부로 변천해 온 역사의 비극을 주목해야 한다.

헌병사령부, 경비사령부 등의 이름에서 보아 알 수 있듯이 이들은 전투부대가 아니고 대단히 정치적인 성격의 군인들이었음이 역사적 사실이고, 그로 인해 여러 가지 정치적 사건들이 이곳에서 있어 왔다.

반면 이곳 일대의 우리 역사는 대단히 문화적인 것이었음을 또한 눈여겨보아야 한다.

양반계급의 세도가들이 북악(北岳) 기슭의 궁궐 주위에 모여 살았음에 비하여, 남산의 북사면(北斜面)인 이곳에는 하급관리나 양반 자손으로 가난하고 벼슬하지 못한 사람들이 많이 거주했다. 그러나 남산에서 흐르는 세류(細流)가 청계천(淸溪川)으로 모아지고 청학동(靑鶴洞) 등 골짜기마다 수려한 경관을 이루고 있어 처사적(處士的) 생활을 하는 문인들이 즐겨 찾는 곳이었다. 권세가들이 거주하기도 했지만 벼슬을 떠난 선비들이 만년(晩年)에 정자를 짓고 시와 풍류를 즐기는 생활을 하던 곳이었다. 이 지역의 동명(洞名)이 순조 때까지도 회현방(會賢坊), 난동(蘭洞), 교서동(校書洞), 주동(鑄洞), 필동(筆洞), 묵동(墨洞)이었던 것이 지금도 예장동(藝場洞), 회현동(會賢洞), 필동, 묵정동(墨井洞), 주자동(鑄字洞) 등으로 남아 있다는 사실은 그런 점에서 이해될 만하다.

예장동 2번지의 녹천정(鹿川亭)은 조선초 무학대사가 터 잡은 곳으로, 세조 때 권람(權擥)이 거처했고, 서쪽 아래 석천(石泉)은 세조가 권람의 집에 행차하다가 우물물을 마셨다 하여 어정(御井)이라고도 한다. 그 위에 세운 소조당(素凋堂)—후에 후조당(後凋堂)—옛터는 철종 때 명신인 박영원(朴永元)이 시냇물 흐르는 언덕 위에 정자를 지어 사계절의 풍경을 관상한 곳으로, 고종 때 을사조약에 의해 통감부가 설치되고, 이토 히로부미가 통감으로 있으면서 이를 빼앗아 새로 정자를 짓고 녹천정(綠泉亭)이라 했다.

남산의 인물들

남산 북촌의 이 지역에서 출생했거나 거주했던 인물들을『국조인물고(國朝人物考)』를 통해 시대순으로 보면 다음과 같이 현란하다.

조말생(趙末生, 1370-1447). 집이 현 회현동 2가에 있었으며, 무학대사가 보아주었다는 명당터로 소문나 있었다. 복구형(伏龜形)의 길지(吉地)로 서편의 눈〔目〕에 해당하는 곳이다. 1401년(태종 1) 증광문과(增廣文科)에 장원급제하여 이조참판, 형조, 병조판서, 판중추부사(判中樞府事) 등을 역임했다.

한명회(韓明澮, 1415-1487). 현 예장동 2번지에 거주했다. 세조 때의 문인이며, 정치가로 널리 알려진 상당부원군(上黨府院君)이다. 후조당을 중심으로 한명회의 후손 및 그 종가인들이 많이 살았다. 남산 아래 경치 좋은 곳에서 정계회(亭契會)를 함으로써, 마을 이름을 난정리문동(蘭亭理門洞), 난정동(蘭亭洞), 난동(蘭洞)으로 칭했다. 1453년(단종 1) 계유정란 때 수양대군을 도와 정란공신 일등으로 도승지, 이조판서, 우의정, 영의정 등을 역임했다.

권람(權擥, 1416-1465). 예장동 2번지에 녹천정을 짓고 살았다. 문종 즉위년 문과에 장원, 단종 1년에 일어난 계유정란 때 김종서 등을 제거, 정란공신 일등으로 우부승지(右副承旨), 1455년 세조 즉위 후 이조참판, 좌익공신 일등으로 예문관 대제학, 세조 4년에 수찬관(修撰官)으로『국조보감(國朝寶鑑)』을 편찬, 우찬성(右贊成), 좌찬성, 우의정, 좌의정에 올라 부원군(府院君)이 되었다.

정여창(鄭汝昌, 1450-1504). 현재의 회현동에 거주했다. 1490년 학행(學行)으로 천거, 별시문과에 급제하여 검열(檢閱), 세자시강원(世子侍講院) 설서(說書), 안음현감 등을 역임했으며, 1498년 무오사화로 종성(鍾城)에 유배되어 죽은 뒤

1504년 갑자사화 때 부관참시되었다.

이항복(李恒福, 1556-1618). 남산의 동쪽 기슭인 남창동에 거주했고, 주변의 아름다운 풍치를 사랑하여 언덕에 손수 두 그루의 전나무를 심었다. 그가 필운동으로 옮긴 뒤 새 주인이 그 전나무 사이에 집을 지어 쌍회정(雙檜亭)이라 하여 시인, 묵객 들이 즐겨 찾았다. 1580년(선조 13) 문과에 급제, 정언(正言), 병조판서, 우의정, 1602년 영의정, 부원군이 되었다. 우계성(牛溪成)을 구하려다가 정철(鄭澈)의 탄핵을 받고 사직, 후에 좌의정, 우의정을 지냈다. 1617년(광해군 9) 인목대비(仁穆大妃) 폐비론(廢妃論)의 반대상소로 관직 삭탈 후 북청(北靑)으로 유배되어 육십삼 세에 운명했다.

김상헌(金尙憲, 1570-1652). 회현동에서 출생했으며, 선조 29년과 광해군 즉위년에 각각 급제, 정언, 교리(校理), 직제학을 역임했다. 1615년(광해군 7) 왕의 뜻에 거슬려 파직되었으며, 후에 인조반정에 가담하지 않은 청서파(淸西派) 영수로 1624년(인조 2) 다시 등용, 대사간, 도승지, 대사헌, 대사성, 대제학, 예조·공조·형조·이조 판서를 역임했다. 병자호란 때 척화 주장으로 파직, 원나라에 끌려갔다가 1639년 석방, 귀국 후 좌의정을 역임했다.

김육(金堉, 1580-1658). 회현동 2가는 그의 세전(世傳)하는 터로 집 담 밖의 노송은 그가 손수 심은 것이며, 열아홉 구비의 폭포가 있고 밑에는 샘물이 있어 물맛이 매우 차고 좋았으며, 우물 동쪽 돌벽에 창벽(蒼壁)이라 새겨져 있었다. 1605년(선조 38) 사마시(司馬試), 1624년(인조 2) 급제, 부제학(副提學), 한성부(漢城府) 우윤(右尹), 도승지 등을 역임했다. 1650년 대동법(大同法) 실시문제로 김집(金集)과 논쟁하고 퇴직, 후에 실록청 총재관으로『인조실록』의 편찬을 맡았고, 우의정, 좌의정, 영의정이 된다. 성리학, 경제, 천문, 지(地), 병(兵) 등에 정통했다.

강세황(姜世晃, 1712-1791). 회현동에서 출생, 이곳에 홍엽루(紅葉樓)를 짓고 살았다. 아버지와 외조부인 조위봉(趙威鳳)의 영향을 받아 어려서부터 글씨를 잘 쓰고 그림도 잘 그렸다. 그의 글씨는 청나라까지 알려져 1784년 천추부사(千秋副使)로 청나라에 갔을 때 그의 서화(書畫)를 구하려는 사람들이 많았다. 스스로 칭하기를 "왕희지(王羲之)의 글씨, 고개지(顧愷之)의 그림, 한퇴지(韓退之)의 글, 두목지(杜牧之)의 시를 나 광지(光之, 강세황의 字)가 겸했다" 하여 오지(五之)라고 했다. 한성부 판윤, 호조, 병조참판 등을 역임했다.

박지원(朴趾源, 1737-1805). 종로구 계동(桂洞)에서 출생, 어려서 아버지를 여의고 학문에 전념하여 서른 살 때 수학자(數學者)인 홍대용(洪大容)과 함께 종래의 음양오행설(陰陽五行說)을 부정하고 기화설(氣火設)을 주창, 지일전(地一轉) 곧 지구가 한 바퀴 돌면 하루가 된다는 것을 알아낸다. 한성부 판관, 양양부사 등을 역임했으며, 근세의 대표적 실학자로 많은 소설과 저서를 남겼다. 그의 소설 「허생전(許生傳)」의 주인공 허생은 남산 기슭 묵사동(墨寺洞)에 살았다.

나 자신이 존경해 마지않는 위 인물들 외에도 남재(南在), 정굉필(鄭宏弼), 이준경(李俊慶), 심강(沈鋼), 김상용(金尙容), 박승종(朴承宗), 이안눌(李安訥), 윤황(尹煌), 정태화(鄭太和), 나홍좌(羅弘佐), 조현명(趙顯命), 홍양호(洪良浩), 조만영(趙萬永), 정원용(鄭元容), 권상(權常), 이영윤(李榮胤), 서상남(徐尙男), 조명중(趙命仲), 안종약(安從約), 안호(安瑚), 정갑손(鄭甲孫), 황림(黃琳), 조우(趙佑), 기준(奇遵), 권건(權建), 유진(柳辰), 조석문(趙錫文), 김과(金鍋), 채세영(蔡世英), 박충(朴忠), 권응창(權應昌), 김충갑(金忠甲), 한준(翰準), 이지번(李之

59. 수도방위사령부가 있던 자리의 훼손된 지형(왼쪽)을 주변상황과 옛 지도를 참고하여 원형 복원했다.(오른쪽)

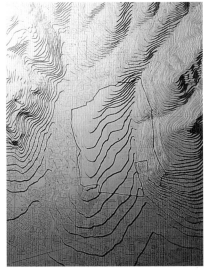

蕃), 이산해(李山海), 박계현(朴啓賢), 권근(權近), 권수(權燧), 정숙(鄭淑), 박세훈(朴世薰), 김시민(金時敏), 정세호(鄭世虎) 등 『국조인물고』에 실린 수많은 인물들이 이곳에 연계되어 있음은 이 지역이 우리 역사에서 차지하는 문화적 위치를 웅변하고 있다.

이곳을 어떻게 할 것인가. 우선 훼손된 역사와 자연의 복원이 이루어져야 한다. 자연의 복원은 남산 제모습 찾기 사업과 연계해 일본군, 한국군이 연병장을 만드느라 오랜 동안 깎아내린 능선과 그 흙으로 메워진 계류와 정자와 생태계의 복원이라는 물리적 방법이 있고, 역사의 복원은 이 자연복원 이후에 녹지공원의 운영 프로그램에 따라 문화활동의 중심지로 가꾸어 나가되 '한국의 집'을 중심으로 한옥촌을 복원하는 방안이 고려될 수 있을 것이다.

이것은 문화도시를 선양하는 서울 시민의 자긍심 문제이다. 이곳은 국제적 문화도시인 서울의 대표적 시설이 될 수 있는 도시적 잠재력을 가진 곳이다. 우리는 서울이라는 생활공간 속에서 남산과 이 지역 일대의 역사적 의미를 반추하면서 이 사업을 도시에 대한 시민 애정회복의 계기로 삼을 수 있을 것이다.

또한 이로써 역사의 보전과 전통문화의 보존이 가능하다면 남산의 역사를 중심으로 서울의 문화를 증명할 수 있고, 남산 주변의 시대적 변천을 통해 역사교육의 장소로 삼아 서울의 중심부에 역사의 향기를 복원함으로써 시민의 뿌리의식이 배양될 수 있을 것이다. 과거의 정신적 풍요로움을 현대생활 속에 되살아나게 하는 중차대한 의미를 갖는 것이다.

이곳을 도시의 역사 재발견을 위한 시민교육장으로 만들기 위해 몇 개의 공공문화 기능을 도입해 남산 제모습 찾기 사업과 연계시키면 상호보완적인 좋은 사업이 될 것이다. 정상을 중심으로 남측 지역(외인아파트 철거지), 서측 지역(어린이 놀이터, 중앙광장), 동측 지역(장충공원)과 연계한 문화 벨트를 조성할 수 있을 것이고, 남산을 주제로 한 문화상품을 개발하고 서울의 명소로서 관광 중심으로 활용될 수도 있을 것이다.

한편 시민의 일상에 공헌할 녹지공간, 야외활동(open air activity)의 장소로 만들어 도시환경 개선의 계기를 마련하고, 남산 주변경관의 유지관리 체계를 조직적·시범적으로 개선해야 한다.

이곳이 도심지의 섬처럼 남지 않으려면 어떤 방식으로든지(육교건 지하터널이건) 터널 앞 도로를 가로질러 안기부 옛터와 연결되어 정상 등산로까지 생활권에 편입되어야 하고, 안기부 시설 중 철거가 아까운 고급시설들은 시민 교육시설로 개비, 활용되어 전체 녹지가 복원된 후 구도심의 녹지체계와 연결시켜 도심의 녹지벨트로 완성되어야 할 것이다.

용산
미군기지
이전문제

1990년 우리 외무부와 국방부는 미국 정부에 백만 평에 달하는 용산 미8
군 사령부 기지의 외곽 이전과 그 사용지의 반환을 요청하는 협상을 시작
해 상당한 진전을 보이고 있었다. 모처럼 독립국가다운 기개로 당당하게
임할 것을 요구했고, 경제 실력을 바탕으로 시설물 배상을 협상했다. 당연
히 온 국민이 흥분해 마지않을 일이었고, 특히 도시건축 분야의 전문가들
에게 이 소식은 수도 서울의 새 역사를 예고하는 빅 뉴스였다. 이 글은
1991년 6공 정부의 마지막 문화부 장관이던 이수정 장관에게 제출한 미8
군 반환에 대비한 이전지 활용계획의 일부다.
그러나 김영삼 정부 들어서 이 협상은 흐지부지되어 국민적 열망을 여지
없이 짓밟았다. 미군이 요구하는 시설이전 부담금이 너무 과도해 감당하
기 어렵다는 것이 이유였다. 국민적인 자존심을 앞세우자면 국민보상운동
을 벌이는 한이 있어도 이 협상은 마무리지었어야 했다.
이 보고서에 따라 건축연구소 광장의 마스터 플랜이 만들어졌고 군기관
및 미군기관의 이전계획이 상당 수준까지 진행되고 있었으나, 마지막 항
목인 골프장 구만 평만 반환되어 시민공원으로 개장했고 이곳은 또한 국
립중앙박물관 이전 대상지로 결정되어 공사가 진행 중이며, 현재 전체 반
환협상은 중단상태에 있다. 조속한 시일 내에 반환합의가 재확인되고, 어
느 중요한 국책사업보다 우선적으로—예컨대 최우선 국책사업으로—다
시 추진되어야 한다. 그때까지만이라도 그 안에 새로 세워지는 건축물들
에 대해 한국 정부의 건축동의를 받게 하고—지금도 세워지고 있는 이 건
물들이 결국 이전 배상이라는 형식으로 다시 우리 부담으로 돌아올 것이
므로—최소한 그들이 상당히 방만하게 처리하고 있는 지표수 및 지하수,
토양의 오염에 대해 우리가 감시할 수 있어야 한다. 그 동안 이전 후보지
라도 확정하여 이전에 필요한 인프라부터 연차적으로 수행함으로써 집중
적 경제부담을 분산하되, 최종적으로는 한반도가 통일되고 미군이 떠난
후 이 땅을 어떻게 우리 용도에 맞게 쓸 것인지가 세심한 선견지명으로 미
리 배려된 마스터 플랜이 있어야겠다.

용산 미8군 주둔지가 반환되면 서울 도심의 일백오만 평 광대한 면적이 어떻
게 사용되어야 할 것인가는 국민 전체의 관심사이며, 서울시의 당면과제이다.

대체로 현재까지는 그 귀중한 터에 어떤 시설을 건립하거나 특별한 활용방안
을 세우기보다는 녹지가 부족한 서울시에 하나의 녹지공원으로 남겨 두자는 방
안이 상당한 공감대를 형성하고 있다.

왜냐하면 단시일에 세워질 졸속한 계획이나 논의가 장구한 도시성장의 역사로 볼 때 바람직하지 않은 결과를 낳을 수 있을 뿐 아니라, 현재로 보아 뚜렷한 사용목적에 여러 사람이 공감하지 못하고 있기 때문이다.

그러나 현재상태에서 녹지공원으로 유보함이 타당하고, 적절한 활용방안은 후대를 위해 남겨 두는 것이 옳다고 하더라도, 우리는 장기적으로는 그 나아갈 방향에 대하여 지금부터 검토하고 연구해야 한다. 그리하여 장기목표로 가장 나은 방향을 찾아야 하며 오랜 논의를 거쳐 그에 대한 국민적 동의를 이룩해야 한다. 그 연구와 토론을 위해 종합적 문화시설단지를 중심으로 한 녹지공원을 가장 가능성 있는 하나의 가설로서 제시한다.

이 사업은 우리의 역사적 자존심과 축적된 문화역량의 표현이 될 것이다. 이 지역은 기구한 역사의 변천을 통해 우리에게 외세란 무엇인가를 보여줌으로써 유구한 장래에 우리 삶의 방식을 교육하는 장소여야 하고, 후세를 위한 바른 역사관, 주체의식, 민족정기 회복의 장소가 된다는 의미가 있다. 역사도시에 뿌리의식을 배양하고 새로운 역사의 발아를 위한 자각을 굳건히 할 수 있을 것이며, 국가 공동체의 참된 존재가치에 대한 미래지향적 평가와 그 확인을 위한 장소가 될 수 있을 것이다.

그러기 위해서는 남산 제모습 찾기에서 원형을 되찾은 남산과 연계해 녹지로 보존된 드넓은 도심공원 속에 공공문화 기능이 중점적으로 도입되어, 도시의 역사, 전통문화 재발견을 위한 시민교육 장소로서 서울의 명소, 중앙공원으로 활용하고, 시민 일상생활에 공헌할 녹지공간으로서 응봉(鷹峰)과 한강까지 연장되는 녹지체계를 이루어야 한다. 뿐만 아니라 단순한 녹지가 아닌 적극적 활용에 의해 주변경관 관리, 유지관리 체계의 시범적 개선을 도모해야 한다. 도시문화시설 마스터 플랜의 수립과 문화시설이 분산됨으로써 오는 비능률로부터 벗어난 집중적·효율적인 운영이 새로 시작되어야 한다. 그것이 바로 문화도시 선양이며 시민의 자긍심이며, 국제도시 서울의 대표적 문화시설들은 서울의 문화를 반영하는 새로운 도시생활 형성에 대한 시민의 참여이며 애정 회복이고, 남북통일에 대비한 국가 중심부 문화시설 확보의 첫걸음이 될 것이다.

　도대체 어쩌다 미군이 수도 한복판을 점거하게 되었는지 이 지역에 대한 역사의 배경과 도시의 성장, 변화를 먼저 살펴보자.

　한양은 태조가 1394년 11월부터 종묘와 궁궐의 공사를 착수하고, 1395년 1월 주택건설을 위해 내지(內地)를 분배하면서 도시가 형성되기 시작했다. 1395년 6월 한성으로 명칭을 변경, 5부 52방의 행정구역을 확정하고, 1396년 1월 성곽 건설을 시작했다. 정종 때 잠시 개성에 천도했다가 태종초인 1405년 한양에 재천도하여 시전(市廛)과 행랑(行廊)을 건설하면서 주작대로(朱雀大路)를 중심으로 도로구획을 확정했다. 세종은 1442년과 1443년에 성곽을 개축하고 개천의 정비 공사를 완료했다. 당시 인구는 십만 정도였다고 한다.

　조선 후기 인구증가와 더불어 성곽 외부로 주거지역이 확장되면서 한강변의 수운요지(水運要地)에 도시 외곽 상업지역이 형성되었고, 도매 중심의 위성도시 형성과 더불어 성 밖에도 십 리 이내 지역의 한성부 관할지역에 전란 이후 인구가 급증했고 주거지화되어 성저십리(城低十里)라고 불렸다. 이로부터 용산, 서강, 마포, 서빙고, 두미포(옥수동)는 한강의 수운을 통한 전국 물자의 집결지가 되었다.

　일제 강점기에는 시역(市域)의 확장으로 용산에 시가지가 형성되었고, 성저십리 구역이 면에서 방으로 바뀌어 성내의 5부에 소속됨으로써 개발제한이 해제되어 성외에 정착하는 사람들이 증가했고, 한강변인 시(市) 남쪽에 상업 중심의 위성도시가 번영해 서대문 밖 지역과 한강변의 마포, 용산, 서강이 연결되는 형식으로 새로운 남북축이 형성되었다.

　이때부터 남산의 북서사면(北西斜面)과 용산 일대에 일본인의 정착이 시작되었고, 1900년 한강철교와 경인선이 개통되어 용산 일대가 본격적으로 개발되면서 일본군이 주둔하게 되었으며, 특히 원효로 지역을 중심으로 한 용산 일대는 일본의 침략으로 빚어진 수난의 역사와 밀접한 관계를 가지고 현재 상태로 정착되었다.

먼저 임진왜란 때 용산 방면에는 고니시 유키나가(小西行長)의 대군이 군자감(軍資監) 부근, 지금의 원효로로 나가는 중심으로 집결했고, 가토 기요마사(加藤淸正)의 병력은 지금의 청파동 부근에 주둔했다. 임진왜란 전쟁사에서 알려진 명과 왜의 강화회담터인 용산강과 원효로 4가 심원정(心遠亭)은 전적지로서도 의미가 크다. 또한 이곳에 임오군란 때 대원군을 납치해 간 청장(淸將) 오장경(吳長慶)이 주둔하기도 했고, 청일전쟁 때는 효창공원 일대 송림이 일본군 여단의 막영지(幕營地)가 되었다.

1894년 동학란이 일어나자 청일 양국이 군대를 파견했는데 일본군 육천 명 병력이 오늘의 효창동을 중심으로 용산에 주둔했다. 이 오시마(大島) 여단 병력은 청일전쟁 후에도 그대로 남아 조선 내정간섭의 무기로 작용했다.

1904년(광무 8)에는 한일의정서, 하세가와 대장에게 보낸 훈령(對長谷川 訓令), '조선에 있어서 군사적 경영 요령' 등의 조처들에 의해 용산 및 전국 곳곳의 광대한 토지가 군용지로 강제 수용되었는데, 이 해 3월 조선 주둔 일본군 사령부와 제20사단이 용산에 배치되어 한반도 식민통치의 무력적 근거가 되었다.

1906년 4월 현 남대문 경찰서부터 남산 일대, 동쪽으로는 이태원, 서쪽으로는 욱천(旭川)에서 한강에 이르는 일대 삼백만 평의 광활한 지역을 군용지로 수용해 군막사 건설을 시작했고, 그에 따라 일본 거류민이 지금의 원효로 4가에 거주하기 시작, 신용산 훼손의 계기가 되었다. 용산의 일본 거류민단(居留民團) 설치 구역은 "양화진(楊花津)에서 서강, 공덕리를 거쳐 경성거류민단 경계선에 접하고 서빙고에 이르는 한강 우안(右岸) 일대의 지역"이라고 통감부 고시에 명시했다. 이로써 남영동, 갈월동, 삼각지 일대는 일제의 한반도 식민통치와 대륙침략의 전진기지 역할을 했다.

해방과 동시에 조선군 사령부와 일본 육군 제20사단이 사용해 왔던 병영 일체를 미8군이 접수했다. 1948년 8월 한미협정이 끝날 때까지 미 보병 7사단이 주둔하다가, 1953년 10월 체결된 한미상호방위조약으로 주한미군의 주둔과 한반도의 무력 충돌시 즉각적 개입을 명문화함으로써 1957년 주한미군 사령부가 이곳에 창설되었고, 1978년 11월 한미연합 사령부가 창설되면서 연합사 건물이 중심에 들어섰다.

1988년 한미 양국 정부간에 미8군 사령부 지방이전 합의에 따른 군기관 및 미군기관의 이전 실무협의가 진행 중이며, 합의서의 주요 내용은 다음과 같다.

"이전 대상을 유엔군 사령부, 주한미군 사령부, 미8군 사령부, 한미연합군 사령부 등 주요 사령부와 이를 지원하는 조직들로 한다.

1996년말까지 기지이전 완료를 목표로 하되 앞으로 주한미군 사령부의 규모변화에 따라 일정 및 규모 조정이 가능할 것이다.

이전 장소는 앞으로 연합작전 체험의 효율성을 포함, 다각적으로 검토될 것이며 정확한 장소는 한미간 협의를 거쳐 최종결정한다.

이전 비용은 한국측이 부담하고 미국측은 토지소유를 최소화하고 건물통합화 등을 추진해 비용 최소화에 적극 노력한다.

용산 미8군 골프장은 현 남성대 지역에 건설 중인 대체 골프장을 미국측이 인수한 후 1991년 3월 폐쇄하고, 골프장 시설은 제거, 이전한 뒤 한국 국방부에 반환한다."

파란만장한 이 지역의 역사변천에서 보듯이 용산은 민족수난의 상징적 장소이다. 이 땅을 서울이라는 도시적 시각으로 보면 다음과 같이 평가할 수 있다.

한양 천도 당시 10만이던 서울 인구는 광복 후 급격한 인구증가로 1945년 90만, 1953년 100만, 1967년 400만을 기록했고, 1988년 1,000만을 돌파했다. 따라서 시역도 확대되어 천도 당시 16.5평방킬로, 1949년에는 136평방킬로에서 다시 268.35평방킬로로 되고, 1963년에는 613.04평방킬로, 1973년에는 627.06평방킬로, 1988년에는 605.42평방킬로로 조정되었다. 더욱이 1960년대의 강남개발로 한강 이남까지 도시가 확대되어 광역화하면서 용산 일대는 지형상 수도 서울의 중심부에 위치하게 되었으나, 군부대가 그 대부분 면적을 차지함으로써 유일무이하게 도시화가 이루어지지 않은 광대한 지역으로 남아 있다.

먼저 녹지공간 보전과 공원 조성의 필요성을 보자.

서울특별시의 녹지면적은 96평방킬로, 녹지율은 25.2퍼센트로서 상당한 녹지가 확보된 것으로 보이지만, 이것은 숫자상의 면적일 뿐 북한산 국립공원 등이 모두 포함된 것이어서 도심지 시민공원은 절대 부족한 실정이다. 미8군의 이 광대한 면적은 한국의 수도로서 가장 시급한 쾌적성(amenity) 강화에 절대적 필요성을 갖는다. 센트럴 파크 없는 뉴욕을 상상할 수 없듯이 서울 중심의 백만 평

60. 1920년부터 1996년까지의 서울 도시권역의 성장도. 미8군이 차지한 용산의 백만 평 땅이 도시 성장도(成長圖)에 크게 흰 점으로 남아 있다. 그것은 도시 발전에는 걸림돌이 되었지만 역설적으로 도심의 중심 녹지공원으로 만들기에는 최고의 자리로 남아 있다.

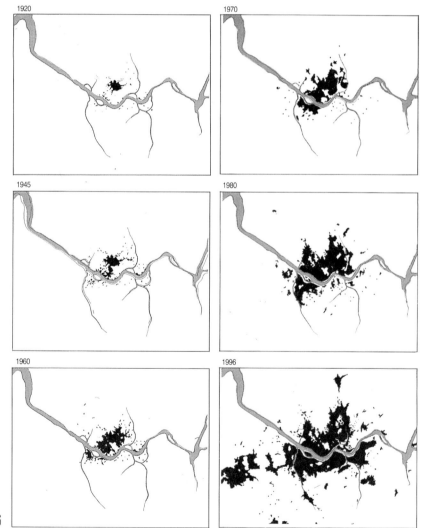

은 그렇게 쓰여야 한다.

또한 서울시 공간구조상 경관축과 녹지축이 연결되는 대규모의 오픈 스페이스(open space)가 필요하고, 시 전체로써 절대 부족한 문화기능을 충족시킬 수 있는 공간이 요구되고 있다. 이것은 공간의 폐쇄성 해소에 따른 경관적 충족이라는 의미 외에도, 공원과 그 주변지역이 상호보완적 기능체계를 유지하면서 지역사회와 병행 발전한다는 데 의의가 있고, 실질적인 녹지공간의 확보로 시민생활의 질적 향상에 이바지할 것이다. 또한 이로써 서울시 녹지체계를 일원화하는 녹지 마스터 플랜 수립의 첫 계기가 될 것이다. 실제로 서울시 녹지체계는 북한산-남산-국립묘지-관악산으로 이어지는 녹지축과, 동서간의 중심 녹지를 연결하는 환형(環形) 녹지대의 가능성이 있으며, 또한 도심지에 점점이 산재한 녹지들을 묶어 도심에 녹지 벨트를 만들어야 한다. 이것이 남산과 한강과 더불어 서울의 지형적 원천을 상징적으로 나타낼 수 있는 공간 성격 및 기능을 갖는 새로운 도시 이미지이며, 단순 녹지가 아닌 2000년대 정보문화사회에 대비한 문화도시로서의 출발점이 될 수 있다.

결론적으로 도시공원(자연녹지의 회복), 문화시설(문화생활의 회복), 서울의 명소(전통가치의 회복)라는 세 가지 소프트웨어가 전제되어야 할 것이다.

현대문명에서, 그 문명 최대의 발명품이라는 도시에서, 그리고 그 발명품 중 최대의 실패작일는지 모를 서울에서 새로운 문화란 무엇인가.

인류에게 문화라는 개념은 지난 수세기 동안 대단히 왜곡되게 인식되어 왔다. 특히 산업혁명 이후 백 년 동안 인류는 정신적 성취보다는 물질적 욕구에 탐닉해 왔고, 정신문화는 물질경제의 부차적 가치로 전락했다. 모더니즘은 경제학이 지배하는 문화였으며, 이데올로기 대립의 냉전상태는 약육강식의 경제지배 논리에 의한 반문화 현상의 비극이었다.

19, 20세기 양 세기에 걸친 산업혁명과 물질문명시대는 20세기말의 결론으로는 중대한 딜레마에 빠져 있다. 자칫 한 문명사의 몰락을 우리는 눈앞에서 보게 될 것이다. 이에 대체될 21세기의 정보문화사회는 인간의 정신적 가치에 더욱

높은 평가를 하게 될 것이고, 그 힘의 축은 동방으로 이동하지 않을 수 없는 상황에 있다. 결국 문화의 힘이 문명사를 다시 쓰게 하며 그것이 각 민족의 흥망성쇠를 좌우하는 새 시대가 도래하게 될 것이다.

바야흐로 인류는 이와 같은 정신의 암흑시대를 청산하려 하고 있다. 오로지 성장과 진보만을 추구하던 시대는 비판받고 있으며, 대신에 인간정신에 대한 새로운 인식이 싹트고 있다. 이 변화의 시대에 우리는 모든 종류의 구시대 문화적 고정관념을 깨뜨려야 하고 변화와 발전의 정의를 새로이 내려야 한다.

우리에게 축적된 정치, 경제적 안정은 시급히 문화적 사고로 전환할 것을 우리에게 요구하고 있다. 정신문화야말로 인류 존망의 기반이며 삶의 질을 높이고 그 의미와 지속성을 제공하는 내일의 희망과 약속이 된다. 그것은 물질문명이 인류발전의 원동력이라는 사고에 쐐기를 박는 일이다. 물질 위주의 사고는 인류발전의 질을 낮추고 발전의 의미를 축소시키며 내일의 희망을 흐리게 했다. 그 중에서도 대한민국이 겪은 최근세사 백 년, 그리고 현대의 오십 년은 참으로 질곡과 인고의 문화적 암흑시대였다. 정신을 중시하던 가치관은 전도되었고 인간관계에 기본하던 사회통념은 물질관계로 대체되었다. 우리에게 문화가 제공하는 창의적이고 풍부한 잠재력을 포용하지 않는 어떤 종류의 발전 노력도 실패할 운명에 처하게 된다는 것을 우리는 몰랐다. 이제 문화, 정보, 교육, 그리하여 종합적으로 인간 정신의 발전이 물질의 개발을 앞장서 주도해야 하는 새로운 시대에 우리는 과거와 현재의 정신적 타락을 겸허히 반성하며, 진정한 의미에서 코페르니쿠스적 발상전환이 이루어져야 한다.

정신문화를 위한 투자는 지금 우리에게 과연 어느 정도로 가능한가. 1980년대에 만들어진 일부 문화시설들은 한정된 범위 안에서 나름대로의 역할을 하고 있긴 하지만, 절대적으로 부족하고 전반적으로 분산되어 체계적으로 운영되지 못하거나 다수 대중이 쉽게 접근, 만족할 수 있는 시설과 운영기술이 충분하지 못하다. 우리가 지금까지의 투자를 되돌아볼 때 한국의 경제성장이나 한국인의 정서상황 그리고 장래에 전개될 필연적 요구에 비해 그것은 크게 부족한 실정이다. 우리의 문화시설들은 먼저 그 양에 있어서 평균수준에 가까워야 하고 질을 높여야 하고 그리고 효율적으로 운영되어야 한다. 그러기 위해 여러 시설이 새로 건립되어야 하며 그것은 첨단시설의 집단으로 구성되어야 한다. 그리고 또한 새로운 문화정보시대의 요구에 부응하도록 문화정보센터화를 해야 한다.

우리는 이곳에 도입될 기능을 다음과 같이 설정해 마스터 플랜을 작성하고 이 땅의 반환에 대비해야 한다. 기본적으로 백만 평의 도심 녹지공원을 만들되, 남산 제모습 찾기와 연계사업으로 남산과 한강을 물리적으로 연결하는 오픈 스페이스 계획이 필수적이다. 다음에 그 공원 중앙부 일대에 전시, 공연, 기타 문화시설을 연차적으로 건립한다. 이것들이 완성되는 데 얼마나 걸릴는지 아무도 모른다. 결코 건설을 서두를 일은 아니다. 그러나 이렇게 함으로써 우리는 워싱턴의 스미소니언 박물관 길보다 훌륭한 도심 녹지 속의 문화시설을 갖게 될 것이다.

1592년 임진왜란 당시 일본군의 후방 병참부대(兵站部隊)가 설치된 이래 한국전쟁 때 유엔군과 주한미군 사령부가 설치되어 오늘에 이르고 있는 용산의 드넓은 땅은 사백 년이라는 엄청난 역사의 잠에서 이제 깨어나려 한다. 우리는 용산의 아침을 맞을 준비를 서둘러야 한다. 그 긴 잠이 너무도 억울한 역사의 가위눌림으로 점철되었기에 이제 용산은 일어나 머리 빗고 화장하고 새날을 맞아야 하는 것이다. 민족의 자존심으로 외세의 흔적을 씻고, 문화의 힘으로 군국과 무력의 상처를 치유하는 일은 용산의 경우에 우리에게 다른 어떤 도시사업보다도 급선무이다. 그것이 타당한 일이라면 늦출 이유가 없는 것이다. 우리는 일본에서 요요기와 요코쓰카 기지가 반환된 사례를 보았고, 필리핀 같은 나라가 민주화된 후 미해군의 극동 최대라던 수빅만 해군기지를 반환받은 사례를 눈여겨보아야 한다.

도시의
'생명인기生命印記'를
영원히
간직하자

이 글은 1994년 12월 3일 연세대 알렌관에서 있었던 '동아세아(東亞細亞) 역사도
시의 전통과 근대—서울과 북경' 한중(韓中) 학술회의에서 보고 느낀 내용을 발표
하고, 그것을 정리한 것이다. 「도시의 '생명인기'를 영원히 간직하자」라는 제목으
로 양홍쒼(楊鴻勛, 중국건축학회 건축사학분회) 회장의 주제발표가 있었고, 나를
포함해 이상해(성균관대 건축공학과), 최선주(일본 국제연합 지역개발센터 연구
원), 온영태(경희대 건축공학과), 추어추안(左川, 淸華大 건축학원), 뤼처우(呂舟,
淸華大 건축학원), 최효승(청주대 건축공학과), 이정근(우리계획), 김기호(서울시
립대 도시계획과) 등이 토론에 참석했다. 강병기(한양대 도시공학과) 교수가 사회
를 본 이 토론회는 여러 가지 동병상련과 타산지석의 교훈을 주었다. '생명인기'란
도시의 모습이 생명체로서 건축 속에 각인(刻印)된 상태로 보존하자는 뜻으로, 양
홍쒼 회장이 만들어낸 단어인 듯하다.

서울에서 우리가 지난 오십 년간 겪었던 시행착오를 이제 북경에서 다시 반복
해야 할지도 모른다는 걱정이 어제 오늘 이 자리에서 느낀 솔직한 심경이었다.
서울이 무서운 속도로 발전했다고 많은 사람들이 말하지만 역사도시로서 서울
의 그 발전은 무서운 속도의 역사 파괴였다.

이틀간의 세미나에서 서울의 시행착오에 대해 더욱 깊이있게 논의하고, 북경
에는 그런 일이 반복되지 않아야 할 역사도시의 개념들이 정리되었으면 하는 것
이 나의 희망이었으나 충분히 그러지 못한 것 같아 유감스러웠다.

서울의 경우는 시장이나 정권이 바뀜에 따라 그때마다 새로운 마스터 플랜이
제시되어 왔다. 지금 서울의 문제는 늦은 감은 있지만, 구도심의 보전이냐 현대
적 신도시로 가는 개발이냐의 기로에서 양극단의 요구를 어떻게 화해시키느냐
하는 문제로 단순화시켜 이야기할 수 있겠다. 서울이 강남 신도시를 개발하던
시기에 강북은 그래도 역사도시의 중심이었다. 불행히도 그 중심을 어떻게 할

것인지 우리에겐 철학적 방향설정이 없었다. 처음에는 인구팽창을 소화하기 위해서 강남개발촉진법이 시행되었고, 다음에는 불균형의 문제 때문에 강북균형 개발 방침이 발표되었다. 장기계획 없이 이 거대도시의 문제가 표류하고 있음이 노정된 셈이었다. 현재 구도심은 역사 문화적 방향설정 없이 고층화, 상업화, 저질화, 즉 현대화 그리고 동시에 구도심의 파괴가 진행되고 있다.

그러나 서울에는 육백 년 된, 북경에는 이천 년 된 영속적이고 엄연한, 그리고 요샛말로 '환경 친화적'인 '에너지 절약형'의 마스터 플랜이 있어 왔다. 지금도 한강에 다리를 놓을 때 보면 그 자리는 육백 년 전부터 나루터가 있던 자리였음을 알 수 있다. 좌묘우사(左廟右社)와 전조후침(前朝后寢)과 주작대로(朱雀大路)의 큰 틀과 그 정신은 어느 경우에도 유지되어야 한다. 그럼에도 우리는 방법론에 있어 이 고대도시를 어찌해야 할는지 갈피를 못 잡고 있다.

몇 년 전 고도보전법 제정에 대해 한동안 논의를 했다가 흐지부지되었는데 이것은 바로 경주나 서울 같은, 개발의 혼란 속에 있는 도시들을 보전논의의 대상으로 하는 것이었다. 이런 법의 제정이 늦어지는 사실은 우리가 역사도시를 어

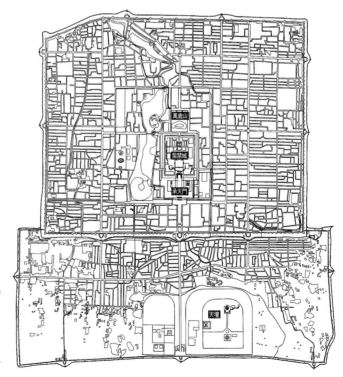

61. 명대(明代)의 북경성도(北京城圖)는 그것 자체로 북경이 역사도시 박물관임을 보여준다. 박물관은 어떤 이유로도 훼손되어서는 안 된다.

291

떻게 받아들이고 있는지 그 국민의 관심과 애정과 문화의식 정도를 보여주는 단적인 예에 불과하다.

　우리는 오늘날 북경과 서울을 역사, 문화도시라고 지칭하고 있는데, 이들 도시의 문제는 정치 경제가 아닌 역사, 문화적인 접근방법으로 풀어야 한다. 북경은 거대한 야외 박물관으로서 공업 중심, 정치 중심, 경제 중심, 문화 중심 등으로 도시의 목표설정이 정책의 변화에 따라 수시로 바뀌는 불합리함을 겪어 왔다. 그러기보다는 뚜렷한 도시의 정의와, 역사에 대한 철학이 도시계획 이전에 정립될 필요가 있다. 역사도시의 현재와 미래의 존재이유는 그 도시의 역사에 있다. 북경과 서울은 그렇게 정의된 다음에 장기계획이 세워져야 한다. 그리하여 시민들이 현대적 상업도시에 살고 싶은지, 역사도시나 문화도시에 살고 싶은지, 계획된 전원도시에 살고 싶은지에 대해 선택적으로 결정할 수 있어야 하고 그 정책에 공감해야 한다. 문화와 역사와 정치와 경제, 그 모든 것을 도시의 성격으로 다

62. 공산혁명 이후 자금성 남측지역이 모두 헐리고 '세계에서 가장 넓은' 천안문 광장이 만들어졌다. 천안문은 명나라 1417년에 건조를 시작했다. 당시에는 승천문이라 불렸으나, 1651년에 개축한 후 천안문으로 개명했다. 1949년 10월 1일, 마오 쩌둥 주석은 천안문 성루에서 중화인민공화국의 창건을 선포했다. 이것이 도시의 역사이다.

함께 충족시킬 수는 없는 일이다.

온영태 교수 발표 중 역사도시의 여섯 가지 지향에 대해 공감하지만 그 지향들이 서로 상충될 때 또한 그 우선순위가 논의되어야 한다. 우리의 이 두 도시는 공룡처럼 무섭게 '성장'하고 '발전'하고 있다. 도시의 유구한 역사로 볼 때 지금 우리는 가치관의 혼란 속에 살고 있다. 우리가 이런 역사도시에서 살면서 인식해야 할 가장 중요한 점인, 힘들고 오래 걸리더라도 문화적으로 이상적인 방향을 추구할 것인가, 그보다는 경제적이고 쉽고 빠른 현실을 수용할 것인가, 둘 가운데 분명한 하나를 선택할 시기인 것 같다. 서울은 이미 늦은 감이 있고 북경에는 아직 희망이 있다고 본다.

북경이 서울의 전철을 밟아서는 안 된다. 서울이 도쿄를 흉내내듯이, 도쿄가 뉴욕을 흉내내듯이, 뉴욕이 파리와 로마를 흉내내듯이 그런 악순환의 고리를 끊어야 한다. 북경 당국이 경제를 개방하면서도 독자적으로 정치, 사회체제를 지키고 있듯이 그들 도시를 현명하게 지켜야 한다. 그러기 위해선 그 실현 가능하고 지속 가능한 방법을 찾아야 한다. 어쩌면 그에 힘입어 서울도 우리 도시를 지킬 수 있을 것이고, 또한 거기 힘입어 도쿄도 그들 도시를 지켜야 할 것이다.

우리가 모여서 북경과 서울을 이야기하는 이유는 그런 공동의 경험을 나누기 위한 것이다. 그런 의미에서 "문장을 다 써 버리지 말고 후손에게 여지를 남겨주자"고 말한 추어추안 교수의 제안을 이 세미나의 훌륭한 결론으로 기억해야 하겠다.

건축사 제도의
회고와 반성

대한건축학회가 1995년으로 창립 오십 주년을 맞았다. 그 해 건축학회
지 『건축』 11월호의 '한국 건축 50년의 회고와 전망'이라는 특집 중 한
편으로 실린 글이다.
기실 이 글은 학회지의 요청으로 썼지만 별로 내키는 내용이 아니었다.
이런 일은 누가 몰라서 뭐가 안 되는 게 아니라는 사실은 우리 건축사
회의 오랜 상식이었다. 그보다 앞서 건축인 백이십 명의 '93 건축가 선
언'과 '건미준(건축의 미래를 준비하는 모임)'의 결성, 'a 마크운동'
'건축가 자정(自淨) 선언'에 이어 대대적인 건축계 사정(司正) 운동과
감사원의 전반적 감사 등 외풍도 거세었다. 이 일을 두고 『중앙일보』
(1993년 6월 24일)의 사설에는 "감사원의 감사 결과 건축사들의 비리
가 보편적인 것이 확연히 드러난 만큼, 해마다 이번과 같은 감사를 벌여
부정한 감리를 한 건축사나 부적격자는 행정적으로 도태시켜 나가야
한다. 아울러 관계 전문가들의 여론을 청취해 문제의 뿌리를 캐낼 수 있
는 제도개선 방안을 제시해 주기를 바란다"고 했다.
그러나 획기적인 제도개선 기미는 없이 약간의 미동이 있었을 뿐, 시간
이 지나 이런 일들이 잊혀지기만을 모두들 바라고 있는 듯하다.

대한건축학회 오십 년과 대한민국 건축사(建築史) 오십 년을 회고해 볼 때 가
장 괄목할 사건은 1963년의 건축사법(建築士法) 제정이다. 당시 법 제정의 명분
은 훌륭한 것이었으나 또한 그 내용에 대해서는 반대운동도 치열했다. 반대의
이유는 간단히 말해 그것을 만든 사람들의 숨겨진 의도 때문이었을 것이다. 거
기에는 기득권을 선점하고 보전하려는 불순한 목적이 있었다. 그것은 그 법 부
칙(附則)의 특례규정에 밝힌 대로 "이 법 시행 당시 건축 행정서사(行政書士)의
업무를 영위하고 있는 자에게 (학위를 불문하고) 시험을 면제하고 건축사의 면
허를 준다"라는 문장에서 예견됐고, 바로 이 숨겨진 의도는 그 법 제정 이후 삼
십 년간 건축사시험 합격자 수의 통계에서 확연히 드러난다. 그것은 암울할 수
밖에 없는 이 법의 운명과 한국 현대건축의 숙명적 결과를 예언하는 것이었다.

각 대학 건축과의 조직적 반대운동에 부딪치는 우여곡절 끝에 제정된 새 건축
사법 이후, 이 새로운 체제의 운영 주체에는 또 건축에 애정이 없는 관료들이 동

조하고 관변교수(官邊教授)들이 자문위원, 출제위원, 평가위원 등으로 조연(助演)함으로써, 이 불행한 제도적 상황은 삼십오 년 동안 현행법상 기존질서로 고착화되었다.

만일 당시에 최소한 몇 명이라도 영향력있던 분들이 분명한 거부의사를 지속적으로 밝혔더라면 그 이후에 찾아오는, 한국 건축문화를 수십 년 후퇴시킬 사태는 막을 수 있었거나, 역사적 상황은 달라졌을 것이다. 그것이 무슨 대세라고 그렇게 갑자기, 그렇게 힘없이 반대의견들이 조용히 사그러졌는지 그 이유는 지금도 불가사의하다. 비록 서슬 시퍼렇던 군사정부 아래서였다고는 하더라도 그것은 이상한 일이었다. 그 이후 지금까지 어떤 기관도, 대학도, 연구단체도 입을 열지 않고 그 파행과 폭거를 관망했다는 사실 또한 어이없는 일이다.

법 부칙에 따라 시험이 면제된 기득권 선점자들이 협회의 주종을 이루고 후배들의 신규합격을 삼십 년 동안 철저히 제한했다. 매년 전국에서 오천 명의 건축과 졸업생을 양산하는 이 나라에서 어떤 해에는 이백 명이 응시, 열한 명이 합격

63. 한국 건축문화의 구조와 수준을 삼십 년 이상 왜곡시켜 온 건축사법의 문제는, 일부 건축사의 기득권 보호에 치우쳐 있다는 정도로 문제제기가 여러 번 있었으나, 우리 사회는 이를 건축사나 건축가 등 비슷한 직종끼리의 영역 다툼 정도의 가벼운 문제로 좌시해 왔다.

하기도 했다. 그런 희귀상황에서는 건축사가 되면 평생이 보장되었다. 공제회(控除會) 가입만으로 생활걱정이 없었고 어떤 분소(分所)는 가입비가 일억 원을 넘었다.

이런 체제 속의 안주는 당연히 그 사람들을 나태하게 했다. 자기성찰과 혁신이 없는 개인과 단체에는 발전이 없다. 그로 인한 비문화적 결과는 현재 보다시피 끔찍한 상태에 와 있다. 우리에게 건축은 문화가 아니라 저질의 엔지니어링 서비스였고, 따라서 건축교육은 기사시험을 대비한 학원수준을 넘어서지 못했고, 학교보다는 건축사시험 준비학원이 더욱 중요시되었다.

이 사람들은 전국의 연간 건축허가 면적×평균 평당 공사비×평균 설계보수율＝얼마얼마이고, 그것을 전국 건축사 머릿수로 나누면 일인당 연간 설계수입이 자동적으로 얼마가 확보·배분되고 하는, 그런 계산들을 하고 있었다.

이제 그런 한가한 일들이 옛이야기가 되고 말았다. 그 오랜 안일과 무관심의 결과는 건축 자체의 부실과 외부로부터의 불신을 자초했고, 결국 타의에 의한 쇄신과 개혁이라는 수치스런 상황을 맞았다.

그러나 이보다 더 두려운 일은 국제경쟁에 노출된 허약체질의 무방비상태와 자체 붕괴라는 비극적 현실이다. 이제 곧 건설업체들의 자체 설계가 허용될 터이고, 1996년 1월 1일부터는 외국 건축가들이 그 자격에 상관없이 한국 건축사와 협동계약만 하면 국내에서 설계활동을 하게 된다. 또 머지않아 건축설계, 시공 시장은 완전 개방된다. 이것은 결과적으로 우리가 간과 쓸개를 내주고 그들이 떨어뜨린 부스러기를 챙기는 신세로 전락할 위기를 말하는 것이다. 이제 우루과이 라운드와 세계무역기구의 파고(波高)는 높은데 우리 일엽편주(一葉片舟)의 난민들은 자진(自盡)해서 우리는 못 한다고, 외국인 감리사를 불러와야 한다고, 그들이 더 믿을 만하다고 부르짖고 있다.

대한민국 전체가 모든 분야에서 국제적으로 인정받고 세계진출, 인류공헌, 실리추구를 말하는 이때, 우리 건축에만은 그럴 능력이 없다. 제것도 내주어야 할 판이다. 다같이 열심히 했더라면 밭 전체가 좋아졌을 것을 쑥만 자라도록 버려둔 나머지 쑥밭이 되었다. 삼밭으로 가꾸었더라면 간혹 쑥이 섞여 나와도 삼밭으로 남는다. "봉생마중(蓬生麻中)이면 불부이직(不扶而直), 즉 쑥이 삼밭에 있으면 받쳐 주지 않아도 곧게 자란다"란 중국 말이 한국에는 성립하지 못한다.

지적소유권 협약은 건축의 을사보호조약이다. 합방 이후 일인들이 한옥들을 때려부수며 서울을 그들 삼류 건축가들의 연습장으로 삼았던 때가 오십 년 만에 다시 온다. 그런데 아무도, 아무 말도 하지 않는다. 어째 이런 수수방관이 가능한가. 회원 사천 명의 건축학회는 왜 아무런 이야기가 없었는가. 뒤늦게 행정쇄신위원회에서 시작된 이야기가 어떻게 발전되도록 도와야 할는지, 한번 더 구경만 하고 있을 것인지, 우리 모두의 당면 과제다. 무관심은 방조(幇助)이고 묵인은 동조(同助)이다. 문화가 군사, 정치, 경제에 밀려 정책의 우선순위에서 최하를 점하던 시대는 이것으로 끝나야 한다.

어느 시대 어느 곳에서나 관학(官學)과 아카데미즘이 수구(守舊)와 아집과 독선의 대명사라고는 한다. 혹시 생태적으로 태생적으로 일본인들의 식민지 경영에 필요불가결했던 인력수급 계획을 위한 기술자 교육이라는 노예적 전통의 피가 아직 우리 혈관 속을 돌아다니고 있는 것은 아닌지.

요즘 한참 행정부·사법부의 힘겨루기 양상을 보이는 로 스쿨(Law School) 논쟁이, 사년제 대학원이라는 메디컬 스쿨(Medical School) 논쟁이 남의 이야기가 아니다. 만시지탄이 있지만 건축 외적인 물리력에 의해 건축교육과 제도 전반이 재편을 강요당하기 전에 건축인들 스스로 문제해결에 나서야 한다. 잘못된 과거를 한탄하자는 이야기가 아니다. 지나간 오십 년은 뼈아픈 반성의 교훈일 수도 있다. 다가올 오십 년에 다시 한 번 떳떳한 불국사 장인의 후예이기 위해서라면 자성(自省)의 모임이라도 한번 있을 법하잖은가.

국보의
등급 매기기

이 시평이 『한겨레』 신문에 실린 후 문화재 관리국은 숭례문의 지붕 기와를 교체하는 공사에 들어간다고 발표하고, 동시에 색바랜 단청을 보수하면서 일제가 훼손한 성벽의 원형을 복구하겠다고 아울러 말했다. 현재 위 공사는 모두 마무리되었지만, 시민의 접근로 확보와, 차도 한복판 조경의 확장과, 일본인들이 쌓아 돌린 석축의 제거 등을 고려하지 않기로 한 점이 큰 아쉬움으로 남아 있다. 중앙청을 헐어야 민족정기가 살아난다는 주장과는 크게 상치되는 결정이다. 하기야 문화재 관리국이 아직 그것조차 모르고 있었다는 사실을 인정하기 어려웠을 것은 이해할 만하다. 그렇다고는 해도 그 석축이 일제의 잔재가 아니라는 일부 주장은 잘못된 것이다.

우리나라의 국보 1호는 남대문이다. 우리 모두 알다시피 그것이 국가 최고의 보물이라는 뜻은 아니다. 말하자면 일련번호 1번일 뿐이다. 그런데 요즘 그 국보 1호를 바꾸자고 논의들이 분분하다. 팔만대장경이냐, 석굴암이냐, 국보의 키재기가 한창이다. 혹자는 또 그게 그래서만이 아니라 일본 사람들이 국보 지정한 것을 재정비해야 한다고 한다. 그것이 부끄러운 일인지 아닌지는 의견이 다를 수 있겠지만, 우리가 보기엔 국보급인데 그들이 한 등급 낮은 보물로 지정한 것들을 국보로 격상시키자는 논의는 해 볼 만하다. 게다가 어떤 이는 일본의 국보 1호는 목조반가사유상인데 그야말로 국보 1호로서 상징적 가치가 있더라고도 한다. 거기도 일본의 예를 참고해야 하는지 모를 일이다.

이 어줍잖은 논쟁은 여러 가지를 생각케 한다. 무엇보다도 확실한 것은 예술작품에 등급을 매긴다는 일의 어리석음이다. 예술에는 절대가치가 있을 뿐이다. 국민 모두가 공감할 최고의 국보를 가리기란 쉽지도 않고, 있을 수도 없는 일이다.

그러므로 국보 1호라는 부제는 남대문의 수식어가 아니라 사무적 일련번호라는 사실을 명백히 해야 하고, 나아가 그 외에도 더 훌륭한 문화유산이 많이 있음을 가르쳐야 옳다. 그냥 국보 숭례문, 국보 석굴암이라고 말이다.

만일 숭례문을 국보 제1호 위치에서 끌어내리고 석굴암을 제1호로 해야 한다면 정말 그러냐는 논쟁이 끝이 없을 테고, 더 웃길 일은 그 모든 국보를 중요도 순서로 모두 다시 번호를 매기는 엄청난 일이 벌어질 것이다. 나아가 다른 국보가 어느 날 발굴되면 그것은 몇 호에 넣어야겠다. 그러면 그 뒷번호는 모두 한 자리씩 물러나야 하고, 통일이 되면 북한의 문화재를 섞어서 다시 번호를 매겨야 하고, 이 무슨 경거망동인지.

정작 중요한 것은 그런 외형적이고 피상적인 이름이나 번호의 문제들에 있지 않다. 정말 따져야 할 것은 속살의 내실이다. 대체로 이렇게 피상적으로 이름이나 번호를 문제삼는 경우 본질이나 내실의 문제점을 호도하는 경우가 많다.

이런 논쟁의 와중에서 숭례문을 바라보는 심정은 착잡하다. 마침 서울 시민의 날이라고 숭례문의 야간 조명을 다섯 배로 밝혔다. 벌써 오래 전에 그랬어야 했다. 그러나 불을 더 밝게 비추는 게 대수가 아니라 우리의 문화유산에 대한 애정 결핍과 무관심이 더 걱정이다. 숭례문은 머리 위에 외국상품의 네온사인을 이고 있고, 땅 밑으로는 지하철의 진동이 기초를 흔들고 있다. 시민이 접근 못 하는 국보가 밤낮으로 자동차의 매연 가운데 서서 먼지를 뒤집어쓰고, 초고층 건물들의 새중간에 작은 감자처럼 서서 처량하고 외롭고 슬프다.

그런데 그 무엇보다도 안된 일은 1907년에 일본인들이 숭례문의 서울 성곽과

64. 1920년경의 숭례문. 일본 경찰의 파출소가 세워졌고 서양식을 흉내낸 석축, 조경, 가로등이 만들어졌다. 이 석축은 아직도 문화재로 보호되고 있다.

연결된 양쪽 날개를 잘라 그들의 황세자(후일 대정 천황)가 지나갈 길을 만들 때—세자가 문루 밑을 지날 수 없다고—그들 석축방식으로 쌓아 돌린 볼썽사나운 왜색 석축의 띠를 아직도 두르고 있는 점이다. 우리는 구십 년 동안이나 그걸 그냥 보고 지나치고 있다.〔興仁門(동대문)도 마찬가지다〕일련번호 1호냐, 최고의 1호냐는 잘 따지는 사람들이 일본식 치마 두르기에는 그렇게 무심할까.

일본인들이 없애 버린 영추문(迎秋門, 경복궁 서쪽 대문)을 건춘문(建春門, 동쪽 대문)에 짝맞추어 복원했으나, 아직도 영추문을 마주보는 청와대 큰길가에는 일본식 오카베 집들이 여러 채 버젓이 서 있다. 우리에게 문화재는 무엇이고 일제 잔재는 무엇인가.

그런 일들이 혼란스러울수록 아주 단순하고 명료한 몇 가지 원칙을 세워서 그것만이라도 지켜 나가자. 정책 우선순위라는 것은 그야말로 번호를 매길 수 있는 것이 아닌가. 숭례문 발뿌리의 왜색 축대부터 걷어내자. 그 김에 성곽이 잘려나간 연결 부분을 복원해 보여주고 녹지공간을 조금이라도 넓혀서 지하도건 육교건 사람의 접근이 가능하게 해야 한다. 그것이 문화재를 거론하는 우리의 최소한의 애정과 경의의 표현이다. 국보와 문화재를 부르짖으면서 시민의 일상생활과 동떨어진 이와 같은 문화재 정책은 그 본의와 진실성에 의문을 갖게 한다. 경복궁 복원을 위해 중앙청을 헐어야 한다면서도 동십자각이 길 가운데 차도 속에 먼지를 쓰고 외롭게 서 있는 모습도 애처로운 우리 문화재의 한 모습이다. 문화논리가 우선하는 나라가 문화국가이고, 그것이야말로 '삶의 질'이 아니겠는가. 새해 예산안에 문예진흥 예산이 문화체육부 전체 예산의 0.5퍼센트라는 얘길 듣고 답답해서 하는 말이다.

재건축 재론 -
아파트 수명이
이십 년?

1998년 6월에야 분양가 규제철폐와 함께 일부 아파트 규모에 대한 의무 규정이 완화되었다. 그나마도 IMF 한파로 부동산 값이 바닥세를 헤어나지 못하는 데 대한 구제책으로 제시된 것이다. 규제철폐라는 일을 그 규제를 만든 자들에게 맡기는 것은 철폐하지 말라고 하는 말과 같다.

우리가 살아 온 경제개발 최우선의 시대에는 모든 이들의 꿈이 아파트 한 채 갖는 일이었다. 국민 전체가 그런 꿈을 갖다 보니 아파트 수요는 무한대에 가까웠다. 짓기만 하면 불티나게 팔렸다. 거기에 투기열풍이 가세되어 아파트 장사꾼들은 오늘날 상당수가 재벌로 성장해 있다. 너무 빨리, 너무 많이 지었기 때문에 설계도 시공도 시원찮았다. 그래서 어떤 것들은 짓자마자 무너져서 사람들을 상하게도 했고, 지금도 많은 아파트들이 도궤(倒潰) 위험 때문에 주민을 대피시킨 채 철거를 기다리고 있거나, 헐고 새로 짓자는 의논들을 하는 곳이 많다. 이게 모두 처음부터 구상과 설계와 시공이 잘되지 못한 결과인데, 때로는 보기에 멀쩡한 집들을 헐고 새로 짓겠다고 나서는 일도 생기게 되었다. 그러다 보니 이 재건축이라고 불리는 성급한 행위를 집 지은 지 이십 년이 지나야 허용하도록 법으로 정해 놓았다.

몇 년 전부터 심심찮게 재건축 허용, 불허용 논쟁이 일다가 최근에는 건설교통부가 주택공급 확대 취지로 재건축사업 적극촉진 방침을 세우자, 서울 시내 다섯 개 소위 저밀도 아파트지구 주민들이 이십 년 안 된 재건축사업을 허용해 달라고 나서고 있다.

서울에는 이제 사실상 신축 아파트를 지을 빈 땅이 없다. 그래서 아파트 건축은 재개발·재건축이 주종이 될 터인데, 내년에 이십 년짜리 재건축 대상이 약

십오만 호에 이른다고 하니 재건축이라는 사업은 엄청난 규모의 돈의 흐름을 발생하게 한다. 그런데 그 엄청난 사업에 왜 허용이냐 불허냐, 또는 규제냐 촉진이냐 하는 정반대의 주장들을 난무하게 됐을까.

재개발 주장은 환경개선과 부가가치 증대를 부르짖고, 규제론은 인구밀집, 교통유발, 환경악화를 걱정하는 등 양쪽 주장이 모두 옳은 것처럼 보인다. 우리에게는 잘 됐건 못 됐건 정해진 법규정이 있고, 지켜야 할 규범들에는 순서가 있다.

건축 관련법에 정해진 건폐율, 용적률, 기타 규정들은 장관이 임의적으로 완화하거나 제한할 수 있는 대상이 아니다. 정부가 걸핏하면 풀어 줄까 말까를 흘리는 것은 무원칙과 권력남용의 전형이다. 대원칙은 우리 모두의 잘살려는 욕구 충족이며 좋은 환경 확보이다. 만일 국민 전체가 탐욕 일변도로 돈버는 집만 짓기를 원한다면 그것을 법으로 규제하는 방안은 없을 것이다. 즉 시장경제 원리에 맡기되, 그 원리를 법규제에 의해 도덕의 수준으로 끌어올리는 노력은 불가능하다. 가능한 것은 아마도 토지와 주거의 공개념화라는 일대 선회뿐일 것이다. 이들 사업의 엄청난 공익성 때문이다. 토지는 엄밀히 말해 개인의 소유가 아니어야 옳다. 땅에는 영원한 주인이 없다. 환경이 우리 모두의 공유이듯이, 재건축은 조합원들만의 사업이 아니라 시민 전체 환경에 영향을 끼친다. 이 사업들을

65. 폭파공법에 의한 남산 외인아파트 철거. 나는 내용연한(耐用年限)까지 사용하고, 그후에 재건축을 허용하지 않는 남산 제모습 찾기를 주장했다. 이런 폭파공법의 정치적 전시효과에는 엄청난 돈이 드는 법이다.

공개념화한다는 것은 사유재산권을 최대한 인정하면서도 그 중차대한 공익성으로 인해 개발이익의 독점을 제약해 공익으로 환수하고 재분배해야 한다는 뜻이다. 그것이 도시 정의이다. 정부가 개입해야 할 부분은 규제냐 허용이냐 하는 법 집행의 무원칙한 유연성이 아니라, 탐욕적인 주택 건설업자들이 기피하는 저소득층을 위한 투자에 보상책을 세워 투자의욕을 촉진하거나, 지방정부와 주택공사 등 공기관이 그 부족한 부분을 담당하도록 하는 일일 것이다.

주택공급을 시장경쟁에 맡기지 않고 분양가 규제 등의 방법으로 정부가 개입하는 것이 처음부터 잘못이었다. 주택가격 급등을 우려한 분양가 규제가 설계·시공 부실의 시작이었다. 서울의 땅값을 생각하면 지금의 분양가 한도는 비현실적이다. 이렇게 정부가 개입하는 것은 자장면 값을 규제하는 것이나 같은 발상이다. 인상요인을 외면하는 가격 규제는 질을 떨어뜨릴 수밖에 없는 것이다. 그 우스꽝스런 규제가 없다면 공급가격은 올라가겠지만, 진정한 시장경쟁이 이루어지면서 잘 설계되고 정말 잘 지은 집들만이 팔리는 품질경쟁 시대로 바뀔 수 있을 것이다. 정말 잘 설계하자고 들면 우리 아파트들의 고질적인 낭비요소들을 줄일 수 있을 터이고, 턱없이 큰 것 좋아하는 거품을 걷어내는 데 일조가 될 수 있을 것이다. 또한 서민주택 분야에 수익성이 없다는 재벌기업의 기피도 건전한 방향으로 유도될 수 있을 것이다.

더구나 우리의 주택에 대한 터무니없는 고정관념도 문제다. 우리는 너무 하드웨어에 집착하고 큰 것을 너무 좋아했다. 당장이라도 주택 규모에 따라 누진(累進)되는 중과세(重課稅)가 시행되어 소규모의 질높은 주택이 권장되어야 한다.

무엇보다도 걱정스러운 일은 아파트 수명 이십 년이라는 이상한 상식이 통용되고 있다는 점이다. 건축물은 물리적으로는 백 년 이상 수명을 갖는다. 배관설비는 15-20년쯤 쓴다. 우리는 이 두 가지를 혼동하고 있다. 만일 배관설비 때문에 십오 년 만에 헐어야 할 집들이라면 처음부터 '백년대계'라는 과잉투자를 할 필요가 없다. 오십 년 쓸 건물을 십오 년 만에 허무는 것은 폐기물의 양산이며 국가적으로 엄청난 손실이다. 백 년짜리 집인가, 십오 년짜리 집인가 분명해야 한다. 우리는 한쪽을 선택하지 못하고 있다.

이 점이 바로 우리가 허구한 날 질 낮은 건축물을 양산하고, 얼마 안 가 때려 부수는 낭비적 악순환을 벗어나지 못하는 원인이다. 건물을 백 년 동안 쓰려면 설계와 시공은 지금의 질로는 부족하고, 십오 년에 헐고 다시 지을 거라면 지금 투자도 과잉한 것이다. 차라리 십오 년짜리 집을 짓자. 철거라도 쉽고 쓰레기라도 덜 나오는 방식으로.

우리는 너무 쉽게 부순다. 우리에겐 재활용이라는 개념이 없다. 파괴공법의 발달은 자랑이 아니다.

6

지나간
건축현장에서
우리 모두가
함께 겪은
건축 이야기,
그리고
그 깨달음.

종교와
건축

한강성당은 1993년에 헐리고 그 자리에 국민은행 이촌동 지점이 들어섰다. 설계자로서는 그런 일은 생전 처음 보는 일이었고 그리고 마음아픈 일이었다.

한강성당 설계 이야기

"1979년초, 김원은 함세웅 신부의 전화를 받는다. 성당을 신축하려 하니 조언을 해 달라는 것이었다. 함 신부는 자신을 찾아온 김원에게 새로 신축할 성당의 조감도를 보여주었다.

'한강성당은 상가건물 이층에 임시로 세를 들어 있었는데, 신축대지가 바로 그 상가건물 자리였습니다. 조감도를 본 순간 이건 아니라는 생각이 들었죠. 새마을회관 같은 그림이었어요. 신부님 역시 이미 같은 생각을 하고 계셨는지 제 말이 떨어지기가 무섭게, 그럼 당신이 설계를 해주십시오 하시더군요. 그러나 남이 하던 것을 비평하고 가로챈다는 생각이 들어 완강히 거절을 했지요. 그러나 신부님은 끈질기게 저를 설득했습니다.'

그는 세상을 떠난 동생 수녀의 얼굴을 떠올렸다. 단순히 성당을 설계한다는 것보다 동생과의 인연으로 이루어진 일이란 생각으로, 그녀가 생전에 자신에게 했던 많은 이야기들이 마음에 되새겨졌던 것이다. 누이동생은 오빠가 좋은 성당을 설계했으면 좋겠다고 입버릇처럼 말을 했고, 독일에서 좋은 성당을 볼 때마다 사진을 보내오곤 했던 것이다.

한강성당 설계를 맡기로 한 김원은 사무실로 돌아오자마자 직원들을 불러 모았다. 그는 먼저 건축으로서 좋은 성당이란 무엇인가 하고 물었다. 좋은 성당의 바람직한 규범이 있을 것이고 그것을 찾아내야 한다는 생각이 들었다. 직원들 역시 같은 생각이었다. 한국에서 가장 잘 된 성당이 어디 있는가. 그때쯤 김수근 선생의 마산성당이 발표되어서 이야깃거리가 되고 있었다. 그는 직원들을 마산으로 보냈다. 직원들은 다녀와서 이구동성으로 말했다. '선생님, 우리가 더 좋은 작품을 만들 수 있습니다.'

그들의 의견은 이러했다. '작가의 체취가 너무 강하게 풍기는 것은 좋은 성당이라고 할 수 없다.' 김원 역시 스태프의 의견과 다르지 않았다. '성당은 사람들로 하여금 감사한 마음과 위로의 느낌 그리고 그 외의 어떤 것이라도 기꺼이 받아줄 수 있는, 감성적으로 열린 공간이다. 특정한 건축가의 인위적 디자인이, 그 다양성에 개방되어야 할 모든 사람의 느낌들에 어떤 특수한 의도로 제약을 주어서는 안 된다. 결국 좋은 성당의 해답은 깨끗하고 조용하고 무엇에도 구애받지 않는 자유로운 느낌의 공간이다. 좋은 성당이 무엇을 원하는지 정답은 어딘가에 이미 씌어져 숨어 있을 것이다. 아마도 그것은 대단히 단순하고 명료한 것일 터이다. 그것을 찾아보자.'"(이용범 기자, 『건축인』, 1997년 1월호)

66. 나는 아파트 단지 큰길가에 벽돌담으로 단순하게 가려진, 쌈지공원 같은 성당마당을 만들고 싶었다.
성당은 항상 열려 있는 곳이다. 열려 있는 필로티 아래를 지나면 어린이 놀이터와 작은 연못이 있는 안마당이 나온다.

당시 한강성당은 어려운 상황에 직면해 있었다. 1979년은 유신 말기로 독재의 횡포가 극을 치닫고 있었고, 함세웅 신부는 정의구현 사제단의 수괴로 정보기관의 철저한 감시를 받고 있었다. 성당에만도 여러 명의 정보원들이 상주하며 함신부의 일거수 일투족을 지키며 보고하고 있었다. 이들 중 조 형사란 사람은 매일 함 신부의 미사 강론을 듣다가 동감을 하고 결국 영세를 받게 되는 웃지 못할 일이 일어나기도 했지만, 미사에 참석하는 신자들은 점점 줄어만 갔다. 신자들 대부분은 부유한 사람들이 모여 사는 한강 맨션 아파트의 주민들로, 성당에 갈 때마다 정보기관원들과 마주 대해야 한다는 것이 고역이었기 때문이다. 결국 성당의 재정 상태는 점점 어려워져 갔고 설계자이며 동시에 건축주의 대리인이었던 나는 그럴수록 부담감이 더해 갔다. 그 와중에 성당을 짓는다는 일 자체가 무리였다. 역경이 가중될수록 나의 책임은 커져 갔던 것이다.

상가건물을 헐고 새로 짓는다는 것은 엄두도 내질 못했다. 그래서 일부 리노베이션, 일부 신축이 될 수밖에 없었다. 결과적으로 그것이 잘되기는 했지만, 함 신부가 어느 날 새벽 군인들에게 끌려간 뒤로는 더욱 일이 어려워졌다.

성당은 기존 건물의 골조를 그대로 둔 채 헌 벽돌을 사다 쌓아서 유치원과 사제관, 수녀원을 구성해 가는 방법으로 진행되었다. 전례(典禮) 공간만이 신축으로 덧붙여짐으로써 ㄱ자의 건물이 되고, 그로 해서 내정(內庭)이 생기고 외부마당이 생기는 최소한의 작업이었다. 나는 당시 한창 재개발이 되던 영등포나 구로동 등지를 돌며 옛 공장건물을 헐어내서 생긴 폐벽돌을 구했다. 공사비를 줄여 보겠다는 생각에서였다. 현장에는 특히 도로의 소음이 심했는데, 벽들로 인크로스시키며 생긴 주거지역의 커뮤니티센터로 만들어진 공유공간은 소음을 막아내는 역할을 훌륭하게 해낼 수 있었다. 그리고 그 헌 벽돌들은 새 건물을 오래된 건물처럼 아늑하게 보이게 했다. 신자들은 공사비가 적게 들게 된 데 대해 대단히 만족했다.

본당 신부가 안양교도소에 구속된 뒤 미사는 동기생인 윤주병 신부가 집전을 했다. 강론 시간에는 함 신부가 옥중에서 보낸 편지가 읽혔다. 그야말로 '옥중서간'이었다. 공사 중이라 빗물이 새는 지하실에서 거적을 깔고 미사를 드리던 신자들은 눈물을 흘리며 그들의 생애에 가장 감동적인 미사를 드리고 있었다. 나는 미사전례의 뜻을 이해할 수가 있을 것 같았다. 그렇게 감동적인 미사는 처음이었다. 그때 이런 생각을 했다. 건축가의 재능이 사람들의 신앙심을 움직일 수는 없다. 결국 건축가가 말하는 공간이나 빛의 연출 같은 얘기는 중요하지 않다. 종교건축에서 건축가의 역할은 아무것도 없어야 한다고 말할 수 있다. 디자인이 잘되었다는 종교 건축물에서 느끼는 감동은 단편적·일회적인 것이지, 일상적으로 반복되는 감동은 아니라는 것이다. 이는 작가가 자신을 절제할 때 좋은 작품이 나온다는 지오 폰티의 견해와도 일치한다. 지하실에서 드린 그 감동적인 미사에 건축가의 역할이 아무것도 없었듯이 말이다. 건축가가 인위적으로 만든 공간에서 결코 건축가의 의도대로 사람들이 느껴 주는 것도 아니고, 우리가 경험했던 것 같은 그런 절절한 감동이 있을 수도 없다는 것이다.

종교건축 안에서 작가의 의도적 연출과 작위적 감동에 반대한다는 나의 의견은 내가 주장해 온 가장 규범적이며 보편적인 건축론에서 출발한 것이다. 나의 보편성은 건축에 대한 인간요구의 보편적 결론이다. 건축은 인간을 위해 있으며, 인간을 위해 무엇이 되고자 하는 필연적 결론을 작가 이전에 건축이 이미 갖고 있는 것이다. 나는 건축이 단순히 인간의 어느 한 감정을 자극하기보다는 희로

67. 안마당은 유치원 마당으로 동네 어린이들에게도 개방되었다. 놀이터는 연못과 자동차와 땅굴로 구성된 재미난 놀이마당이었다.

애락을 모두 포용할 수 있는 건축이어야 한다고 믿는다.

우여곡절을 겪으며 한강성당은 완성되었다. 십이륙 이후 풀려 나온 함세웅 신부는 축성식에서 '이 건물은 하느님과 인간의 합작'이라고 강론했다. 그런 평가는 내가 평생 들어본 건축에 관한 평론 중 최고의 과찬이었다. 윤승중 선배는 그 건물을 두고 '김원의 진면목을 보여주는 건물'이라고 말했다. 나는 '가장 잊을 수 없는 교훈의 건물'이라고 했다. 나는 역경이라는 것이 오히려 좋은 건물을 만들 수도 있음을 배웠다.

한강성당의 시작에서 완공까지 떠오른 생각들

오래 전부터 나는 작은 성당 하나를 '멋있게' 설계하고 싶은 욕심을 갖고 있었다. 만일 내게 그런 기회가 주어진다면 나는 정말로 열심히, 그리고 지극히 성실하게 일할 것이라 믿고 있었고, 그것은 또한 그렇게 해서 아주 감동적인 것이 될 것 같다는 막연한 확신 같은 것도 갖고 있었다.

그러나 '한강성당'의 설계를 의뢰받은 후에 처음으로 떠오른 느낌은 우선 내가 잘해낼 수 있을까 하는 의구심이었다. 그전까지 내가 갖고 있던 그런 욕심, 생각, 확신 들은 무언가 분명히 잘못된 것이었다는 생각이 줄곧 머리속을 떠나지 않았다. 무엇으로 내가 잘해낼 수 있다고 믿고 있었을까.

나는 내 자신이 갑자기 그렇게 자신이 없어지는 이유를 알 수가 없었다.

얼마 동안 전혀 일손을 잡지 못한 채 고민을 하던 끝에 도달한 결론이, 바로 이 성당을 그려내게 된 기본적인 발상이 되었다.

우선 내가 오래 가져온 '멋있게 설계하고 싶다'는 생각은 자기를 나타내고 싶어하는 소위 작가적 의지의 소산이라는 것을 알게 되었다. 그런데 다른 경우보다는 이 경우에 그것은 충분히 비판받아 마땅한 자기 과신(過信)이었다. 어쩌면 나는 다른 종류의 건축물을 처음 손대게 될 때에도 역시 그런 생각들을 갖고 있었는지도 모른다.(물론 그랬기 때문에 얼른 자기 과신이라는 말을 생각해내게 되었을 거라고 생각된다)

어떤 건축물에나 그것이 그 건축물 '이고자 하는', 그 건물 자체가 본질적으로 지니고 있는 고유한 욕구들이 있었을 것이다. 그리고 그것들은 당연히 작가가 갖는, 어떤 것을 '만들고자 하는' 욕구보다 중요하고 우선적으로 받아들여져야 한다는 것이다. 어떤 주택은 그것이 그 자리에, 그 시점에 세워질 때 그 주택 자체가 어떤 것 '이고자 하는' 바람들이 있을 것이다. 건축가는 그 바람들을 자신의 건축언어로 번역해내는 데 불과하다.

그것이 주택이기 위해서, 그것이 전시장이기 위해서, 그것이 사무실이기 위해서, 그것이 병원이기 위해서, 그리고 그것이 교회이기 위해서 그 장소 그 시점에 꼭 그렇게 서지 않으면 안 되는 내면의 요구들은 보이지 않는 문자로 어디엔가 적혀 있다. 우리는 손끝으로 그려내기 전에 그것을 뒤지고 찾아서 걸러내고 해석해야 하는 것이다.

이제 정리를 해서 말하자면, 그렇게나 표현될 그런 막연한 생각들이 이 성당을 시작하면서 고민 끝에 확실해진 것들이다. 특히 종교건축에서 작가의 의지가 표면에 나서지 않아야 한다는 사실은 나 자신의 무슨 특별한 종교적 겸손에서가 아니라, 종교예술(종교에 바쳐진 예술)이라는 복합명사에서처럼 그것의 예술적 가치가 종교적 가치를 이길 수 없다는 말이 된다. 이 경우 가톨릭에서 흔히 말하는 '보편적이고 공번된 교회'라는 표현은 내가 늘 생각해 온 건축의 '보편타탕성'과 일치하는 것이었다.

종교건축에서 건축적 가치가 종교적 가치를 이길 수 없다는 이야기는 단적으로, 건축없는 교회는 있을 수 있으되 종교없는 교회건물은 있을 수 없다는 말로 바뀔 수 있다. 우리가 건축적으로 '감동적인 교회건물'이라고 말할 때 그것은 물론 종교적인 감동없이 그렇게 말할 수 없는 것이다. 즉 종교적인 가치가 건축적 가치에 우선한다고 잘라 말할 수가 있다. 여기서 종교적 가치란 교회가 본질적으로 요구하는 것이며, 건축적 가치란 건축가의 의지로 만들어지는 것을 말한다. 만일 그 두 가치가 조화되지 못하거나 경합되는 관계에 있게 될 때 건축가는 단호하게 자신의 건축적 가치(소위 작가적 의지) 쪽을 배격해야 한다는 사실은, 이야기로 하기에는 쉬운 일이지만 기실 어려운 일이어서 우리들 건축가라는 족

속들은 습관적으로 자신을 먼저 내세우게 되는 것이다.

우리는 화가 마티스가 그의 말년에 내부장식을 맡았던 남프랑스 방스(Vence)의 카르멜파 수도원 교회의 일화를 알고 있다. 그는 누가 보기에도 일가를 이룬 대화가였지만 이 성당의 십사처를 그리면서 자신의 예술가적 해석을 유보할 수밖에 없었다고 한다.

이 이야기를 좀더 깊이있게 듣기를 원한다면 『건축예찬』의 '종교와 건축'이라는 마지막 장을 한번쯤 음미할 필요가 있다. 마침 내가 이 성당설계로 씨름을 하고 있던 1979년 봄에 나는 그 책의 번역원고를 마지막으로 손보고 있던 때여서 같은 명제를 두고 여러 가지를 생각하는 데 크게 도움이 되었다.

나는 물론 건축적 의지를 작위적(作爲的)인 것이라고만 보지는 않지만, 어떤 문제에 대한 나 자신의 건축적 해석은 분명히 사적(私的)인 것이며, 그것은 교회 공동체의 어떤 공통되는 약속에 위배되는 것일 수가 있는 것이다. 예컨대 본당 내부벽에 어떤 색깔을 칠할 것인가를 결정해야 할 때, 그 색깔은 건축가의 개인적 기호에 따라 선택되기보다 어떤 색이 거기에 필연적으로 요구되는가를 먼저 찾아야 한다. 그 해석을 신부님이 더 잘 내릴 수 있다는 뜻은 물론 아니다. 물론 건축가가 결정한다. 그러나 그것은 분명히 전례와 같은 종교적 요구의 한계 내에서라는 단서가 붙는다. 그것은 십자가의 형상을 어떤 예술가가 어떤 형태로든 다른 새로운 것으로(자기 자신의 것으로) 만들어내려고 하더라도, 적어도 우리가 보편적으로 갖는 십자가의 이미지를 뛰어넘었을 때는 그 의미를 상실해 버리는 경우와 같다고 말할 수 있다.

이런 생각들 위에 나는 나 자신의 생각으로(물론 신부님과 이야기를 나눈 적도 많지만) 가톨릭 교회 전성기의 호화찬란한 내부와 모든 종류의 장식적 처리들에 대해 조금은 비판적인 생각을 갖고 있었기 때문에 오히려 프란체스코 성인이 그의 기도를 위해 마련했다는, 아무 장식이 없는 단순한 사각형의 방을 하나의 이상적 모델로 생각했고, 그것이 나 자신이 갖는 어떤 현대적인 느낌과 일치하는 방향으로 처리되기를 바라고 그리기 시작했다. 단지 이것이 내가 여기서 부려본 욕심의 전부라고 말해도 과언은 아니다.

그렇기 때문에 기존건물 일부를 그대로 이용하기로 한 나의 첫번째 계획안은 사목위원들이 모인 회의에서 좀 대담한 발상이 아닌 것 같다는 평을 듣기도 했고, 이 설계자는 우리 성당 설계에 크게 의욕을 보이지 않는 것이 아닌가 하는 의구심을 가진 사람들도 있는 것 같았다. 그분들이 나에게 가진 기대란 고맙게도 더 의욕적으로, 더욱 대담하게 설계해도 좋다는 뜻이었으나, 나 자신은 좀 소극적인 것으로 보일 이런 자세가 오히려 당연한 것이라는 생각을 명백하게 갖고 있었다. 다행히도 신부님의 결론이 나를 이런 미묘한 입장에서 자유로울 수 있게 해주었다. 나는 신부님에게 먼저 이렇게 말씀을 드려 두었기 때문이다.

"나는 대단히 의욕적으로 이 일에 임하고 있기는 하지만, 이 건물을 나 자신의 모뉴먼트로 만들지는 않겠습니다."

68. 한강성당 내부.
제단과 제대 부분의 처리는
극도로 절제되었고, 오로지 최종태가
조각한 십자고상(十字苦像) 하나만
덩그러니 걸려 있다.

이런 많은 생각들이 대략 한 방향으로 다듬어진 다음에, 그리는 일은 쉽게 풀려 나갔다. 그리고는 그려진 안(案)에 대해 격렬한 논쟁도, 갑작스런 변경도 없었던 것으로 기억된다. 그것이 내게는 다행한 일이었다고 말할 수 있겠다. 그리고 그보다도 더욱 다행스러운 일은 우리가 처음에 가졌던, 그런 소박하다고나 말해질 의도들이 공사가 진행되면서 조금은 분명한 것으로 확실해진 일이었다.

건물의 뼈대가 겨우 완성된 어느 날 새벽에 나는 임시로 만들어진 제대 앞에 꿇어앉아 있는 신자들을 보았다. 어둑어둑함 속에서 그 광경은 나에게 작은 감동을 주었다. 그 아름다운 광경은 건물이 완성되었는가, 제대가 화려하게 장식되었는가, 잘 조각된 고상(苦像)이 마련되었는가에 관계없는 것이었다. 거기에 내가 무엇을 더 해야 한다는 것은(적어도 종교적인 의미에서는) 별로 있어 보이지 않았다.

기도의 장소로서는 완벽한 것이었다. 그리고 어쩌면 그런 상황에서의 '성전 건립을 위한 기도'는 더욱 마음을 움직이게 하는 것이었다. 그것이 나에게는 나의 접근방법이 크게 빗나가지 않았다는 믿음을 가질 수 있게 했다.

건물이 완성된 지금에 와서 나는 많은 신자들에게서 많은 이야기를 듣는다. 대체로 좀 둔하고 밋밋하다는 평들이다. 나는 오히려 그 점들을 기쁘게 받아들이고 있다. 반짝이는 재치, 스마트한 디테일, 광택이 눈부신 호사스러움 대신에 평범하고 편안하고 나이 들어 보이는 분위기가 설계자의 우둔함과 시공회사의 게으름까지도 너그럽게 포용하고 있다고 믿어서인지도 모른다. 또한 어려운 시기에 신자들에게 지나친 경제적 부담을 안겨 주지 않을 수 있었다는 사실도 작은 자부심으로 남아 있다.

이야기가 길어졌지만 나는 이 성당에서 훌륭한 건축주들을 만났으며, 그분들의 전폭적인 지지와 신뢰 속에서 기쁘게 일할 수 있었다. 여기서 내가 한 일이란 단지 교회에 건축법이 있다면 어떤 것이겠는가를 생각해내는 것이 고작이었다.

이것은 겸손함을 보이기 위한 수사학적 표현이 아니라 마음속으로부터의 진실이었음을 거듭 강조하고 싶다.

내가
지은 집은
미니 주택조합의
실험이었다

이 미니 주택조합의 실험은 성공적이었다. 내가 예측한 대로 서울 구도심의 불량 주거지구의 환경개선 사업에 이것이 하나의 모델이 될 수 있음을 나는 '생체실험'으로 증명했다.

함께 집을 짓기로 한 세 사람이 공동으로 일백오십 평의 대지를 구입했다. 미니 주택조합의 실험이었다. 일반적으로 서울의 택지는 일백 평 미만으로 분할된 것이 보통이므로, 일백오십 평 정도일 경우 평당 단가는 70-80평으로 작게 분할된 대지를 구입하는 것보다 평균 10-20퍼센트 싼 것이 상례이다. 각자의 소유가 된 오십 평(삼등분했으므로)은 진입로를 위한 사도(私道) 면적을 제하고도 택지매입에 투입된 비용을 많이 절감시켜 준 셈이다.

대지는 시내 중심부에서 가까운 고급주택지의 조용한 변두리 효창동에 장래의 도시계획을 고려해 선택되었다. 남북으로 긴 대지는 남향으로 경사져 있고, 전체가 높은 곳에 위치하여 시가지를 내려다보는 전망이 있을 뿐 아니라, 충분한 햇빛을 받아들일 수 있으며, 지가(地價)의 상승을 예측할 가능성이 있었다. 세 대지는 차례로 높아지므로 앞집이 뒷집의 햇볕을 덜 가리며, 그것을 더욱 유효한 것으로 하기 위하여 각 건물은 건물 폭의 절반씩 비껴져 세워질 필요가 있었다.

설계의 첫 단계로 세 개의 필지(筆地)가 계단식으로 분할되어 똑같은 면적을 차지하고, 공동의 주차용지로 쓰일 공동명의의 사도를 제외하고 남은 실제 대지 면적은 사십이 평씩 등기되어, 각각의 작은 필지들은 동서로 긴 대지 형태가 되었다.

우선 사십이 평이라는 대지면적을 최대한으로 활용해야 하므로, 각각 동향의 대문을 내어 동쪽으로부터 진입하되 건물이 대지를 차지하는 면적은 최소한으로 줄여야 할 절대적인 필요에 직면했다. 따라서 대지의 동쪽(주택의 전면쪽)에 가능한 한 최대 크기의 마당을 두고, 더욱이 서쪽 끝(주택의 후측)에 서비스 야드(service yard)를 남기기 위해서는 건물을 여러 층으로 높이 올릴 수밖에 없다는 결론이 된다.

그러나 주택에 있어서 여러 층을 오르내리기란 대단히 불편한 것이 사실이다. 이 문제를 해결하기 위해 흔히 스플리트 플로어(split floor)라고 불리는, 반 층씩 엇물려서 이층, 삼층으로 올라가는 방식이 검토되었다. 건축은 하나의 공간조직이며, 특히 주택이란 생활의 조직이다. 그러므로 이 조직은 유기적인 질서를 요구한다. 이것이 부드럽게 해결될 수만 있다면 수직이건 수평이건 어떤 동선조직일지라도 무리가 없겠다는 생각이었다.

우연의 일치지만 3세대 각각의 가족구성도 세 명 내지 다섯 명의 핵가족이어서, 설계자의 권유에 따라 연건평을 삼십 평으로 정하고 건축 공사비를 최소한으로 하는 것을 원칙으로 했다.

그러나 이런 원칙이란 건물의 가변적인 부분들, 예를 들어 건물의 외관 장식이라거나 실내의 마감재료 따위에서의 지출을 줄이자는 것일 뿐, 가변성이 없는

69. 효창동 공동주택. 1975년. 주택의 외부에 값비싼 재료를 붙이는 일이 얼마나 부질없는 일인지 나는 이 집을 지으면서 한번 더 확인하게 되었다.

기초, 뼈대, 난방 및 전기설비 등의 기본 골조비에는 고급의 기준을 최대로 적용하기로 했다. 따라서 기초와 뼈대의 콘크리트는 완벽한 것으로, 외벽의 보온설비 역시 최상의 것으로, 보일러, 버너 등 기계류는 고급의 것으로, 그리고 벽 속이나 천장에 감추어지는 전선과 배관 역시 건물의 수명이 지속하는 한 다시 손볼 필요가 없는 것으로 완전하게 하되, 바닥과 벽과 천장의 마감재료는 내·외부를 막론하고 후일 바꿀 수 있는 여지를 충분히 남기는 동시에 건축비를 절감하기 위해 시중에서 구할 수 있는 가장 싼 재료들이 사용되었다.

주택에 있어서의 훌륭한 실내장식이라는 것은 사실 거주자의 생활의 집적(集積)이 그대로 하나의 분위기로 나타나는 것이지, 결코 값비싼 마감재료의 전문가적인 적용에서 오는 것만은 아니라는 점에 세 사람이 모두 공감할 수 있었기 때문에 이런 일이 가능했던 것이다.

문짝에 칠한 오일 페인트라든가, 벽에 바른 수성 페인트와 값싼 코팅벽지 따

70. 대지는 정확히 같은 면적으로 삼등분되었고 소유 위치는 추첨으로 결정되었다. 이런 종류의 개인적 공동개발 방식은 도심지 주거환경 개선노력에 한 가지 제안이 될 수 있다. 그리하여 대규모 환경개선 사업에도 적용될 수 있다. 우리는 이런 공동행위의 연습이나 훈련이 되어 있지 않다.

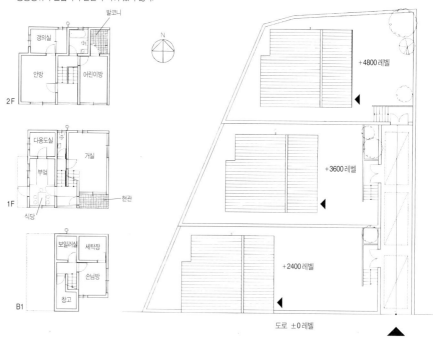

위는 선택하기에 따라서는 세련된 맛을 풍길 수도 있는 것이며, 오히려 마음 내킬 때마다 부담없이 바꿀 수 있다는 이점이 있는 것이다.

평면도에서 보듯이 현관이 마당 레벨과 같아서 식당, 부엌, 다용도실이 한 층에 연결되어 있고, 여기서 반 층(계단)을 올라서면 거실과 작은 화장실, 다시 반 층을 올라가면 안방과 갱의실(更衣室), 다시 반 층을 오르면 욕실과 어린이방이 된다.

현관에서 반 층 내려간 반지하실에는 손님방, 반 층 더 내려가서 보일러실, 창고, 세탁장이 있다. 그러므로 완공된 상태는 다섯 개의 각각 다른 층에 방들이 수직으로 배치되어 있으나, 마당에서 볼 때 지상에 보이는 건물 높이는 실제로 두 층 반으로 끝나는 셈이 된다. 결과적으로 각 실의 연결에 있어 수평 동선보다는 수직 동선이 많아져서 불편할 듯하지만, 서로 긴밀한 관계를 갖는 방들은 같은 레벨에 있거나 반 층 차이로 연결되어 있어 곧 익숙해질 수 있는 방식임이 판명된다. 예를 들어 부엌과 세탁장이 한 층 차이, 식당과 거실이 반 층 차이 하는 따위이다. 이러한 연결은 오히려 가족 상호간에도 독립적인 개인생활을 보장하게 된다.

71. 현관에서 반 층을 올라가면
거실이 있고, 거실에서 반 층을
더 올라가면 안방이 있다.
이들은 각각 저마다 독립성을
지니고 있다.

서울
성공회 대성당의
복원

나는 성공회 대성당의 미완성 공사를 내 체취의
어떤 것으로 만들고 싶었다.

서울에 남아 있는 마지막 추억의 거리

대학에 다닐 때 얼마 동안 덕수궁 근처에 살았던 적이 있어서 나는 학교에 다니면서 성공회 대성당 앞길을 지나다니곤 했다.

당시에는 지금 시의회 쪽 골목길에 영국 궁전에서나 볼 수 있는 주철봉으로 된 철책이 서 있어서 마당 안이 훤히 들여다보였는데, 아름드리 나무들과 잘 가꾸어진 잔디밭 너머로 조용히 우뚝 서 있는 대성당의 모습은 참으로 아름다웠다.

설사 내가 건축을 공부하는 학생이 아니었다 하더라도 그것은 인접한 한옥 대문의 수녀원과 어울려 멋진 풍경과 고상한 건물로서 내 시선을 사로잡기에 충분한 것이었다. 나는 때로 그 철책에 기대서서 한참씩 그 안쪽을 들여다보며 온갖 상념에 젖곤 했다.

몇 년 후 내가 김수근 연구소에 근무하고 있을 때 한번은 어떤 특별한 프로젝트를 맡은 팀 너더댓 명이 몇 달 동안 사무실 밖에 나와 일을 하게 되었는데, 우리는 그 일을 위한 장소를 물색하던 중, 만일 그 성당 안에 빈 공간이 있어서—말하자면 회랑이라든가 복도든 다락이든—어디 빈 곳이 조금만 허락된다면 르 코르뷔지에처럼 거기서 일을 해 보자. 참으로 일이 잘되지 않을까라는 생각으로 그곳 신부님을 방문하기로 했다. 이상하게도 그 건물은 그렇게 여유가 있어 보였다.

그러나 우리는 정중히 거절을 당하고 돌아왔다. 사실 그 신부님에게는 아마도 별일 다 있다는 정도로 받아들여졌을 것이다. 우리 아이디어는 낭만적이었지만 비현실적인 것이었다. 그리고 대성당 건물은 다시 우리 마음속에 동경의 장소로 돌아오고 말았다. 그것은 그만큼 낭만을 불러일으키는 건물이기도 했다.

최근까지도 조선호텔 쪽에서 시청으로 넘어오면 인왕산을 배경으로 종탑이 우뚝 서 있는 이 성당을 나는 서울에서 가장 아름다운 건물 중의 하나라고 믿어 왔다. 건물의 아름다움만이 아니라 덕수궁을 비롯한 이 지역 일대는 무분별하게 팽창해 온 과밀도시 서울 중심부의 여유공간이며 역사의 숨결이기도 해서, 서울 시민 누구라도 애정을 가질 정서적인 장소이기도 하다. 아마도 서울이라는 도시 가 존재하는 한, 현대 도시생활에서 가장 중요한 도시적 역할을 하고 있는 지역 이 아닐까 생각한다.

대성당과 수녀원의 증축

내가 성당 마당을 들여다보며 서 있곤 하던, 대학시절로부터 삼십 년이 지난 1991년 어느 날 나는 최기준 회장님으로부터 전화를 받았는데, 이 성당을 원설 계대로 증축하는 설계를 의뢰하려 한다는 것이었다.

그것은 나에게는 건축가로서 한 건의 일을 맡게 되었다는 감사함보다, 오랜 짝사랑을 새롭게 되새기게 하는 무슨 운명적인 사건의 전개를 눈앞에 보는 느낌 이었다.

그보다 한 삼 년 전에 대성당에 인접한 성가수녀원의 증·개축 설계를 맡게 되 어서, 수녀원이 그곳에 그대로 있어야 한다는 타당성을 주장하기 위한 대성당 구역 전체의 장래 계획을 마스터 플랜 형식으로 주교님께 브리핑한 적이 있었 다. 수녀원을 도심 밖의 다른 곳으로 옮기고 그 귀한 땅을 대성당 증축에 써야 한다는 여론이 상당히 있었기 때문이다. 나는 수녀원을 오히려 현 위치에 확장 하고 주차장으로 쓰이는 마당을 옛날의 잔디밭으로 다시 복원하고, 그러기 위해 지하 주차장을 새로 짓고 현재의 관리사무실을 헐고 세실극장을 전면 리노베이 션하는 안을 제시했고, 그것이 채택되어 수녀원은 작은 경당과 교육관을 갖게 되었다. 수녀원의 한옥대문을 그대로 둔 것은 옛날의 그 상징성이 내 뇌리에 깊 이 남아 있었기도 하려니와 이 지역의 옛 정취가 가능한 한 그대로 보전되었으면 하는 욕심 때문이기도 했다. 그렇게 해서 이 추억의 골목길에는 김수근 선생의 한양 빌딩과 윤승중 선배의 조선일보와 김원의 수녀원이 나란히 서 있게 되었다. 건축수업의 3대라고 할까. 붉은 벽돌의 각기 다른 표현이 재미있게 비교되는 광경이 벌어졌다.

백 년 선배 건축가 딕슨과의 만남

최 회장님의 전화는 수녀원 증축에 인연된 것이 아니라 서울주교좌성당 완성이라는, 한국 성공회 백 년의 숙원사업을 맡겨야 할 건축가를 선택하기 위한 오

72. 백 년 전의 영국 건축가 아더 딕슨의 성공회 대성당을 위한 스케치. 이 그림들에 따라 복원설계도가 만들어졌다.

랜 검토 끝에 내려진 결론이어서 나로서는 더욱 영광스러운 일이었다.

나는 우선 전설적으로 남아 있는 원설계자—영국인 건축가 아더 딕슨 경(Sir Arthur Stansfeld Dixon)의 생각과 관점 들을 알아볼 수 있기를 원했다. 그 생각들은 일부나마 당시의 주교님이 건축가에게 보낸 편지와, 건축가의 인터뷰 기사에 단편적으로 언급되어 있었고, 그 결과물은 손바닥만한 원설계의 희미한 흑백 모형사진으로 남아 있었다.

1926년에 축성된 대성당은 공사 도중 영국 성공회의 재정난으로 규모가 축소되어, 지금처럼 트란셉트(transept)가 잘리고 네이브(nave)가 생략되어 라틴 크로스(Latin cross)의 원형을 잃은 상태로 임시 준공되었던 것이다.

나는 이런 사건을 맞게 된 건축가의 당시 심경을 이해할 수 있을 것 같았다. 그리고 여러 가지가 궁금해지기 시작했다.

원설계자의 기본설계는 어떤 것이었을까. 그리고 축소준공이 결정되었을 때의 설계변경은 어떻게 이루어졌을까. 설계자란 이런 때 마음이 많이 아픈 법이다. 나는 주교님께 말씀을 드려서 어떻게든 어딘가에 남아 있을지 모를 딕슨 경의 원설계도를 찾아보려고 했다. 영국 성공회, 대사관, 그리고 영국문화원 접촉이 별 효과 없이 여러 달이 지나서 내가 영국에 출장갈 일이 생겼다. 그리고 마침 런던에 있는 후배 건축가 이언우(李彦雨) 씨의 수고로 영국 왕립건축가학회(RIBA)를 통해 아더 딕슨 경의 인명록 기사와 영국 왕립건축가협회 가입원서, 활동상황, 그리고 사망기사까지를 찾게 되었고, 그의 유품들이 완벽하게 보관되어 있는 것을 알고 그 속에서 그의 서울주교좌성당 설계 당시의 많은 스케치와 도면 들을 찾아내어 복사본을 얻어 오게 되었다. 그것들은 방금 살아 있는 건축가의 손길처럼 생동감이 넘쳤다. 나는 이런 장인기질의 도면들에는 절대적인 경외감을 갖는다. 특히 요즘처럼 컴퓨터로 도면을 그리는 마당에 잉크로 정성스레 그려진 도면들을 보는 것만으로도 큰 즐거움이었다.

영국 출장에서 돌아오는 나의 마음은 이루 설명할 수 없을 만큼 기쁘고 보람 있는 것이었다. 대체 사람들이 그 도면들을 아직도 그렇게 보관하고 있었다니, 또 내가 건축가라는 사실만으로 여러 사람들의 협조를 받아서 그걸 열람하고 복사할 수 있었다니. 그리고 그 무엇보다도 내 짐 속에 들어 있는 그 아름다운 스케치와 도면 들 속에 생생하게 살아 있는 선배 건축가의 생각과 체취와 손길 들이 나를 들뜨게 했고, 서울의 주교님, 신부님, 회장님 또 여러분들께 자랑스럽게 이것들을 내놓을 수 있다는 사실이 무척 기뻤다.

김 모(某)의 작품을 남기자

서울에 돌아온 후 얼마 동안 나는 심정적으로 대단히 어려운 시간을 보내게 되었다. 왜냐하면 사실 내가 그 도면들을 찾기 전까지만 해도 증축설계를 나 자신의 작품으로 만들 생각을 당연히 하고 있었기 때문이다. 최근 서구에서는 옛 건물들의 증축이나 개보수 설계에 현대적인 구조방식과 디자인 기법이 적용되

73. 프랑크푸르트에서 본 리비그 미술관의 기존 부분(위)은 대리석으로 된 팔라디오(Andrea Palladio) 스타일의 외벽이었다. 그후 증축된 부분(아래)은 철골의 파이프 기둥과 철골 대들보 사이가 대리석 커튼 월로 되었다. 나는 처음에 이런 것을 성공회 대성당 증축에서 하나의 가능성 있는 방법론으로 보았다.

는 경우—때로는 어쩔 수 없이, 그리고 당연히—가 많기도 하려니와, 건축가라면 누구나 이런 경우 현대적인 기법을 쓰면서 자신의 생각과 방식으로 원설계를 더욱 빛내게 할 도리가 없을까를 생각하기 마련이다. 방금 런던에서 보고 돌아온 스털링(James Sterling)의 테이트 갤러리 증축(Tate Gallery extension)과 벤투리(Robert Venturi)의 국립미술관 증축(National Gallery extension) 등이 나를 더욱 설레게 했다. 나는 그보다 잘할 수 있을 것 같았다. 어쩌면 베를린 시내 폭격맞은 성당의 유리로 된 증축설계처럼?

그런데 아더 딕슨 경의 도면들은 들여다볼수록 같은 프로페셔널로서 나를 감동시켰고, 그의 원래 생각들에 최대한 가깝게 재현되어야 한다는 생각이 들었다. 이 경우 당연히 나 자신이 어떻게 하고 싶다는 의욕, 나 자신의 것으로 만들어야겠다는 욕심 따위를 버려야 하는 것인데, 그 결심이 쉬운 일이 아니었다. 그것은 큰 갈등이었다.

원건물을 그대로 둔 채 철골과 유리만으로 증축 부분을 새로이 그려내고 싶은 욕심은 구체적으로 프랑크푸르트의 시립 리비그 미술관의 증축을 보았을 때 하나의 방법론으로 마음속에 정리가 되기도 했다—그 욕심은 완공을 본 지금에도 억척스럽게 남아 악마의 유혹처럼 가끔 머리를 들곤 한다—그러나 설계과정에서 여러 사람들과 이야기해 본 결과 그런 우월감은 조금씩 희석되어 갔다. 특히 이광로 선생의 어느 날 한마디는 내게 여러 가지를 생각하게 했다. "이봐, 뭘 꼭 김원 걸 만들어야 하나?" 학교시절 이 교수는 '와룡(臥龍) 선생'이었다. 과연 와룡다운 촌철살인(寸鐵殺人)이었다.

건축허가 관청인 서울시의 의견은 현대적인 증축은커녕 고전적인 증축조차도 허가할 수가 없다는 것이었다. 왜냐하면 지금 서 있는 건물이 그것 자체로 지정 문화재인 이상 현행법상 문화재 현상을 변경해서는 안 된다는 것이다—기본적으로 공무원, 문화재 위원 모든 분들이 그 건물문제에는 애정을 갖고 대하는 것을 알 수 있었다. 그런 것이 좋은 건물이다. 그것은 단지 그 건물이 오래 되었다고 해서 되는 일만은 아니다. 누가 그런 좋은 건물을 설계할 수 있겠는가.

문화재 현상변경이 허용되지 않는다면 그걸 건드리지 않고 그대로 둔 채 유리로만 증축하는 건 안 될까. 문화재 이격거리, 사선제한 문제만 없다면… 등등 별별 궁리가 다 오고갔다. 내 주장은 그것 자체가 문화재라고 하더라도 엄연히 원설계도에 비추어 미완성 건물인 이상 완공상태가 될 때까지 공사의 계속을 허용해야 한다. 즉 백년이 지났어도 완공 안 된 건물이 있을 수 있으므로 그런 관점에서 미완의 공사를 재개하고 현대적인 방법으로 완공 후 부분적인 문화재 재지정을 거론해야 한다는 것이었다.

서울시는 결국 문화재 위원회를 소집해서 의견을 듣겠다는 선까지 양해를 했고, 나는 여러 문화재 위원들을 별도로 만나 열성과 확신을 가지고 설득했다. 위원회는 몇 가지 조건부로 증축에 동의했고 그 결정에 따라 서울시는 건축허가를 내주었다. '원설계대로…', 그것은 '김 모의 작품'은 허용될 수 없다는 뜻이었는데 나는 그나마 감사하게 생각했다. 어차피 그 결정은 나의 결심을 확인하는 절차였다. 김 모의 작품—강철과 유리는 절대적인 것이 아니었고 새로 지어질 교육관과 부대시설은 땅속에 묻어도 좋았다.

착공, 준공 그리고 축성

실시설계는 그렇게 만들어졌다. 신부님이 요청한 교육관, 강당, 식당 등 천여 평의 부대시설은 얼굴없이 지하에 감추어졌다. 지상 부분의 원설계에는 여러 가지의 스케치가 있었다. 그 중에서 원의에 맞는 어느 것인가를 골라서 완성시키는 것이 실시설계의 중요한 한 과정이었다 그리고 스케치에 나와 있는 디테일들을 위주로 시공 디테일을 그렸다. 무엇보다도 신구 건물의 연결 부위가 기술적으로 어려운 부분이었다. 증축 부분은 지하 삼층 깊이의 콘크리트 구조물 위에 서야 하고, 기존건물이 끊어진 부분에서 수직으로 십이 미터 파내려가야 하는 것이다. 다행히 땅은 대단히 좋았다. 한 방울의 물도 없이 보송보송한 부식암층이 계속되었다. 기존건물은 그 위에 지경다짐을 완벽히 하고 기초없이 벽돌을 바로 쌓아 올렸음을 알게 되었다. 그러므로 칠십 년 동안 금간 데 없이 흙 위에 지탱해 온 옛날 벽돌 벽과, 새로 땅을 파서 콘크리트 구조를 만들어 그 위에 새로 구워 새로 쌓은 벽돌 벽이 연결되는 부분은 어려운 시공일 수밖에 없었다. 조심스럽고 길고 긴 터파기, 흙막이, 지하 콘크리트 붓기 동안 구벽은 다행히 잘 견뎌 주었고, 새 벽돌과 물려 쌓은 부분은 현재까지 완벽하다. 이형(異形)의 구형 벽돌은 모두 특수제작해야 했고, 석재 가공은 모두 중국에서 해 왔다. 이미 우리 선진 조국에는 정다듬을 하겠다는 석공장이 없었기 때문이다. 대우건설이 공사를 맡아 손익에 관계치 않고 시공해 준 것도 다행이었고, 이정학(李庭學) 소장의 학구적인 자세도 결정적인 도움이 되었다

헌 벽돌과 기존 석재면을 분사(噴砂, sand blast) 방식으로 갈아내고 나니 완전히 새 건물이 되었다. 원설계자의 의욕과 좌절이 칠십 년 만에 모두 성취되는 시간이 왔다. 그리고 안팎에 매어 놓은 발판 덕분으로 완벽한 실측조사가 가능했다. 그리하여 대한성공회 백 년의 숙원사업이 완성되었다.

축성미사는 경건하고 장엄했다. 이건용 교수의 신작 미사곡은 감동적이었다. 그리고 특히 나에게는 미사 후 수녀원 마당에서 베풀어진 연회가 깊은 감사의 느낌을 주었다. 오래 전에 내가 감리를 위해 오가던 수녀원 마당은 수녀님들의 정성스런 가꿈으로 몇 년 만에 에덴동산처럼 다듬어져 있었다. 그날 여러 사람 중에서도 원장 수녀님이 나를 가장 반갑게 맞아 주면서 "드디어 그 일을 다 하셨군요"라고 함께 기뻐하셨다. 옛날 성공회 건물을 아름답게 기억하는 수많은 사람들이 실망하지 않는 사실 또한 나에게는 더없는 기쁨이었다. 자칫 잘못했더라면 김 모의 하찮은 솜씨자랑이 몇 사람은 만족시키면서 많은 사람을 실망시킬 수 있었을 터이다.

원설계자에 대하여

아더 딕슨은 1856년 영국의 엣바스턴(Edgbaston)에서 조지 딕슨(George Dixon)의 장남으로 출생했다. 부친은 하원의원을 지낸 영국 사회의 실력자였고 명문 럭비(Rugby) 고등학교와 옥스퍼드 대학의 유니버시티 칼리지(University College)에서 수학하고 석사학위를 받았다. 그는 영국 왕립건축가학회 명예회원(FRIBA)이었고, 버밍엄 건축협회(Birmingham Architectural Association) 회장으로 적극적인 활동을 했으며 특별히 종교건축에 많은 작품을 남겼다.

말년까지 버밍엄에 살면서 레이번 회사(Rabone Bros, and Co.)의 파트너로 일했으며, 버밍엄 시립예술학교 운영위원회(Birmingham Municipal School of Art Committee)의 회장을 지냈다.

주요 작품으로는 성 바실성당(St. Basil's Church, 1911)과, 성 안드레아성당(St. Andrew's Church, 1910), 회색옷의 성모성당(Chapel of the Grey Ladies, 1913), 주교좌성당(Bishop's Chapel at Bishopscropt, 1924), 서울 대성당(Anglican Cathedral, 1924) 등이 있다.

그는 1929년 1월 8일 화요일에 갑자기 세상을 떠났다. 그의 나이 일흔두 살이었다.[『건축인명록(*Who's Who in Architecture*)』(1926)과 『영국왕립건축가협회지(*Journal of the Royal Institute British Architects*)』(1929년 1월 26일자)]

원설계자의 생각들

아더 딕슨의 사망이 1929년이고 서울의 성당설계가 1924년, 임시준공이 1926년이니까 서울 대성당은 그의 생애 마지막 작품쯤이 된다. 그리고 1926년의 서울 여행은 일흔 살 노인의 오랜 뱃길이었으므로 축소준공이라는 사건은 그에게 상당히 비관적인 상황이었음을 짐작하기 어렵지 않다.

당시 『조선과 건축(朝鮮と建築)』1927년 7월호에 다행스럽게도 남아 있는 그의 언급을 인용하면 다음과 같다.

"…완성 후에는 평면도에서 보는 바와 같이 하나의 성가대석(choir)과 일곱 개의 주간(柱間, bay)을 가진 본당(nave)과 두 개의 수랑(袖廊, transept)으로 이루어질 것이나, 현재 본당은 단지 세 개의 주간뿐 수랑은 극히 일부분만 완성된 데 지나지 않는다.

이 건물은 벽돌과 화강석으로 쌓았고 내부는 화강석 기둥 외에는 모두 자연회로 칠했다. 점차 각종 물건에 여러 색이 칠해질 것이므로 그것들을 명확히 하기 위해서는 흰 벽이 알맞은 배경이 되는 것이다. 이미 성가대석과 지붕들과 본당과 지하실(crypt)의 기둥 주두(柱枓)에는 다소 채색이 되어 있는데, 명년(明年)

에는 제대 후진(後陣, apse) 상부의 반돔(半dome)에 그리스도의 머리를 모자이크로 만들고, 다시 후진의 벽에는 색 대리석과 모자이크로 장식하게 되어, 그 설계가 런던의 조지 잭(George Jack)에 의하여 완성되어 있다.(註: 이 벽화는 그후 조지 잭이 두 번이나 내한하여 육 개월에 걸쳐 작업하고 1938년에야 완성되었다)

하나의 건축이 무슨 양식으로 설계되는가 하는 질문을 건축가가 가끔 받는데, 그러한 질문은 건축가에게서는 매우 달갑지 않은 것이다. 왜냐하면 오래 된 건축은 그 건축된 시대에서는 참된 생명이 있었던 것인데, 이제는 죽은 양식이 되었음에도 불구하고 근대의 모든 건축은 그 죽은 한둘의 고건축의 모방을 의미하는 듯이 생각되기 때문이다. 유럽 건축의 전통은 파괴되었다. 따라서 건축은 생

74. 성공회 대성당의
복원공사 완료 후
양측 수랑 부분.

명있고 성장하는 유기체가 아닌 것이 되었음은 사실이다.

그 탄생에 향하여 응분의 노력을 아끼는 자 없지는 않겠지마는, 신양식을 만들기 위해 인위적으로, 개인적으로 어떠한 노력을 해도 행복한 결과도, 만족한 결과도 얻기 어려울 것 같다. 신양식은 사회 상태의 변화나 사회의 통절한 요구에 쫓긴 결과로 거의 무의식적으로 나타나는 것이 더욱 있을 법하다.(고딕체는 인용자 강조)

그 사이에 서서 건축가는 자기 노력의 근저로서, 또는 안내자로서 맑은 전통의 하나 또는 둘을 선택해야 하는 것이다. 이 경우 주교님이 택한 전통은 그리스도교의 초기부터 12세기까지 널리 유럽에 행해지던 이른바 로마네스크 양식이다. 이것은 고대 로마양식이 발달 변화한 것으로, 보다 더욱 동양풍을 가미한 비잔틴 양식과는 형제 사이와 같은 것이다. 유럽 각지에서 그 명칭이 서로 다른 바, 예를 들면 북부 이탈리아에서는 '롬바르딕', 시실리, 북프랑스, 영국에서는 '노르만'이라고 한다.

또한 머지않아 성당 정원에는 전나무와 기타 수목을 심고 주위에는 낮은 담장 또는 사철나무를 두르고 도로에서의 조망을 미화할 예정이다. 남쪽 탑 위에 최근 단 종(鐘)은 영국의 '로프바로'에서 주조한 것으로 영국 제일의 것이다. 이 건물이 언제 완성될 것인지는 지금 예측할 수 없다."

이 글로써 당초 왜 로마네스크 양식이 채택되었는지, 왜 그가 안내자라는 역할에 만족했는지가 설명이 된다.

이에 대하여 제임스 그레이슨(James Grayson)은 다음과 같이 말하고 있다.

"…한국 성공회 초기 신부들은 수준 높은 문화와 건축에 관심이 있었기 때문에 자연히 한국의 문화에 깊은 관심을 기울었다. 그래서 그 당시 주교였던 마크 트롤로프(Mark Trollope) 신부가 대성당을 지을 때 로마네스크 양식을 택했다. 이 서울 대성당은 순수하게 로마네스크 양식으로 건축되었지만, 형태는 명동성당보다는 오히려 한국식 기와집과 비슷한 형태이다. 이 성당의 내부 형태도 역시 예배 분위기에 잘 맞는 형태로 건축되었다. 이처럼 한국 성공회 대성당이 한국의 문화에 맞게 건축된 원인은 아마 한국에 온 성공회 신부들이 대부분 성공회 고등파(高等派, 천주교와 비슷한 札式派)에 속해 지식과 문화 수준이 높은 이유 때문인 듯하다.…"(「한국 기독교 성전에 대한 소고」『건축과 환경』, 1986년 12월호)

딕슨의 이야기는 "현재 본당은 단지 세 개의 주간뿐 수랑은 극히 일부분만 완성된 데 지나지 않는다. …이 건물이 언제 완성될 것인지는 지금 예측할 수 없다"라는 간단한 언급 이외에 축소준공을 위한 변경설계에 대해서는 언급이 없다. 그러나 딕슨의 스케치와 도면 들을 보면 황당하고 답답한 그의 기분을 읽을 수가 있다. 그는 누가 보아도 미완성의 건물임을 알 수 있도록, 누가 보아도 언젠가는 완성시키지 않으면 안 되겠다는 느낌을 갖도록 변경도면을 그렸다. 그것은 후일에 누가 있어서 그 일에 손을 대게 된다면 이대로 완성시켜 달라고 부탁하는 편지 같은 것이었다.

남은 일들

우리는 지금 실측조사 보고서를 준비하고 있다. 원설계도를 싣고, 축소변경 도면을 싣고, 기존 건물의 실측도면과 역사적 사실들의 기술과 더불어 실시설계 도면이 망라될 것이다. 그리하여 건물과 도면과 보고서가 함께 오래 남기를 바란다.

또한 원설계자가 말했던 대로 "머지않아 성당 정원에는 전나무와 기타 수목을 심고 주위에는 낮은 담장 또는 사철나무를 두르고 도로에서의 조망을 미화할 예정"(내가 삼십 년 전에 보던 전나무, 사철나무와 담장이 그것이었다)이라던 원뜻이 다시 이루어지기를 바란다. 야경을 위해 외부조명을 설치하는 일이 남았고 임시로 만들어진 지하시설 개구부도 정리가 되기를 바란다.

그러나 그 무엇보다도 이 '도심지 오아시스'가 정말 오아시스이기 위해서는 태평로를 가로막고 있는 시의회 증축 부분과 소공 세무서가 정리되기를 바란다. 세실극장도 리노베이션이 필요하다. 이 작은 장소가 태평로 쪽으로 개방된 시야를 갖는다면 도심 가로 경관의 새로운 모습으로 기여할 것이다. 소공 세무서의 정리를 위해서 서울 시청의 윗사람들과 이야기해 본 바로는 상당히 비관적인 결론밖에 없었다. 일선 세무서 중에서 소공 세무서가 세수(稅收) 1위라든가 하는 것이었다. 다만 덕수궁 담벽에 붙어 있는 태평로 파출소 철거 또는 이전에 대해서는 긍정적이고 낙관적인 이야기를 들을 수 있었다. 나아가 나는 서울 시내의 모든 도심지 파출소가 그 일본인들의 조선인 감시초소의 역할을 끝내고 오십 년 전에 없어졌어야 한다고 역설해 왔는데, 기실 그것은 총독부 철거보다도 시급하고 의미있는 일이 될 것이다.

최근 다행히 시청 별관(구법원, 검찰청사)을 미술관으로 만들고 이 지역 일대를 공원화할 계획이 구상 중이라니, 정동 일대뿐만 아니라 서울 전체를 위해 좋은 설계가 나와서 그 의도대로 실현되기를 바라는 마음 간절하다.

서울은 역사도시이며 그런 사실은 정치도시, 경제도시에 우선하는 이 도시의 엄연한 성격이다. 완성된 성공회 대성당을 보면서 나는 역사도시의 실체를 느낀다. 도시의 역사는 기본적으로 건축이며, 건축을 통해 우리는 쉽게 백 년 전과 후를 넘나들 수가 있다. 그것은 나에게 훌륭한 깨달음이었다.

하나의 건물이 완공된 뒷이야기가 이렇게 장황해지는 것은 그 건물이 그만큼 좋고 또한 중요했기 때문이리라. 무엇보다도 나에게 남은 일들 중에 가장 큰 일은 나 역시 그렇게 좋고 중요한 작품을 만드는 일이다. 그리하여 문화재로 지정되어도 좋겠고, 백년 후의 후배 건축가가 호락호락 고쳐 그릴 수 없는 그런 건물을 만드는 일, 그것이 정말 내게 남은 일이겠다.

독립기념관
자초지종

나는 거의 오 년 동안 이것을 내 일처럼 생각하고, 처음부터 개관까지 열심히 도왔다. 지금 와서 돌아보니 남아 있는 것은 내가 그 마스터 플랜을 했다는 기억밖에 없다. 다행히도 흑성산 정상에 하나의 기념물을 설계할 기회가 주어져 중계소와 송신탑을 겸한 기념비를 만든 것이 한 가지 더 추억으로 남게 되었다. 그것이 민족의 염원을 상징하는 솟대, 장승 등으로 그곳에 서 있는 것이 나로서는 큰 보람이다. 하나의 커다란 복합체가 만들어지는 과정에 처음의 후보지 선정부터 마지막 완공까지 주도적으로 참여하면서 이런 기록을 남길 수 있다는 것은 한국 건축계의 격변하는 시기에 하나의 행운이었다는 즐거운 감회에 젖게 한다.

1982년 8월은 일본의 교과서 왜곡사건에 따른 극일운동과 그 여파로 벌어진 국민모금운동으로 유난히 무더운 여름이었다.

정부는 가칭 독립기념관 후보지 매입을 국고로 지원하고 국민모금으로 건물을 세우기로 하면서 건립추진위원회를 결성했다. 당시 모금의 목표액은 오백억 원이었다. 이 모금운동은 전국의 어린이에서 할아버지, 할머니에 이르기까지 국민의 커다란 호응을 얻었다. 그런 종류 사업으로서 유례가 없는 사건이었다. 신문사와 방송국 들도 서로 앞을 다투어 모금에 열의를 보였다. 예정된 기간에 사백삼십억이 모금되었다. 이자수입을 합해 오백억 원이 모아진 셈이었다. 이 모금의 열기는 외국인들이 우리 국민의 일면 국가주의적이기도 한 정신자세에 놀라움을 금치 못하는 계기가 되기도 했다.

이를 기초로 하여 1986년 8월 15일 완공예정으로 건립계획이 추진되었다. 아직까지도 나는 그런 국민적인 열기에 의해 사업주인 당사자들이 그렇게 책임감과 강박관념 속에서 일하는 것을 본 적이 없다. 어떻게 말하면 사회적으로는 대단히 정치적인 프로젝트라고 이야기되어야 할 것이었다.

후일 우리가 이 일에 깊이 개입하게 되었을 때 우리 사무실의 대학원 재학생들 중에는 왜 그런 정치적인 성격의 일에 우리가 개입해야 하는지 반대의견을 공공연히 말하는 사람도 있었다. 나는 단순히 독립기념관 그 자체에 의미를 두자고 말하여 그들을 무마했다. 우리에게 아직 독립기념관 같은 성격의 건물이 없지 않은가. 구태여 제오공화국의 기념물이라는 등 확대해석할 필요는 없지 않은가. 오히려 불순한 의도가 있다면 우리가 나서서 그것을 막아야 하지 않겠는가 등등이었다.

후보지 선정

기본방침으로 서울과 대전 사이에 백만 평 정도의 후보지를 물색하기로 하고 광범한 조사가 시작되었다. 그러나 이 개발의 시대에 그렇게 큰 땅이 우리를 기다리고 있을 리 없었다. 프로젝트의 중요성을 감안해 각 도의 지사들에게 도별로 두 개씩의 후보지를 추천할 것을 요청했다. 그러나 그 결과는 별로 쓸모가 없었다. 후보지 물색은 처음에 문공부에서 주관하여 4-5개월을 허송했다. 그후 건립추진위원회에 위임되면서 이 개월이 또 허비되었다. 그러던 중 당시 사무처장이던 박종국 씨가, 후보 선정문제는 전문가가 관여해야 될 것 같다고 하면서 나에게 개인적으로 참여를 요청해 왔다. 필동 '한국의 집'에 있던 독립기념관 건립추진위원회에는 전국에서 보내온 이십여 군데의 후보지 자료가 정리되어 있었다. 지도, 사진 등의 자료를 도상으로 검토한 후 세 곳만 현장을 답사할 것을 제안했다. 거기 있던 여러 사람들이 어떻게 도상으로만 결정을 내릴 수 있느냐는 의문을 가졌으나, 일차로 답사후보지를 가려내기에는 충분한 것이었다. 먼저 사무처장과 둘이서 세 곳을 가보기로 결정했다. 그곳들은 지금 독립기념관이 들어가 있는 부근, 상당산성(上當山城) 주변을 비롯한 세 곳이었는데, 모두가 적당하지 않았다. 어떤 곳은 고속도로나 국도에서 멀리 떨어진 깊은 산이거나, 또는 국면이 협소한 곳, 또는 산이 너무 못생긴 곳 등등….

국민의 기대, 사업의 중요성을 생각하니 선택은 더욱 어려웠다. 당시의 일반관념 속에서 독립기념관의 제일 중요한 내용은 독립정신, 민족의 정신, 문화적 자립의지를 상징하는 것이었기 때문에, 우리나라 사람 모두의 기본적 생각대로

산이 좋아야 하고 현실적으로 교통이 편리해야 했다.

가장 애를 먹은 문제가 서울에서 대전 사이를 모두 둘러보아도 그 안에 백만 평이나 되는 땅이 개발되지 않고 남아 있을 수가 없는 일이었다. 대부분 공장이 들어서는 등 개발이 되어 있었다. 또 잘못하여 그런 곳을 선택했다가는 엄청난 보상금을 지불해야 하는 문제가 있었다. 산이 좋고 물이 좋아야 한다는 것을 제일 중요한 원칙으로 삼고 여러 곳을 헤매고 다녔는데 적당한 곳이 없었다. 별다른 진전없이 이삼 일을 보냈는데, 그때는 이미 시간을 허비할 대로 다 허비해 거의 매일 청와대에서 재촉전화가 올 정도로 후보지 결정문제는 다급했다. 하여튼 이번에는 무슨 수를 써서라도 며칠 사이에 후보지를 결정해야 했기 때문에 나와 박 처장은 몹시 조급했다. 어떤 때는 차가 개울에 빠져서 꼼짝 못 하고 산길을 걸어 헤매기도 하고, 배가 고파서 밭에서 무를 뽑아 먹는 등 고생을 겪었으나, 결국 좋은 곳을 못 구하고 실의에 차서 서울로 발길을 돌리곤 했다. 더구나 땅 투기 등의 문제 때문에 우리가 다니는 것을 비밀로 해야 했기에 고생은 더 심했다. 그때 주로 안내를 맡은 사람이 당시 충남 천원군수였는데, 그가 마지막 날 돌아오는 차 안에서 후보지를 충남으로 결정 안 하고 올라가는 것 같아 감춰 둔 곳 하나를 마지막으로 보여주겠다고 안내한 곳이 지금의 목천면(木川面) 남화리

75. 독립기념관이 들어서기 전의 목천면 남화리 일대. 흑성산을 주산(主山)으로 정남향에 펼쳐진 넓은 국면은 좌청룡과 우백호가 너무도 뚜렷하며, 정상에서 보면 안산(案山)이 겹겹이 조배(朝拜)하는 명당이었다.

(南化里), 신계리(新溪里) 일대였다. 밤이 꽤 깊었지만 처음 보는 순간 흑성산 (黑城山)의 실루엣만으로도 매우 마음에 들었다. 당시에는 수십 채의 민가 마을이 있었는데 여러 가지 면에서 우리가 생각하던 대로였다. 특히 흑성산과 그 양 날개가 좋았다. 너무 어두워서 산꼭대기에는 못 올라가고 다음날 새벽에 다시 돌아보기로 하고 서울로 향했다. 밤에 서울에 와서 『동국여지승람』 『택리지』 『명산도(名山圖)』 등 서너 권의 책을 찾아보았다. 이 책들에는 이구동성으로 목천면, 목천, 흑성산 등의 부근 지명이 '좋은 땅이다' '명당이다' 등등으로 기록되어 있었다. 그 문제에 대해서는 자신을 가지고 다음날 새벽에 다시 내려가 흑성산 정상에 올라갔다. 그 정상은 미군 레이더 기지가 있어 길이 아주 잘 나 있었다. 그 길은 육이오 때 만들었다고 하는데 아담하고 인상이 좋았다. 요즘같이 장비가 좋아 흙을 밀고 바위를 깎아내서 뻥뻥 뚫은 길이 아니라, 일일이 사람의 손으로 만든 길이기 때문에 자연경관을 최대한 살린, 아주 아기자기한 길이다. 산 정상에서 보니 과연 책에서 말한 대로 좋은 땅인 것이 확실했다. 박 처장과 나는 아마도 이 이상의 더 좋은 땅은 없다고 확신하며 내려왔다. 곧바로 문공부에 보고가 올라가니 모두 반색을 했다. 당시 이진희 장관이 그 다음날 바로 가보기로 했다. 그날 목천행 차 안에서 나는 장관에게 그 땅에 관해 대강의 설명을 하면서 풍수상으로 땅이 좋아야 한다는 것을 강조했다. 특히 국민들에게 발표할 때는 풍수상으로 대단히 좋다는 것을 강조해서 발표를 하면, 후보지 문제로 생길 수 있는 여러 논쟁을 미연에 방지할 수 있을 것이라고 덧붙였다. 그때 내 생각으로는 젊은 사람이나, 늙은 사람이나 적어도 우리나라 사람은 반 이상이 의식적·무의식적으로 풍수상 좋으면 좋다고 생각하는 경향이 바탕에 있다. 장관도 그날 저녁 서울에 돌아와서는 무척 기뻐하면서 한잔 마시러 가자고 할 만큼 후보지 선정 일은 시작이 잘된 셈이었다.

그날이 목요일이었을 텐데, 워낙 시간이 없었으므로 바로 청와대에 보고가 되었고, 토요일 아침에 대통령과 함께 전용 헬기를 타고 흑성산 정상에 내려 다시 한 번 그 땅이 얼마나 훌륭한가를 설명했다. 장관은, 전문가의 의견으로는 이 이상의 좋은 땅은 없을 것 같다고 보고를 했다. 대통령도 반응이 좋아서 그 자리에서 결정된 것이나 다름없이 생각되었다. 그날 저녁 술을 한잔하고 늦게 돌아오니 신문기자들이 집에 가득했다. 후보지 선정문제가 국민 전체의 관심사였으므로 기자들이 대통령의 현지시찰 소문을 듣고 문공부 관리들을 많이 추궁했던 모양으로, 그 장소가 결정이 되었다. 안 되었다 밝힐 수 없는 관리들로서는 김원한테 가 보라고 흘린 모양이었다. 나야 관리도 아니고 편한 입장이니까 자초지종을 이야기할 수가 있었다. 그 다음날 아침신문에 대서특필 대통령 담(談)「조경만 잘하면 괜찮을 듯하다」는 기사가 실렸다. 일단 승인은 된 셈이었다. 다시 말하면 입지문제는 추진위원회가 결정을 할 사항이었으므로 대통령이 공식적으로 좋다, 나쁘다 의견을 말할 입장도 아니었다. 그후 그 대지가 그대로 건립예정지로 확정되었다. 지금 생각해도 후보지 결정에 내가 그런 역할을 한 것이 잘된 일이었고 또한 자랑스럽게 느껴진다. 그 후보지 선정과정에 역할을 하게 된 연유로 자연스럽게 장관실을 드나들게 되었다. 다행히도 장관은 내 이야기를 경청하는 편이어서 주민의 토지보상 문제, 이주단지 조성 등 나로 인해 손해보는 사람이 없도록 배려가 되었고, 주변 일대 삼백만 평을 개발제한지구로 묶어야 한다는 등 여러 불평등한 제안들에 대해 합리적인 해결방법을 제시해 관철할 수 있었던 것 역시 보람있는 일이었다.

독립기념관 건립추진위원회는 주로 광복회나 독립운동 유공자 등으로 이사진이 구성되었고, 추진위원장에 안춘생(安椿生) 현 관장이 추대되었던 사실은 대개 알려진 대로이다. 그 이사회는 재계 중진, 문공부, 방송국 등 현실적으로 일에 관여될 사람도 포함되어 있었다.

당시 추진위원회의 분위기는 국민의 반일·극일 감정을 반영이라도 하는 듯 대단히 경직되어 있었고, 때로는 극단적인 성향을 보이기도 했다. 그 한 예로 당장 집이 지어지는 듯 성급히 생각하면서 하는 얘기가 "아주 훌륭하고 세상에서 가장 큰 기와집을 지어야 한다"고도 했다. 이것은 보통 사람들도 모두 막연하게나마 가지고 있던 고정관념이기도 했다. 또 한 가지는 계획을 하건 설계를 하건 간에 거기에 관여하는 사람은 일본에서 공부한 사람은 안 된다는 등의 편협한 발언도 서슴지 않는 분위기였다. 그런 분위기가 과장되어, 일본식 교육을 받아 본 적이 없는 사람, 심지어는 신사참배 가서 일본 신사 앞에 꿇어앉아 본 경험이 없는 사람이 이 건물을 설계해야 한다고도 했다.

순수한 한국의 인력, 한국의 기술로 이것이 완성되어야 의미가 있다고 주장하는 사람들의 목소리가 단연 우세했다. 그래서 아마 우리 또래쯤이면 해방 당시 유치원도 안 다닌 세대니까 우리 나이 이하로 적임자를 물색하다가 김원이 괜찮다고 이야기가 되었던 모양이었다. 건립추진위원회 안에는 기획위원회가 있었는데 그 기획위원회는 여러 분야의 사람이 관여했다. 주로 역사학자, 독립운동사 교수들이 주축이었고 건축에서는 나와 김중업 씨가 위원으로 되어 있었다.

그후 언젠가 김수근 씨를 만났더니 농담조로 "일본에서 공부한 사람은 안 된다는데 어떻게 김중업 씨는 들어가 있느냐?"면서 "도쿄대학은 안 되고 요코하마 고공은 괜찮단 말인가?" 등의 이야기가 있을 정도였다. 김중업 씨는 "평생 건축을 한 사람으로서 말년의 마지막 봉사로 독립기념관 설계를 국민에게 바치겠다"는 이야기를 만나는 사람에게마다 빠뜨리지 않았다. "기획위원회 안에 김원 씨는 내가 가장 아끼는 후배이므로 둘이서라면 훌륭한 작품이 될 것이다"라고도 했다.

일이 세분화되면서 분야별로 기획위원의 보충이 필요하게 되었다. 기획위원인 나와 김중업 씨가 각각 한 분씩 더 추천을 하기로 해서 내가 윤승중 씨를, 김중업 씨가 김석철 씨를 적었는데, 지금 생각해 보면 나는 이 일을 기획하는 데 적합한 인물로서 윤승중 씨를 추천했던 데 반해서 김중업 씨는 김석철 씨가 그를 도와 기획위원회에서 직접 설계를 하는 데 한 표를 보태는 결과가 될 것으로 기대를 했던 것 같다. 김중업 씨의 그런 주장에 나와 윤승중 씨가 반대하고 김석철 씨도 그의 의견에 동조를 안 하여 결국 그는 기획위원회를 떠나게 되었다. 개인적인 욕심이 성취되지 못해서 손을 떼면서 "젊은 친구들이 잘못하고 있다" "사무처장이 독주를 하고 있다" 등의 비난을 여기저기 하게 되었고, 그 결과로 나는 여러 기관을 통해서 조사를 받는 일까지 생기게 되었다. 기획위원이 두 명에서 네 명, 그리고 다시 윤승중, 김석철, 김원 세 명이 되면서 그 멤버가 기본계획 소위원회가 되었다. 그 위에 조경 오휘영, 도시계획 권태준 두 명을 보충해 다섯 명의 기본계획 소위원회가 주로 독립기념관의 프로그램과 마스터 플랜을 직접 맡게 되었다.

후보지가 정해지고 나서 그 안에 들어갈 시설문제, 스페이스 프로그램, 활동 프로그램, 대지 활용문제, 타당성 조사 등에 관한 프로그램은 외부에서 용역하기도 어려웠고 우리들이 위원 신분으로 그것을 하는 것도 어려웠다. 그 당시 분위기가 얼마나 딱딱했던지 서울대학교 환경대학원에 이 일을 시키는데, 용역이라고 이름을 붙이지 못하고—못 했다기보다 부분적으로는 자진해서—실비정산제로 보수지급을 하기로 했다. 앞서 말한 기본계획 소위원회가 리드를, 실제작업은 환경대학원의 강홍빈, 황기원 팀이 맡아 아파트를 빌려 밤을 새워 했다. 장관은 가끔 밤에 아파트에 찾아와 토론도 했고 수고한다며 밥을 사기도 했다. 그 과정에서 여러 번 청와대에 보고를 하고, 이 일의 대강과 진로를 확정했다. 삼 개월 후에 완성된 프로그램 보고서를 가지고 공청회를 거치면서 거기서 나온 여러 의견을 반영하고, 다시 이사회를 통과시키는 등 짧은 시간 동안 실무적인 작업, 행정적인 작업 등 시간을 허비하는 일들을 많이 했다. 기본계획 소위원회 다섯 명은 자신들의 일들을 많이 희생하면서 중대하고 의미있는 이 일에 열심이었다. 그 사이 몇 번에 걸쳐 세계여행을 하면서 유사시설을 돌아보고 건립 후의 문제, 다른 유사시설과의 비교 등 자료수집을 했다. 한 가지 분명한 사실은 독립운동가들이나 역사학자들이 주장했던 '진품 위주의 박물관식' 발상이 잘못되었다는 점이다. 우리는 그들을 설득하는 데 더 많은 시간을 빼앗겼으나, 지금 돌이켜보면 우리 주장은 완벽하게 옳은 것이었다.

마스터 플랜

프로그램을 만들 때와 마찬가지로 마스터 플랜의 작성단계에는 실제로 누가 일을 할 것인가, 일한 대가는 어떻게 지불할 것인가 등의 문제가 많이 논의되었다. 그래서 마스터 플랜 역시 누구에게 용역을 주지 못하고, 다른 사람들은 바빠고 해서 내 책임하에 광장 식구들이 모두 차출되어서 환경대학원 팀과 함께 예의 그 아파트에서 일을 했다. 그 마스터 플랜은 이 개월간 밤을 새워 일을 한 후에 비로소 완성이 되었다.

백이십만 평 중에서 중심부 30-40만 평만을 이용해 거기에 아주 기하학적인 축을 설정한 후 흑성산 정상을 중심으로 건물을 배치하는, 조금 딱딱한 분위기의 안이었다. 그것이 자연스럽게 구부러져야 하지 않느냐 등의 논쟁이 있었으나 나로서는 확신을 가지고 밀고 나갔다. 대자연이라고 하는 것은 결국 굉장히 엄격한 질서, 어쩌면 대단히 기하학적인 질서 위에 놓여 있기 때문에 직선축을 도입하는 것은 결코 자연스럽지 못한 것이 아니었다. 또 한 가지로, 한국의 전통적인 배치라는 것이 이상적으로는 직선적인 그런 것이었으나 지형 때문에 그렇게 못한 것이 아니었는가 하는 생각도 있었다. 이 땅은 지형 자체가 완벽한 대칭을 이루고 있었다. 중심축이 강한 마스터 플랜을 만들어 중앙부를 계획하고, 동서의 두 계곡은 앞으로 후대를 위해 유보시켜 놓았다. 이 마스터 플랜에서 대체로 건물의 배치까지를 확정했는데, 그 당시에는 앞에 이야기한 경직된 분위기—세상에서 가장 큰 기와집을 만들어 보자는 등—를 순화시켜야겠다는 생각뿐이었다. 프로그램과 마스터 플랜 두 과정을 거치는 동안에 추진위원회 이사회나 독립운동 단체와 부딪치는 쟁점은 다음과 같은 것들이었다. 첫째, 우리 후손, 후대 어린이를 위해 시설면에서 아주 현대적이고 첨단적인 것을 세운다. 둘째, 실재유물이 많지 않기 때문에 복제도 불사한다. 셋째, 영상전시나 첨단과학의 방법을 총동원한다는 주장이었던 데 반해, 대부분 사람들은 진품을 전시 안 하면 의미가 없다, 혹은 기와집을 지어야 한다, 그렇게 안 하면 폭파를 시켜 버리겠다는 등 격렬한 반대가 있었으나 결국 그대로 진행이 되었다.

지금 완성된 기념관을 보면, 당시의 기본적인 정신이 상당히 많은 부분 살아 있다. 마스터 플랜은 후에 여러 장관을 거치면서, 또한 시간이 지나면서 다소 수정이 되었으나, 아주 기본적 설정은 내가 주동이 된 기본계획 소위원회의 훌륭한 작품이라고 자부하고 있다. 마스터 플랜이 일반에게 공개되던 날 문화방송의 박운희 기자가 젊은 건축가들이 관여한 것으로 보아 독립기념관은 현대적인 건물이 되는 것이냐고 질문을 해 와서 공청회 자리가 또 한 번 시끄러웠던 기억이 난다. 누군가는 나를 보고 민족정신이 부족한 자, 일본의 사주를 받은 자라고까지 힐난을 했다. 당시의 사회분위기는 거대한 기와집, 오로지 그것뿐이었다.

현상설계

마스터 플랜을 할 때쯤 이진희 장관이 지금까지 일하는 것을 보니까 언제 마스터 플랜을 만들고, 현상설계, 기본설계, 실시설계를 하는가, 시간이 없다고 하면서 나를 중심으로 기본계획 소위원회가 설계까지 끝내자, 용역계약을 빨리 하라는 지시를 내렸다. 그것은 어떻게 생각하면 당연히 그렇게 해야 될 여러 가지 이유가 있기도 했으나, 다르게 생각하면 늘 내가 생각했던 대로 위원회가 그 일을 하는 것은 문제가 있는 일이기도 했다.

대개 선배들 의견은 반반이었다. 어떤 이들은 그것을 가지고 무얼 그리 고민하느냐, 일을 하라고 하는데 뭘 주저하느냐. 인생에 기회는 한 번 오지 두 번 오는 것이 아니니까 무조건 해야 한다. 당신의 실력으로 보아 그것을 못 할 리는 없을 테고 당신이 한다면 좋은 것을 만들 수 있을 것이다라는 의견이 절반 정도, 그 반대로 온 국민이 성금을 모으고 관심을 가진 것으로서 한 사람의 작품으로 남을 만한 여건이 아니다. 결국 이 사람 저 사람의 입김이 들어가고 국회의사당과 같은 이상한 건물이 되고, 작품도 못 만들면서 욕이나 먹고, 질시의 대상이 되는 것이 확실하다. 결국에 가서는 책임을 뒤집어쓸 것이다. 그렇다고 그것은 사업으로 성공적일 것 같지도 않다. 그러니 냉정하게 처리하는 것이 좋을 것이라는 의견이 절반이었다. 나는 후자 쪽을 따르기로 결정했다. 그리고 이진희 장관한테 가서 내 의견을 다소 미화시켜 이야기했다. 이 일은 온 국민의 성금으로 온 국민의 지나치게 큰 기대 속에서 진행이 되고 있는 바, 한 개인이 무엇을 설계한다는 것은 적합하지 않다. 온 국민의 중지를 모은다는, 그리고 참여의식을 높인다는 의미에서 일반 공개현상으로 광범하게 아이디어를 모으는 것이 원칙이겠다고 했다. 장관은 기쁘게 동의를 했으나 시간부족 등의 문제를 걱정했다. 나는 대신 현상설계를 가장 완벽하고, 모범적으로 끌고 나갈 수 있는 권한을 달라고 장관에게 요구해 쾌히 승낙을 받았다.

그때까지 내가 늘 생각하고 있던 것을 실제로 해 볼 기회가 된 셈이었다. 대한민국 건축계의 여러 중요한 문제 중 하나가 현상설계라고 생각했기 때문에 외람되게도 이번 기회에 이 잘못된 관행을 완전히 개선하고자 했다.

현상설계에서 문제가 되었던 점들을 일거에 해결하는 현상설계 요강을 만들려고 노력을 한 것이다. 예를 들어 그때까지 가장 문제가 되었던 '당선작가에게 실시설계를 줄 수도 있다'를 '실시설계를 준다'라고 못을 박는 일이 시작되었다. 항상 문제가 되었던 것 중 또 하나로 심사위원 명단의 사전공개 문제인데, '심사위원 명단은 추후에 발표한다' '심사위원은 사계의 권위자로 한다'가 아니고, 심사위원의 명단을 사전에 현상공고에 공개함으로써 그 현상설계가 의도하는 취지를 분명히 했다. 그 외에 시간, 상금 등의 문제도 충분히 좋은 조건이 반영되었다고 생각한다.

될 수 있으면 많은 사람에게 그 기회를 주기 위해 2단계의 공개현상—일차는 누구나 부담없이 아이디어를 내도록 했고, 일차 심사를 거쳐 이차에 지명권을 받은 사람은 제작실비를 받고 더 자세한 디자인을 발전시킨다. 그리고 제일 중요한 것 한 가지는 심사의 전 과정을 공개한다는 것이었다. 이런 것들은 그전까지 전례가 없다는 단순한 이유로 아무도 손대지 않은 일들이었기에, 내가 생각하기에는 정말 시원시원하게 현상설계 모집요강이 만들어져서 이 개월간 작품 아이디어를 접수했다. 그 결과는 내 기대보다 좋지 않았다. 그것은 현상설계 문제가 해결된다고 해서 한국 건축계의 문제가 상당 부분 해결되리라는 생각이 잘못이었다는 반증이었다. 그러면서도 아직도 자부심을 가지고 있는 것 중에는 그 이후 그것이 계기와 전례가 되어 현상설계 '당선작가에게 실시설계를 줄 수도 있다'는 애매한 말은 사라졌다. '당선작가에게 실시설계를 준다'는 이제 당연한 것으로 되었다. 심사과정의 공개, 기록에 남기는 문제 등도 하나의 전례가 되어 그 이후 계속되고 있다. 단지 심사위원 사전공개는 그때 한 번으로 끝나고 다시 반복되지 않아 안타까웠다.

현상설계 결과는 나로서는 불만족스러운 것이었으나 그런 대로 당선작이 결정되었다. 당선작이 결정되는 과정 또한 복잡했지만 심사위원회가 당선작을 뽑을 때는 주어진 프로그램과 마스터 플랜에 가장 충실한 것이라 생각하고 뽑은 것이었다. 지금 된 결과는 사실은 현상설계 응모 당시와 많이 다른 것이 되었는데, 나 자신 아직도 지금 것이 그때보다 훌륭하다고는 생각을 못 하고 있다.

현상설계 당선자가 김기웅 씨로 결정된 다음 공교롭게도 나와 그가 대학 동기 동창이라는 것 때문에 일부에서 말이 많았던 것 같다. 나는 이미 그때까지도 투서, 진정(陳情)을 너무 많이 받았다. 그 문제에 대해서 '김원이 독주한다' '불미스러운 일이 있다' 등 구설수에 오를 일을 여러 번 당하고, 조사도 많이 받아서 그런 것들은 별 문제가 되지도 않았다. 나 자신 누구보다도 떳떳하게 일했기 때문에 거리낄 것이 없었다. 기본계획 소위원회도 가끔 모여 "우리가 이렇게 떳떳하게 일을 하는데 누가 뭐라고 해도 두려울 것이 없지 않느냐" "소신껏 밀고 나가자"는 다짐을 여러 번 함께했다.

그 당시로서는 응모작품들이 전반적으로 충실하지 못했지만 그 기본설계 작품은 그래도 괜찮았다고 생각했다. 불행하게도 그후 전개과정을 거치면서 여러 사람의 입김이 첨가되어 결국 지금에 이르렀다.

기본설계가 확정될 당시에는 기본계획 소위원회 위원들이 확정된 기본설계 안에 대해 상당히 실망을 했고, 심지어는 설계자의 나약함을 비난할 정도로 반대가 있었다는 것을 지금에 와서나마 밝혀 두고 싶다.

실시설계가 진행이 되고, 시공업체가 결정이 되면서 기본설계 소위원회라는 것이 이 프로젝트에서 상당히 뒤로 물러서게 됐다는 것을 또한 이야기해 두어야 겠다.

그 당시까지 사회에서는 '독립기념관 오인방'이라는 이야기까지 들어 가면서 소신껏 무엇을 해 보려고 애를 썼는데도 불구하고 확정된 기본설계에 반대의견이 많았고, 스케일의 문제—동양 최대라는, 천안문보다 더 높다는—등이 대두하면서 기본계획 소위원회 멤버 자신들이 의욕을 상실했고, 또 설계자가 확정되었기 때문에 그 설계자로 하여금 여러 가지 면에서 자유를 주어야겠다는 생각에서 또 한 걸음 뒤로 물러서게 되었다. 또 한 가지는 기본계획 소위원회가 실시설계의 진행과정이나 시공·감리 과정에서도 계속해서 지휘탑이 되어야 한다는 의견이 잘 받아들여지지 않았기 때문에, 기본계획 소위원회와 설계진행 과정이 멀어지게 된 것이 아마 결정적으로 이 전체 진행에 크게 부정적인 요소가 되지 않았나 하는 생각이 아직도 있다.

화재사건

우여곡절 끝에 1984년 설계를 마치고 1986년 8월 15일을 완공 목표로 공사가 진행되었다. 기본계획 소위원회는 그 의미가 약화되긴 했지만 그래도 여전히 여러 가지 형태로 자문에 응하고, 또 나 개인적으로는 여러 분야의 위원을 겸하며 계속 관여를 해 왔다.

내가 외국에 나가 있는 동안인 1986년 8월 15일 바로 개관을 앞두고 화재사건이 터졌다. 그 화재사건으로 인해서 복구하고 다시 전시를 하느라 일 년이나 개관이 늦어지고, 또 예산상 백억 이상을 시공회사가 책임을 지고 사무처장 이하 모든 스태프가 사표를 내고, 심지어는 장관까지 갈리는 문제가 생겼다. 그 당시 내가 느낀 것은, 이 일은 어느 면에서 볼 때 전화위복의 계기가 되었다는 점이다.

객관적으로 내가 보기에는—우리나라 기준으로서는—사무처나 시공을 맡은 대림산업이나 그래도 열심히 했고, 상당히 인정받는 편이었는데도 불구하고 일단 화재사건이 일어나니까 전혀 변명의 여지가 없었다. 그래서 이를 계기로 그 이후에는 최저가 입찰제도 개선 등 여러 가지 반성의 기회가 된 것이 오히려 전화위복이 되기도 한 것이다.

건물이 완공된 후 나는 기본계획 소위원회 대신 기획운영 위원장이라는 이름으로 개관 후의 운영문제에 관해 박종국 전 사무처장과 많은 계획을 세웠다. 지금도 다소 걱정되는 것은 개관 후에 이것이 순수하게 자체 운영이 되고, 그 남은 이익으로 마스터 플랜에 제시되었던 여러 가지 남은 시설에 앞으로도 투자할 수 있는 재원이 마련될 수 있느냐는 문제이다. 왜냐하면 내가 처음 생각했던 대로 위락시설 위주가 아닌, 우리 후대를 교육시키는 하나의 교육시설이 되기 위해서는 너무 딱딱해서는 재미가 없지 않느냐는 생각을 가지고 있었지만 근본적으로 장사가 잘 되기 위한 시설은 아니었기 때문이다. 그렇기 때문에 이것이 과연 생각했던 대로 사람들이 많이 몰려오고, 그리고 왔던 사람이 또 와서 감격을 되새기고 하여 만들어진 수입으로 자체 운영이 되느냐가 지금도 걱정이다. 거기다 설상가상으로 여러 가지 과정을 통해서 지나치게 건물 규모도 커지고, 관리운영 면에서도 방대하게 계획이 바뀐 것이 문제로 남아 있다.

한 가지 재미있는 기억으로 1986년 8월 15일 이전에 내가 제시한 것 중 하나가 개관식에 관한 것이었는데, 아주 딱딱한 광복절 사십일 주년 기념식을 겸한 독립기념관 개관식을 정말 멋들어진 국민의 축제로 만들어 보고자 했다. 딱딱한 국민의례, 식사, 치사, 기념사 등 참석한 사람이 아무도 즐거워하지 않고, 지루한 기억만 남고, 세 개의 중계방송이 모두 시청자에게 외면당하는 개관식이 아닌, 정말 하나의 감격적인 드라마를 엮어 보고자 자유분방한 오프닝 프로그램을 만들어서 제출했다. 그것이 우선 청와대 경호실에서 받아들여지지 않는 현실에 대하여 나 개인적으로는 우리 사회의 문화적인 후진성, 폐쇄성, 보수성을 확인하고 커다란 실망감을 느꼈다. 개관식은 기존의 정부 양식대로 국기 경례, 애국가 봉창, 순국선열 묵념, 경과 보고, 기념사, 축사로 엮어졌다.

국립국악당
십 년
역사役事

건설공사에 너무 오랜 시간이 걸린 탓으로 그 사이 주무장관이 열 명 이상 바뀌었고, 국악원장도 다섯 명 이상 바뀌었으며, 제도 또한 바뀌어 연구동과 예악당 두 건물은 설계자가 감리를 해서는 안 된다는 해괴한 법령이 등장했다. 설계자는 삼 년의 공백기간이 있은 후 어느 날 개관식 초청장을 받고 구경삼아 가 보는 입장이 되었다. 건축가는 하드웨어를 만들 뿐이다. 우리 같은 관료조직하에서 어떤 프로그램과 소프트웨어로 이 건물군이 생명력있게 운영될지 걱정스럽다. 예컨대 아무리 가변무대를 만들어 놓았다 해도 무대 담당자가 게을러서 활용을 안 하려 든다면 만드나마나 한 것이 된다. 소위 문화 인프라는 하나의 가능성이지 그것으로 끝나는 것이 아니다.

건축가가 본 극장문화의 실상

건축가로서 국내의 극장문화를 얘기하기 위해선 우선 내가 국립국악당의 설계를 맡으면서 고민하고 공부하며 부딪쳐 왔던 문제들을 얘기하는 것이 더 적합할 듯하다. 왜냐하면 그 문제들이야말로 우리나라 극장문화의 실상이라 생각되기 때문이다. 더욱이 그 문제들은 건축가의 작업 영역 밖의 일들인데도 불구하고 내가 지금까지도 본의 아니게 떠안고 있는 걱정거리들이기도 하다.

사실 처음 국악당 설계를 맡았을 때의 당장의 고민은 내가 국악에 대해 전혀 문외한이라는 데 있었다. 말하자면 국악 입문서부터 읽기 시작해야 할 처지였는데, 더 큰 문제는 국악공연에 적당한 극장의 조건, 즉 하드웨어에 대한 자료는 전무하다는 점이었다. 어떻게 그렇게 철저히 없을 수 있는지, 우리 팀은 시작부터 아무것도 손댈 수가 없었다.

나는 이혜구, 황병기, 장사훈 선생 같은 분들을 만나 조언을 구해 보기로 했다. 그러나 그분들도 연주의 질적인 문제에 대해선 말할 수 있었으나, 그같은 연주에 필요한 무대 형태의 음향 조건, 객석 규모 등 기술적 감각이나 스케일 감각은 기대할 수 없었다.

사정이 이러했으므로 곧바로 설계 프로그램에 들어간다는 것은 생각도 할 수 없었다. 결국 문공부와의 절충 끝에 다행히 일 년간의 공부할 시간과 돈을 얻을 수 있었고, 덕분에 우리 팀은 다같이 국악 기초부터 철저히 공부를 해서 국악공연장 설계 프로그램으로서는 국내 최초의 것일 긴 보고서를 작성할 수 있었다. 그러므로 어떤 면에서는 기존자료가 전혀 없었던 것이 우리에겐 오히려 다행이었다고 할 수 있다.

그런데 공부를 해 나가면서, 그리고 지금도 그렇지만 나는 또 다른 근본적인 문제로 고심해야 했다. 그것은 국악공연에 하드웨어라는 것이 과연 필연적인 것이냐는 문제였다. 서양 음악에선 물론 필연적인 요소지만 국악에선 다들 알다시피 필연은 아니다. 단지 관중이 춥거나 덥지 않고 조용한 분위기에서 감상할 수 있도록 해주는 보조장치라 할 수 있다. 그렇다면 일백육십오억 원이라는 돈을 들여 대극장, 소극장, 연구동까지 지을 필요가 있느냐는 당연한 의문이 제기되던 것이다. 돈이 많다면야 문제는 다르다. 일백육십오억 원이라는 예산도 지금껏 절반도 집행이 되질 않아 소극장만 지어 놓고 손을 놓고 있지만, 애초에 국립국악당 몫으로 그만한 돈이 책정됐다면 차라리 야외 공연장과 작은 소극장 하나 정도만 짓고 여기서 남은 돈으로 국악 자체의 진흥을 위해 소프트웨어에 투자하는 계획을 세웠다면 백번 나았을 것이라는 생각이다.

하드웨어가 불필요하다는 뜻이 아니라. 아마추어가 볼 때도 국악은 하드웨어보다 더 시급히 해야 할 일들이 아직도 많은 시점이라는 얘기다. 사실 국악에 있어선 무대 관련 기술자로부터 프로모터에 이르기까지 체제상 제대로 준비된 부분이 전혀 없는 비참한 실정인 것이 엄연한 사실이다.

그러나 이 문제는 국악에 국한된 것이 아니다. 근본문제는 행정가이든 일반인이든 우리나라 사람들이 그 동안 '하드웨어가 없어서 문화발전이 안 된다'고 생각해 왔다는 데 있다고 본다. 원래 우리나라 사람들은 하드웨어에 대한 집착이 강하다. 우리나라에선 영구임대 주택이 인기가 없기로도 유명하지만, 땅이든 집이든 등기등본에 자기 이름이 올라 있어야만 안심을 하는 민족이다.

그 때문인지는 모르나 문화에서도 하드웨어에 대한 집착이 강하다. 명분론 때문일까. 한번 지었다 하면 세계에서 제일 커야 하고, 돈을 많이 들여야 제대로 만든 것으로 생각하며, 그래서 그 돈도 외양에만 지나치게 쏟아부어 왔다.

예를 들어 그 동안 정부 지원으로 지은 대형극장이나 미술관 등은 모두 그 외양에 한국적 표현을 넣어 달라는 주문이 있어 왔다. 그래서 건축가들은 '상투' 모양이니, '갓' '부채' 등의 모양을 고안해내곤 했는데, 그러나 건축에서 그런 종류의 '모뉴멘털리티'를 요구하는 것은 부당할 뿐만 아니라 발상 자체가 위험하다. 심하게 말하면 저질 논쟁이라 할 수 있다. 왜냐하면 건물이 무엇무엇처럼 보여야 한다는 얘기는 건축가에게 터무니없는 부담을 주는 것일 뿐만 아니라, 외양에 지나친 투자를 해야 하는 것이어서 결국 주객이 전도되고 만다. 때문에 외형을 갖고 뭔가를 상징하겠다는 생각은 현대건축에서 부정당해 온 지 이미 오래 됐다. 건축은 표제음악이 아닌 것이다.

네덜란드의 로테르담에 가면 디 돌렌(De Dolen)이라는 다목적 콘서트 홀이 있다. 네덜란드 사람들이 원래 다목적 하드웨어를 잘하는데, 이 극장을 겉에서 보면 단순한 대형창고 같아 보인다. 하지만 안에 들어가 보면 카펫으로부터 의자, 문고리, 로비 조명의 분위기에 이르기까지 온통 음악회에 왔다는 기분을 물씬 느끼도록 잘해 놓았다.

서양에 비해 우리 극장들이 너무 어깨에 힘이 들어가 있다는 것은 영국의 몰팅(Malting)에서 더욱 확연히 느낄 수 있다. 몰팅은 런던에서 북쪽으로 두세 시간 차를 달리면 나오는 소도시로, 몰트, 즉 위스키 원액의 산지로 유명한 곳이다. 이곳에는 몰트 제조기술이 전근대적이었던 과거에 귀리창고용으로 지어 놓았던 빨간 벽돌 건물들이 곳곳에 산재해 있다. 그러나 몰트 제조기술이 발전하면서 이 창고들이 쓰임새가 없어졌다고 한다. 놀라운 것은 이들 놀고 있는 창고들을 연극협회가 사들여 수준 높은 하계캠프를 마련해 오고 있다는 점이다.

나는 팔백 명을 수용할 수 있는 극장에 들어가 봤는데, 이 극장은 영국에서 가장 유명한 건축가 오베 아럽(Ove Arub)이 설계를 했다는데도 이렇다 할 외관상의 특징이 없었다. 어떻게 보면 허술한 느낌이 드는 것이 오히려 특징이랄까. 겉

모양은 옛날의 귀리창고 그대로이고 천장에는 전기선 등의 각종 설비가 그대로 노출돼 있다. 마루는 깨끗한 나무만을 깔았을 뿐이며 의자도 채신머리없어 보일 만큼 보잘것없다. 그러나 이 극장에서 공연을 해 본 지휘자들은 모두가 "이렇게 음향효과가 훌륭한 곳은 처음 본다"며 극찬을 하고 간다고 한다. 원래 음향문제는 세계 어느 곳에서나 가장 큰 골치다. 카네기 홀과 같은 유명 극장들도 음향 때문에 요란법석을 떨며 문을 닫은 채 뜯어고치곤 한다. 건축학과에서 배우는 건축음향의 텍스트를 보면 음은 잘 분산돼야 하며 이를 위해 말굽형 공간이니, 둥근 부채형 공간 등의 복잡한 이론들이 적혀 있다. 그러나 몰팅의 극장은 수수한 장방형일 뿐인데도 누구나 그 음향전달에 찬탄해 마지않는다.

몰팅이라는 곳은 드넓은 밀밭이 펼쳐져 있고, 그 옆으로 큰 강이 흐르고 있으며, 강 위에는 과거 몰트를 수출할 때 강을 오르내리던 범선을 지금도 원형 그대로 띄워 놓고 있다. 런던에서 뚝 떨어져 있는 이 아름다운 소도시로 콘서트를 구경하러 간다는 설정 자체가 이미 사람의 마음을 사로잡는 것이다.

하드웨어 자체가 중요한 것이 아니라 공연에 심취할 수 있는 분위기 조성이

76. 오베 아럽이 설계한 영국 몰팅의 콘서트 홀. 옛 귀리창고를 개조한 건물이나 가장 탁월한 음향효과로 이름을 날리고 있다.

더 중요하다. 그러나 우리의 극장들은 대부분 관객들이 좌석에 앉기 전에 공연을 보러 왔다는 마음의 준비를 하도록 도와주지 못하고 있다. 로비도 공간이 짧아 극장 사무용 공간조차 못 되고 있다. 입지조건도 멀고 가까운 것이 문제가 아니라, 관객들에게 정서적 준비운동을 시켜 줄 수 있는가가 중요하다.

나는 국립국악당 설계를 위해 세계 각국의 극장들을 돌아보았는데, 그 과정에서 우리나라 사람들이 하드웨어에 대해 얼마나 잘못된 관념을 갖고 있는가를 확연히 깨달을 수 있었다. 특히 영국에서 이런 경험은 한마디로 쇼크였다.

나는 공연문화를 배우려면 영국이 가장 좋겠다고 생각하였기 때문에, 런던에 갔을 때 영국문화원(British Council)이 주관하는 '시어터 플래닝 코스(Theatre Planning Course)'에 들어가 한 달 동안 아예 작정을 하고 공부했다. '건축하는 자가 별걸 다 공부한다'는 생각도 들었지만 그 한 달간은 나에게 국악당 설계를 위한 결정적인 도움을 주었다. 그 일과를 잠깐 소개하면, 아침부터 정오까지는 강의시간으로 유명 극장의 실무자들이 와서 조명이나 무대장치, 소도구 등 공연과 관련된 제반 테크놀로지를 가르친다. 점심식사 후 오후 다섯 시까지는 토론시간. 그후 여섯 시 삼십 분부터 실제 공연을 관람하고, 공연이 끝나면 무대 뒤로 들어가 세부적인 것들을 구경할 수 있었다. 그리곤 다음날 토론시간에 전날의 공연에 대해 기술적인 문제들까지 자유토론을 하는 것이다. 그러므로 건축가로서 참여한 나에게도 그곳만큼 적절한 곳이 없었던 셈이다. 특히 이때의 공부 덕분에 나는 우리나라 사람들의 잘못된 신화 몇 가지를 깰 수 있었다.

그 첫째는 '하드웨어가 좋아야 프로그램도 좋다'는 잘못된 인식이었다. 앞서 말한 몰팅도 그렇지만 한번은 셰익스피어 공연을 보러 런던의 국립극장(N.T.의 소극장 Sansbery Theatre)에 갔는데, 객석이라고 할 의자도 없이 시멘트 바닥에 사람들이 빼곡하게 앉아 있는 것이었다. 공연시간이 되니까 관람객 사이에 앉아 있던 사람 몇이 일어나 나가더니 연극을 시작했다. 그들이 연기를 하느라 저쪽으로 이동하면 그쪽에 앉아 있던 사람들이 한쪽으로 비키면서 공간을 터 주고, 다시 다른 쪽으로 이동하면 제자리를 찾아 앉곤 했다. 마치 우리의 마당놀이 같았다. 공연을 보던 중 함께 구경갔던 친구가 옆에서 나를 툭툭 치더니 관람석의 한쪽을 가리켰다. 그쪽을 보니, 텔레비전에서 자주 본 얼굴이 있었다. 영국 노동당 당수였다. 한 정당의 당수가 턱시도를 입고 땅바닥에 앉아 연극 구경을 한다는 사실은 나에게 엄청난 충격이었다. 우리식 관념으로는 그처럼 흉한 꼴은 처음 본 것인데, 영국에선 표를 못 사서 난리를 치는 공연인데도 극장시설은 그 모양이었던 것이다.

잘못된 쪽은 물론 우리다. 의자가 불편하다는 둥, 앞뒤의 좌석 간격이 너무 좁다는 둥 온갖 불평을 늘어놓는 나라는 아마 세계에서 우리나라뿐인 듯하다. 실제로 서양에선 좌석의 앞뒤 간격을 최대한 좁히는 것이 상식으로 돼 있다. 신체적인 조건으로 말하면 그들의 다리가 우리보다 훨씬 길지만 뒷좌석일수록 관람 조건이 나빠지는 손해를 최소로 줄이기 위해서이다. 우리나라의 경우는 비상시 피난을 위해 통로와 통로 사이의 좌석 수를 열네 석으로 법에 제한하고 있지만 그같은 규정이 없는 서양에선 아예 통로를 없앤 곳도 많고, 관객 한 명이 자기 자리를 찾아 들어가려면 한 번에 이삼십 명씩 일어나야 하는 경우도 많다. 그래도 불평 한마디 없으며, 오히려 그런 때에 서로 몸이 닿고 양보하는 것까지 하나의 즐거운 극장문화로 생각들을 한다.

그에 비하면 우린 너무 폼을 잡고, 공연의 질적 내용보다는 멍석까는 일부터 생각하는 것이다. 공연문화가 생활화되지 못한 때문이기도 하겠지만 한편으로는 극장 관리자조차 극장에 대한 기본지식부터 부족하다고 할 수 있다.

일례로, 나는 국립국악당 소극장 설계에서 앞뒤의 좌석 간격을 구십 센티미터로 정했다. 서양에선 칠십오 센티미터로 돼 있는 곳도 봤는데, 좌석은 편안해야 한다는 기존의 한국식 관념 때문에 나는 그 정도로 절충한 것이었다. 대신 의자의 등받침은 고압 압축 합판을 사용해 두께가 일 센티미터밖에 안 되는 재료를 사용함으로써 최대한 앞뒤 간격을 넓히고자 했다. 그런데 극장측은 나한테 상의도 없이 등받침의 두께가 십 센티미터나 되는 '안락 의자'들을 들여놓았다. 이 의자들 때문에 앞뒤의 좌석 간격은 훨씬 좁아졌고 의자 등받이로 해서 흡음지수(吸音指數) 계산을 다시 해야 할 판이 되었다. 이같은 오류들은 기존 극장들이 모두 범해 온 터이기도 하다. 이 때문에 공연공간을 확충하는 일보다 기획으로부터 연출, 조명, 무대 등의 기술 인력에 이르기까지 소프트웨어를 위한 투자가 더 절대적으로 요구되는 시점이다.

우리나라는 그 동안 무슨 건물을 하나 새로 짓는다면 예산의 백 퍼센트를 하드웨어에 써 왔다. 수년 전 국립현대미술관 건축자문위원이었을 당시 나는 이백억 원의 예산 중 오 퍼센트만 떼어 큐레이터 훈련비용으로 쓰자는 건의를 정부에 한 적이 있다. 지금도 사정은 마찬가지지만 세계의 유명 미술관에는 연구관들이 이삼백 명씩 있는데, 당시 우리나라에는 전국적으로 오십 명 정도밖에 없었던 것이다. 그러나 그때의 건의는 결국 받아들여지지 않았다. 반면 영국에선 예산의 반을 소프트웨어에 쓰고 있었다. 극장이 개관하기까지 모든 관리 및 기술 인력들을 철저하게 훈련시키는 것이다. 눈에 안 보이는 그런 돈들이 문화를 꽃피웠던 것인데, 우리는 딱하게도 돈을 썼다는 증거를 가시적으로 남기는 데 급급해 왔다는 느낌이다. 그러나 소프트웨어가 허술하면 아무리 훌륭한 하드웨어라도 돈을 썼다는 증거가 될 수 없다. 이 문제는 직접 하드웨어를 만든 건축가가 가장 절실하게 느끼는 부분이다. 이 부분은 나 역시 할말이 많다.

사실 국립국악당 설계를 하면서 나는 많은 것을 고심해야 했다. 첫째 고민은 국악이 누가 뭐래도 '아웃도어 퍼포먼스'라는 문제였다. 국악 중에서 가야금 산조나 병창처럼 챔버(chamber music)적 요소가 있는 연주는 대청마루에서 행해졌는데, 대청마루 역시 반은 공개된 공간이다. 이것을 폐쇄된 공간에 몰아넣으면 자칫 국악의 분위기를 버려 놓게 된다. 또한 과거에는 국립국악원에서 정악(正樂)만 연주했으나 요즘엔 서도잡가(西道雜歌) 등 민속음악도 연주한다. 그러나 민속음악은 등·퇴장부터 분위기가 다르다. "어이! 한번 놀아보자" 하고 시작해선, 추임새가 있어서 출연자를 추어주기도 하고 중간중간 연주자와 구경꾼 들이 막걸리를 마시기도 하고 끝에 가서는 걸쭉한 뒤풀이가 벌어지기도 한다. 이 모든 연주형태를 전부 수용해야 하는 것이 국악당이었다.

이 문제의 해결방법도 영국에서 찾을 수 있었다. 하프 문 시어터(Half Moon Theatre)에서였는데, 이 극장은 내부가 마치 큰 거리의 뒤편에 건물들로 둘러싸여 있는 아담한 광장처럼 보였다. 실제로 내부의 일부 벽은 거리의 빌딩 뒷벽이었다. 때문에 그 극장 안에 있으면 돈을 내고 들어와 정좌하고 관람한다는 느낌이 안 들고, 길 가다가 재미있어 보여서 자연스럽게 들어와 참여한 듯한 친근미가 있었다. 여기에 착안하여 나는 국립국악당의 안쪽 벽들도 한식 건물의 바깥벽처럼 보이도록 하고, 무대 앞면은 대청마루처럼, 천장은 하늘처럼 보이게 함으로써 마당에서 연주하는 느낌을 갖게 하려 했다. 그것은 종묘 마당의 제례악(祭禮樂) 분위기를 만들어 준 것이었다.

특히 무대는 풍물놀이 공연이든, 가야금 연주든 어떤 국악공연도 수용할 수 있도록 네 가지의 변형이 가능하도록 만들었다. 그러나 나는 지금껏 그 무대를 변형시켜 사용했다는 소리를 들은 적이 없다. 무대 과장은 그 가변무대가 대단히 귀찮은 것이다.

국악의 경우는 하드웨어에 대한 자료가 전혀 없었기 때문에 나는 국악계 원로들을 만나 그분들이 말하는 추상적인 표현들을 갖고 내 나름대로 구체적인 수치로 환산해내는 힘든 작업을 해야 했다.

예를 들면 이런 식이다. 내가 그분들께 "그 동안 공연을 해 본 경험에 비추어 어느 극장의 크기가 가장 마음에 들었습니까"라고 질문을 해서 "명동에 있던 국립극장이었다"라는 대답을 들으면 '아, 팔백 명 정도 관객 사이즈가 적당했다는 얘기구나' 하고 판단을 내리는 식이다.

서양 음악의 경우는 훌륭한 극장의 조건들이 책에 모두 나와 있다. 예를 들어 음향에 있어 성가는 잔향이 이 초 이상 돼야 거룩하게 들린다든가, 바이올린은 얼마, 트럼펫은 얼마라는 등의 연구, 그리고 아리아 공연에는 출연자가 몇 명, 따라서 무대 크기는 얼마, 준비무대는 얼마 등의 조사가 이미 완벽히 이루어져 있다. 그러나 국악의 경우는 대학교수를 하고 있는 연주자조차 "내가 그걸 어떻게 알아" 하는 대답뿐이었다. 할 수 없이 나는 "가야금 소리는 쟁반에 옥구슬 굴리듯 해야 한다"는 말을 단서로, 가야금 연주의 잔향 시간은 음의 선명도를 위해 1.5초 미만이 좋다는 결론을 끌어내야 했다. 그러나 잔향이 1.5초인 곳에서 만일 농악을 한다면 너무 강하다. 때문에 음향조건 역시 가변적으로 만들어야 했다. 즉 모든 실내 벽면을 한식 건물의 바깥쪽 벽처럼 보이게 하면서 격자문을 달아 놓았는데, 이 문의 바깥쪽은 음향 반사재를 사용하고, 안쪽은 흡음재를 사용했다. 따라서 가야금 연주 때는 문을 닫고, 농악 연주 때는 열어 놓는 식으로 이용하면 최적의 연주가 되도록 했던 것이다. 그러나 이 문들은 열려 본 적이 없다.

뿐만 아니다. 조명은 첨단설비를 해 놓았으나 전문인력이 없어서, 내가 영국의 시어터 플래닝에 부탁하여 누구든지 비행기 표만 들고 가면 그곳에서 육 개월간 훈련을 시켜 준다는 협의를 해 놓았는데 아무도 신청한 사람이 없었다.

국립국악당의 경우 설계면에서는 국제음악제라도 충분히 열 수 있도록 해 놓았다고 생각한다. 국악의 특성을 생각해서 다양한 공간을 구성했기 때문이다. 즉 대극장과 소극장 외에 사백 명 정도 수용이 가능한 놀이마당이 있고, 건물들로 둘러싸인 광장은 오천에서 이만 명까지 자리할 수 있다. 또 봉화대가 설치된 계단 앞마당에서는 밤에도 공연이 가능하며, 연구동은 ㅁ자형으로 건물을 둘러 그 가운데 홀에서도 공연이 가능하도록 했다. 그러나 이 공간들이 언제 충분히 활용될지 막연하다. 요즘 나는 내가 나서서라도 국립국악당 후원회를 만들어야겠다고 생각하고 있다. 돈과 노력을 쏟아부은 시설들은 오히려 사후에 잘 활용되어야 하고, 또 그래야만 설계를 제대로 했다는 증거를 보일 수 있기 때문이다.

언제든 그렇지만 하드웨어가 중요한 것이 아니다. 먼저 프로그램이 좋아야 하고 소프트웨어가 구비돼야만 하드웨어가 가치를 갖는다. 하드웨어란 처음부터 최고인 것은 없다. 써 가면서 고쳐 가는 게 정상이다. 또한 그런 과정 속에서만이 극장문화 전체가 풍요롭게 발전하는 것이라 생각한다.

국립국악당 건축공사 십 년

1983년에 독립기념관 프로그램 작업이 끝나고 마스터 플랜 작업 역시 청와대 보고까지 끝낸 후 어느 날인가 이진희 장관이 둘이만 있게 된 자리에서 나에게 말하기를, 독립기념관은 국가적·민족적으로 중요한 사업일 뿐만 아니라 장관 자신에게도 개인적으로 대단히 중요한 프로젝트라면서 날더러 이 일을 통해 개인적으로도 장관 자신을 도와달라는 것이었다. 그러면서 "개인적인 도움에 대해서는 꼭 개인적으로 보답을 하겠다"고 했다. "김원을 중심으로 설계팀을 만들어 보라"고 했던 장관의 이야기를 공개설계 경기로 바꾸자고 설득해 당선안이 확정된 후 어느 날 다시 장관은 나에게 서울 아트센터 구상을 이야기했다. "정말 멋진 콘서트 홀과 오페라 하우스를 만들어야 한다. 그러나 전체 콤플렉스는 민족적 자부심을 걸고 국악당이 중심이 되어야 한다."

그래서 그 후보지를 물색하기 시작했다. 서초동의 정보사령부 터가 유력하게 검토되었으나 군의 반응은 차가웠다. 뚝섬의 삼표 골재공장 자리가 거론되어서 장관을 모시고 현장시찰까지 했다. 유명한 유원지인 데다 경마장을 뒤에 끼고 드넓은 둔치를 앞에 끼고 있어 엄청난 가능성이 있는 땅이었고, 골재공장은 분진 발생을 이유로 서울시로부터 이전 명령이 내려져 있어서 육만 평 정도의 땅을 오십억 정도에 살 수가 있었다. 무엇보다도 내가 좋게 생각한 것은 한강의 문화화랄까. 구체적으로는 그곳에 어떤 문화시설, 어떤 조형물이 설 경우, 한강 인도교에서까지도 바라보일 정도로 거침없는 시야가 확보된다는 점이었다. 그러나 현장시찰에서 레미콘 타워 꼭대기까지 올라가 한참을 둘러본 이 장관은 용비교의 험악한 조형과 건너편 옥수동의 형편없는 달동네를 보고는 정이 떨어진 것 같았다. "시드니 오페라 근처에도 철교가 있습니다." 나는 상황의 반전을 시도했지만 장관은 나쁜 인상을 지울 수가 없었던 모양이다.

우면산 기슭의 현 위치는 우여곡절 끝에 결정된 것이다. 사실 서울 시내에서 그런 대규모 시설을 지을 만한 땅을 몇십억 예산으로 구하기란 불가능한 일이었다. 국악당과 양악당이 상징적으로 조화 공존하는 마스터 플랜을 만들어 보라. 그것 역시 우면산 기슭의 북향 언덕에 70-80데시벨 소음의 남부순환도로 변에서는 힘든 일이었다. 어쨌건 오랜 신고 끝에 나의 제안이 채택되어, 규모가 작은 국악당이 가장 높은 위치에 전체 중심축의 정점(terminus)에 올라앉는 서울 아트센터 마스터 플랜이 만들어지고, 이진희 장관은 약속을 지키기라도 하듯이 국립국악당을 김원에게 설계시키도록 지시를 했다. 실무자 선에서 난색을 표명하는 보고가 올라갔다. 그 사람은 건축사 자격이 없다. 그래, 그건 나도 알고 있어.

그런 문제는 본인이 알아서 처리하라고 하면 되잖아. 장관 지시는 간단했다. 처음에 실무진에서 그런 보고를 했던 이유는, 어느 사이엔가 모 건축사무소에서 이런 상황을 정탐하고 프로그램도 안 된 국악당의 조감도를 한옥 기와지붕으로 그려다 실무국장 방에서 브리핑을 했던 때문이었다. 장관은 그 조감도를 가져오라고 해서 나에게 보여주면서 이런 모양은 어떨까, 또는 경회루를 크게 확대해서 지으면 어떨까 의견을 묻는 것이었다. 너무도 난감하고 한심하고 황당했지만 정신을 가다듬고 짧게 나의 현대건축론을 펼쳤더니 천만다행히도 장관은 고개를 끄덕였다. 좋아요. 과거로 돌아가자는 것은 아니야. 새로운 것을 만들어야지. 그러나 누가 보아도 저것이 국악연주장이구나라고 한눈에 알 수 있어야 해요. 현대건축이라고 해서 그것도 안 되는 건 아니겠지?

일단 위기는 넘겼지만 더욱 어려운 숙제가 남게 된 것이다. 사실 장관의 뜻에 거스르는 그런 이야기를 하는 것은 자칫 좋은 기회를 놓치고 좋은 작품 하나를 못 하게 되는 계기가 될 수도 있었기 때문에, 나로서는 이판사판 각오를 하고 내가 그 일을 못 하게 되더라도 장관의 그런 생각은 바꾸어 놓아야겠다는 것이었는데, 천만다행히도 그분은 노여워하거나 고깝게, 또는 건방지게 생각하지 않았다. 그후에 내가 이론적으로 정리를 해 두어야 했던 일은 설계작업 이전에 장관의 그 '국악하는 곳 같아야 한다'는 상식적으로 있을 수 있는 요구를 받아들이되, 현대건축의 전통론으로 결론지어지는 이론을 뒷받침해야 하는 것이었다. 가람배치, 석탑의 단순화, 공포(栱包)의 영속성 따위는 그후에 장관을 설득하기 위한 조어(造語)들이었다. 나는 단순히 그것을 한국적 보편성이라고 보았다.

그리고 얼마 후에 경복궁 안에 있던 국립영화제작소 시사실에서 북한의 모란봉 대극장을 소개하는 필름을 보게 되었다. 중앙정보부가 입수한 비밀 필름이라고 했다. 해주산(海州産)의 대리석을 바른 거대한 로비의 기둥들이 클로즈업되고, 체코의 크리스탈을 수입해 만들었다는 어마어마한 샹들리에가 한동안 화면을 가득 채웠다. 텅 빈 시사실에서 옆에 앉은 담당국장이 나에게 속삭였다. 저것보다 더 나은 것을 만드셔야 합니다. 나는 알았다고만 대답했다. 하기야 북한에 그런 대규모 공연장이 있다는 사실도 우리 국민에게는 비밀이어야 했을 것이다. 기분은 별로 좋지 않았지만 우리의 문화시설이 북한과의 경쟁의식에서 그 정도나마 계획되고 있다는 사실에 만감이 교차하는 것이었다.

1983년 이진희 장관으로부터 국립국악당 설계 착수를 의뢰받은 지 삼 년 만에 스페이스 프로그램과 마스터 플랜을 끝내고 거기에 따른 건축 기본설계가 완성되었다. 계획의 원칙은 예술의 전당과 상호유기적인 관계 속에서 독립성 확보, 예술의 전당과 대응적 시각효과, 그리고 휴게공원으로서의 역할에 두었다.

배치개념은 건물과 그 사이 공간들의 연결성과 축의 설정, 그 공간들의 위계질서를 기본으로 설정되었다. 연결성이란 국악당이 예술의 전당과 같은 대지 안에서 남부순환도로에 접하여 동서로 이웃하고 있음에 따라 예술의 전당과는 배치에 있어 그 축을 공유하게 되며, 그러한 배치효과를 높이도록 예술의 전당을 포함한 전체 배치 속에서 국악당의 위치선정과 건물배치가 이루어졌다. 축의 설정은 부지가 우면산 기슭에 도로를 따라 선형(線形)으로 놓여 있음으로써 지형의 자연형태를 따라 동서 축을 형성하고, 축 양단에 양악당(예술의 전당)과 국악당이 대응되게 배치되었다. 공간의 위계질서로는 예술의 전당이 접근도로와 관계상 부지 내의 주입구 역할을 하고, 그곳으로부터 축을 따라 세 개의 광장을 통해 장터에서 국악당 터와 접하게 된다. 여기에서 상승되는 지형을 따라 두 개의 '마당'을 설정해, 하나는 장터로부터 국악당 각 건물로 가기 위한 매개공간(媒介空間)이 되게 하고, 이곳으로부터 계단을 통해 건물들이 둘러싸고 있는 또하나의 마당에 이르게 된다. 이로써 예술의 전당에 설정된 여러 외부공간에 과정적 공간으로 '거리'를 형성해 활성화시키고 그 절정(絶頂)이 되는 공간이 국악당 내부에서 마당으로 이루어지도록 계획했다.

외부 동선은 첫째, 보행자가 이 단지로 진입하기 위해서는 예술의 전당을 통해서 이루어질 것이 예상되며, 이곳으로부터 국악당까지의 거리는 약 사백 미터에 이른다. 따라서 국악당만 이용할 경우를 대비해 도로에서 직접 접근도 가능토록 했다. 통과성 도로인 남부순환도로의 교통량을 고려할 때, 보행자용 육교 혹은 지하보도를 설치하는 방안이 검토되어야 할 것이었다. 둘째, 차량은 대지의 고저차를 이용해 지하주차장(+70레벨)으로 진입시키고, 각 건물에 접근하는 방식을 옥외공간에서 진입하는 체계가 지하에서도 그대로 가능케 했다. 셋째, 서비스 동선은 지하주차장에 이르는 자동차 동선을 대극장, 소극장에 그대로 연결했으며, 식당의 위치도 지하주차장에 접하게 하여 동선을 간소화했다. 또 대극장 주위를 주위 옹벽과 이격시켜 비상차량, 청소차량 진입을 용이하도록 했다. 넷째, 특별 동선(VIP, 신체 장애자)은 남부순환도로 쪽 국악당 진입부에 설치된 경사로를 통해 차로 주광장(74.85레벨)에 도달하도록 했다. 신체 장애자는 특별히 진입광장(70레벨)과 주광장(74.85레벨)에 설치된 신체 장애자용 경사로를 이용해 각 시설군에 도달된다.

조형의 개념은 한국의 상징적 전통문화시설로서 한국 고건축의 고유한 모티프를 활용했음을 표방했다. 그러나 이것은 한식 기와지붕을 요구하는 발주처의 요구에 대한 수사적 해석일 뿐, 사실상 그것은 중요한 게 아니었다. 말하자면 그것은 한국 건축의 보편성의 표현이다. 오히려 현대성의 표현으로서, 예술의 전당에서부터 외부공간을 통해 이루어지는 연속된 경관의 종점으로서, 정면성을 강조하고 건물 외형을 현대적으로 처리, 절제된 공간으로 간결하게 느껴지도록 단순화했다. 이렇게 만들어진 각 시설은 기능에 따라 건물을 분리시켜 동별(棟別)로 덩어리(mass)를 강조시키고, 각 동은 연결기능이 단절되지 않도록 여러 가지 연결통로(bridge)를 설치했다. 각 동의 벽면은 광장을 위요(圍繞)하는 강한 백스크린(back screen)으로 구성하되, 스케일감을 부여하기 위해 화강석으로 색깔을 달리해 수평의 띠를 형성했다. 평면 내부의 격자형 모듈(module) 계획을 입면에서도 그대로 표현해 전체적인 느낌에 일관성을 유지한 것도 단순성과 통일성의 표현의지였다.

『조선일보』1986년 3월 25일자에는 다음과 같은 기사가 실렸다.

"서울시 건축위원회는 24일 국립국악원이 제출한 국립국악당 건축계획을 심의, 확정하고 이번 달 안에 건축허가를 내주기로 했다.

국립국악당은 예술의 전당 신축부지 서쪽인 강남구 서초동 152 일대 일만 이천 평 부지에 연면적 구천일백 평 규모로 오는 4월 착공해 모두 일백칠십오억 원을 들여 내년 9월 완공할 예정이다. 한옥 지붕 모양의 국립국악당은 대극장, 소극장, 교육연구동, 사무연습동 등 사층짜리 건물 네 동으로 건축되며, 옥외시설로는 광장, 야외 놀이마당, 연못 및 마흔다섯 대분의 옥외주차장 등이 들어선다. 대극장은 정악(궁중음악) 연주장으로 객석 일천이십 석이며, 창작국악 등을 공연할 소극장은 사백이십 석 규모의 변환식 무대를 갖추게 된다.”

그리고는 1988년 1월에 『건축과 환경』 잡지에 부분 준공기사가 실렸다.

“한국 음악의 총본산이 될 국립국악당. 서울시 강남구 우면산 기슭 ‘예술의 전당’ 부지 안에 신축되고 있는 국악당 중 일 단계 공사인 소극장과 사무연습동이 완공됐다. 이번에 완공된 소극장은 연건평 일천백여 평의 초현대식 가변무대이다. 평상시에는 무대와 객석이 분리되는 프로세니엄(proscenium arch) 형식이지만, 입체적 효과를 노리는 공연 때는 사면을 객석으로 꾸며 옥내 놀이마당으로 이용할 수 있다. 무대의 변화에 따라 객석도 사백 석에서 육백 석까지 변하게 된다.

연건평 천사백여 평의 사무연습동에는 사무실과 함께 서른다섯 개의 연습실이 마련됐다. 대연습실(백십이 평)을 비롯, 중연습실(삼십사 평), 개인연습실(세 평) 등 다양하다. 완공된 국악당은 한국적 분위기를 많이 살려 건축한 게 특징인데, 기와 모양의 지붕, 성곽의 분위기를 살린 벽면, 우리 고유의 창살 분위기를 살린 내부 벽면 등이 그것이다. 국립국악당은 부지가 일만이천여 평으로 2단계 공사인 대극장과 교육연구동이 완공되면 연건평은 모두 구천백여 평이 된다. 이 2단계 공사는 올림픽 문화행사가 끝난 후 착공, 1990년말 완공된다.

일천여 석 규모의 대극장이 완공되면, 대극장에서는 우리 음악의 장중한 맛을 보여주는 대규모 아악연주를 비롯, 궁중무용, 창작무용, 창극 들을 보여줄 예정이며, 이곳 소극장은 선비음악인 정악, 민속음악 등 소규모 무대로도 공연이 가능한 음악과, 원형무대를 살릴 수 있는 공연을 편다는 계획이다. 소극장의 첫 공식행사로 2월 15일부터 한 달간 아악, 민속악 등 국악의 모든 부분을 망라한 개관기념 공연을 가질 예정이다."

이 부분 준공에 대해 김유경 『경향신문』 문화부 차장은 『한국연극』 1988년 3월호에 다음과 같이 썼다.

"국악당 소극장은 예술의 전당에 비해 평당 건축비용이 절반밖에 안 되는 만큼 호사스런 면에서는 상당히 눌리는 듯하지만 아직 대극장이 완공되지 않아 본격적인 비교는 이르다. 한국방송공사의 예산 일천이백십삼억 원으로 지은 예술의 전당 음악당은 평당 건축비 삼백만 원 이상, 국비로 지은 국립국악원은 평당 백칠십만 원씩 총 이백칠십억 원의 건축비가 들었다. 위치상으로는 국악당이 예술의 전당을 내려다보는 듯 조금 높게 자리하고 있다.

국악당의 콧날은 그 위치 덕분에 오똑하게 다듬어진 셈이지만, 역시 음악당이 전체 공간의 핵심적 구조가 되고 세계를 향한 한국인의 야심이 드라마틱한 느낌으로 전해지는 것을 부인할 수가 없다. 백제 미륵사지의 탑처럼 유려한 곡선을 의도했던 것인데, 시공상의 어려움 때문에 콘크리트 지붕선은 곡선으로 휘어지

77. 국립국악당 배치도. 남부순환도로의 팔십 데시벨 소음은 겹겹이 둘러싸인 건물배치 때문에 대극장 객석에서 이십 데시벨 이하로 줄어든다.

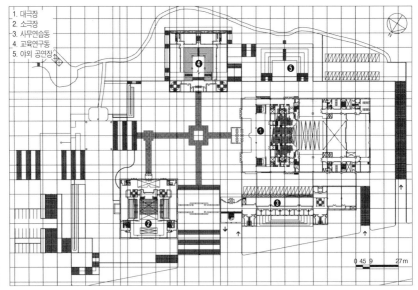

1. 대극장
2. 소극장
3. 사무연습동
4. 교육연구동
5. 야외 공연장

기 시작하는 부분에 각이 져서 뗏뚝하게 처리됐다. 김중업 설계의 주한 프랑스 대사관의 지붕선은 얼마나 멋진 한국적 선이던가. 국악당 역시 정말 미륵사지의 돌탑 같은 곡선을 그릴 수 있었다면, 국악당의 외부 경관은 전통건축의 미학을 손색없이 현대건축에서 물려받은 한 예가 됐을 것이다. 여기엔 또한 흑회색 전(塼) 벽돌이 벽면에 시공되어 전아한 분위기를 내는 데 일조하고 있다.

국악당은 예술의 전당보다 규모는 작지만 국악이 서양 음악과 다른 우리 고유의 국악답게 연주되어야 한다는 특이한 건축조건 아래 설계되었다. 설계자 김원 씨 역시 건축계의 사십대 중견으로 국악당 건축은 처음 겪는 극장 공간이었다. 국악 무대의 문화적·기술적 공연개념을 갖기가 쉽지 않았다고 그는 말한다. 다목적 극장 공간인 국립극장을 위시해 문예회관, 세종문화회관 등은 모두 순수한 국악연주의 방편을 살리지는 못했다.

'국악당 설계에 참조가 될 기존자료가 하나도 없었지요. 국악 관계자들과의 인터뷰를 통해 기본개념에 필요한 구체적 통계를 얻어냈습니다. 처음 짓는 국악당이고 앞으로 있을 오랜 존재가치를 생각하니, 국악을 모르고 손을 댔다가는 큰일나겠다 싶어 일 년 동안 온갖 국악공연을 국내외로 쫓아다니며 보고 열심히 국악을 들었습니다.'

건축이란 풍토와 역사성, 지역성에 밀접히 관련되어 있어, 될 수 있으면 국악당도 한국인의 얼이 담길 수 있는 양식으로 짓기 위한 건축적 시도가 따랐다. 그러나 디자인 모티프를 고건축에서 따온 것은 아니며, 여기에는 유별나고 특이한 것보다는 보편타당성 있는 건축을 지향하는 건축개념이 근지에 깔렸다. 이와 함께 국악당 건축에 적용된 건축의지는 고유한 풍수지리의 개념이다.

김원 씨가 대표로 있는 건축연구소 광장은 한국 풍수리지연구회와 도서출판 광장도 겸하고 있다. 1960년대에 경기고, 서울공대를 거치는 수업과정에서 한번도 배운 적이 없는 고대 풍수지리학을 그는 졸업 후 실제 건축에 뛰어들면서 실용학문으로 체계를 세워 익혔다.

'건축이론이 바로 풍수지리예요. 현대건축과 도시계획에 어떻게 풍수지리를 적용시킬 것인가에 관점을 두고 연구회를 운영했지요. 이 방면의 연구서가 곧

나온답니다.'

도서출판 광장에서 그 동안 출판해낸 건축관계 서적은 한국의 고건축 시리즈, 풍수지리적 요소가 짙은 가사문학을 추려낸 유산록(遊山錄), 건축평론집 등이 있다.

국악당에 적용된 풍수지리 이론은 배치에서부터 나타난다.

'대극장, 소극장, 사무동, 연구동 네 개의 건물배치는 전통적 가람배치를 따랐습니다. 한가운데 중정(中庭)을 중심으로 광장에서 네 개의 건물로 각기 분산돼 들어갔다가 공연이 끝나면 모두 광장으로 나와 모이게 되지요. 자연지형을 그대로 이용해 건물을 들여앉혔는데, 국악당이 예술의 전당을 내려다보는 위치에 자리잡게 됐습니다.

특히 유의했던 것은 소극장의 무대 방향입니다. 무대가 남쪽의 우면산을 향하도록 했습니다. 명창 박동진 선생과 고수 김득수 선생이 처음 무대를 점검해 보시고는, 북쪽을 등지고 남쪽을 바라보는 지세가 노래를 술술 나오게 해준다고 좋아하시더군요. 여간 다행스럽지 않았습니다.'

연주에서도 국악이 국악다워지도록 몇 개의 원칙이 설계에 도입됐다.

'서양식 오디토리엄에 앉아 듣는 것이어서는 국악의 맛이 제대로 우러나지 않겠지요. 어느 만큼까지 국악의 본질과 건축양식이 타협할 수 있나에 중점을 두었습니다. 분위기가 종묘의 중정에 앉아 듣는 것처럼 되도록 모델을 삼되, 우선 음향, 조명, 실내온도 등이 실내공간으로서 최적 조건을 유지할 것, 무대는 정면(프로세니엄) 무대 외에 주자(奏者)가 돋보일 수 있도록 돌출무대와 관객이 사면에서 둘러싸고 내려다볼 수 있는 원형(arena) 무대로 변환될 수 있게 했습니다.'

무대에 따라 객석 수는 육백육 석에서 삼백이십사 석까지 조절되는데, 세 가지 형태의 무대는 가야금 산조부터 농악 같은 것까지 한 공간에서 벌어질 오십여 종의 국악 연주형태에 맞게 변형시킬 수 있어 국악당의 자랑이 된다.

'국악에선 추임새나 뒤풀이처럼 관객들이 끼어들 틈이 있지요. 추임새가 어떻게 공연형식을 방해하지 않으면서도 필요할 때 등장할 수 있나를 배려해야 했습니다. 또한 공연이 끝날 무렵 객석에서 무대와 같은 높이에 직선으로 이어지는 출입구를 통해 로비 또는 앞마당으로 순하게 연결되는 통로를 마련해 자연스럽게 뒤풀이를 이끌어내고자 했습니다. 음향반사를 위해서는 벽면을 움직여 전체 공간을 조절하도록 하고 무대 위에도 음향반사판이 별도 효과를 위해 설치되었습니다.'

객석의 의자와 의자 사이의 거리는 구십육 센티미터로 확보되었다. 국내에서 가장 넓은 국립극장 소극장의, 관객 이마와 이마 사이의 거리 백이십 센티미터에 비하면 좁은 편이지만 평균거리 구십 센티미터는 훨씬 웃도는 치수이다. 실제로 국립극장 소극장에서는 지극히 편안하게 거의 눕다시피 앉아 듣는 기분이었으나, 무대에서 듬성듬성한 관객석을 내려다보는 맛은 긴장감이 덜해지는 객석배치였던 듯하다.

'관객들이 공연장에 와서 자리찾는 수고를 하며 앉아 듣는 것도 생활이라는 개념으로 처리했습니다. 조금 좁은 듯해서 안쪽으로 들어가려는 관객이 미안한 듯한 자세를 취하면, 그 중에 앉았던 사람들은 천만예요, 어서 들어가시지요 하

78. 대극장(예악당). 벽면들은 중정에 면한 누각들의 외벽이었으면 하는 바람이었다. 그래서 좌석들은 월대(月臺)와 댓돌과 멍석으로 깔린 놀이마당이었으면 했다.

는 자세로 웃으면서 일어나 길을 터주는 그런 생활의 부드러움 말입니다. 실지로 세계의 내로라 하는 극장들이 가급적 많은 사람이 들을 수 있도록 의자간 거리를 좁혔고, 의자배열이 길기 때문에 막이 열리기 전 자리가 꽉찰 때까지 관객들은 다른 관객을 위해 몇 번이라도 상냥하게 일어났다 앉았다 하도록 되어 있습니다.'

1990년말에 완공될 대극장은 포멀한 분위기를 강조한 천이백 석의 단상무대가 될 것이란 얘기다. 국악당 주변 조경은 우면산의 지형을 그대로 살렸고, 특별히 한국적 기품이 있는 소나무와 진달래를 심었다. 봄이면 활활 불타오를 이곳의 진달래와 여름의 녹음, 가을의 낙엽과 겨울날 나뭇가지에 눈쌓인 풍경이 이뤄내는 동양화 같은 사철 풍경을 상상해 보면서, 서울 중에서도 강남 사람들은 참 좋은 선물을 하나 받은 것이란 생각도 해 본다. 소나무도 나이가 들면 지금의 어린 모양을 벗고 한결 의젓해질 것이다."

한편 동양공전 김문덕(건축비평 동인) 교수는 『건축과 환경』 1988년 3월호에 이렇게 국악당을 평했다.

"방문했던 첫날의 국립국악당은 겨울 오후라서 그런지 건물의 음영이 유난히 길게 드리워져 보이고 있었다.

우선 이 건축물의 환경적 조건에서 느끼는 것은 서초동 우면산 기슭의 북서향을 바라보는 순환도로 변에 위치한 입지적 조건에 대한 의문이다.

건축가 역시 입지의 선정문제에 대한 역부족을 토로했지만, 최근 건립된 문화시설의 입지조건에 관한 불협화음—예를 들면 현대미술관의 접근성 문제—같은 문제점이 이 문화시설군에도 내재하고 있기 때문이다. 서울 시내에서의 원거리적 접근성은 전철을 이용하면 무난하다고 하더라도, 현재 이루어지지 않은 순환도로의 지하도 부재에 의한 근거리적 접근의 난점과, 순환도로에서의 차량 소음(전면의 화물 터미널의 문제 등)과, 북향적인 배치의 가능성(예술의 전당까지 포함)은 문화시설이라는 개방적인 건축물의 성격에 마이너스적 요소로 작용할 것이기 때문이다. 우면산 기슭이라는 위치선정은 기획단계의 문제이고, 국립국악당 자체만의 배치를 보면 전술한 환경적 단점을 극복하려 했던 배치상의 의도를 읽을 수 있다. 아직 대극장이나 교육연구동 등을 제외한 소극장과 사무연습동만이 건립된 현실에서 입체적인 배치개념을 확인하기는 어려운 점이 있으나, 도면과 현재 건립된 건축물의 상황을 볼 때, 순환도로 변의 소음 등 환경적 저해요소를 의식하여 중정형의 내향적 배치를 취하고 있으며, 사무연습동과 소극장이 이런 내향적 구성을 위한 소음 및 시각상의 방어벽 역할을 하고 있다. 특히 소극장과 사무연습동을 연결하는 브리지는 기능적인 측면도 있겠지만, 이런 내향적 구성을 강화하기 위한 시각적·공간적 틀의 역할을 하고 있으며, 도로측에서 보면 상징적인 게이트 역할도 겸하게 처리되어 있다. 가람배치 형식을 의식한 국악당의 배치는 호조건이 아닌 환경을 나름대로 순화시키려고 한 노력을 보이고 있으며, 또한 성과를 거두고 있다.

여기에서 우리가 주목할 점은 배치관계뿐만 아니라, 여러 가지 측면에서 국립국악당은 국악당 자체만의 완결된 프로젝트라기보다는 예술의 전당과 유기적으로 연관된 프로젝트라는 점을 중시해야 할 것이다. 공간구성이나 형태적인 측면에서 국립국악당은 너무나 한국적이고 정적인 분위기를 고수하는 데 비해, 예술의 전당은 그 부분적 모티프들이 한국적인 형태를 채용하고 있기는 하나 너무나 서구적이고 동적인 분위기를 표출, 마치 한 장소에 국악과 양악이 동시에 들리는 것 같은 이질적 분위기를 표출하고 있는 것이다. 형태적 측면에서 국립국악당을 고찰한다면 우선 머리에 떠오르는 것이 이 건축물에서 전통의 표현문제이다. 건축가는 이 건축물에서 의도적으로 전통의 표현을 의식하지 않았다고 술회하고 있으나, 형태적 결과와 국립국악당이라는 건축물의 성격으로 인해 전통의 의미는 언급되어야 할 것이다.

1967년의 국립박물관이나 부여박물관에 이어 1987년의 독립기념관은 1960년대와 1980년대의 전통의 시각을 보여주는 한 단면이라고 생각한다. 1960년대의 보다 근대적 분위기의 시각과 모방이라는 측면에서 국립박물관이나 부여박물관은 전통의 해석에 있어 왜곡했다는 지탄을 받았다. 1980년대 독립기념관은 탈근대라는 이론의 틀로 중무장해 전통의 재해석에 대한 도전을 했으나, 실제 계획과는 다른 결과물과 함께 비인간적 탈휴먼 스케일이라는 비난을 받고 있다. 그러나 1980년대의 전통에 대한 해석은 보다 이론적인 기반의 구축을 시도하고 있는 데 나름대로 의의를 갖는다 하겠다. 1980년대의 또 다른 전통해석의 시각을 보여주는 국립국악당은 외형적으로 전통적 고건축의 형태를 의도적으로 순화시킨 기와지붕 형태를 한 온건한 전통표현의 건축물이다. 관료적 문화시설물이 항상 고건축 형태의 유추라는 범주에서 탈피를 못 하는 것처럼, 이 건축물도 1960년대와 1980년대 사이의 이십 년이라는 시공을 초월했다고 보지는 않는다.

막스 베버의 '십 년 동안 내 생각도 변했다. 앙드레 지드가 말했듯이 모든 잡념을 떨구어 버린 공백상태에서 새로 시작해 보자' 라는 말처럼, 건축가가 새로 시작한 원점은 오히려 1960년대를 벗어나고 있지 못한 느낌이다. 여기서 이야기하는 것은 기와지붕의 형태나 공포의 단순화, 장식의 부가 등 구체적 형태에 대한 논박보다는, '무엇보다도 창조적이어야 하고 현대적이어야 한다. 창조적이 아닌 것은 예술의 사도(邪道)이며, 과거적인 것은 퇴영문화의 반영' 이라는 건축가의 젊은 시절 혈기왕성한 의기—그리하여 역시 젊은 시절의 필자의 마음을 사로잡은—가 퇴영한 것 같은 기분에 씁쓸해지는 것이다.

즉 전술한 기와지붕이나 공포 형태의 유추가 창조적으로 사용되었는가에 대해서는 의문이 남는다. 비록 국립국악당보다는 작은 프로젝트이나 청주박물관이나 진주박물관 같은 의욕적 시도가 보이는 전통해석에 호감이 가는 것은 필자가 젊기 때문만은 아닐 것이며, 오히려 채택되지 않은 초기의 안에 더 점수를 주고 싶은 마음이다.

소극장이나 사무연습동 내부공간에서 기본적인 격자 모듈에 의한 디자인의 전개는, 건축가가 격자를 전통적 형태의 기본단위로 보는 시각에서 출발된 발상 같으나, 전반적으로 격자 구성의 공간(특히 연습실이나 소극장 내부)들이 너무 경직된 분위기를 보여주고 있었고, 가변적 무대를 위한 소도구들이 현대적 감각과는 동떨어진 수동식 시스템에 상당 부분 의존하고 있다는 데 아쉬움을 갖는다. 이런 부분들은 미래에 개선될 여지가 있고, 근본적으로는 예술의 전당과는 다른,

국고라는 경제적 재원의 한계에 원인이 있다는 것은 수긍되는 점이나, 국내에 있어 양악에 대한 국악의 위치를 가늠할 수 있는 지표가 바로 이런 경제적 투자에 비례한 현실의 반영이라고 생각한다.

결론적으로 건축에 있어 전통해석의 문제와 국립국악당이라는 프로젝트의 해결은 다같이 지난한 작업이라는 것을 우리는 익히 알고 있으며, 그런 어려운 작업이기 때문에 또한 부딪쳐 볼 만한 문제라고도 생각한다. 그러나 항상 관료체제적인 전통해석의 발상은 전문가적 차원보다는 한 수 아래의 해석에 머물러 왔으며, 건축물의 탄생이라는 드라마에 관이 깊이 개입할 때, 그 드라마는 비극으로 막을 내리는 횟수가 많아진다는 생각이 든다. 국립국악당 역시 출연자와 청중이 뒤바뀌고, 드라마와 현실이 교차하며 정치와 건축이 교차하는 틈바구니에서 만들어진 '극중극'의 결과로 간주되는 것이다.

국립국악당이라는 프로젝트 역시 전례가 없기에 이 지난한 작업을 어떤 형태로든 시도한 건축가의 노고는 상당하다고 생각하며, 국악을 위한 전문 공연장의 신설이라는 점에서도 그 의미가 있다고 생각한다."

이 이야기에 대해 간단히 언급해 두어야겠다. '십 년 후에 나의 생각도 변할 것'이 아니고, 또한 그것은 '전통요소의 현대적 변용'도 아니다. 다만 그것은 내가 오래 생각해 온 한국 현대건축의 보편타당성일 뿐이다. 김문덕 교수는 나의 책〔『우리 시대의 거울』(1973)에 나오는 「전통론」〕을 읽은 모양이다. 그리고 팔상전을 콘크리트로 모작한 아이디어와 국립국악당을 동일한 발상으로 단정하고 있다.

그리고 십 년 후인 1997년 대극장(예악당)이 완공됨으로써 우리 문화의 숙원사업인 국악당 전체가 완성되었다. 당초 책정된 백칠십억 원이 추가되어 이백오십억 원이 되었는데, 그 건립예산을 찾아다 쓰는 데 십 년이 걸렸다. 국립국악원은 국가기관으로서는 가장 약한 기관이었다. 책정된 예산을 타다 쓰는 데도 국가기관 가운데서도 싸움이 있고 힘이 필요한 것이었다. 결국 매년 이십억씩을 타다가 다섯 건물 중 한 건물의 골조에 일 년, 마감에 일 년씩 십 년이 걸린 것이다. 다행한 일은 그렇게 예산이 뭉텅이로 지출되지 않은 바람에 시공회사가 크게 정치자금을 만들 기회는 없었던 기묘한 상황이었다.

국립남원민속국악당

1997년 5월 30일, 국립남원민속국악당 개원식을 마치고 광주로 가는 차 속에서, 그리고 서울로 가는 비행기 속에서 떠오른 생각들을 정리한 글이다.
그때쯤 호암미술관 설계일로 서울에 온 프랭크 게리를 만났다. 그는 자기가 설계한 파리의 아메리칸 센터 준공식에 참석하고 오는 길이라고 했다. 축하하는 마음으로 기분이 어떠냐고 내가 물었다. "오, 제발 그 이야기 좀 하지 맙시다. 너무 맘에 안 들어요." 그는 양손에 이마를 처박고 한탄하듯 말했다. 세상 건축가는 모두 그런가?

1992년 기공식이 있은 지 오 년, 더 거슬러올라가 1990년 이어령 문화부 장관으로부터 설계의뢰를 받은 지 만 칠 년 만에, 그리고 감리자격을 박탈당해 현장이 어떻게 돌아가는지 와 보지 못한 지 만 이 년 만에(감리 전문회사만이 일정 규모 이상의 공사감리를 맡을 수 있다는, 삼풍사건 이후의 졸속하고 이상한 입법 때문에) 원설계자로서 남이 완성시킨 '내 설계'를 보기 위해 남원(南原)에 왔다.

어려운 여건에서 하는 일이었지만 삼 년 전까지만 해도 이 현장에 출장오기는 즐거웠다. 회랑형태의 놀이마당을 둘러싼 우리 정서, 우리 스케일의 민속극장을 만든다고 설계실에서 씨름하던 일도 즐거웠고, 추임새와 길놀이와 뒤풀이 없이는 민속악이 아니며 프로세니엄 아치형의 서양식 오디토리엄은 이것에 모두 알맞지 않다고 장관을 설득하던 일도, 건식(乾式)의 철골구조만으로 그려진 도면을 햇볕 아래 펴놓고 헬멧을 쓴 용접공들과 철골부재의 연결 부분을 의논하던 일도 즐거웠고, 일이 끝난 후 숙회—남원 전래의 미꾸라지 전골—에 소주잔을 기울이기도 했다. 더구나 지역 유지들이 초대한 저녁 만찬에는 어지간한 식당 어디서나 상당 수준의 고수(鼓手) 반주에 남도 창(唱)을 감상할 수 있기에 더욱 즐거웠다. 설계를 시작하느라 처음 남원에 왔을 때는 흥분하기도 했으려니와, 그새 설계에 대해 설레는 마음으로 서울에서 비행기로 내려와 광주공항에서 남원까지 가는 '88고속도로' —시골의 지방국도 같았다—는 사십 년 가까이 이 작은 반도국가를 발칵 뒤집어 놓은 개발논리와는 거리가 먼, 마치 의도적으로 잘 보존된 듯한 자연경관이 여러 가지 일을 생각하게도 했다.

물론 그전에는 더 즐거웠다. 서울의 국립국악당 설계감리자로서 문화부 장관실에 불려가 처음으로 이 남원 일의 설계를 의뢰받았을 때, 그리고 국악원장의 반대를 물리치고 어렵사리 기본안의 브리핑에 통과됐던 일, 이곳을 바이로이트 (Bayreuth)의 바그너 축제나 잘츠부르크의 모차르트 축제처럼 춘향제를 중심으로 세계 민속음악 축제의 명소로 만들어 나가자던 장관의 격려, 모두 즐거운 일이었다. 물론 오늘 이곳에 갑작스런 초청장을 받고 다른 약속들을 취소한 채 급박하게 내려와, 광주 가톨릭대학 현장에서 빗물과 흙탕에 더러워진 점퍼를 차속에서 양복으로 갈아 입고 테이프 커팅에 나가는 일도 즐거운 일이다.

1960년대에 김수근 선생이 그렇게도 신경을 쓰며 건축가의 지위를 확실하게 보여주려고, 모든 건물의 개관식 참석에는 일일이 프로토콜(protocol)을 따지던 옛날과는 그래도 많이 다르게, '승차입장'의 표지에 경비 경찰관의 경례를 받으며 현장에 도착하여 처음 보는 신임장관과 인사, 원로 국악인들과의 담소, 그리

79. 국립남원민속국악당. 회랑형태의 실내 객석으로 둘러싸인 옥외 놀이마당을 생각했다. 그곳 사람들은 왜 오디토리엄을 만들어 주지 않느냐고 불평을 했다. 그래서 비올 때나 강한 햇볕에 가리개로 쓰려고 했던 가변식 차일지붕이 고정지붕으로 변경되었다.

고 가슴에 꽃을 달고 테이프 커팅에, 카메라 플래시에 '경과보고' '치사' '축사'마다 등장하는 '저명한 건축가' 호칭, 이 모두가 눈물겹도록 즐거운 일이다. 더구나 잡지, 신문에 실리는 것도, 친지들의 축하 전화받기도, 또 하나를 완공했다는 개인적 즐거움도 귀중한 체험들이다.

그러나 이 모든 것에도 불구하고 속마음으로는 이렇게밖에 안 되었을까라는, 자신에 대한 불만과, 여러 가지 마음에 안 드는 부분들에 대한 시공회사를 향한 분노와, 마음대로 설계를 뜯어고친 국악원에 대한 소외감 등이 뒤엉켜서 가만히 앉아 축하공연을 감상할 마음의 여유를 갖지 못했다. 길놀이에 이어 악신위(樂神位), 가신위(歌神位), 무신위(舞神位)에 절을 올리는 살풀이굿 공연 도중에 슬며시 자리를 일어나 이곳저곳 자리를 옮겨다니며 시선과 음향이 어떻게 차이가 나는지를 보고 다니다가 밖으로 나왔다. 빈약한 재료와 거친 시공에, 공연을 다 보고 다과회까지 참석할 마음도 없어져 버렸고, 또 서울행 마지막 비행기를 예약대로 타려면 더 남아 있을 시간도 없는 셈이었다. 밖으로 나와 낯익은, 그러나 또 한편 눈에 선 '내 건물'의 외부를 둘러본다. 곳곳에 설계와 다른 변경 부분이 가슴을 때린다. 네 귀의 계단실 꼭대기에 얹힌 목조의 사각 정자 설계변경은 내가 아는 바다. 건축허가 당시 남원시의 강요에 의한 자진 변경이었다. 코앞에는 남원시가 세운 시민예술회관이 광한루 쪽 조망을 투박하게 가로막고 있다. 이것 역시 알고 있던 일이다.

그러나 오늘 와서 보니 국립시설에 쓰인 예산과 시립시설에 쓰인 지방예산의 차이가 더욱 크게 눈에 띈다. 연건평 이천오백 평에 총예산 구십오억, 요샛말로 평당 사백만 원이 못 들었다. 처음엔 오십억이었다. 그걸 이 전 장관에게 얘기해서 팔십억으로 늘린 것은 나였다. 그 돈도 모자라서 중정과 차일 형식의 아이디어를 짜낸 것도 나와 광장 식구들이었다. 그랬음에도 불구하고 남원 유지들은 왜 우리에게는 멋진 서양식 강당을 설계해 주지 않느냐고 아우성이었고, 그리고도 우리들 일은 한정된 예산과의 눈물겨운 싸움이었다. 고등학교 때 열심히 외웠던 오 헨리의 글 구절이 왜 하필 이런 때 떠오르는지 모를 일이다. "구석구석에 궁핍의 흔적이 역력했다.(Everywhere there were signs of poverty)"

그 멋진 착상으로 시작되었던 이 국립의 문화시설이 펼쳐 보여주는 마음 아픈 현실이다. 거친 시공과 디테일의 서투른 끝마무리는 눈살을 찌푸리게 한다. 명창 (名唱)은 고수(鼓手) 손끝에 달렸고, 부처님 얼굴의 살찌고 마름은 석수(石手)의 손끝에 달렸다더니 불완전한 세부설계까지 감싸 주는 시공회사는 우리나라엔 없는 걸까. 그러나 그것 역시 나의 부족함의 표현일 뿐이다. 르 코르뷔지에는 방글라데시 정부청사의 형편없는 노출 콘크리트 시공을 보고 '하느님의 축복'이라고 했다지 않았나.

그러나 너무 낙담하지 않기로 마음을 고쳐 먹는다. 어디까지나 우리 컨셉은 옳았고 정확했다. 그리고 마감보다는 기본구조에 더 정성을 들인 태도도 옳았다. 뼈대는 잘 서 있다. 기본골조 때까지는 나 자신이 지켜 보았으니까 든든하고 믿음직하다. 언젠가 누군가가 넉넉한 개보수 예산으로 본래의 발상을 살려서 고쳐 줄 것으로 기대한다.

출판문화정보산업단지
아시아 출판문화정보센터 건립 기본계획
구상의 배경

언제나 그렇듯이 새로운 프로젝트를 앞에 놓으면, 그전까지 있었던 온갖 좌절과 불만과 울분과 갈등을 잊은 채 또다시 신바람에 들떠서 무슨 각성제나 망각제라도 먹은 것처럼 다른 생각없이 새 일에 매달리게 된다. 그것이 바로 삼십 년이란 짧지 않은 시간 동안 한 가지 일에 매달리게 한 원동력이기도 했지만, 내가 아니면 누가 이런 것을 만들겠는가라는 낮에 느끼는 자부심과, 왜 이렇게 잘 안 풀릴까 하는 밤에 느끼는 절망감이, 낮에는 일을 하게 만들고 밤에는 술을 마시지 않을 수 없게 만들었다.

이 일을 앞에 놓고 처음 정리된 생각은, 첨단 정보문화의 궁극적 효용은 일차적으로 인간의 확장과 인간성의 확대에 그 의미가 있겠다 하는 점이었다. 환경 파괴와 인간성 상실이라는 현대문명의 병폐를 새삼스럽게 지적할 필요없이, 먼저 출판문화정보산업단지와 그 중심 시설인 아시아 출판문화정보센터는 가장 문화적이고 시대의 첨단을 가야 하는 시설이기 때문에 그 무엇보다도 현대문명에 보내는 어떤 강력한 메시지를 확보하지 않으면 안 된다고 보았다.

외국의 최신 유사시설들을 보아도 첨단 정보기술이라는 대명제로 인해 그 건축물의 설계와 시공은 대체로 첨단기술, 하이테크, 이런 전제들에 집착한 나머지, 엄청난 경비와 정성을 들였으면서도 정작 중요한 인간과 환경에 대한 배려가 미흡함을 볼 수 있다. 대체 첨단기술과 정보산업은 궁극적으로 무엇을 위해 존재하는지 선후가 전도된 느낌을 갖게 하는 것이다. 결국 상업적이고 기능적인 측면이 지나치게 강조된 필연의 결과일 것이다.

파주 출판문화정보산업단지의 후보지는 그런 걱정을 하는 입장에서 보면 천혜의 호조건을 고루 갖추고 있다. 흔히 중요하게 언급되는 사업의 타당성, 필연성, 당위성 등은 그 동안 충분히 연구, 검토되었다고 본다면, 우선 후보지의 위치적 가능성(potentiality)으로 하여금 우리가 하고자 하는 첨단기술의 결과물과 조화를 이루고 부족함을 보완하도록 활용되어야 한다.

드넓은 한강 하류의 조망과 수로와 습지의 존재는 한마디로 환경을 이야기하기에 무엇보다도 우선 언급될 만한 가능성들이다. 첨단의 기술, 기능, 시설일수록—그것이 문화시설임을 전제로—그것은 환경친화적이고 인간적 환경이어야 한다. 강과 수로는 환경문제의 대명사이며 습지는 생태계 문제의 대명사이다.

강을 보고 현자요수(賢者樂水)를 생각한다면 그때의 현자는 출판문화를 그대로 말하는 것이다. 수로는 잘 다듬고 유지 관리하면 가장 낭만적인 사색의 장소로, 대상으로 보전될 수 있다. 습지는 생태계의 시원(始原)이고 당연히 어떤 인공조경보다도 값진 자연조경이다. 한국 조경의 이상은 자연의 보전에 최소한의 인공을 가미하는 것이었다. 이보다 더 훌륭한 환경은 일부러 구하려도 구하기 힘들다. 더구나 토지매립 비용이 절감되는 바에야 당연히 매립을 중지하고 습지를 보전, 활용해야 한다.

따라서 이곳에는 어떤 구조물을 구상하건 강을 향한 조망이 우선 확보되어야 하고 강으로부터 시선이 집중되어야 한다. 그러기 위해서는 전반적으로 낮은 건물들로 배치된 단지여야 하고, 꼭 필요하다면 전체의 중심부에 한두 개의 시각적 요소가 높이 세워져야 한다고 생각했다. 건물 높이에 대한 외적 규제의 문제—군사시설 보호지역 등—는 차후 문제로 미루고, 우선 개념설정 단계에서는 자유롭게 전체적으로 구성이 제시되어야 하는 것이다.

먼저 대지의 절반 정도 이미 매립된 면적은 주차장 및 진입광장으로 활용하고, 매립 안 된 습지와 수로는 인공의 데크(deck)와 브리지(bridge)로 덮어 활용

80. 출판문화정보산업단지. 작업이 진행되던 매립공사를 중지시키고 갈대밭을 살리기 위해 필로티 위에 인공의 데크를 만들고 그 위에 건물을 배치했다.

하면서 그 인공토지 위에 집을 짓는 방안을 생각했다.(습지건, 매립지건 어쩔수 없이 파일을 박아야 건축을 할 수 있는 지질이다) 그 위에 첫번째로 융통성있는 넓은 공간이 필요한 전시장을 바탕으로 세우고, 다시 그 위에 부대시설들이 배치되는 동선을 취했다. 고층건축은 꼭 바람직한 것은 아니지만, 대지의 공지비(空地比)를 높이기 위해 수직의 요소로 해결할 수 있는 기능의 하나로 숙박시설을 생각했다. 큰 건물이 아니지만 수정 덩어리가 땅속에서 솟아올라 세워진 듯한 모양으로 만들어, 투명한 몸체로 주변경관에 부담을 주지 않는 출판문화정보센터의 모뉴먼트가 되기를 희망한다.

그 옆에 원구 모양의 회의장을 만들었다. 회의장은 단순히 회의기능만 갖지 않고, 구면체의 내부 곡면을 이용한 대형 멀티미디어 방식의 정보전달 전시가 가능하게끔 생각했다. 말하자면 정보의 전시회는 실물전시와 아울러 시청각 정보전달이라는 방식을 취함으로써 전달력을 높이고 제공 정보량을 늘리는 효과를 가질 것이다.

전시장과 회의장은 이 경우에 크로스 오버 형식처럼 그 기능을 넘나들 수 있으리라고 보았다. 그리하여 '수정의 탑'과 '돔(원구)형의 구조체'는 전체적으로 평탄한 주변경관에 양과 음의 두 상징으로 서 있게 된다.

특별히 이 전체 시설의 성격상의 상징으로서 일인용의 캡슐형 정보센터를 제안했다. 정보센터라면 으레 인공적으로 잘 조절된 환경 속에서만 이루어지는 두뇌활동으로 생각되고 있다. 이 제안에서는 그런 고정관념을 깨뜨리고 자연 속의 개인용 캡슐이 하나의 개념차원에서 제시되었는데, 발전시켜 볼 만한 발상이라고 믿어진다. 컴퓨터 네트워크와 그 커뮤니케이션은 사실 대면(face to face) 접촉이 가능한 바로 옆 사람과는 관계가 없는 것이다. 오히려 혼자 앉아 햇빛 속에서 모니터와 자연을 함께 바라볼 수 있다면, 좀더 창조적이고 미래를 위해 상징적일 수 있을 것이다.

건축적으로 생각할 때 '문화'라는 것은 '자연과 인간'이 주제여야 한다. 자연은 문화의 모태이고 인간은 문화의 근본이다. 비유하자면 자연이라는 난자에 인간이라는 정자가 합쳐진 수정란이 문화로 태어나 자란다고 믿는다. 이 개념들이 채택되어 설계와 시공에까지 진전됨으로써, 세계에 유례가 없는 훌륭하고 아름다운 출판문화정보센터가 건설되기를 충심으로 기원한다.

변명 아닌 변명

설계는 좋은데 시공이 나쁘다. 있을 수 있는 얘기다. 설계는 별로인데 시공은 잘했다. 있을 수 있는 일이지만 언급할 필요가 없는 경우다. 사람이 설계도에 올라가 사는 것이 아니라 건축물에서 사는 것이므로 그것은 살아 보아야 아는 것, 그것도 오래 살아 보아야 하는 것이다. 오래 살수록 더욱 좋아지는 건축, 중요한 건 그것뿐이다.

설계냐 시공이냐라면, 둘 중에 하나라면, 꼭 택해야 한다면 물론 설계다. 그러나 설계는 좋았는데 시공이 안 좋았다는 것도 설계에 문제가 있다. 정말 좋은 설계라면 솜씨없는 목수, 거친 미장을 감싸고도 남을 넉넉한 포용력을 가져야 할 것이다. 그러나 이것은 모두 말의 잔치이다. 말로 되는 건축은 공허하다.

평생 잡문 나부랭이를 안 쓴다는 황순원(黃順元)이 마음에 걸린다. 그러나 왜 그가 잡문을 안 쓰는지 다른 설명을 하는 이도 있다. 그래도 황순원은 말이 없다.

정말로 건축에서는 이 모든 것이 변명일 뿐이다. 변명 아닌 변명.

나는 1976년에 건축연구소 '광장'을 차리면서 같이 도서출판 '광장'을 등록하고, 『우리 시대의 거울』이라는 제목으로 그전 십 년 동안 건축에 관해 쓴 글들을 책으로 묶어낸 적이 있다. 이십여 년 전이다. 그리고 『한국현대건축의 이해』(1976)가 나오기도 했고, 몇 년 뒤에는 『빛과 그리고 그림자』(1982)라는 것이 또 있었다. 그때는 내 작품이랄 것이 별로 없던 때였다. 내가 본격적으로 작품을 만들기 전에 글로나마 내 생각들을 정리해 두고 싶었다. 그때 『우리 시대의 거울』 후기에 이렇게 썼다.

"언젠가 여기 나열된 다듬어지지 않은 생각들이 좋은 작품으로 결실될 수 있게 되면 그때는 좀더 진지한 대화가 되리라는 것을 또한 믿습니다."

이십여 년이 지난 지금, 나는 많은 건물들을 설계했는데 이제 그때와 다른 입장에서 책이 만들어진다. 그러나 그때의 생각들은 크게 변하지 않은 것 같다. 이제 와서 달라진 점이 있다면, 말로 하는 건축 이야기는 대체로 본인 작품에 대한 변명같이 들린다는 사실이다. 더구나 이것은 무슨 정리된 이론서도 아니고, 깊은 철학을 담은 사상서도 아니다. 그러니 더욱 그렇다.

그러나 삼십오 년 동안 몸으로 한국 현대건축에 부딪치면서 속상한 일들을 말할 줄 알고 글 쓸 수 있었다는 것은 그렇지 못한 것보다는 다행이었다. 나는 하고 싶은 소리를 거리낌없이 기회 있을 때마다 다 하고 지냈다. 들어박혀서 도면만 챙기고 앉아 있기에는 우리 현실이 너무도 울화통터지는 일들뿐이었기 때문이다. 그 말과 글 들을 꼭 좀 묶어서 남겨 두고 싶었다.

어느 신부님에게서 들은 이야기 하나. 어느 날 신부님이 차를 몰고 가다가 신호대기선에 멈춰 섰는데, 오토바이 한 대가 아이를 하나 뒤에 태우고 옆에 와 서서 부르릉거리며 신호가 바뀌기를 기다리고 있었다. 신호가 바뀌자 이 오토바이는 쏜살같이 튀어 나갔다. 그 바람에 뒤에 탔던 아이가 길에 떨어졌다. 이것을 본 신부님이 차에서 내려 아이를 태우고 열심히 달려가 다음 신호에서 오토바이를 따라잡았다. 그리고는 아이를 돌려주었다. 그자는 아이가 떨어진 줄 모르고 있었다. 그자가 아이에게 다짜고짜 하는 말 "엄마는 어디 갔냐." 엄마는 그전에 이미 떨어졌던 것이다. 우리는 가끔 뒤를 돌아볼 줄도 알아야 하는 것이다.

1998년초에 광주 가톨릭대학이 완공되어 처음 발표되었을 당시 승효상이 쓴 글 「그럼에도 내가 김원 선생에게 물어야 하는 것」에 대해서는 글로써 대답하고 싶은 욕심을 느껴 읽은 자리에서 글 쓸 내용을 메모하기 시작했다. 내가 옛날에 한참 글을 쓸 때 사회로부터 아무런 반응이 없었던 쓸쓸함을 잘 알기 때문이었고, 어차피 한 후배가 묻고 싶은 것이 있다는데 대답을 않는 것도 도리는 아니었다. 더구나 그 질문과 대답은 건축에 대한, 그리고 내 건축에 대한 토론으로서는 써 남겨야 할 만한 것 같았다. 그러나 그 원고는 완성되지 못했다. 쓰다 보니까 정말로 변명같이 느껴져서였다. 건축가는 건축으로 이야기하면 되는 것이다. 삼십 년 전에 내가 썼던 대로 작가는 비평에 관계가 없다. 차라리 관계가 있다면 역사에 있을 것이다. 그래서 광주에 함께 갔던 크리틱 팀이 모여서 술마시고 이야기하는 것으로 뒤풀이를 하기로 했다. 내 변명은 그날 이야기를 들은 사람들 중 누가 후일 쓰려면 쓰게 되겠지만 나는 이제 변명 같은 글을 안 쓰기로 했다. 그럴 시간이 있으면 좀더 많이 생각하고 좀더 열심히 건축 현장에 가 보기로 함으로써 그에 대신하기로 했다.

그러면서 생각한 것이 고려 공민왕의 왕사(王師)였던 나옹선사(懶翁禪師)의 선시(禪詩)이다.

"청산은 나를 보고 말없이 살라 하고
창공은 나를 잊고 티없이 살라 하네.
탐욕도 벗어 놓고 성냄도 벗어 놓고
물같이 바람같이 살다가 가라 하네."

이 글은 두서없이 길어졌다. 원래 변명이란 두서가 없고 길어지게 마련인가 보다.

수록문 출처

이 책은 저자가 1974년부터 현재까지 발표한 글 가운데 중요하다고
생각되는 글들을 엄선해 실은 것이다. 미흡한 부분은 수정·보완했
으며, 각각의 글 앞 또는 말미에 새로운 내용을 보충하여 현재적 의
미를 부여했다.

4

서울은 문화도시인가 『서울신문』, 1983년 8월 6일.

작가의 전통성과 회화성 김중업, 『김중업―건축가의 빛과 그림자』, 열화당, 1984.

낡은 초상화처럼 남아 있는 초가 『서평문화』, 1992년 봄호.

이 시대, 우리의 건축 『건축가』, 1993년 2월호.

우규승의 환기미술관 『공간』, 1994년 10월호.

김수근 건축의 '일본적 영향'에 대하여 김수근 10주기 추모 세미나 강연, 1996년 6월 14일. 미발표.

5

이데올로기의 종언, 이산문화(離散文化)의 재상봉 『공간』, 1990년 8월호.

한국 건축가의 환경선언을 만들자 『건축가』, 1992년 8월호.

필동 수도방위사령부 이전지 활용에 대하여 『수도방위사령부 이전지 활용계획』, 광장, 1992년 10월.

용산 미군기지 이전문제 『용산 미군기지 이전지 활용 마스터 플랜 보고서』, 광장, 1991.

도시의 '생명인기(生命印記)'를 영원히 간직하자 『건축가』, 1995년 2월호.

건축사 제도의 회고와 반성 『건축』, 1995년 11월호.

국보의 등급 매기기 『한겨레』, 1996년 11월 21일.

재건축 재론 ― 아파트 수명이 이십 년? 『한겨레』, 1996년 12월 19일.

6

종교와 건축
　　한강성당 설계 이야기 ―『건축인』, 1997년 1월호.
　　한강성당의 시작에서 완공까지 떠오른 생각들 ―『공간』, 1980년 11월호.

내가 지은 집은 미니 주택조합의 실험이었다 『여성동아』, 1979년 5월호.

서울 성공회 대성당의 복원 『건축』, 1996년 7월호.

독립기념관 자초지종 『건축사』, 1987년 8월호.

국립국악당 십 년 역사(役事) 『객석』, 1990년 2월호.

국립남원민속국악당 1997년, 미발표.

출판문화정보산업단지 『출판도시뉴스』, 1997년 7월 31일.

저자 김원(金洹)은 1943년 서울 출생의 건축가로, 서울대 건축공학과를
나와 김수근 건축연구소에서 수업했으며 네덜란드 바우센트룸
국제대학원 과정을 수료했다. 현재 건축환경연구소 '광장' 및 도서출판
'광장' 대표, 한국건축가협회 명예이사, 한국실내건축가협회 명예회장,
김수근문화재단 이사장, 건국대 건축대학원 겸임교수로 있다.
환경문제에 대한 깊은 관심으로, 2000년에 국무총리실 영월댐 공동조사단
문화분과위원장을 지냈고, 동강을 사랑하는 문화예술인의 모임,
환경문화예술진흥회, 동강 내셔널 트러스트, 병산서원을 지키는 모임의
공동대표와 NGO 푸른나라의 대표 및 국회 환경포럼 자문위원을 맡고 있다.
주요 작품으로 한강성당, 명동 쌩뽈 수도원, 국립국악당, 통일연수원,
서울종합촬영소, 광주 가톨릭대학교 등이 있다.
저서로는 『우리 시대의 거울』『한국 현대건축의 이해』『빛과 그리고
그림자』『새 세기의 환경 이야기』『행복을 그리는 건축가』 등이 있으며,
역서로는 『건축예찬』『건축가 없는 건축』『마천루』 등이 있다.

우리 시대 建築 이야기
건축가 金洹의 개발시대 현장일기

초판 발행 1999년 2월 20일
초판2쇄발행 2004년 12월 1일
발행인 李起雄
발행처 悅話堂
경기도 파주시 교하읍 문발리 520 – 10 파주출판도시
전화 (031)955-7000, 팩시밀리 (031)955-7010
http://www.youlhwadang.co.kr
e-mail:yhdp@youlhwadang.co.kr
등록번호 제10-74호
등록일자 1971년 7월 2일
편집 공미경 · 박지홍 · 조중협 · 원지영 · 이수정
북디자인 기영내
인쇄 (주)로얄프로세스
제책 가나안제책

* 값은 뒤표지에 있습니다.